Anthony de Mello
Der springende Punkt

Anthony de Mello

Der springende Punkt

Wach werden
und glücklich sein

Illustrationen von Jules Stauber

Herder
Freiburg · Basel · Wien

Titel der Originalausgabe:
Awareness.
A de Mello Spirituality Conference
in his own Words.

© by the Center for Spiritual Exchange, 1990
Published by Doubleday,
a division of Bantam Doubleday Dell Publishing Group, Inc.
New York, N. Y. 10103

Aus dem Englischen übersetzt von
IRENE JOHNA

Alle Rechte vorbehalten – Printed in Germany
© Verlag Herder Freiburg im Breisgau 1991
Satz: Clausen & Bosse, Leck
Druck und Bindung: J. Ebner Ulm
ISBN 3-451-22 170-5

Inhalt

Vorwort des Herausgebers 7
Über das Wachwerden 9
Über den wahren Egoismus 10
Das Glück wollen 12
Geht es um Spiritualität oder Psychologie? 14
Auch Entsagen ist keine Lösung 17
Zuhören und Umlernen 18
Die Maskerade der Nächstenliebe 21
Was haben Sie auf dem Herzen? 29
Gut, böse oder einfach Glück gehabt 33
Enttäuschung – Befreiung von Täuschung 34
Selbst-Beobachtung 38
Bewußtheit, ohne alles zu bewerten 40
Die Illusion der Belohnungen 45
Zu sich selber finden 47
Das „Ich" herausschälen 50
Negative Gefühle gegenüber anderen 54
Über die Abhängigkeit 57
Wie Glücklichsein glücken kann 60
Angst – Ursprung von Gewalt 67
Bewußtheit und Kontakt mit der Wirklichkeit 68
Gute Religion – die Antithese zur Nicht-Bewußtheit 69
Schubladen – Etiketten-Aufkleber 78
Hindernisse auf dem Weg zum Glück 80
Vier Schritte zur Weisheit 84
Die Welt ist schon in Ordnung 90
Schlafwandeln 92

Begierig nach Veränderung 96
Ein veränderter Mensch 103
Zur Stille gelangen 106
Den Konkurrenzkampf aufgeben 111
Bleibender Wert 114
Wünsche, nicht Vorlieben 116
Sich an Illusionen klammern 119
Die lieben Erinnerungen 123
Konkret werden 128
Nach Worten suchen 135
Geprägt durch Bildung und Kultur 138
Gefilterte Wirklichkeit 142
Sich loslösen 146
Liebe, die süchtig macht 150
Noch mehr Worte 152
Versteckte Tagesordnungen 154
Nachgeben 157
Allerlei Tücken 158
Der Tod des „Mich" 161
Einsicht und Verständnis 163
Nichts erzwingen 168
Wahr werden 169
Verschiedene Bilder 170
Über Liebe läßt sich nichts sagen 172
Die Kontrolle verlieren 174
Dem Leben lauschen 176
Das Ende aller Analyse 179
Vor uns der Tod 181
Das Land der Liebe 184

Vorwort des Herausgebers

Tony de Mello wurde einmal von Freunden gebeten, seine Arbeit mit ein paar Worten zu beschreiben. Daraufhin stand er auf und erzählte eine Geschichte, die er auch später bei Vorträgen gern wiederholte. Ich war sehr erstaunt, als er sagte, die Geschichte beziehe sich auf mich.

„Ein Mann fand ein Adlerei und legte es in das Nest einer gewöhnlichen Henne. Der kleine Adler schlüpfte mit den Küken aus und wuchs zusammen mit ihnen auf.

Sein ganzes Leben lang benahm sich der Adler wie die Küken, weil er dachte, er sei ein Küken aus dem Hinterhof. Er kratzte in der Erde nach Würmern und Insekten. Er gluckte und gackerte. Und ab und zu hob er seine Flügel und flog ein Stück, genau wie die Küken. Schließlich hat ein Küken so zu fliegen, stimmt's?

Jahre vergingen, und der Adler wurde sehr alt. Eines Tages sah er einen herrlichen Vogel hoch über sich im wolkenlosen Himmel. Anmutig und hoheitsvoll schwebte er durch die heftigen Windströmungen, fast ohne mit seinen kräftigen goldenen Flügeln zu schlagen. Der alte Adler blickte ehrfürchtig empor. ‚Wer ist das?' fragte er seinen Nachbarn.

‚Das ist der Adler, der König der Vögel', sagte der Nachbar. ‚Aber reg dich nicht auf. Du und ich sind von anderer Art.'

Also dachte der Adler nicht weiter an diesen Vogel. Er starb in dem Glauben, ein Küken im Hinterhof zu sein."

Erstaunt? Zuerst war ich regelrecht beleidigt! Verglich er mich vor allen Leuten mit einem Küken im Hinterhof? In einer Hinsicht ja, andererseits auch nein. Beleidigend? Niemals. Das war nicht Tonys Art. Aber er erzählte mir und diesen Leuten, daß ich in seinen Augen ein „goldener Adler" war, der nichts von den Höhen wußte, zu denen ich fähig war, aufzusteigen. Diese Geschichte ließ mich die Wesensart dieses Mannes verstehen, seine echte Liebe und seinen großen Respekt vor den Menschen, wobei er immer die Wahrheit sagte. So ging es ihm bei seiner Arbeit darum, die Menschen aufzuwecken, damit sie ihre wirkliche Größe erkennen. Das war Tony de Mellos stärkste Seite, die ihn die Botschaft des „Bewußtwerdens" verkünden ließ, das Licht zu sehen, das wir für uns selbst und für die anderen sind, und zu erkennen, daß wir besser sind als wir meinen.

All dies an Tony fängt dieses Buch ein. Es behandelt – lebendig und im lockeren Hin und Her des Dialogs – eine Fülle von Themen, die die Herzen derer stärken können, die zuhören.

Den Geist seines gesprochenen Wortes und sein spontanes Eingehen auf die Reaktionen seiner Hörer auch in gedruckten Texten zu bewahren, war meine Aufgabe nach seinem Tod. Ich danke für die große Hilfe, die mir dabei George McCauley SJ, Joan Brady, John Culkin und viele andere zukommen ließen. Die interessanten, spannenden und anregenden Stunden, die Tony in Gesprächen mit vielen Leuten verbracht hat, sind in den folgenden Seiten wundervoll eingefangen.

Genießen Sie das Buch. Lassen Sie die Worte in sich hineinschlüpfen und hören Sie – wie Tony sagen würde – mit dem Herzen zu. Hören Sie seine Geschichten, und Sie hören Ihre eigenen. Ich lasse Sie nun mit Tony – einem geistlichen Begleiter – allein, und Sie werden einen Freund fürs Leben finden.

J. Francis Stroud S. J.

Über das Wachwerden

Spiritualität bedeutet wach werden. Die meisten Leute schlafen, ohne es zu wissen. Sie wurden schlafend geboren, sie leben schlafend, sie heiraten im Schlaf, erziehen im Schlaf ihre Kinder und sterben im Schlaf, ohne jemals wach geworden zu sein. Niemals verstehen sie den Reiz und die Schönheit dessen, was wir "menschliches Leben" nennen. Bekanntlich sind sich alle Mystiker – ob christlich oder nichtchristlich und egal, welcher theologischen Richtung oder Religion sie angehören – in diesem einen Punkt einig: daß alles gut, alles in Ordnung ist. Obwohl gar nichts in Ordnung ist, ist alles gut. Ein wirklich seltsamer Widerspruch. Aber tragischerweise kommen die meisten Leute gar nicht dazu, zu erkennen, daß tatsächlich alles gut ist, denn sie schlafen. Sie haben einen Alptraum.

Vor einiger Zeit hörte ich im Radio die Geschichte von einem Mann, der an die Zimmertür seines Sohnes klopft und ruft: "Jim, wach auf!"

Jim ruft zurück: "Ich mag nicht aufstehen, Papa."

Darauf der Vater noch lauter: "Steh auf, du mußt in die Schule!"

"Ich will nicht zur Schule gehen."

"Warum denn nicht?", fragt der Vater.

"Aus drei Gründen", sagt Jim. "Erstens ist es so langweilig, zweitens ärgern mich die Kinder, und drittens kann ich die Schule nicht ausstehen."

Der Vater erwidert: "So, dann sag ich dir drei Gründe, wieso du in die Schule mußt: Erstens ist es deine Pflicht, zweitens bist du 45 Jahre alt, und drittens bist du der Klassenlehrer." Also aufwachen, aufwachen! Du bist erwachsen geworden, du bist zu groß, um zu schlafen. Wach auf! Hör auf, mit deinem Spielzeug zu spielen.

Die meisten Leute erzählen einem, daß sie aus dem Kindergarten heraus wollen, aber glauben Sie ihnen nicht. Glauben Sie ihnen wirklich nicht! Alles, was sie wollen, ist, daß sie ihr kaputtes Spielzeug repariert bekommen: „Ich möchte meine Frau wiederhaben. Ich möchte meinen Arbeitsplatz wiederhaben. Ich möchte mein Geld wiederhaben, mein Ansehen, meinen Erfolg!" Nur das möchten sie: ihr Spielzeug zurück. Das ist alles. Sogar der beste Psychologe wird Ihnen sagen, daß die Leute eigentlich nicht geheilt werden wollen. Was sie wollen, ist Linderung und Trost, denn eine Heilung ist schmerzhaft.

Wach werden und aufstehen ist bekanntlich unangenehm, denn im Bett ist es warm und behaglich. Es ist wirklich lästig, aufgeweckt zu werden. Deshalb wird es der weise Guru auch nie darauf anlegen, die Leute aufzuwecken. Ich hoffe, daß ich selbst jetzt weise genug und keineswegs darauf erpicht bin, jemanden aufzuwecken, wenn ich auch manchmal sagen werde: „Wach auf!"

Ich werde nur das tun, was ich zu tun habe, werde mein eigenes Lied singen. Wenn Sie etwas davon haben, um so besser; wenn nicht, dann eben nicht! Wie die Araber sagen: „Der Regen ist immer derselbe, wenn er auch in der Steppe Gestrüpp und in den Gärten Blumen wachsen läßt."

Über den wahren Egoismus

Was ich Ihnen als erstes begreiflich machen möchte, wenn Sie wirklich wach werden wollen, ist, daß Sie gar nicht wach werden möchten. Der erste Schritt zum Wachwerden besteht darin, ehrlich genug zu sein und zuzugeben, daß Sie es nicht möchten. Sie

wollen gar nicht glücklich sein. Soll ich es Ihnen zeigen? Machen wir die Probe. Es braucht dafür kaum mehr als eine Minute.

Sie können dabei die Augen schließen oder offen lassen, wie es Ihnen lieber ist. Denken Sie an jemanden, den Sie sehr lieben, jemanden, dem Sie nahe stehen, der Ihnen viel bedeutet, und sagen Sie in Gedanken zu ihm: „Ich würde lieber glücklich sein, als dich zu haben."

Schauen Sie, was passiert: „Ich würde lieber glücklich sein, als dich zu haben. Wenn ich die Wahl hätte, würde ich mich ohne Frage fürs Glücklichsein entscheiden." Doch wer fühlte sich dabei nicht selbstsüchtig, als er sich das sagte? Sicherlich viele.

Sehen Sie, wie wir in unserer Meinung beeinflußt sind, wie unser Denken dahin gebracht wurde, daß wir uns sagten: „Wie kann ich nur so selbstsüchtig sein?"

Doch schauen Sie einmal, wer wirklich selbstsüchtig ist: Stellen Sie sich vor, jemand sagt zu Ihnen: „Wie kannst du nur so selbstsüchtig sein, daß du das Glücklichsein mir vorziehst?" Würden Sie dann nicht am liebsten antworten: „Entschuldige mal, aber wie kannst du nur so selbstsüchtig sein, daß du verlangst, ich sollte dich über mein Glücklichsein stellen?!"

Eine Frau erzählte mir einmal von ihrem Vetter, dem Jesuitenpater; sie war damals noch ein Kind, als er in der Jesuitenkirche in Milwaukee Einkehrtage hielt. Jeden Vortrag begann er mit den Worten: „Der Prüfstein der Liebe ist das Opfer, das Maß der Liebe ist die Selbstlosigkeit." Ein großartiger Satz! Ich stellte der Frau die Frage: „Würden Sie wünschen, daß ich Sie liebe, auch wenn ich dann nicht mehr glücklich sein könnte?" „Ja", erwiderte sie. – Ist das nicht ganz entzückend? *Sie* würde mich lieben und könnte nicht mehr glücklich sein und *ich* würde sie lieben und könnte auch nicht mehr glücklich sein. So hätten wir zwei unglückliche Menschen, doch – *lang lebe die Liebe!*

Das Glück wollen

Wie ich schon sagte, wollen wir gar nicht glücklich sein. Wir wollen etwas anderes. Oder sagen wir es etwas genauer: Wir wollen nicht bedingungslos glücklich sein. Ich bin bereit, glücklich zu sein, *vorausgesetzt*, ich habe dieses und jenes und wer weiß was noch. Doch das ist dann so, als sagten wir zu unserem Freund oder zu unserer Freundin, zu Gott oder zu wem auch immer: „Du bist mein Glück. Wenn ich dich nicht bekomme, weigere ich mich, glücklich zu sein."

Dies zu verstehen, ist sehr wichtig. Wir können uns gar nicht vorstellen, ohne solche Bedingungen glücklich zu sein. Das eben ist es. Es wurde uns beigebracht, unser Glück auf Bedingungen zu setzen.

Daher ist es das erste, was zu tun ist, wenn wir wach werden wollen, was nichts anderes heißt als zu sagen: wenn wir lieben wollen, wenn wir Freiheit wollen, wenn wir Freude, Frieden und geistliches Leben wollen. In diesem Sinn ist Spiritualität die nützlichste Sache der Welt. Versuchen Sie doch einmal, sich etwas Nützlicheres vorzustellen als Spiritualität, wie ich sie beschrieben habe – nicht Frömmigkeit, nicht Gebet, nicht Religion, nicht Gottesdienst, sondern Spiritualität – Wachwerden, Wachwerden! Wohin man blickt, überall Kummer, Einsamkeit, Angst, Verwirrung, Zwiespalt in den Herzen der Menschen – innerer und äußerer Zwiespalt. Angenommen, jemand würde Ihnen einen Weg zeigen, auf dem Sie all dem entrinnen könnten? Angenommen, jemand könnte Ihnen sagen, wie diesem gewaltigen Verlust an Energie, Gesundheit und Gefühlen, der von diesen Zwiespältigkeiten rührt, ein Ende bereitet werden kann. Würden Sie dies wollen? Angenommen, jemand würde uns einen Weg zeigen, auf dem wir zu aufrichtiger gegenseitiger Liebe, zu Frieden und Freundlichkeit gelangen könnten. Können Sie sich etwas Nützlicheres als das vorstellen?

Doch statt dessen gibt es Leute, die meinen, das große Geschäft sei nützlicher, Politik und Wissenschaft seien nützlicher. Was hat die Erde davon, wenn ein Mensch auf den Mond geschossen wird, wenn wir auf der Erde nicht leben können?

Geht es um Spiritualität oder Psychologie?

Ist Psychologie nützlicher als Spiritualität? Nichts hat einen größeren praktischen Nutzen als Spiritualität. Was kann denn ein armer Psychologe tun? Er kann nur vom Druck befreien. Ich bin selbst Psychologe und praktizierender Psychotherapeut und gerate in großen Konflikt, wenn ich manchmal zwischen Psychologie und Spiritualität wählen muß. Ich weiß nicht, ob Sie mich verstehen. Ich konnte es viele Jahre lang selbst nicht begreifen und will es näher erklären. Es war für mich lange Zeit unverständlich, bis ich plötzlich entdeckte, daß die Menschen unter einer Beziehung genug leiden müssen, um bei allen anderen Beziehungen von Illusionen befreit zu werden. Ist es nicht schrecklich, so zu denken? Sie müssen *genug* in einer Beziehung leiden, bevor sie wach werden und sagen: „Es stößt mich ab! Es muß eine bessere Art zu leben geben, als von einem anderen Menschen abhängig zu sein." Und was habe ich als Psychotherapeut getan? Die Leute kamen mit ihren Beziehungsproblemen zu mir, mit ihren Kommunikationsschwierigkeiten usw., und manchmal konnte ich ihnen helfen. Aber manchmal – es tut mir leid, das sagen zu müssen – auch nicht, weil es ihnen gerade nur zum Weiterschlafen verhalf. Vielleicht hätten sie noch etwas *mehr* leiden sollen. Vielleicht hätten sie ganz an einen Endpunkt kommen sollen, um zu sagen: „Das alles macht mich krank." Nur denjenigen, den sein Kranksein abstößt, kann man von seiner Krankheit befreien. Die meisten gehen zum Psychologen oder Psychiater, um Erleichterung zu erhalten. Ich sage es noch einmal: um Erleichterung zu bekommen; nicht, um ihre Krankheit loszuwerden.

Ich kenne eine Geschichte von einem kleinen Jungen, der Johnny hieß und wie man sagte, geistig zurückgeblieben war. Aber offensichtlich war er es doch nicht, wie die folgende Geschichte zeigt. Johnny ging in eine Modelliergruppe einer Sonderschule. Dort bekam er ein Stück Knetmasse und fing an, es zu formen. Er nahm ein Stückchen, ging in eine Ecke des Zimmers und spielte dort damit. Die Lehrerin ging zu ihm und sagte: „Hallo Johnny."

„Hallo."

„Was hast du denn in deiner Hand?"

Darauf sagte Johnny: „Das ist ein Stück Kuhfladen."

Die Lehrerin fragte weiter: „Was willst du denn damit machen?"

„Ich mache eine Lehrerin."

Die Lehrerin dachte sich: „Mit dem kleinen Johnny ist es wieder schlimmer geworden." Sie rief den Rektor, der gerade an der Tür vorbeiging, und sagte: „Mit Johnny ist es schlimmer geworden."

„So ging der Schulleiter zu Johnny und sagte: „Hallo, mein Junge."

„Hallo!"

„Was hast du denn in der Hand?"

„Ein Stück Kuhfladen."

„Was willst du denn damit machen?"

„Einen Rektor", war die Antwort.

Der Rektor war überzeugt, daß es sich hier um einen Fall für den Schulpsychologen handelte und sagte zur Lehrerin: „Lassen Sie den Psychologen kommen!"

Der Psychologe war ein schlauer Bursche. Er ging zu dem Jungen und sagte: „Ich weiß, was du in deiner Hand hast."

„Was denn?"

„Ein Stück Kuhfladen."

„Richtig."

„Und ich weiß auch, was du daraus machst."

„Was denn?"

„Einen Psychologen."

„Falsch! Dafür reicht er nicht!"
Und diesen Jungen hielt man für geistig zurückgeblieben!

Die armen Psychologen; sie leisten gute Arbeit, ja wirklich. Es gibt Zeiten, in denen die Psychotherapie eine riesengroße Hilfe ist, denn wenn Sie an der Grenze dazu sind, verrückt, wahnsinnig zu werden, werden Sie entweder Psychopath oder Mystiker. Denn das ist der Mystiker: das Gegenteil des Wahnsinnigen.

Wissen Sie, was ein Zeichen dafür ist, daß Sie wach geworden sind? Wenn Sie sich selbst fragen: „Bin *ich* verrückt oder sind es alle anderen?" Es ist wirklich so, denn wir sind verrückt. Die ganze Welt ist es. Der einzige Grund, weshalb wir nicht in einer Anstalt sind, liegt darin, daß es so viele von uns sind. Wir leben mit verrückten Vorstellungen von Liebe, Beziehungen, Glück, Freude, von allem möglichen. Ich bin inzwischen so weit zu glauben, wir sind dermaßen verrückt, daß, wenn alle sich in etwas einig sind, man sich sicher sein kann, daß es falsch ist! Jede neue Idee, jede große Idee, stand am Anfang gegen alle anderen. Dieser Mann, der Jesus genannt wurde, stand als einzelner gegen die anderen. Alle sagten etwas anderes als er. So auch bei Buddha. Ich glaube, es war Bertrand Russell, der feststellte: „Jede große Idee tritt an als Blasphemie." Das trifft den Nagel auf den Kopf. Heutzutage ist man mit dem Begriff ‚Blasphemie' schnell bei der Hand. Immer wieder hört man sagen: „Das ist eine Blasphemie!" Denn die Leute sind verrückt, sie sind wahnsinnig, und je früher Sie das merken, desto besser ist es für Ihre geistige und geistliche Gesundheit. Vertrauen Sie ihnen nicht. Machen Sie sich auch keine Illusionen über Ihre besten Freunde, sie sind sehr schlau. Geradeso wie *Sie* es sind im Umgang mit irgendwem, wenn Sie es wohl auch nicht wissen. Ja, Sie sind sehr schlau – spitzfindig und listig. Sie spielen regelrecht Theater.

Ich verteile nicht gerade Komplimente, oder? Doch ich sage noch einmal: Sie möchten ja wach werden. Sie spielen Theater und wissen es nicht einmal. Sie glauben, daß Sie so voller Liebe und Hingabe sind. Doch wen lieben Sie denn? Selbst wenn Sie sich aufopfern, bereitet es Ihnen ein gutes Gefühl, oder nicht? „Ich opfere mich auf! Ich handele meinem Ideal entsprechend." Aber Sie haben doch etwas davon, oder? Sie haben von allem, was Sie tun, etwas, bis Sie wach werden.

Damit wäre der erste Schritt getan: Machen Sie sich klar, daß Sie nicht wach werden wollen. Es ist recht schwierig, wach zu werden, wenn man wie in einer Hypnose, einen Fetzen alten Papiers für einen Scheck über eine Million Dollar hält. Ja, es ist schwierig, sich von diesem Fetzen loszureißen.

Auch Entsagen ist keine Lösung

Immer wenn Sie Entsagung üben, machen Sie sich etwas vor. Was meinen Sie *dazu*? Ja, Sie machen sich etwas vor. Worauf verzichten Sie denn? Immer, wenn Sie auf etwas verzichten, werden Sie daran gebunden. Ein indischer Guru hat einmal gesagt: „Immer, wenn eine Prostituierte zu mir kommt, spricht sie nur von Gott. Sie sagt, ich habe mein Leben satt, es stößt mich ab. Ich suche Gott. Aber immer, wenn ein Priester zu mir kommt, spricht er nur von Sex."

So ist es: Wenn man etwas entsagt, ist man ihm für immer verhaftet. Wenn man gegen etwas ankämpft, ist man mit ihm für immer verbunden. Solange man gegen etwas ankämpft, gibt man ihm Macht. Man gibt ihm soviel Kraft, wie man dafür aufwendet, es zu bekämpfen.

Das gilt ebenso für den Kommunismus wie für alles

sonst. Deshalb heißt es, die eigenen bösen Geister „anzunehmen", denn kämpfen Sie gegen sie an, geben Sie ihnen Macht. Hat Ihnen das noch niemand gesagt? Wenn Sie etwas entsagen, hält Sie das, dem Sie entsagen, fest. Die einzige Möglichkeit, dies zu durchbrechen, liegt darin, es zu durchschauen. Entsagen Sie etwas nicht, sondern *durchschauen* Sie es. Suchen Sie, seinen wahren Stellenwert zu verstehen und Sie werden ihm nicht mehr zu entsagen brauchen; Sie werden sich aus eigener Kraft davon lösen. Wenn Sie das nicht so sehen, wenn Sie der Gedanke gefangenhält, daß Sie ohne dieses oder jenes nicht glücklich sein können, kommen Sie natürlich nicht weiter. Was wir für Sie tun müssen, ist nicht, was die sogenannte Spiritualität zu tun versucht, nämlich Sie Opfer bringen zu lassen: Dingen zu entsagen. Das bringt nichts. Sie schlafen weiter. Was wir tun müssen, ist, Ihnen helfen zu verstehen, verstehen, und nochmals zu verstehen. Wenn Sie verstehen würden, würden Sie nicht erst versuchen, auf etwas zu verzichten, sondern einfach aufhören, danach zu verlangen. Genausogut kann man sagen: Wenn Sie aufwachen würden, würden Sie einfach das Verlangen danach fallen lassen.

Zuhören und Umlernen

Manche werden von den harten Realitäten des Lebens aufgeweckt. Sie leiden so sehr unter ihnen, daß sie hellwach sind. Doch andere stoßen sich ein ums andere Mal im Leben den Kopf an und schlafen weiter. Sie werden nie wach. Das Tragische dabei ist, daß diese Menschen nicht im Entferntesten auf den Gedanken kommen, es könnte auch anders gehen. Sie kommen nie auf die Idee, daß es einen besseren Weg geben könnte. Wenn Ihnen das Leben nicht genug zugesetzt hat, wenn Sie nicht soviel erleiden mußten, gibt es einen anderen Weg: *zuhören*. Ich möchte damit nicht sagen, daß Sie dem, was ich sage, zustimmen müssen. Das wäre kein Zuhören. Glauben Sie mir: es spielt gar keine Rolle, ob Sie mir zustimmen oder nicht, denn Zustimmung und Ablehnung haben mit Worten, Begriffen und Theorien, nichts mit der Wahrheit zu tun.

Wahrheit läßt sich nicht mit Worten ausdrücken. Sie wird plötzlich erkannt, als das Ergebnis einer bestimmten Einstellung. Somit könnten Sie mir durchaus nicht zustimmen und doch die Wahrheit erkennen. Vielmehr muß eine Einstellung der Offenheit bestehen, geprägt vom Willen, etwas Neues zu entdecken. Darauf kommt es an und nicht auf Ihre Zustimmung oder Ablehnung. Letzten Endes ist das meiste, was ich Ihnen sage, doch wieder Theorie. Keine Theorie deckt die Wirklichkeit angemessen ab. Deshalb kann ich Ihnen nichts von der Wahrheit sagen, sondern nur etwas von den Hindernissen auf dem Weg zur Wahrheit. Diese kann ich beschreiben, jedoch nicht die Wahrheit. Niemand kann das. Alles, was ich tun kann, ist, Ihnen eine Beschreibung Ihrer Falschheiten zu geben, damit Sie von ihnen ablassen können. Alles, was ich für Sie tun kann, ist, Ihre Anschauungen und die Denkschemata, die Sie unglücklich machen, in Frage zu stellen. Alles was ich für Sie tun kann, ist, Ihnen zu helfen umzulernen. Darum geht es, wenn Sie Spiritualität interessiert: umzulernen – in fast allem, was Sie bisher gelernt haben, umzulernen. Die Bereitschaft umzulernen und zuzuhören.

Hören Sie nur zu, wie es die meisten tun, um bestätigt zu bekommen, was Sie sowieso schon denken? Achten Sie einmal darauf, wie Sie reagieren, während ich spreche. Oft werden Sie bestürzt, geschockt, empört, irritiert, verärgert oder frustriert sein. Oder Sie werden sagen: „Genauso ist es!"

Hören Sie nur zu, um bestätigt zu bekommen, wovon Sie ohnehin überzeugt sind, oder hören Sie zu, um etwas Neues zu entdecken? – ein wichtiger, aber für Schlafende schwieriger Unterschied. Jesus verkündete die gute Nachricht und wurde doch zurückgewiesen; nicht, weil sie gut war, sondern weil sie neu war. Wir verabscheuen das Neue. Wir lehnen es ab! Und je eher wir uns dieser Tatsache stellen, um so besser. Wir wollen keine Neuerungen, besonders dann nicht, wenn sie unsere Ruhe stören, wenn sie Veränderungen nach sich ziehen. Und noch weniger, wenn man sich sagen muß: „Ich habe einen Fehler gemacht."

Vor einiger Zeit traf ich in Spanien einen siebenundachtzigjährigen Jesuitenpater, der vor dreißig oder vierzig Jahren mein Rektor und einer meiner Lehrer in Indien gewesen war. Er nahm an einem geistlichen Kurs teil wie diesem. „Ich hätte dich sechzig Jahre früher hören sollen", sagte er. „Du hast etwas zu sagen. Ich habe mich mein ganzes Leben lang geirrt."

Mein Gott, so etwas zu hören! Es ist wie eines der sieben Weltwunder zu sehen.

Das, meine Damen und Herren, ist *Glaube!* Offensein für die Wahrheit, was auch immer sich daraus ergeben mag, wohin auch immer sie einen führen wird. Das ist Vertrauen. *Nicht* Überzeugung, sondern Glaube. Ihre Überzeugungen mögen Ihnen viel Sicherheit geben, aber Glaube ist Unsicherheit. Sie wissen nicht. Sie sind bereit zu folgen und sind offen, ganz offen! Sie sind bereit zuzuhören. Und offen zu sein heißt nicht, leichtgläubig zu sein, heißt nicht, alles zu schlucken, was einem gerade gesagt wird. Durchaus nicht. Sie müssen alles, was ich sage, in Frage stellen, doch aus einer offenen und keiner verbohrten Einstellung heraus. Denken Sie an das großartige Wort von Buddha: „Mönche und Gelehrte dürfen meine Worte nicht aus Respekt annehmen, sie müssen sie aufgliedern und bearbeiten, wie der

Goldschmied Gold bearbeitet – durch Sägen, Gravieren, Löten und Schmelzen."

Wenn Sie dies tun, hören Sie zu und haben damit einen weiteren wichtigen Schritt zum Wachwerden hin getan. Der erste Schritt bestand, wie gesagt, in der Bereitschaft zuzugeben, daß Sie nicht wach werden wollen, und daß Sie nicht glücklich sein wollen. Alle möglichen Widerstände in Ihnen müssen dabei überwunden werden. Der zweite Schritt ist die Bereitschaft, zuzuhören und Ihr ganzes Denksystem in Frage zu stellen; nicht nur Ihre religiösen, gesellschaftlichen, psychologischen Überzeugungen, sondern alles: die Bereitschaft, das alles neu zu bewerten, wie in der Metapher des Buddha. Dazu will ich Ihnen im folgenden reichlich Gelegenheit geben.

Die Maskerade der Nächstenliebe

Nächstenliebe ist Eigennutz unter dem Deckmäntelchen des Altruismus. Sie finden es sehr schwierig zu akzeptieren, daß Sie zuzeiten nicht wirklich aufrichtig versuchen, Liebe zu üben und Vertrauen zu schenken. Lassen Sie es mich einfacher sagen, so einfach wie möglich. Ja, verdeutlichen wir es so plump und extrem wie möglich, zumindest am Anfang. Es gibt zwei Arten von Egoismus. Bei der ersten habe ich Freude daran, mir selbst zu gefallen. Das nennt man im allgemeinen Selbstbezogenheit. Bei der zweiten Art habe ich Freude daran, anderen zu gefallen. Das wäre eine raffiniertere Form des Egoismus.

Die erste Art ist leicht zu erkennen, die zweite jedoch ist verdeckt, sehr verdeckt, und deswegen gefährlicher, denn wir finden uns dabei wirklich großartig. Aber vielleicht ist es mit uns gar nicht so weit her? Sie protestieren?

Sie, meine Dame, sagen zum Beispiel, daß Sie allein leben, regelmäßig ins Pfarrhaus gehen und viele Stunden Ihrer Zeit opfern. Aber Sie geben auch zu, daß Sie es eigentlich aus einem eigennützigen Grund tun – Sie müssen irgendwo gebraucht werden –, und Sie wissen auch, daß Sie dort gebraucht werden wollen, wo Sie glauben, ein klein wenig zum Wohl der Allgemeinheit beitragen zu können. Aber Sie nehmen zugleich für sich in Anspruch, daß man Sie braucht, und schon ist es keine Einbahnstraße mehr.

Sie sind fast aufgeklärt! Wir müssen von Ihnen lernen. Sie sagt: „Ich gebe etwas und bekomme etwas." Sie hat recht. Ich möchte jemandem helfen. Ich gebe etwas und ich nehme etwas. Das ist gut und schön und in Ordnung. Aber es ist keine Nächstenliebe, sondern aufgeklärter Eigennutz.

Und Sie, mein Herr, weisen uns darauf hin, daß das Evangelium Jesu im Grunde eine Frohbotschaft des Eigennutzes ist. Wir erlangen das ewige Leben durch unsere Akte der Nächstenliebe. „Kommt her, die ihr von meinem Vater gesegnet seid, nehmt das Reich in Besitz... Denn ich war hungrig, und ihr habt mir zu essen gegeben, und so weiter. Sie weisen darauf hin, daß dies genau die Bestätigung dessen ist, was ich gesagt habe. Wenn wir auf Jesus schauen, sagen Sie weiter, sehen wir, daß seine Taten der Nächstenliebe letztlich Taten des Eigennutzes waren, um Seelen für das ewige Leben zu gewinnen. Und Sie erkennen das als die ganze Triebkraft und den Sinn des Lebens: Befriedigung des Eigennutzes durch Taten der Nächstenliebe.

Gut, aber Sie mogeln ein bißchen, weil Sie die Religion ins Spiel gebracht haben. Das ist legitim und zulässig. Aber wie wäre es, wenn ich das Evangelium, die Bibel und Jesus erst am *Ende* dieser Besinnung behandeln würde. Jetzt möchte ich nur so viel sagen, um es noch komplizierter zu machen: „Ich war hungrig, und ihr habt mir zu essen gegeben, ich war durstig und ihr habt mir zu trinken gegeben", und was antworten Sie? „Wann? Wann haben wir das getan? Das haben wir nicht gewußt." Sie waren unwissend!

Ich habe manchmal die schreckliche Vorstellung, daß der König sagt: „Ich war hungrig und ihr habt mir zu essen gegeben", und die Schafe zu seiner Rechten antworten: „Das stimmt Herr, das *wissen* wir." „Ich habe nicht mit euch gesprochen", wird dann der König erwidern. „Das steht so nicht im Textbuch, es wird nicht angenommen, daß ihr es gewußt habt." Ist das nicht interessant? Aber *Sie* wissen es. Sie kennen die innere Befriedigung, die Taten der Nächstenliebe bereiten.

Genau das ist es also! Es ist das Gegenteil von dem, der sagt: „Was ist schon Besonderes dabei? Ich habe etwas gegeben und habe etwas bekommen. Ich kam gar nicht auf die Idee, daß ich etwas Gutes getan haben könnte. Meine linke Hand ahnte nicht, was meine rechte tat." Es ist doch klar: eine gute Tat ist am besten, wenn man nicht weiß, daß man Gutes tut. Oder wie es der große Sufi sagen würde: „Ein Heiliger ist so lange heilig, bis er es weiß." Nicht Selbstbewußtsein, sondern Selbst-unbewußtsein! Manche werden damit nicht einverstanden sein und sagen: „Ist die Freude, die ich beim Geben habe, nicht das ewige Leben hier und jetzt?" – Ich weiß es nicht. Für mich ist Freude Freude, und nichts weiter. Zumindest für den Moment, bis wir später auf die Religion zu sprechen kommen. Aber es liegt mir daran, daß Sie etwas gleich von Anfang an verstehen: Daß Religion nicht – ich wiederhole: *nicht* – unbedingt mit Spiritualität zusammenhängen muß. Lassen Sie die Religion hier noch aus dem Spiel.

Gut: Sie fragen, was mit dem Soldaten ist, der sich auf eine Handgranate warf, um andere zu schützen?

Und was ist mit dem Mann in dem mit Dynamit beladenen Lastwagen, der in Beirut in ein amerikanisches Militärlager fuhr? Was ist mit ihm? „Eine größere Liebe als dieser hat niemand." Doch die Amerikaner denken anders. Er tat es mit Absicht, und das ist das Schlimme, oder? Aber er dachte nicht so, das kann ich Ihnen versichern. Er war überzeugt, er kommt in den Himmel. Genauso dachte Ihr Soldat, der sich auf die Handgranate warf.

Ich versuche, mir eine Tat vorzustellen, bei der es nicht um das Ich geht, bei der Sie erwacht sind und bei der das, was Sie tun, durch Sie getan wird. Ihre Tat wird dann ein Geschehnis. „Laß es durch mich geschehen." Ich schließe das nicht aus. Aber wenn *Sie* es tun, suche ich dabei nach dem Eigennutz. Und wenn er nur darin liegt: „Ich möchte als großer Held in Erinnerung bleiben", oder: „Ich könnte nicht weiterleben, ohne das getan zu haben. Ich könnte niemals mit dem Gedanken leben, davongelaufen zu sein."

Aber berücksichtigen Sie, daß ich die andere Art von Taten dabei nicht ausschließe. Ich habe nicht gesagt, daß es überhaupt keine Taten ohne Eigennutz gibt. Es gibt sie vielleicht doch. Wir werden es herausfinden müssen. Eine Mutter, die ihr Kind rettet – ihr *eigenes* Kind, werden Sie dann sagen. Doch wie kommt es, daß sie nicht das Kind ihrer Nachbarin rettet? Es ist *ihr eigenes* Kind. Es ist der Soldat, der für *sein* Land stirbt. Viele solcher Tode beschäftigen mich, und ich stelle mir die Frage: „Sind sie das Ergebnis einer Gehirnwäsche?" Auch Märtyrer geben mir zu denken. Ich glaube, sie unterlagen meist einer Gehirnwäsche. Islamische Märtyrer, hinduistische Märtyrer, buddhistische Märtyrer, christliche Märtyrer...

Irgendwie waren sie von dem Gedanken beherrscht, daß sie sterben müssen, daß der Tod etwas Großes ist. Sie empfinden nichts, sie tun es einfach. Aber nicht alle, hören Sie mir also gut zu. Ich sagte: nicht alle von ihnen, wenn ich auch die Möglichkeit nicht ausschließen will. Viele Kommunisten haben eine Gehirnwäsche mitgemacht (das glauben Sie gern!), und zwar so intensiv, daß sie bereit sind zu sterben. Manchmal denke ich mir, daß der gleiche Prozeß zum Beispiel einen heiligen Franz Xaver, aber ebenso Terroristen hervorbringen könnte. Sie können jemand dreißigtägige Exerzitien machen lassen und ihn am Ende ganz in der Liebe zu Christus entbrannt sehen, ohne die geringste Selbsterkenntnis gewonnen zu haben. Er könnte für andere unerträglich sein – und dabei denken, er sei ein großer Heiliger. Ich möchte den heiligen Franz Xaver nicht in falschen Verdacht bringen, er war gewiß ein großer Heiliger, wenn man auch nur schwer mit ihm zusammenleben konnte. Wissen Sie, er war ein furchtbarer Oberer, wirklich! Machen Sie mit mir dazu einen kleinen Ausflug in die Geschichte.

Ignatius, der Gründer unseres Ordens, mußte sich immer einschalten, um den Schaden wieder gutzumachen, den dieser gute Mann mit seiner Intoleranz angerichtet hatte. Man muß recht intolerant sein, um das zu erreichen, was er erreicht hat. Weiter, immer weiter – egal, wie viele Menschen auf der Strecke bleiben. Einige Kritiker Franz Xavers beklagen genau das. Er pflegte Männer aus unserem Orden zu entlassen, die sich dann an Ignatius wandten, der ihnen sagte: „Komm nach Rom, wir wollen darüber sprechen." Und Ignatius nahm sie heimlich wieder auf. Wieviel Selbsterkenntnis war hier mit im Spiel? Wie wollen wir es beurteilen, wir wissen es nicht.

Ich sage nicht, daß es so etwas wie die reine Motivation nicht gibt. Ich sage nur, daß gewöhnlich alles, was wir tun, in unserem eigenen Interesse geschieht. Alles. Wenn Sie etwas aus Liebe zu Jesus tun, ist das Eigennutz? Ja. Wenn Sie etwas aus Liebe zu irgend jemand tun, tun Sie das in Ihrem eigenen Interesse. Ich will das näher erklären.

Angenommen, Sie leben in Phoenix im Süden der USA und sorgen dafür, daß fünfhundert Kinder jeden Tag etwas zu essen haben. Bereitet Ihnen das ein gutes Gefühl? Ja, würden Sie erwarten, daß Ihnen das ein schlechtes Gefühl verschafft? Aber manchmal ist es so. Nämlich deswegen, weil es Leute gibt – und Gott sei Dank gehören Sie nicht zu ihnen –, die etwas nur tun, um *kein schlechtes Gewissen haben zu müssen*. *Das* nennen sie dann Nächstenliebe. Sie handeln aber nur aus einem Schuldbewußtsein. Das ist keine Liebe. Doch Gott sei Dank, tun Sie etwas für andere, und es macht Ihnen Freude. Bestens! Sie sind ein gesundes Individuum, weil Sie *eigennützig* sind. Das ist ganz normal.

Fassen wir zusammen, was ich über selbstlose Nächstenliebe gesagt habe. Ich sprach davon, daß es zwei Arten von Egoismus gibt; vielleicht hätte ich sogar drei sagen sollen. Erstens: wenn ich etwas tue, oder gar, wenn es mir Freude macht, mir selbst zu gefallen. Zweitens: wenn es mir Freude macht, anderen zu gefallen. Seien Sie nicht stolz darauf. Meinen Sie nicht, Sie seien ein außergewöhnlicher Mensch. Keineswegs, Sie sind ganz normal, Sie haben nur einen verfeinerten Geschmack. Ihr Geschmack ist gut, und nicht Ihre Spiritualität. Als Sie noch Kind waren, mochten Sie Coca Cola; jetzt aber, als Erwachsener, wissen Sie an einem heißen Tag ein kühles Bier zu schätzen. Sie haben einen besseren Geschmack bekommen. Als Kind liebten Sie Schokolade, als Erwachsener wissen Sie eine Sinfonie oder ein Gedicht zu genießen. Ihr Geschmack ist besser geworden, aber Ihr Spaß ist derselbe, nur mit dem Unterschied, daß es Ihnen jetzt Spaß macht, anderen zu gefallen.

Damit sind wir bei der dritten und schlimmsten Form: bei der Sie etwas tun, um kein schlechtes Gewissen zu haben. Sie tun es nicht gern und müssen sich dazu zwingen, es widerstrebt Ihnen. Sie machen Freundschaftsdienste, aber es geht Ihnen gegen den Strich. Sie protestieren? Dann wissen Sie nicht allzuviel von sich selbst, wenn Sie meinen, daß Sie das noch nie getan haben.

Hätte ich jedesmal einen Dollar bekommen, wenn ich etwas tat, was mir gegen den Strich ging, wäre ich mittlerweile Millionär. Das geht ganz einfach: „Pater, kann ich sie heute abend sprechen?" „Ja, kommen Sie nur." Im Grunde möchte ich gar nicht mit demjenigen sprechen, es paßt mir nicht. Ich möchte heute abend eine bestimmte Sendung im Fernsehen sehen, aber ich kann ihm doch nicht Nein sagen? Ich bringe es nicht fertig, nein zu sagen. Also: „Kommen Sie nur!" und dabei denke ich mir, „O Gott, wie halte ich das nur aus?"

Ich fühle mich nicht wohl, wenn ich zusage, und

ebensowenig, wenn ich Nein sage – also wähle ich das kleinere Übel und antworte: „In Ordnung, kommen Sie nur." Ich werde froh sein, wenn der Besuch vorbei ist und werde dann endlich aufhören können zu lächeln. Aber der Besuch kommt und ich begrüße ihn: „Wie geht es Ihnen?" „Danke, gut", erwidert er und fängt an zu reden und zu reden, über die Arbeitsgruppe und wie gut sie ihm gefällt. Dabei denke ich mir: „Wenn er doch endlich zur Sache käme." Schließlich kommt er zur Sache, worauf ich ihm sage: „Jeder Esel könnte dieses Problem lösen", und ihn dann hinauswerfe – beides natürlich nur dem Sinn nach.

„Puh! Das wäre geschafft", denke ich mir. Aber am nächsten Morgen nach dem Frühstück (weil ich das Gefühl habe, zu hart gewesen zu sein) gehe ich auf ihn zu und spreche ihn an: „Und, wie geht's?" „Ganz gut", antwortet er und fügt hinzu: „Wissen Sie, was Sie mir gestern gesagt haben, ist mir eine große Hilfe. Kann ich Sie heute nach dem Abendessen sprechen?" O nein!

Die schlechteste Art von Nächstenliebe ist die, etwas zu tun, um kein schlechtes Gewissen zu haben. Sie bringen es nicht fertig zu sagen, daß Sie in Ruhe gelassen werden möchten. Sie wollen, daß die Leute gut von Ihnen denken. Wenn Sie einwenden: „Ich möchte andere nicht verletzen", erwidere ich: „Vergessen Sie's! Ich glaube Ihnen nicht." Ich glaube niemandem, der behauptet, er oder sie würde andere nicht gern verletzen. Wir verletzen andere recht gern, besonders ein paar ganz bestimmte Leute. Es fällt uns nicht schwer. Und tut dies jemand anders, freuen wir uns darüber. Aber wir wollen die Verletzung nicht selbst zufügen, weil *wir selbst* dabei verletzt werden. Das ist es nämlich. Wenn wir jemand verletzen, bekommen die anderen eine schlechte Meinung von uns. Sie werden uns bald nicht mehr schätzen, werden schlecht von uns reden, und *das* mögen wir nicht!

Was haben Sie auf dem Herzen?

Das Leben ist ein Festessen. Das Tragische dabei ist, daß die meisten Menschen den Hungertod sterben. Das ist es, worüber ich sprechen möchte. Ich kenne eine nette Geschichte von ein paar Leuten, die auf einem Floß vor der brasilianischen Küste trieben und am Verdursten waren. Sie ahnten nicht, daß das Wasser um sie herum Süßwasser war. Der Fluß strömte so kraftvoll ins Meer, daß sein Wasser einige Meilen weit vor die Küste gelangte. Deshalb gab es genau dort, wo das Floß trieb, auch Süßwasser. Aber sie wußten es nicht.

Ebenso sind wir von Freude, Glück und Liebe umgeben. Die meisten Menschen ahnen es nur nicht, weil sie nichts mehr klar erkennen können, weil sie hypnotisiert sind, weil sie schlafen. Stellen Sie sich einen Zauberer auf der Bühne vor, der jemanden so hypnotisiert, daß er nur sieht, was nicht da ist, und das, was da ist, nicht sieht. Genauso ist es. Kehren Sie um und nehmen Sie die gute Nachricht an. Kehren Sie um, und werden Sie wach!

Weinen Sie nicht über Ihre Sünden. Warum über Sünden weinen, die man beging, während man schlief? Wollen Sie etwas beklagen, was Sie in einem Zustand der Hypnose getan haben? Warum wollen Sie sich mit solch einem Menschen vergleichen? Werden Sie wach! Kehren Sie um! Denken Sie um. Sehen Sie alles mit neuen Augen, denn „das Reich Gottes ist da!" Nur wenige Christen nehmen diese Neuigkeit ernst. Ich sagte schon, daß das erste, was Sie tun müssen, ist: wach werden – sich der Tatsache stellen, daß Sie nicht wach werden wollen. Viel lieber würden Sie alles so haben, wie es Ihnen im Zustand der Hypnose kostbar und wichtig erschien, so wichtig für Ihr Leben und Ihr Überleben.

Zweitens: Verstehen – verstehen, daß Sie möglicherweise falsche Vorstellungen haben, die Ihr Leben beeinflussen und es zu dem Gewirr machen, das es ist, und die Sie weiterschlafen lassen; Vorstellungen von der Liebe, von der Freiheit, vom Glück und anderem mehr. Es ist gar nicht einfach, jemandem zuzuhören, der diese Vorstellungen, die Ihnen kostbar geworden sind, in Frage stellt.

Es gibt einige interessante Studien über das Phänomen der Gehirnwäsche. Aus ihnen geht hervor, daß es sich bereits dann um Gehirnwäsche handelt, wenn man einen Gedanken annimmt oder verinnerlicht, der nicht der eigene ist. Und das Komische daran ist, daß man bereit wäre, für diesen Gedanken zu sterben. Ist das nicht seltsam? Der erste Test, ob sich bei Ihnen Folgen einer Gehirnwäsche zeigen, und Sie Überzeugungen und Einstellungen verinnerlicht haben, findet in dem Moment statt, da diese angegriffen werden. Sie sind verblüfft, reagieren emotional. Das ist ein ziemlich gutes Zeichen – kein unfehlbares, aber ein recht gutes Zeichen –, daß es sich hier um Gehirnwäsche handelt. Sie sind bereit, für eine Idee zu sterben, die niemals Ihre eigene war. Terroristen oder Heilige (sogenannte) nehmen eine Idee an, verschlingen sie restlos und sind bereit, für sie zu sterben.

Es ist nicht einfach zuzuhören, vor allem dann nicht, wenn man sich über eine Idee leicht erregt. Ja, auch wenn man nicht leicht erregbar ist, ist es nicht einfach zuzuhören – hört man alles vom eigenen vorprogrammierten, konditionierten, hypnotisierten Standpunkt aus. Man interpretiert oft alles, was gesagt wird, nach dem einmal eingeprägten Begriffsmuster.

Wie jene Frau, die nach einem Vortrag über Ackerbau und Viehzucht fragt: „Entschuldigen Sie, mein Herr, ich stimme hierin mit Ihnen völlig überein, daß der beste Dung alter Pferdemist ist. Würden Sie uns aber bitte noch sagen, wie alt genau die Pferde sein müssen?"

Erkennen Sie die Einstellung dieser Frau? Wir haben alle unsere Standpunkte, oder? Von diesen Standpunkten aus hören wir den anderen zu: „Hast du dich aber verändert, Henry! Du warst doch immer so groß und jetzt kommst du mir so klein vor. Du warst doch immer so stattlich, und jetzt erscheinst du mir so schmal. Du warst doch immer so blaß und jetzt bist du so braun. Was ist mit dir los, Henry?" Und Henry sagt: „Ich heiße gar nicht Henry, ich heiße John." „Ach, deinen Namen hast du auch geändert!" – Wie will man solch einen Menschen zum Zuhören bekommen?

Das Schwierigste auf der Welt ist Hören und Sehen. Wir wollen nicht sehen. Oder meinen Sie, ein Kapitalist möchte das Gute am kommunistischen System sehen? Meinen Sie, ein Kommunist möchte das Gute und Vernünftige am kapitalistischen System sehen? Meinen Sie, ein Reicher will Arme sehen? Wir wollen nicht sehen, denn würden wir es tun, könnten wir uns ja ändern. Wir wollen nicht sehen. Wenn man sieht, verliert man leicht die Kontrolle über sein Leben, das man so mühsam aufrechterhält. Deshalb ist das Dringendste, was man zum Wachwerden braucht, nicht Energie, Stärke, Jugendlichkeit oder gar große Intelligenz. Das allein Notwendige ist die Bereitschaft, etwas Neues zu lernen. Die Wahrscheinlichkeit, wach zu werden, steht in direktem Zusammenhang damit, wieviel Wahrheit Sie ertragen können, ohne vor ihr wegzulaufen. Wieviel sind Sie bereit zu ertragen? Wieviel von dem, was Ihnen lieb und teuer geworden ist, sind Sie bereit aufzugeben, ohne davonzulaufen? Wie sehr sind Sie bereit, über etwas Unvertrautes nachzudenken?

Die erste Reaktion ist Furcht. Nicht daß wir das Unbekannte fürchteten. Man kann nicht fürchten, was man nicht kennt. Vor was man sich eigentlich fürchtet, ist der Verlust des Bekannten. Davor fürchten wir uns. An einem Beispiel habe ich schon gezeigt, daß alles, was wir tun, von Egoismus überschattet wird. Wir hören das nicht so gern. Aber denken wir noch etwas näher darüber nach.

Wenn alles, was wir tun, dem Eigennutz entspringt – ob nun aufgeklärt oder nicht –, was ist dann von all der Nächstenliebe und den guten Taten jedes einzelnen zu halten?

Dazu eine kleine Übung: Denken Sie an alle guten Taten, die Sie getan haben, oder nur an ein paar (denn ich kann Ihnen nur ein paar Sekunden Zeit geben). Jetzt verstehen Sie, daß sie in Wirklichkeit einem Eigennutz entsprungen sind, ob Ihnen das bewußt war oder nicht. Was ist mit Ihrem Stolz, was ist mit Ihrer Eitelkeit? Was ist mit dem guten Gefühl, das Sie sich selbst verschafft haben, das Schulterklopfen, wenn Sie etwas für selbstlos hielten? Es wird recht fade, oder? Was ist jetzt mit dem Herunterschauen auf den Nachbarn, den Sie für so egoistisch hielten? Bald sieht alles ganz anders aus, nicht wahr? „Ja", sagen Sie, „aber mein Nachbar hat eine viel gröbere Art als ich." Aber Sie sind der viel Gefährlichere.

Jesus scheint weniger Probleme mit Menschen gehabt zu haben, die anders waren als Sie. Viel weniger Probleme. Er bekam Probleme mit den Menschen, die wirklich davon überzeugt waren, gute Menschen zu sein. Andere schienen ihm nicht viel Kummer bereitet zu haben, diejenigen, die ohne Umschweife egoistisch waren und es auch wußten. Sehen Sie, wie befreiend das ist? Also wachen Sie auf! Sind Sie niedergeschlagen? Vielleicht sind Sie es. Ist es nicht gut zu merken, daß man nicht besser ist als alle anderen auf dieser Welt? Ist das nicht wunderbar? Sind Sie enttäuscht? Sehen Sie einmal, was wir ans Licht gebracht haben! Was ist mit Ihrer Eitelkeit? Sie würden sich gern das gute Gefühl verschaffen, besser als die anderen zu sein. Aber erkennen Sie, was für einen Trugschluß wir aufgedeckt haben!

Gut, böse oder einfach Glück gehabt

Mir scheint Egoismus einem Selbsterhaltungstrieb zu entspringen, der unser erster und tiefster Instinkt ist. Wie können wir uns für Selbstlosigkeit entscheiden? Es wäre fast wie sich für das Nichtsein zu entscheiden. Für mich wäre es dasselbe wie Nichtsein. Was auch immer es sei, sage ich: Hören Sie damit auf, sich für schlecht zu halten, weil Sie egoistisch sind. Wir sind alle gleich. Jemand sagte einmal etwas sehr Schönes von Jesus, und derjenige war nicht einmal Christ. Er sagte: „Das Schönste bei Jesus war, daß er mit Sündern so vertraut war, denn er verstand sie besser als sie sich selbst."

Wir unterscheiden uns von anderen – zum Beispiel von Verbrechern – nur darin, was wir tun oder lassen, und *nicht darin, was wir sind*. Der Unterschied zwischen Jesus und diesen anderen war, daß er erwacht war und sie nicht. Beobachten Sie einmal Menschen, die im Lotto gewonnen haben. Sagen diese vielleicht: „Ich bin so stolz, diesen Gewinn annehmen zu dürfen – nicht für mich, sondern für mein Vaterland und für meine Gesellschaft." Spricht jemand so, wenn er im Lotto gewinnt? Nein. Weil sie Glück gehabt haben, *Glück*. Also haben sie im Lotto gewonnen, sechs Richtige. Gibt es dabei irgend etwas, worauf man stolz sein könnte?

Nicht anders würden Sie sich verhalten, wenn Sie zur Erleuchtung gelangt wären und darin den eigenen Nutzen sehen und eben glücklich sein würden. Wollen Sie sich im Ruhm sonnen? Was gibt es denn da zu rühmen? Können Sie nicht sehen, wie unendlich dumm es ist, sich auf seine guten Taten etwas einzubilden? Der eitle Tugendbold ist kein böser, sondern ein dummer Mann. Er hört nicht auf zu denken. Jemand sagte einmal: „Ich wage nicht, aufzuhören zu denken, denn täte ich es, wüßte ich nicht, wie ich wieder damit anfangen soll."

Enttäuschung – Befreiung von Täuschung

Wenn Sie aufhören würden zu denken, würden Sie merken, daß es gar nichts gibt, worauf Sie stolz sein können. Wie wirkt sich das auf Ihre Beziehungen zu den Mitmenschen aus? Über was beschweren Sie sich? Einmal kam ein junger Mann zu mir, um sich darüber zu beschweren, daß ihn seine Freundin betrogen, daß sie ihm etwas vorgespielt hätte. Worüber beschweren Sie sich? Haben Sie etwas Besseres erwartet? Erwarten Sie das Schlimmste, Sie haben es mit Egoisten zu tun. Sie sind der Narr – Sie haben sie verherrlicht, oder? Sie dachten, sie sei eine Prinzessin, Sie dachten, die Menschen seien nett. Sind sie nicht! Sie sind nicht nett. Die Menschen sind genauso schlecht wie Sie selbst – schlecht, verstehen Sie? Sie schlafen, genau wie Sie. Und was suchen sie wohl? Ihren eigenen Nutzen, genau wie Sie. Da besteht kein Unterschied. Können Sie sich vorstellen, wie befreiend es ist, nie wieder desillusioniert, nie wieder enttäuscht zu werden? Sie werden sich nie wieder betrogen oder abgewiesen fühlen. Sie möchten wach werden? Sie möchten glücklich sein? Sie wollen Freiheit? Hier ist, was Sie suchen: Vergessen Sie Ihre falschen Ansichten. Durchschauen Sie die Menschen. Wenn Sie sich selbst durchschauen, können Sie jeden anderen durchschauen. Dann werden Sie die Menschen lieben. Andernfalls werden Sie Ihre ganze Zeit mit Ihren falschen Vorstellungen von ihnen verschwenden, mit Ihren Illusionen, die dauernd mit der Wirklichkeit in Konflikt geraten.

Wahrscheinlich ist das für viele von Ihnen zu verblüffend, um verstehen zu können, daß von jedem, außer von den sehr wenigen Erwachten, *erwartet* werden kann, daß er oder sie egoistisch ist und auf den eigenen Nutzen bedacht, ob auf ungehobelte oder auf raffinierte

Art und Weise. Das führt Sie zu der Einsicht, daß es nichts gibt, worüber man enttäuscht, nichts, worüber man desillusioniert sein könnte. Wären Sie immer realistisch gewesen, wären Sie nie enttäuscht worden. Aber Sie wollten ja die Menschen in leuchtenden Farben malen, Sie wollten sie ja nicht durchschauen, weil Sie sich selbst nicht durchschauen wollten. Also bezahlen Sie jetzt den Preis.

Bevor wir darauf näher eingehen, lassen Sie mich eine Geschichte erzählen. Jemand fragte mich einmal: „Wie ist denn Erleuchtetsein? Wie ist es denn, wach geworden zu sein?"

Es ist wie mit dem Landstreicher in London, der sich für die Nacht einrichtete. Kaum eine Brotkruste hatte er zu essen bekommen. Er erreichte das Ufer der Themse. Im leichten Nieselregen zog er seinen zerschlissenen Mantel fester um sich. Er wollte gerade einschlafen, als auf einmal ein Rolls-Royce mit Chauffeur anhielt. Eine schöne junge Dame stieg aus und sagte zu ihm: „Sie armer Mann, wollen Sie etwa die Nacht hier am Ufer verbringen?" Darauf erwiderte der Landstreicher: „Ja." Die Frau entgegnete: „Das werde ich nicht zulassen. Sie kommen mit in mein Haus und werden dort bequem übernachten, nachdem Sie gut zu Abend gegessen haben." Sie bestand darauf, daß er einstieg.

Also fuhren sie aus London hinaus und kamen zu einer großen Villa in einem weiten Park. Dem Butler, der sie ins Haus führte, sagte die Dame: „James, sorgen Sie bitte dafür, daß er ein Dienstbotenzimmer bekommt und es ihm an nichts fehlt." James tat wie ihm geheißen. Die junge Dame hatte bereits die Kleider abgelegt, um ins Bett zu gehen, als ihr plötzlich wieder ihr Übernachtungsgast einfiel. Also zog sie sich etwas über und ging den Gang entlang zu den Dienstbotenzimmern. Unter der Tür des Landstreichers fiel ein Lichtstreifen hindurch. Sie klopfte behutsam an die Tür, öffnete sie und sah, daß der Mann noch wach war. Sie sagte zu ihm: „Was ist, guter Mann, haben Sie kein rechtes Essen bekommen?" Darauf erwiderte er: „In meinem ganzen Leben habe ich noch kein besseres Essen gehabt, meine Dame." „Haben Sie warm genug?" „Ja, ein schönes, warmes Bett." „Vielleicht brauchen Sie ein bißchen Gesellschaft. Wollen Sie nicht ein Viertelstündchen zu mir herüberkommen?" Dann rückte sie näher zu ihm, und er rutschte näher zu ihr und fiel genau in die Themse.

Ätsch! Damit haben Sie bestimmt nicht gerechnet! Erleuchtung! Wachen Sie auf. Wenn Sie bereit sind, Ihre falschen Vorstellungen gegen die Wirklichkeit einzutauschen, wenn Sie bereit sind, Ihre Träume gegen Tatsachen einzutauschen, ist das der Weg, auf dem Sie alles finden können, auf dem das Leben Sinn erhält – und das Leben wird schön.

Oder die Geschichte von Ramirez: Ramirez ist schon alt und lebt in seiner Burg hoch oben auf dem Berg. Er schaut zum Fenster hinaus (er ist gelähmt und liegt im Bett) und sieht seinen Feind. Alt wie er ist und auf einen Stock gestützt, erklimmt der Feind den Berg – langsam und beschwerlich. Nach etwa zweieinhalb Stunden ist er endlich oben angelangt. Doch Ramirez kann nichts tun, weil die Diener ihren freien Tag haben. So öffnet der Feind die Tür, geht geradewegs zum Schlafzimmer, greift mit der Hand in den Mantel und zieht eine Waffe hervor. Er sagt: „Endlich, Ramirez, werden wir unsere Rechnung begleichen!" Ramirez versucht alles, um ihm sein Vorhaben auszureden: „Komm schon, Borgia, das kannst du doch nicht tun. Du weißt genau, daß ich nicht mehr derselbe bin, der dich vor Jahren als junger Springinsfeld übel traktiert hat; und du bist auch nicht mehr derselbe junge Bursche. Hör schon auf damit!" „O nein", erwidert sein Feind, „deine schönen Worte können mich nicht von meiner göttlichen Mission abbringen. Ich will Rache, und du kannst mich nicht davon abhalten." Ramirez antwortet: „Doch kann ich!" „Und wie?" fragt sein Feind. „Ich kann wach werden", sagt Ramirez. Und das tat er; er wurde wach! Das ist Erleuchtung. Wenn Ihnen jemand sagt: „Da kannst du gar nichts machen", sagen Sie: „Und ob! Ich kann wach werden." Und auf einmal ist das Leben nicht mehr der Alptraum, als der es erschien. Wachen Sie auf!

Jemand kam zu mir, um mir eine Frage zu stellen. Was meinen Sie wohl, wie seine Frage lautete? Er fragte mich: „Sind Sie erleuchtet?" Und was, glauben Sie, wie meine Antwort war? „Was hat das schon zu sagen!"

Möchten Sie eine bessere Antwort? Meine Antwort wäre dann: „Wie kann ich es wissen? Wie können Sie es wissen? Was hat das schon zu sagen?" Wissen Sie was? Wenn Sie etwas zu sehr wollen, haben Sie große Probleme. Wissen Sie noch etwas? Wenn ich erleuchtet wäre, und Sie würden mir nur deswegen zuhören, hätten Sie wirklich große Probleme. Möchten Sie von einem Erleuchteten in Ihrem Willen beeinflußt werden? Sie können von jedem beeinflußt werden. Was spielt das schon für eine Rolle, ob jemand erleuchtet ist oder nicht? Aber sehen Sie, wir möchten uns an jemanden anlehnen, oder? Wir möchten uns auf jemand stützen, von dem wir glauben, daß er es geschafft hat. Wir hören gern, daß Leute es geschafft haben. Es gibt uns Hoffnung, nicht wahr? Auf was wollen Sie denn hoffen? Ist das nicht nur eine andere Form von Wunschdenken?

Sie wollen auf etwas besseres hoffen als das, was Sie jetzt haben, oder? Sonst würden Sie ja nicht hoffen. Doch dann vergessen Sie, daß Sie schon alles haben und es nur nicht wissen. Warum richten Sie Ihre Aufmerksamkeit nicht auf das Jetzt, statt auf bessere Zeiten zu hoffen? Warum verstehen Sie nicht das Jetzt, statt es zu vergessen und auf die Zukunft zu hoffen? Ist die Zukunft nicht nur eine weitere Illusion?

Selbst-Beobachtung

Die einzige Art, wie Ihnen jemand helfen kann, ist, daß er Ihre Vorstellungen hinterfragt. Wenn Sie dazu bereit sind zuzuhören, und wenn Sie dazu bereit sind, in Frage gestellt zu werden, ist das etwas, was Sie tun können, aber *niemand kann Ihnen helfen*. Was ist das Wichtigste dabei? Es ist die Selbstbeobachtung. Niemand kann Ihnen dafür eine Methode oder eine Technik zur Hand geben. In dem Augenblick, da Sie eine Technik übernehmen, sind Sie wieder programmiert. Aber Selbstbeobachtung – auf sich selbst achten – ist wichtig. Es ist nicht dasselbe wie in sich selbst aufzugehen. In sich selbst aufzugehen ist Egozentrik, bei der Sie nur in Sorge um sich selbst leben, sich um sich selbst Gedanken machen. Ich meine jedoch Selbst*beobachtung*. Was ist das eigentlich?

Es bedeutet, alles in sich selbst und um sich herum zu beobachten, so gut es geht, und es so betrachten, als geschähe es jemand anderem. Was bedeutet das konkret? Es bedeutet, daß Sie das, was Ihnen passiert, nicht persönlich nehmen. Es heißt, die Dinge so zu betrachten, als hätten Sie keinen Bezug zu ihnen.

Der Grund, weshalb Sie unter Ihrer Niedergeschlagenheit und Ihren Ängsten leiden, liegt darin, daß Sie sich mit ihnen identifizieren. Sie sagen: „Ich bin niedergeschlagen." Das ist aber falsch. Sie sind gar nicht niedergeschlagen. Wenn Sie korrekt sein wollten, würden Sie zum Beispiel sagen: „Ich erlebe gerade eine Phase der Niedergeschlagenheit." Hingegen können Sie kaum sagen: „Ich bin niedergeschlagen." Sie sind nicht Ihre Niedergeschlagenheit. Das ist nur ein seltsamer Trick des Verstands, eine merkwürdige Illusion. Sie haben sich selbst vorgemacht – obwohl Sie sich dessen nicht bewußt sind –, daß Sie Ihre Niedergeschlagenheit und Ihre Ängste *sind*, daß Sie Ihre Freude oder Begeisterung, die Sie erleben, *sind*. „Ich bin erfreut!" Sie sind sicherlich nicht erfreut. Vielleicht ist Freude *in* Ihnen, doch warten Sie nur ab, das wird sich ändern, es wird nicht andauern; es dauert nie lange; es ändert sich ständig, ändert sich immer. Wolken kommen und ziehen vorüber: manche sind dunkel und manche sind weiß, manche sind groß, andere sind klein. Wenn wir der Analogie folgen wollen, wären Sie der Himmel und beobachteten die Wolken. Sie sind der passive, unbeteiligte Beobachter. Das ist schockierend, besonders für einen Menschen der westlichen Kultur. Sie greifen gar nicht ein. Greifen Sie auch wirklich nicht ein, rücken Sie nichts zurecht. Schauen Sie zu! Beobachten Sie!

Das Problem bei den Menschen ist, daß sie ständig alles zurechtrücken wollen, auch wenn sie es gar nicht verstehen. Wir rücken immer alles zurecht, oder? Nie kommen wir auf den Gedanken, daß gar nichts zurechtgerückt werden muß; muß es wirklich nicht. Darin liegt eine große Erleuchtung. Man muß die Dinge nur verstehen. Wenn Sie sie verstanden haben, werden sie sich verändern.

Bewußtheit, ohne alles zu bewerten

Wollen Sie die Welt verändern? Wie wäre es, wenn Sie mit sich selbst anfingen? Wie wäre es, selbst zuerst umgewandelt zu werden? Doch wie ist das zu erreichen? Durch Beobachtung, durch Verstehen; ohne Eingreifen oder Aburteilen von Ihrer Seite. Denn was man verurteilt, kann man nicht verstehen.

Wenn Sie von jemandem sagen: „Er ist Kommunist", hört Ihr Verständnis in diesem Moment auf. Sie haben diesem Menschen ein Etikett aufgeklebt. „Sie ist Kapitalistin." In diesem Augenblick ist es mit dem Verständnis zu Ende. Sie haben ihr ein Etikett aufgeklebt, und haftet dem Etikett ein Unterton von Billigung oder Mißbilligung an, ist es um so schlimmer. Wie wollen Sie dann noch verstehen, was Sie mißbilligen oder billigen? Das alles klingt nach einer neuen Welt, nicht wahr? Kein Urteil, kein Kommentar, keine Stellungnahme: man beobachtet einfach, man untersucht es, sieht zu, und zwar ohne den Wunsch, das Bestehende zu verändern. Denn wenn Sie das Bestehende in das verändern wollen, was Sie denken, wie es sein *sollte*, verstehen Sie es nicht mehr.

Ein Hundetrainer versucht, einen Hund zu verstehen, damit er ihm beibringen kann, bestimmte Dinge zu tun. Ein Wissenschaftler beobachtet das Verhalten von Ameisen, und will nichts weiter, als eben Ameisen beobachten, um dabei soviel wie möglich über sie zu lernen. Er hat kein anderes Ziel. Er versucht nicht, sie zu dressieren oder irgend etwas anderes mit ihnen anzustellen. Er interessiert sich für Ameisen, er will möglichst viel über sie erfahren. Das ist seine Einstellung. An dem Tag, da Sie diese Einstellung besitzen, werden Sie ein Wunder erleben. Sie werden sich verändern – mühelos und auf die richtige Art und Weise. Die Veränderung wird einfach geschehen, Sie werden nichts dazu tun müssen. Wenn ein Leben des Bewußtwerdens sich über Ihre Dunkelheit breitet, wird alles Böse verschwinden. Das Gute wird hervortreten. Sie werden es an sich selbst erfahren müssen.

Doch dafür bedarf es der Disziplin. Und wenn ich Disziplin sage, meine ich nicht Anstrengung. Ich spreche von etwas anderem. Haben Sie schon einmal Athleten beobachtet? Ihr ganzes Leben ist Sport, doch sie führen ein diszipliniertes Leben. Und betrachten Sie doch einmal einen Fluß, der zum Meer fließt. Er schafft sich seine eigenen Dämme, die ihn wiederum eindämmen. Wenn es etwas in Ihnen gibt, das sich in die richtige Richtung bewegt, schafft es sich seine eigene Disziplin. Der Augenblick, da Sie die Bewußtheit erfaßt, ist großartig! Es ist die wichtigste Sache der Welt. Es gibt nichts Wichtigeres als wach zu werden. Nichts! Natürlich ist es auch auf seine eigene Art und Weise Disziplin.

Es gibt nichts Schöneres als bewußt zu leben. Oder würden Sie lieber in Dunkelheit leben? Würden Sie lieber handeln und sich Ihres Tuns nicht bewußt sein, sprechen und sich Ihrer Worte nicht bewußt sein? Würden Sie lieber Menschen zuhören und sich nicht bewußt sein, was Sie hören, Dinge sehen und sich nicht bewußt sein, was Sie betrachten? Sokrates sagte: „Das unbewußte Leben ist es nicht wert, gelebt zu werden." Eine selbstverständliche Wahrheit. Die meisten Menschen leben nicht bewußt. Sie leben mechanisch, denken mechanisch – im allgemeinen die Gedanken anderer –, fühlen mechanisch, handeln mechanisch, reagieren mechanisch.

Wollen Sie sehen, wie mechanisch Sie wirklich sind? „Oh, tragen Sie aber ein hübsches Hemd." Es tut Ihnen gut, so etwas zu hören. Allein wegen einem Hemd, nicht zu glauben! Sie sind stolz auf sich, wenn Sie so etwas hören.

Es kommen Menschen in mein Zentrum in Indien und sagen: „Was für ein schöner Ort, diese schönen Bäume" (für die ich überhaupt nicht verantwortlich bin), „dieses herrliche Klima!" Und schon fühle ich mich gut, bis ich mich dabei erwische, daß mir das gut getan hat, und ich mir sage: „He, kannst du dir so etwas Dummes vorstellen?" Ich bin doch nicht für diese Bäume verantwortlich und habe auch nicht diesen Ort ausgesucht, so wenig wie ich das Wetter bestellt habe; es ist einfach so. Aber ich fühle mich angesprochen, also tut es mir gut. Ich bin stolz auf „meine" Kultur und „mein" Volk. Wie dumm kann man noch werden? Wirklich wahr!

Man sagt mir, daß meine große indische Kultur all die Mystiker hervorgebracht hat. Ich habe sie nicht geschaffen, ich bin nicht für sie verantwortlich. Oder man sagt mir: „Ihr Land mit dieser Armut – einfach abstoßend." Ich schäme mich dafür, aber ich habe sie nicht verursacht. Was ist also los? Haben Sie halt gemacht, um einmal nachzudenken? Jemand sagt: „Ich finde Sie sehr charmant" – und schon fühle ich mich ausgezeichnet. Ich bekomme einen positiven Impuls (deshalb sagt man „Ich bin okay – du bist okay"). Irgendwann werde ich noch ein Buch schreiben mit dem Titel „Ich bin ein Narr – du bist ein Narr". Das ist die befreiendste und wunderbarste Sache der Welt – zuzugeben, ein Narr zu sein. Wenn mir jemand sagt: „Sie haben unrecht", sage ich: „Was ist von einem Narr schon zu erwarten?"

Entwaffnet, jeder muß entwaffnet werden. In der letztendlichen Befreiung bin ich ein Narr – und Sie sind ein Narr. Normalerweise funktioniert das so: ich drücke auf einen Knopf, und Sie fühlen sich gut; ich drücke auf einen anderen Knopf, und Sie fühlen sich schlecht. Und das gefällt Ihnen.

Wie viele Menschen kennen Sie, die sich von Lob und Tadel nicht beeinflussen lassen? Das ist doch nicht menschlich, sagen wir. Menschlich zu sein heißt, ein Narr zu sein und nach jedermanns Pfeife zu tanzen und immer zu tun, was man tun *sollte*. Aber ist das menschlich? Wenn Sie mich charmant finden, heißt das nur, daß Sie gerade gut gelaunt sind, und nichts weiter.

Es heißt auch, daß ich auf Ihre Einkaufsliste passe. Wir alle tragen eine Einkaufsliste mit uns herum und tun so, als müßten wir alles an dieser Einkaufsliste messen – Groß? Ja. Dunkel? Ja. Attraktiv, genau *mein* Geschmack. „Ich mag den Klang seiner Stimme." Sie sagen: „Ich bin verliebt." Sie sind nicht verliebt, Sie einfältiger Narr. Jedesmal, wenn Sie verliebt sind – ich zögere, das zu sagen –, sind Sie ganz besonders närrisch. Setzen Sie sich hin, und schauen Sie, was mit Ihnen los ist. Sie rennen vor sich selbst weg. Sie wollen entkommen.

Jemand sagte einmal: „Gott sei Dank gibt es die Wirklichkeit – *und* die Möglichkeiten, ihr zu entkommen." Genau das ist es, was eigentlich geschieht. Wir sind so mechanisch, so kontrolliert. Wir schreiben ganze Bücher über das Kontrolliertwerden und wie schön es ist, kontrolliert zu werden und wie wichtig, daß die Leute einem sagen, daß man „okay" ist. Dann sind sie zufrieden mit sich. Wie schön ist es doch, eingesperrt zu sein! Oder wie mir gestern jemand sagte, in seinem Käfig zu sitzen. Sind Sie gern eingesperrt? Werden Sie gerne kontrolliert? Darf ich Ihnen etwas sagen? Wenn Sie sich selbst erlauben, sich gut zu fühlen, sobald man Ihnen sagt, daß Sie okay sind, schaffen Sie die Voraussetzung dafür, sich schlecht zu fühlen, sobald man Ihnen sagt, daß Sie nicht okay sind. Solange Sie dafür leben, die Erwartungen anderer zu erfüllen, achten Sie darauf, was Sie anziehen, wie Sie sich frisieren, ob Ihre Schuhe geputzt sind – kurz, ob Sie jeder lächerlichen Erwartung entsprechen wollen. Nennen Sie das menschlich?

Und das werden Sie entdecken, wenn Sie sich beobachten! Sie werden entsetzt sein! Der springende Punkt ist, daß Sie weder okay noch nicht okay sind. Sie können höchstens der momentanen Stimmung, dem Trend oder der Mode entsprechen. Heißt das nun, daß Sie okay geworden sind? Hängt Ihr Okay-Sein davon ab? Hängt es davon ab, wie man über Sie denkt? Jesus Christus muß demnach überhaupt nicht okay gewesen sein. Sie sind nicht ‚okay', und Sie sind nicht ‚nicht okay', Sie sind Sie selbst! Ich hoffe, daß dies eine wichtige Entdekkung für Sie wird, zumindest für einige von Ihnen. Vergessen Sie das ganze Gerede von okay und nicht okay. Vergessen Sie alle Urteile, und beobachten Sie einfach, schauen Sie zu. Sie werden wichtige Entdeckungen machen, die Sie verändern werden. Sie werden sich nicht im geringsten anstrengen müssen, glauben Sie mir.

Das erinnert mich an einen Mann im London nach dem Zweiten Weltkrieg. Er saß auf seinem Platz in der U-Bahn und hatte ein in braunes Packpapier eingewickeltes Paket auf dem Schoß; ein großes, schweres Ding. Der Schaffner kam zu ihm und fragte: „Was haben Sie da auf dem Schoß?" Worauf der Mann sagte: „Das ist eine Bombe, sie ist noch scharf. Wir haben sie im Garten ausgegraben. Ich bringe sie jetzt zur Polizei." Der Schaffner verfügte: „Die wollen Sie doch wohl nicht auf dem Schoß tragen! Tun Sie das Ding gefälligst unter den Sitz."

Psychologie und Spiritualität (was wir im allgemeinen darunter verstehen) bringen die Bombe von Ihrem Schoß unter Ihren Sitz. Sie lösen Ihre Probleme eigentlich nicht, sondern tauschen Ihre Probleme gegen andere Probleme. Ist Ihnen das schon einmal aufgefallen? Sie hatten ein Problem und tauschen es jetzt gegen ein anderes ein? So wird es immer sein, es sei denn, wir lösen das Problem, das „Sie selbst" heißt.

Die Illusion der Belohnungen

Die großen Mystiker und Meister des Ostens stellen die Frage: „Wer bist *du*?" Viele meinen, die wichtigste Frage der Welt sei: „Wer ist Jesus Christus?" Falsch!

Andere meinen, sie lautet: „Gibt es einen Gott?" Auch falsch! Wieder andere denken, es ist die Frage:

„Gibt es ein Leben nach dem Tod?" Wiederum falsch! Niemand scheint sich mit dem Problem zu befassen: Gibt es ein Leben *vor* dem Tod? Doch nach meinen Erfahrungen sind die, welche sich mit so etwas beschäftigen und ganz gespannt darauf sind, was sie mit dem *nächsten* Leben anfangen sollen, genau diejenigen, die nicht wissen, was sie mit *diesem* Leben anfangen sollen. Ein Zeichen dafür, daß Sie wach geworden sind, ist, daß Sie sich keinen Deut darum kümmern, was im nächsten Leben geschehen wird. Sie halten sich nicht damit auf und bekümmern sich nicht darum. Sie sind nicht daran interessiert, punktum.

Wissen Sie, was ewiges Leben ist? Sie meinen, es sei Leben ohne Ende. Doch Ihre eigenen Theologen werden Ihnen sagen, daß das eine verrückte Vorstellung ist, denn ‚ohne Ende' ist immer noch ein Zeitbegriff – Zeit, die für immer fortdauert. Ewig heißt zeitlos – ohne Zeit. Für den menschlichen Verstand ist das etwas Unfaßbares. Der menschliche Verstand kann Zeit verstehen und sie leugnen. Was zeitlos ist, übersteigt unsere Vorstellungskraft. Die Mystiker jedoch lehren uns, daß die Ewigkeit jetzt geschieht. Ist das keine gute Botschaft?

Ewigkeit geschieht jetzt. Die meisten Menschen sind sehr beunruhigt, wenn ich ihnen sage, sie sollten ihre Vergangenheit vergessen. Sie sind doch so stolz auf ihre Vergangenheit – oder sie schämen sich dafür. Vergessen Sie das alles! Wenn man Ihnen sagt: „Bereuen Sie Ihre Vergangenheit", sollten Sie sich klarmachen, daß das eine groß aufgezogene Ablenkung vom Wachwerden ist. Werden Sie wach! Zu bereuen bedeutet, wach zu werden, und nicht: „wegen seiner Sünden zu weinen". Werden Sie wach, und hören Sie mit dem Weinen auf. Wachen Sie auf!

Zu sich selbst finden

Die großen Lehrmeister sagen uns, daß die wichtigste Frage der Welt sei: „Wer bin ich?" Oder vielleicht auch: „Was ist das ‚Ich'"? Was ist das überhaupt, was man das „Ich" oder das „Selbst" nennt? Meinen Sie etwa, Sie hätten sonst alles verstanden, nur das nicht? Meinen Sie, Sie haben die Astronomie samt ihren schwarzen Löchern und Quasaren verstanden, kennen sich mit Computern aus, und wissen nicht, wer Sie sind? Dann schlafen Sie ja immer noch. Sie sind ein schlafender Gelehrter.

Meinen Sie, Sie haben verstanden, wer Jesus Christus ist, und wissen nicht, wer Sie selbst sind? Woher wollen Sie denn wissen, daß Sie Jesus Christus verstanden haben? Wer ist denn derjenige, der etwas versteht? Finden Sie das erst einmal heraus. Das ist die Grundlage von allem. Weil wir uns darüber nicht im klaren sind, gibt es immer noch all diese engstirnigen religiösen Leute, die ihre sinnlosen religiösen Kriege führen – Moslems gegen Juden, Protestanten gegen Katholiken, und so weiter. Sie wissen nicht, wer sie sind, denn wenn sie es wüßten, gäbe es keine Kriege. So wie ein kleines Mädchen einen kleinen Jungen fragte: „Bist du Presbyterianer?" Darauf antwortete der Junge: „Nein, wir haben eine andere Konfrontation."

Doch worauf ich hier hinaus will, ist die Selbst-Beobachtung. Sie hören mir zu, aber nehmen Sie neben meiner Stimme auch alle anderen Geräusche auf, während Sie mir lauschen? *Achten* Sie auf Ihre Reaktionen, während Sie mir zuhören? Ist das nicht der Fall, werden Sie beeinflußt werden, ohne es zu merken. Oder Sie werden von Kräften in Ihnen selbst beeinflußt, von denen Sie nichts wissen. Und selbst wenn Sie wissen, wie Sie auf mich reagieren, sind Sie sich dabei bewußt, warum Sie so und nicht anders reagieren?

Vielleicht hören ja gar nicht *Sie* mir zu; vielleicht ist es Ihr Vater. Halten Sie das für möglich? Zweifellos ist das möglich. Immer wieder begegne ich in meinen Therapiegruppen Menschen, die eigentlich gar nicht selbst da sind. Ihr Vater ist da, ihre Mutter ist da, nur nicht sie selbst. Ich könnte Sie Satz für Satz auseinandernehmen und fragen: „Stammt dieser Satz jetzt von Papa, Mama, Oma oder Opa, von wem wirklich?"

Wer lebt in Ihnen? Es dürfte Sie ziemlich erschrekken, wenn Sie das erfahren. Sie meinen, Sie sind frei, doch dürfte es keine Geste, keinen Gedanken, keine Gefühlsregung, keine Einstellung, keine Meinung geben, die nicht von einem anderen stammt. Ist das nicht erschreckend? Und Sie wissen es nicht einmal. Ein mechanisches Leben wurde Ihnen da übergestülpt! Sie vertreten in vielen Dingen einen klaren Standpunkt, und denken, daß Sie es sind, die diesen Standpunkt haben, doch sind Sie es wirklich? Sie brauchen viel Einsicht, um zu verstehen, daß dieses Etwas, daß Sie „Ich" nennen, einfach eine Anhäufung Ihrer vergangenen Erfahrungen ist, Ihrer unbewußten Beeinflussung und Programmierung.

Eine schmerzliche Feststellung. Wenn Sie beginnen aufzuwachen, erfahren Sie tatsächlich eine Menge Schmerz: Es schmerzt, wenn man sieht, wie Illusionen zerplatzen. Alles, wovon Sie glaubten, Sie hätten es aufgebaut, stürzt zusammen, und das tut weh. Das ist im Grunde Reue, und das ist wirkliches Erwachen. Nehmen Sie sich daher eine Minute Zeit – gerade da, wo Sie jetzt sitzen – und achten Sie darauf, was Sie innerlich empfinden – auch während ich spreche –, achten Sie auf Ihre Gedanken und auf Ihren Gefühlszustand. Achten Sie auf die Tafel, wenn Sie die Augen geöffnet haben, auf die Farbe der Wände und auf das Material, aus dem sie

sind? Achten Sie auf mein Gesicht und darauf, wie Sie auf dieses Gesicht reagieren? Denn irgendwie reagieren Sie, ob Sie sich dessen bewußt sind oder nicht. Und wahrscheinlich ist auch dies nicht Ihre Reaktion, sondern eine, die Ihnen antrainiert wurde. Und sind Sie sich dessen bewußt, was ich gerade gesagt habe – obwohl das kein Bewußtsein wäre, sondern nur Erinnerungsvermögen.

Seien Sie sich Ihrer Gegenwart in diesem Zimmer bewußt. Sagen Sie zu sich selbst: „Ich bin in diesem Zimmer." Das ist, als stünden Sie außerhalb Ihrer selbst und betrachteten sich selbst. Merken Sie, daß es ein etwas anderes Gefühl ist als beim Betrachten von Gegenständen in diesem Zimmer? Später werden wir fragen: „Wer ist denn diese Person, die hier etwas betrachtet?" Ich betrachte mich. Was ist in diesem Satz das „Ich", und was das betrachtete „Mich"?[1]

Für den Moment reicht es aus, daß ich mich betrachte, doch wenn Sie merken, daß Sie sich ablehnen oder anerkennen, so hören Sie mit dem Ablehnen oder Urteilen oder Anerkennen nicht auf, beobachten Sie es einfach. Ich lehne mich ab, ich mißbillige mich, ich billige mich. Beobachten Sie, mehr nicht. Versuchen Sie nicht, etwas daran zu ändern. Sagen Sie nicht: „Oh, das sollen wir doch nicht tun." Beobachten Sie einfach, was passiert. Wie ich Ihnen schon sagte, heißt Selbst-Beobachtung Zuschauen – Beobachten, was auch immer in Ihnen und um Sie herum vorgeht, so als geschähe es jemand anderem.

Das „Ich" herausschälen

Ich schlage jetzt eine andere Übung vor: Schreiben Sie eine kurze Bezeichnung auf, mit der Sie sich beschreiben würden – zum Beispiel Geschäftsmann, Pfarrer, Mensch, Katholik, Jude, etwas in dieser Art.

Wie ich sehe, notieren manche Bezeichnungen wie: erfolgreich, suchender Pilger, kompetent, lebendig, ungeduldig, konzentriert, flexibel, versöhnlich, Liebhaber, Angehöriger der menschlichen Rasse, oberflächlich strukturiert. Sicherlich sind das die Ergebnisse Ihrer Selbstbeobachtung, so als beobachteten Sie eine andere Person.

Doch beachten Sie, daß Sie sich sagten: „Ich" beobachte „Mich". Dieses interessante Phänomen, daß „Ich"

[1] Anmerkung der Übersetzerin: Dieses „Mich" – für de Mello soviel wie das Schein-Ich –, das er im folgenden stets vom „I" als das „Me" unterscheidet, wurde in der Übersetzung weiterhin schlicht mit „Mich" wiedergegeben. Es trifft den Objekt-Charakter des *betrachteten* Ich, von dem sich das Ich als *betrachtendes* Subjekt abhebt.

„Mich" betrachten kann, hat schon immer Philosophen, Mystiker und Psychologen gefesselt. Offensichtlich sind Tiere nicht zu so etwas fähig. Anscheinend ist dazu ein gewisser Grad von Intelligenz erforderlich. Was ich Ihnen nun näherbringen möchte, ist nicht Metaphysik, nicht Philosophie, sondern schlichte Beobachtung und gesunder Menschenverstand.

Die großen Mystiker des Ostens beziehen sich auf das „Ich", und nicht auf das vorgefundene „Mich". Tatsächlich lehren uns einige dieser Mystiker, daß wir zuerst mit Dingen beginnen, mit einem Bewußtsein von Dingen; danach gelangen wir zu einem Bewußtsein von Gedanken (das ist das „Mich"); schließlich erreichen wir das Bewußtsein von Denkenden. Dinge, Gedanken, Denkende. Was wir eigentlich suchen, ist der oder die Denkende. Kann der oder die Denkende sich selbst kennen? Kann ich wissen, was das „Ich" ist?

Manche dieser Mystiker antworten darauf: „Kann das Messer sich selbst schneiden? Kann der Zahn sich selbst beißen? Kann das Auge sich selbst sehen? Kann das ‚Ich' sich selbst kennen?" Doch ich befasse mich jetzt mit einer viel praktischeren Frage, nämlich zu klären, was das „Ich" *nicht* ist. Ich werde dabei so langsam wie möglich vorgehen, weil die Folgen umwälzend sind. Ob verheerend oder herrlich, hängt von Ihrem Standpunkt ab.

Hören Sie zu: Bin ich die Gedanken, die ich denke? Nein. Gedanken kommen und gehen; ich bin nicht meine Gedanken. Bin ich mein Körper? Man sagt, daß sich in jeder Minute Millionen von Zellen in unserem Körper wandeln oder neu entstehen, so daß wir nach sieben Jahren keine einzige lebende Zelle mehr in unserem Körper haben, die auch schon vor sieben Jahren da war. Zellen kommen und gehen. Zellen entstehen und sterben. Aber „Ich" bestehe anscheinend fort. Bin ich also mein Körper? Offensichtlich nicht!

Das „Ich" ist etwas anderes und mehr als der Körper. Sie können sagen, daß der Körper ein Teil des „Ichs" ist, jedoch ein Teil, der sich verändert. Er entwickelt sich, verändert sich ständig. Wir haben zwar denselben Namen für ihn, aber er verändert sich. So wie wir die Niagarafälle immer gleich nennen, obwohl sie aus immer anderem Wasser bestehen. Wir benutzen denselben Namen für eine sich dauernd verändernde Wirklichkeit.

Und wie ist es mit meinem Namen? Bin „Ich" mein Name? Offenbar nicht, denn ich kann meinen Namen ändern, aber das „Ich" bleibt. Und meine Karriere? Meine Überzeugungen? Ich sage zwar, daß ich Katholik bin, oder Jude – ist das ein wesentlicher Bestandteil des „Ich"? Wenn ich zu einer anderen Religion konvertiere, verändert sich dabei das „Ich"? Mit anderen Worten: ist mein Name ein wesentlicher Bestandteil von mir, vom „Ich"? Ist meine Religion ein wesentlicher Teil des „Ich"? Ich erzählte bereits von dem kleinen Mädchen, das den Jungen fragte: „Bist du Presbyterianer?"

Mir fällt dazu noch eine andere Geschichte ein: Paddy schlenderte gerade durch die Straßen von Belfast, als ihm plötzlich jemand eine Pistole ins Genick drückte und ins Ohr zischte: „Bist du Protestant oder Katholik?" Paddy mußte sich schnell etwas einfallen lassen. Also antwortete er: „Ich bin Jude." Darauf hörte er hinter sich sagen: „Ich muß der glücklichste Araber in ganz Belfast sein."

Schubladen und Etiketten sind sehr wichtig für uns. „Ich bin Sozialdemokrat", sagen wir. Doch sind Sie es wirklich? Sie wollen doch nicht sagen, daß Sie, wenn Sie die Partei wechseln, ein neues „Ich" besitzen. Ist es nicht dasselbe „Ich" mit neuen politischen Überzeugungen? – Ich erinnere mich an einen Mann, der seinen Freund fragte: „Wirst du sozialdemokratisch wählen?" Der Freund antwortete: „Nein, ich werde für die Christdemokraten stimmen. Mein Vater war Christdemokrat, mein Großvater war Christdemokrat und mein Urgroßvater war schon Christdemokrat." Darauf erwiderte der Mann: „Eine seltsame Logik! Wenn dein Vater Pferdedieb war, dein Großvater Pferdedieb war, und dein Urgroßvater Pferdedieb war, was wärst du dann?" „Ach", entgegnete der Freund, „dann wäre ich Sozialdemokrat."

Wir verschwenden viel Zeit in unserem Leben mit Schubladen, in denen wir selbst oder in denen andere stecken. Wir identifizieren das „Ich" mit der Schublade, mit dem Etikett. Katholik und Protestant sind beliebte Schubladen oder Etiketten.

Es war einmal ein Mann, der zu einem Priester ging und bat: „Herr Pfarrer, ich möchte, daß Sie eine Messe für meinen Hund lesen." Der Priester war empört: „Was soll das heißen, eine Messe für Ihren Hund lesen?" „Es war mein Schoßhund", sagte der Mann. „Ich habe diesen Hund geliebt und möchte, daß Sie für ihn eine Messe lesen."

Der Priester wehrte ab: „Wir feiern keine Messen für Hunde. Versuchen Sie es doch bei der Konfession um die Ecke. Fragen Sie dort, ob Sie eine Messe haben können."

Schon in der Tür, drehte sich der Mann noch einmal um und sagte: „Zu schade, ich habe diesen Hund wirklich geliebt. Ich wollte für die Messe eine Spende von einer Million Dollar machen."

Darauf der Priester prompt: „Warten Sie doch! Warum haben Sie mir nicht gleich gesagt, daß der Hund katholisch war?"

Welchen Wert haben diese Schubladen, in denen Sie eingesperrt sind, in bezug auf das „Ich"? Könnten wir sagen, daß das „Ich" keine der Schubladen ist, in die wir es stecken? Schubladen gehören zum „Mich". Was sich dauernd verändert, ist das „Mich": Verändert sich das „Ich" jemals? Verändert sich der Beobachter jemals? Jedenfalls, welche Schubladen Sie sich auch immer ausdenken mögen (ausgenommen vielleicht die Schublade ‚Mensch'), Sie sollten das „Mich" hineinstecken. Das „Ich" ist keines dieser Dinge. Wenn Sie aus sich selbst heraustreten und das „Mich" beobachten, identifizieren Sie sich nicht länger mit ihm. Das Leiden steckt im „Mich", und wenn Sie das „Ich" dem „Mich" gleichsetzen, beginnt das Leiden.

Angenommen, Sie haben Angst oder Sie streben nach etwas. Wenn das „Ich" nicht mit Geld, dem Namen, der Nationalität oder einer Eigenschaft gleichgesetzt wird, ist das „Ich" auch nicht bedroht. Es kann sehr aktiv sein, aber es ist nicht bedroht. Denken Sie an irgend etwas, was Sie gequält hat oder immer noch quält, schmerzt oder ängstigt.

Erstens: können Sie das Verlangen entdecken, das hinter diesem Leiden steckt? Denn Sie verlangen nach etwas sehr intensiv, sonst würden Sie nicht leiden. Was ist dieses Verlangen?

Zweitens: es handelt sich hier nicht nur um ein Verlangen, sondern um eine *Identifikation*. Irgendwie haben Sie zu sich gesagt: „Das Wohlbefinden des ‚Ich', ja die Existenz des ‚Ich', hängt mit diesem Verlangen zusammen." Alles Leiden entsteht dadurch, daß ich mich mit etwas identifiziere, sei es nun in mir oder um mich.

Negative Gefühle gegenüber anderen

Ich möchte mit Ihnen etwas Schönes teilen, das mir passiert ist. Ich ging ins Kino, und kurz danach arbeitete ich. Zu dieser Zeit hatte ich mit drei Leuten in meinem Leben echte Probleme. So sagte ich mir: „Also gut: wie ich es im Kino gelernt habe, gehe ich jetzt aus mir heraus." Einige Stunden lang erkundete ich meine Gefühle der Abneigung gegen diese drei Leute. Ich dachte mir: „Ich kann sie wirklich nicht ausstehen." Dann dachte ich: „Jesus, was kannst du hier tun?" Etwas später fing ich an zu weinen, weil mir klar wurde, daß Jesus genau für diese Leute gestorben ist und sie überhaupt nichts dafür konnten, wie sie waren. An diesem Nachmittag mußte ich ins Büro gehen und mit diesen Leuten sprechen. Ich erklärte ihnen, wo mein Problem lag, und sie verstanden mich. Ich war ihnen nicht böse und hatte nichts mehr gegen sie.

Wenn man ein negatives Gefühl gegenüber jemandem hat, lebt man in einer Illusion. Dann stimmt etwas nicht mit einem. Man sieht die Realität nicht mehr. Irgend etwas in einem muß sich ändern. Aber was tun wir normalerweise, wenn wir ein negatives Gefühl haben? Wir sagen: „Er ist schuld, sie ist schuld. Sie muß sich ändern."

Nein! Die Welt ist schon in Ordnung. Derjenige, der sich ändern muß, sind *Sie*.

Einer der Kursteilnehmer erzählte mir, daß er in einem Heim arbeitet. In jeder Belegschaftsversammlung sagt jemand das Unvermeidliche: „Das Essen hier ist wirklich das letzte", und die zuständige Diätikerin geht regelmäßig an die Decke. Sie hat sich mit dem Essen identifiziert. Sie sagt: „Wer mein Essen angreift, greift mich an; ich fühle mich bedroht." Doch das „Ich" ist nie bedroht, nur das „Mich".

Nehmen wir einmal an, Sie werden Zeuge einer himmelschreienden Ungerechtigkeit, eines offensichtlichen, eindeutigen Mißstandes. Wäre hier nicht die einzig richtige Reaktion zu sagen, daß so etwas nicht geschehen dürfe? Sollte man sich hier einmischen und die falsche Situation in Ordnung bringen?

Jemand schlägt ein Kind, und Sie sehen, daß er damit nicht aufhört. Wie sieht es dann aus? Ich hoffe, Sie nehmen nicht an, daß ich sage, Sie sollten nichts unternehmen. Ich sage statt dessen, daß Sie ohne negative Gefühle viel mehr ausrichten können. Denn sobald negative Gefühle mit ins Spiel kommen, wird man blind. Das „Mich" tritt auf den Plan und verpatzt alles. Statt wie bisher ein Problem, haben wir nun zwei.

Viele meinen fälschlicherweise, daß keine negativen Gefühle wie Ärger, Ablehnung und Haß zu haben, heißt, daß man nichts in einer bestimmten Situation unternimmt. Weit gefehlt! Sie sind vielleicht nicht gefühlsmäßig engagiert, doch Sie werden handeln. Sie werden gegenüber Dingen und Menschen um sich herum sehr empfindsam. Was das Empfinden tötet, ist das, was viele Leute das konditionierte Selbst nennen: wenn Sie sich so sehr mit dem „Mich" identifizieren, daß es zuviel davon gibt, um die Dinge noch objektiv beurteilen zu können, aus der Distanz. Wenn Sie handeln wollen, ist es sehr wichtig, daß Sie die Dinge mit Abstand betrachten. Negative Gefühle verhindern dies jedoch.

Wie also könnten wir diesen Eifer nennen, der dazu motiviert oder Energie freisetzt, etwas gegen einen objektiven Mißstand zu unternehmen? Was immer es auch sei – es ist keine *Reaktion*, sondern Aktion.

Manche werden sich fragen, ob es wohl so etwas wie eine Grauzone gibt, die vor dem Punkt liegt, an dem sich die Distanz verliert und die Identifikation einsetzt.

Nehmen wir einmal an, ein Freund stirbt. Es erscheint richtig und sehr menschlich, darüber Trauer zu empfinden. Aber welche Reaktion wäre das? Selbstmitleid? Um was würden Sie trauern? Denken Sie darüber einmal nach.

Was ich Ihnen sagen werde, mag in Ihren Ohren schrecklich klingen, aber ich habe Ihnen ja gesagt, daß ich da andere Maßstäbe habe. Ihre Reaktion ist *persönlicher* Verlust, oder? Es tut Ihnen leid um das „Mich" oder um andere Menschen, denen Ihr Freund vielleicht noch Freude bereitet hätte. Aber das heißt dann doch, daß es Ihnen der Menschen wegen leid tut, die sich nur selbst leid tun. Wenn Sie sich nicht selbst leid tun, was sollte Ihnen sonst leid tun? Wir trauern nie um etwas, wenn wir etwas verlieren, dem wir erlaubt haben, frei zu sein, das wir nie versucht haben, zu besitzen. Trauer ist ein Zeichen, daß ich mein Glück von Dingen oder Personen abhängig gemacht habe, zumindest bis zu einem gewissen Grad. Wir sind so sehr daran gewöhnt, daß Gegenteil von all dem zu hören, daß das, was ich sage, unmenschlich klingt. Ist es nicht so?

Über die Abhängigkeit

Aber genau das haben uns alle Mystiker schon immer gesagt. Ich sage nicht, daß das „Mich", das konditionierte Selbst, nicht wieder in seine alten Verhaltensmuster zurückfallen könnte. Auf diese Weise wurden wir eben konditioniert. Aber es wirft die Frage auf, ob es denkbar ist, ein Leben zu leben, in dem man so absolut allein ist, daß man von niemandem abhängig ist.

Wir alle hängen voneinander in verschiedenster Hinsicht ab, oder nicht? Wir hängen vom Metzger ab, vom Bäcker, vom Glühbirnenhersteller. Gegenseitige Abhängigkeit. So ist das! Nach diesem Schema schaffen wir eine Gesellschaft und weisen verschiedenen Menschen verschiedene Funktionen zu – zum Wohle aller, damit wir besser funktionieren und effizienter leben –, das hoffen wir zumindest. Aber voneinander psychologisch abhängig zu sein – voneinander gefühlsmäßig abzuhängen – was bedeutet das eigentlich? Es bedeutet, von einem anderen Menschen in punkto Glück abzuhängen.

Denken Sie einmal darüber nach. Denn wenn Sie das tun, wird das nächste, was Sie tun werden, sein – ob Sie sich dessen bewußt sind oder nicht – *zu verlangen*, daß andere Leute zu Ihrem Glück beitragen. Dann wird der nächste Schritt folgen: Angst – Angst vor Verlust, vor Entfremdung, vor Zurückweisung, gegenseitiger Kontrolle. Vollkommene Liebe vertreibt Angst. Wo Liebe ist, gibt es keine Ansprüche, keine Erwartungen, keine Abhängigkeit. Ich verlange nicht, daß du mich glücklich machst; mein Glück ist nicht in dir begründet. Wenn du mich verlassen würdest, würde ich mich nicht bedauern; ich genieße deine Gesellschaft über alle Maßen, aber ich klammere mich nicht an.

Ich genieße sie, ohne mich festzuklammern. Was ich eigentlich genieße, bist nicht du, es ist etwas, das größer ist als wir beide. Es ist etwas, das ich entdeckt habe, eine Art Sinfonie, eine Art Orchester, das in deiner Gegenwart eine Melodie spielt, doch wenn du gehst, hört das Orchester nicht auf zu spielen. Begegne ich jemand anderem, spielt es eine andere Melodie, die auch wunderbar ist. Und bin ich alleine, spielt es weiter. Es hat ein großes Repertoire und hört nie auf zu spielen.

Darum also geht es eigentlich beim Wachwerden. Das ist auch der Grund, weshalb wir hypnotisiert und manipuliert sind und schlafen. Es muß schrecklich sein, gefragt zu werden: „Ist das wirklich Liebe, wenn du dich an mich klammerst und mich nicht gehen lassen willst? Mich nicht sein lassen willst, was ich bin?" Kann man sagen, daß Sie einen Menschen lieben, wenn Sie ihn psychologisch oder gefühlsmäßig zu Ihrem Glück brauchen? Das steht in offenem Widerspruch zu den universalen Lehren aller Schriften, aller Religionen und Mystiker.

„Wie kommt es nur, daß uns das all die Jahre entgangen ist?", frage ich mich selbst immer wieder. „Wie kommt es nur, daß ich das nicht bemerkt habe?" Stößt man auf diese radikalen Stellen in der Bibel, fragt man sich bald: Ist dieser Mann denn verrückt? Aber es dauert nicht lange, bis man findet, daß alle anderen verrückt sein müssen. „Wenn jemand zu mir kommt und nicht Vater und Mutter, Frau und Kinder, Brüder und Schwestern gering achtet, ... wenn er nicht auf seinen ganzen Besitz verzichtet, kann er nicht mein Jünger sein" (Lk 14,26.33).

Man muß alles loslassen. Es ist wohlgemerkt kein physischer Verzicht, das wäre ja einfach. Wenn Ihre Illusionen schwinden, kommen Sie schließlich zur Wirklichkeit; und Sie können mir glauben: Sie werden nie mehr einsam sein, nie mehr. Einsamkeit läßt sich nicht durch menschliche Gesellschaft beseitigen. Einsamkeit wird durch Nähe zur Wirklichkeit aufgehoben. Dazu ließe sich noch viel sagen. Nähe zur Wirklichkeit, Illusionen aufgeben, zum Wirklichen kommen. Was auch immer es sei, es hat keinen Namen. Wir können es nur dadurch erfahren, daß wir vom Unwirklichen las-

sen. Man kann nur wissen, was Alleinsein ist, wenn man sein Anklammern und seine Abhängigkeiten aufgibt. Doch der erste Schritt dazu besteht darin, daß man das als erstrebenswert anerkennt. Wenn man etwas nicht als erstrebenswert erachtet, wie sollte man es dann erreichen können?

Denken Sie über Ihre eigene Einsamkeit nach. Könnte Sie menschliche Gesellschaft von ihr befreien? Sie würde Ihnen nur Zerstreuung bringen. Innerlich bleiben Sie leer, oder nicht? Und wenn die Leere aufbricht, was tun Sie dann? Sie laufen weg, schalten den Fernseher ein, das Radio, Sie lesen ein Buch, suchen menschliche Gesellschaft, Unterhaltung, Zerstreuung. Alle tun das. Davon lebt heutzutage ein ganzer Markt, eine organisierte Industrie, die uns zerstreut und unterhält.

Wie Glücklichsein glücken kann

Kehren Sie heim zu sich selbst, beobachten Sie sich. Deshalb habe ich bereits gesagt, daß Selbst-Beobachtung etwas Großartiges und Außergewöhnliches ist. Bald brauchen Sie sich gar nicht mehr anzustrengen, denn wenn die Illusionen langsam verblassen, beginnen Sie, Dinge zu erfahren, die sich nicht beschreiben lassen. Man nennt das Glücklichsein. Alles verändert sich, und Sie werden geradezu süchtig nach Bewußtheit.

Ich kenne eine Geschichte von einem Schüler, der zu seinem Meister ging und ihn fragte: „Kannst du mir ein Wort der Weisheit geben? Kannst du mir etwas sagen, das mich durch meine Tage begleitet?" Es war aber der Tag, an dem der Meister Schweigen hielt, und so hob er nur eine Karte, auf der stand: „Bewußtheit". Als der Schüler das sah, verlangte er: „Das ist viel zu wenig.

Kannst du nicht ein bißchen mehr dazu sagen?" Da nahm der Meister die Karte zurück und schrieb darauf: „Bewußtheit, Bewußtheit, Bewußtheit." Der Schüler entgegnete: „Was soll das denn bedeuten?" Der Meister nahm die Karte wieder zurück und schrieb darauf: „Bewußtheit, Bewußtheit, Bewußtheit heißt – Bewußtheit."

Genau das ist Sich-selbst-Beobachten. Niemand kann Ihnen dazu eine Anleitung geben; was Sie mit ihr bekämen, wäre eine Technik, die Sie wiederum programmieren würde.

Aber beobachten Sie sich einmal: Wenn Sie mit jemandem sprechen, sind Sie sich dessen bewußt oder identifizieren Sie sich einfach damit? Wenn Sie sich über jemanden geärgert haben, waren Sie sich bewußt, daß Sie sich ärgern, oder haben Sie sich einfach mit Ihrem Ärger identifiziert? Haben Sie dann später, als Sie Zeit dazu hatten, Ihre Erfahrung einmal hinterfragt und versucht, sie zu verstehen? Woher kam der Ärger, was hat ihn verursacht?

Ich kenne keinen anderen Weg zur Bewußtheit: Nur was man versteht, läßt sich ändern. Was man nicht versteht, und wessen man sich nicht bewußt wird, verdrängt man. Sie ändern sich nicht. Doch sobald Sie etwas verstehen, ändert es sich.

Immer wieder werde ich gefragt: „Ist diese wachsende Bewußtheit ein langsamer Prozeß, oder ist sie mit einem Schlag da?"

Es gibt tatsächlich einige wenige glückliche Menschen, die dies gleichsam blitzartig erkennen. Sie kommen einfach zur Bewußtheit. Andere wachsen nach und nach hinein, langsam, stufenweise, immer mehr. Sie fangen an, etwas zu erkennen. Illusionen verblassen, Wunschbilder werden beiseite gelegt, und sie beginnen, sich den Tatsachen zu stellen. Dafür gibt es keine allgemeine Regel.

Es gibt eine Geschichte von einem Löwen, der auf eine Schafherde stieß und zu seinem großen Erstaunen einen Löwen unter den Schafen fand; einen Löwen, der schon als Junges zu den Schafen gekommen und unter ihnen aufgewachsen war. Er blökte wie ein Schaf und lief herum wie ein Schaf. Der Löwe ging schnurstracks auf ihn zu, und als der Schafslöwe den richtigen Löwen vor sich sah, zitterte er am ganzen Leib. Da fragte ihn der Löwe: „Was treibst du denn hier – unter lauter Schafen?" Der Schafslöwe antwortete: „Ich bin ein Schaf." Der Löwe erwiderte: „Nein, nein, du bist kein Schaf. Du kommst sofort mit mir."

Darauf führte er den Schafslöwen an einen Teich und sagte: „Schau hinein!" Und als der Schafslöwe ins Wasser schaute und sein Spiegelbild sah, brüllte er gewaltig auf. Von diesem Augenblick an war der Schafslöwe ein anderer.

Wenn Sie Glück haben und die Götter gnädig sind, oder wenn Ihnen göttliche Gnade geschenkt ist (nehmen Sie irgendeinen theologischen Ausdruck, der Ihnen gefällt), werden Sie sofort verstehen können, wer das „Ich" ist, und auch Sie werden nie mehr der- oder dieselbe sein. Nichts wird Ihnen mehr etwas anhaben können, und niemand wird Sie mehr verletzen können.

Sie werden nichts und niemanden fürchten. Ist das nicht wunderbar? Sie werden wie ein König oder eine Königin leben. *Das* heißt königlich zu leben und nicht so ein Unsinn, wie Ihr Foto in der Zeitung zu sehen oder eine Menge Geld zu haben. Das ist es wirklich nicht. Sie fürchten niemand, weil Sie vollkommen damit zufrieden sind, niemand zu sein. Erfolg oder Versagen berühren Sie nicht, sie bedeuten Ihnen nichts. Ansehen oder Schande bedeuten alles nichts! Wenn Sie sich lächerlich machen, bedeutet das ebensowenig. Ist das nicht ein wunderbarer Zustand!

Manche erreichen dieses Ziel mit Mühe und Geduld – Schritt für Schritt, über Wochen und Monate des Bewußtwerdens ihrer selbst. Aber etwas kann ich Ihnen versprechen: ich habe noch niemanden gesehen, der sich dafür Zeit genommen hat, und der nach ein paar Wochen keinen Unterschied bemerkt hätte. Die Lebensqualität ändert sich, und man ist nicht mehr auf Meinungen angewiesen. Man ist anders, man reagiert anders. Genauer gesagt: man reagiert weniger und agiert mehr; man sieht tatsächlich Dinge, die man vorher nicht erkannt hat.

Man hat viel mehr Energie, viel mehr Leben. Viele meinen, wenn sie keine Sehnsüchte hätten, wären sie wie ein Stück Holz. In Wirklichkeit würden sie jedoch ihre Verspanntheit verlieren. Befreien Sie sich von Ihrer Angst zu versagen, von Ihrer Anspannung, Erfolg haben zu müssen, und Sie werden bald Sie selbst sein. Entspannt. Sie werden dann nicht mehr mit angezogener Handbremse fahren. Genau das wird geschehen.

Es gibt einen schönen Satz von Tranxu, einem großen chinesischen Weisen, den ich mir gut gemerkt habe. Er lautet: „Wenn der Bogenschütze schießt, ohne einen besonderen Preis gewinnen zu wollen, kann er seine ganze Kunst entfalten; schießt er, um eine Bronzemedaille zu erringen, fängt er an, unruhig zu werden; schießt er um den ersten Preis, wird er blind, sieht zwei Ziele und verliert die Beherrschung. Sein Können ist dasselbe, aber der Preis spaltet ihn. Er ist ihm wichtig! Er denkt mehr ans Gewinnen als ans Schießen, und der Zwang zu gewinnen schwächt ihn."

Gilt dieses Bild nicht für die meisten Menschen?

Wenn man nicht für Erfolg lebt, verfügt man über all sein Können, besitzt man all seine Kräfte, ist man entspannt, sorgt man sich nicht, es macht einem nichts aus, ob man verliert oder gewinnt.

Das also muß *menschlich* leben für Sie heißen. Darum geht es schließlich im Leben. Und das läßt sich nur durch Bewußtheit erreichen. Bei diesem Bewußtmachen werden Sie feststellen, daß Ansehen gar nichts bedeutet; es ist eine gesellschaftliche Konvention, das ist alles. Deswegen haben die großen Mystiker und Propheten auch keinen Gedanken daran verschwendet. Ansehen oder Verachtung war ihnen einerlei. Sie lebten in einer anderen Welt, in der Welt der Erwachten. Erfolg oder Mißerfolg galt ihnen nichts. Sie lebten mit der Einstellung: „Ich bin ein Narr, du bist ein Narr, wo liegt also das Problem?"

Jemand sagte einmal: „Die drei schwierigsten Dinge für einen Menschen sind nicht körperliche Glanzleistungen oder intellektuelle Meisterstücke, sondern erstens: Haß mit Liebe zu vergelten; zweitens: das Ausgeschlossene mit einzuschließen; drittens: zuzugeben, daß man unrecht hatte."

Das alles sind jedoch die einfachsten Dinge der Welt, sofern Sie sich nicht mit dem „Mich" identifizieren. So könnten Sie sagen: „Ich habe unrecht. Würdest du mich besser kennen, wäre dir klar, wie oft ich unrecht habe. Was ist von einem Narren schon zu erwarten?" Wenn ich mich aber mit diesen Aspekten des „Mich" nicht identifiziert habe, kannst du mich nicht verletzen.

Zuerst wird die alte Programmierung wieder einsetzen und Sie deprimiert und ängstlich machen. Sie werden traurig sein, weinen und so weiter. „Vor der Erleuchtung war ich immer niedergeschlagen: nach der Erleuchtung – bin ich immer noch niedergeschlagen." Dennoch besteht ein großer Unterschied: ich identifiziere mich nicht mehr damit. Können Sie ahnen, wie groß dieser Unterschied ist?

Sie nehmen Abstand und betrachten Ihre Niedergeschlagenheit, identifizieren sich nicht mit ihr. Sie unternehmen nichts, um sie zu vertreiben; Sie sind durchaus bereit weiterzuleben, während sie vorübergeht und verschwindet. Wenn Sie nicht wissen, was das heißt, haben Sie wirklich etwas, worauf Sie sich freuen können. Und die Angst? Sie kommt, und es beunruhigt Sie nicht. Ist es nicht seltsam? Sie haben Angst, aber keine Probleme.

Ist das nicht paradox? Sie sind bereit, diese dunkle Wolke herankommen zu lassen, denn je mehr Sie gegen sie ankämpfen, desto mehr Kraft flößen Sie ihr ein. Sie sind bereit, sie zu beobachten, wie sie vorüberzieht. Sie können in Ihrer Angst glücklich sein. Ist das nicht merkwürdig? Sie können in Ihrer Niedergeschlagenheit glücklich sein. Aber Sie dürfen keine falsche Vorstellung vom Glück haben. Meinen Sie, Glück sei Spannung oder Nervenkitzel? Hierin liegen die Ursachen für Ihre Niedergeschlagenheit. Hat Ihnen das noch niemand gesagt? Schön und gut, Sie mögen Ihren Nervenkitzel haben, sind dabei aber schon auf dem Weg zur nächsten Phase der Niedergeschlagenheit. Sie haben Ihren Nervenkitzel, begreifen aber die Angst, die dahintersteckt: Wie kann ich das zum Dauerzustand machen? Das ist kein Glück, das ist Sucht.

Ich frage mich, wieviele Nicht-Süchtige wohl dieses Buch lesen werden? Wenn meine Leser zum Durchschnitt der Menschheit gehören, werden es nur sehr, sehr wenige sein. Schauen Sie nicht auf Alkoholiker oder Drogensüchtige herab: vielleicht sind Sie ebenso süchtig wie sie. Als ich zum ersten Mal einen flüchtigen Eindruck von dieser neuen Welt gewann, war es schrecklich. Ich verstand, was es heißt, allein zu sein, ohne einen Platz, an dem man sich ausruhen kann, jeden frei seinen Weg gehen zu lassen und selbst frei zu sein, für niemanden etwas Besonderes zu bedeuten und jeden zu lieben – denn Liebe tut das. Sie scheint auf Gute und Böse; sie läßt Regen auf Heilige wie auf Sünder fallen.

Kann die Rose sagen: „Ich will meinen Duft nur den guten Menschen, die an mir riechen, geben; den bösen will ich ihn vorenthalten?" Oder kann die Lampe sagen: „Ich will mein Licht den guten Menschen in diesem Raum scheinen lassen, den bösen aber nicht?" Oder kann ein Baum sagen: „Ich will meinen Schatten nur den guten Menschen, die unter meinen Zweigen ruhen, spenden, den bösen aber verwehren?" Diese Bilder können deutlich machen, worum es bei der Liebe geht.

Es war schon die ganze Zeit da, blickte uns in der Bibel an, obwohl wir uns nie die Mühe machten, es zu sehen, denn wir waren so sehr in das versunken, was unsere Kultur mit ihren Liebesliedern und Gedichten Liebe nennt – doch das ist gerade keine, sondern das Gegenteil von Liebe. Das ist Begehren, Kontrolle und Besitzenwollen, Manipulation, Furcht und Angst – das alles ist keine Liebe. Uns wurde gesagt, daß Glücklichsein gutes Aussehen ist, ein Ferienhaus zu besitzen und vieles mehr. Auch das ist kein Glücklichsein, aber wir haben feinsinnige Wege entwickelt, unser Glück aus anderen Dingen herzuleiten, seien sie in uns oder um uns. Wir sagen: „Ich weigere mich, glücklich zu sein, bis meine Neurose weg ist."

Ich habe gute Nachrichten für Sie: Sie können jetzt glücklich sein, *mit* der Neurose. Möchten Sie eine noch bessere Nachricht? Es gibt nur einen Grund, weshalb Sie nicht das erfahren, was wir in Indien *anand* nennen – Glückseligkeit; nur einen Grund, weshalb Sie in genau diesem Augenblick keine Glückseligkeit erfahren, weil Sie nämlich an etwas denken oder etwas zum Mittelpunkt erheben, was Sie nicht haben. Sonst würden Sie Glückseligkeit erfahren. Sie konzentrieren sich auf etwas, was Sie nicht haben. Aber genau jetzt haben Sie alles, was Sie brauchen, um glückselig zu sein.

Jesus sprach mit gesundem Menschenverstand zu einfachen Leuten, zu Hungernden und Armen. Er verkündete ihnen die gute Nachricht: Jetzt seid ihr an der Reihe. Doch wer hört schon zu? Es interessiert ja niemand, sie schlafen weiter.

Angst – Ursprung von Gewalt

Manche sagen, es gebe nur zwei Dinge auf der Welt: Gott und Angst; Liebe und Angst sind die beiden einzigen Dinge. Es gibt nur eines auf der Welt, was von Übel ist, nämlich Angst. Es gibt nur eines auf der Welt, was gut ist, nämlich Liebe. Sie hat manchmal auch andere Namen. Manchmal nennt man sie Glück, Freiheit, Frieden, Freude, Gott oder wie auch immer. Aber das Etikett ist nicht so wichtig. Jedenfalls gibt es kein einziges Übel auf der Welt, das sich nicht auf Angst zurückführen ließe; kein einziges.

Ignoranz und Angst, Ignoranz durch Angst: daher rührt alles Übel, daher rührt auch Ihre Gewalttätigkeit. Wer wirklich gewaltlos ist – unfähig zu Gewalt – ist ein furchtloser Mensch. Nur wer sich fürchtet, ärgert sich. Erinnern Sie sich daran, wie Sie sich das letzte Mal geärgert haben, und suchen Sie nach der Angst, die dahintersteckte. Fürchteten Sie, etwas zu verlieren? Fürchteten Sie, man könnte Ihnen etwas wegnehmen? Daher rührt nämlich der Ärger. Denken Sie einmal an jemanden, der verärgert ist, vielleicht an jemanden, den Sie fürchten. Merken Sie, wieviel Angst er oder sie hat? Er hat wirklich und tatsächlich Angst. Sie hat wirklich Angst, sonst wäre sie nicht so verärgert. Letztlich gibt es nur zwei Dinge: *Liebe und Angst.*

In diesem Besinnungskurs will ich es lieber so stehen lassen, unstrukturiert wie es ist, und vom einen zum anderen springen, um immer wieder auf Themen zurückzukommen, denn nur so können Sie wirklich erfassen, was ich meine. Wenn Sie es nicht beim ersten Mal begreifen, dann vielleicht beim zweiten Mal, und was dem einen nicht klar ist, wird vielleicht jemand anderem deutlich sein. Ich spreche zwar über verschiedene Themen, aber sie meinen eigentlich dasselbe. Nennen Sie es Bewußtheit, Liebe, Spiritualität, Freiheit, Erwachen oder wie auch immer. Es ist wirklich dasselbe.

Bewußtheit und Kontakt mit der Wirklichkeit

Alles in sich und um sich herum beobachten; und wenn Ihnen etwas geschieht, es so sehen, als geschehe es jemand anderem, ohne zu kommentieren, ohne zu urteilen, ohne selbst Stellung zu beziehen, ohne Einfluß zu nehmen, ohne zu versuchen, etwas ändern zu wollen: einfach nur verstehen. Wenn Sie das tun, werden Sie langsam merken, wie Sie sich immer weniger mit dem „Mich", dem „Schein-Ich", identifizieren.

Die heilige Teresa von Ávila sagte, daß Gott ihr am Ende ihres Lebens eine außergewöhnliche Gnade erwiesen habe. Sie verwendet diesen modernen Ausdruck natürlich nicht, doch worauf es letztendlich hinausläuft, ist die Distanz zum „Mich".

Wenn jemand, den ich nicht kenne, Krebs hat, betrifft mich das nicht weiter. Wäre ich liebevoll und mitfühlend, würde ich vielleicht helfen, aber meine Gefühle berührt das nicht. Wenn *Sie* eine Prüfungsarbeit schreiben müssen, betrifft mich das überhaupt nicht. Ich kann in diesem Fall ganz gelassen sagen: „Je mehr Sie sich Gedanken darüber machen, desto schlimmer wird es. Warum machen Sie nicht lieber eine Pause, statt zu lernen?" Muß ich aber selbst eine Prüfungsarbeit schreiben, ist das etwas ganz anderes, nicht wahr? Nämlich deswegen, weil ich mich mit dem „Mich" identifiziert habe – mit meiner Familie, meinem Land, meinem Besitz, meinem Körper, mit allem Meinigen. Wie wäre es, wenn Gott mir die Gnade hätte zuteil werden lassen, das alles nicht mein zu nennen? Ich wäre gelöst, hätte zu all dem Distanz. Das heißt, das Selbst aufzugeben, es zu verleugnen, „mir selbst zu sterben".

Gute Religion – die Antithese zur Nicht-Bewußtheit

Während eines Einkehrkurses kam jemand zu mir und fragte mich: „Was halten Sie von ‚Unserer Lieben Frau von Fatima'?" Wenn ich so etwas gefragt werde, fällt mir immer die Geschichte von der Statue „Unserer Lieben Frau von Fatima" ein, die auf einer Pilgerfahrt mit dem Flugzeug mitgenommen wurde. Als man über Südfrankreich war, begann das Flugzeug heftig zu schaukeln und zu schlingern; es schien auseinanderbrechen zu wollen. Da rief die wundersame Statue aus: „Unsere Liebe Frau von Lourdes, bitte für uns!" Und schon war alles gut. – War das nicht wunderbar, eine „Liebe Frau" half der anderen „Lieben Frau"?

Ein anderes Mal machte eine Gruppe von tausend Leuten eine Wallfahrt nach Mexico-City zum Heiligtum „Unserer Lieben Frau von Guadelupe". Sie setzten sich aus Protest vor die Statue, weil der Diözesanbischof „Unsere Liebe Frau von Lourdes" zur Patronin der Diözese erklärt hatte! Sie waren überzeugt, daß „Unsere Liebe Frau von Guadelupe" sich sehr getroffen fühlte, so daß sie sich zu dieser Wiedergutmachung für diese Beleidigung entschlossen. Da liegt das Problem bei der Religion, wenn man nicht aufpaßt.

Wenn ich zu Hindus spreche, sage ich ihnen: „Ihre Priester werden nicht erfreut sein, das zu hören, aber Gott wäre, wie Jesus verkündete, viel glücklicher, wenn Sie sich ändern würden, statt zu beten und zu feiern. Ihm würde Ihre Liebe viel mehr gefallen als Ihre Anbetung." Und wenn ich zu Moslems spreche, sage ich: „Ihr Ayatollah und Ihre Mullahs werden nicht gerade erfreut sein, das zu hören, aber Gott würde sich viel mehr darüber freuen, wenn Sie sich zu Menschen wandeln würden, die Liebe üben, als wenn Sie sagen: ‚Herr, Herr.'" Es ist unendlich viel wichtiger, daß Sie wach werden. Das ist Spiritualität, das ist alles. Wenn Sie das haben, haben Sie Gott. Dann feiern Sie Gottesdienst „im Geist und in der Wahrheit". Wenn Sie Liebe werden, wenn Sie in Liebe umgewandelt werden.

Was Religion alles anzurichten vermag, zeigt eine nette Geschichte, die der Erzbischof von Mailand, Kardinal Martini, erzählte. Die Geschichte handelt von einem italienischen Paar, das Hochzeit feierte. Braut und Bräutigam hatten vom Gemeindepfarrer die Erlaubnis bekommen, auf dem Kirchplatz einen kleinen Empfang zu veranstalten. Aber es regnete, und so fiel das Fest ins Wasser. Deshalb fragten sie den Pfarrer: „Wären Sie damit einverstanden, wenn wir den Empfang in die Kirche verlegen?"

Der Pfarrer war keineswegs davon angetan, einen Empfang in seiner Kirche stattfinden zu lassen. Aber das Brautpaar beteuerte: „Wir essen nur ein bißchen Kuchen, singen ein kleines Liedchen, trinken ein Schlückchen Wein und gehen dann wieder nach Hause." So konnte der Pfarrer schließlich zur Zusage bewegt werden. Doch als lebensfrohe Italiener tranken die Hochzeitsgäste einen Schluck Wein, sangen ein Liedchen, tranken dann ein bißchen mehr Wein, sangen noch ein Liedchen, und nach einer halben Stunde war das schönste Fest im Gange. Alle hatten ihren Spaß und amüsierten sich prächtig. Der Pfarrer aber wurde nervös. Aufgebracht ging er in der Sakristei auf und ab. Da kam der Vikar herein und sagte: „Sie sind ja ganz aufgeregt!"

„Natürlich bin ich aufgeregt. Hören Sie doch einmal den Krach, den die machen, und das in einem Gotteshaus, um Himmels Willen!"

„Aber Herr Pfarrer, die Leute konnten doch nirgendwo anders hin."

„Das weiß ich auch! Aber muß man dabei so einen Lärm machen?"

„Vergessen wir doch nicht, Herr Pfarrer, daß Jesus selbst einmal auf einer Hochzeit war!"

„Ich weiß, daß Jesus selbst einmal auf einer Hochzeitsfeier war, das müssen *Sie* mir nicht erzählen, daß Jesus einmal selbst auf einer Hochzeitsfeier war! Dort war aber nicht das Allerheiligste!!!"

Sie kennen selbst solche Gelegenheiten, bei denen das Allerheiligste wichtiger als Jesus Christus wird: Wenn der Gottesdienst wichtiger wird als die Liebe, die Kirche wichtiger als das Leben. Wenn Gott wichtiger wird als der Nachbar, und so weiter. Das ist die Gefahr. Für mich ist es das, zu was Jesus uns eigentlich aufgefordert hat – die wichtigen Dinge zuerst! Die Menschen sind viel wichtiger als der Sabbath. Das zu lernen, was ich Ihnen deutlich zu machen versuche, ist viel wichtiger als ‚Herr, Herr' zu sagen. Und wir lernen zu unterscheiden, was wichtig ist, durch das Wachwerden, das so viel ist wie Spiritualität. Und wenn Sie wach werden wollen, ist eben dies überaus wichtig, was ich „Selbst-Beobachtung" genannt habe. Achten Sie darauf, was Sie sagen, was Sie tun, achten Sie darauf, was Sie denken, und wie Sie handeln. Werden Sie sich bewußt, woher Sie kommen, was Ihre Motive sind. Ein unbedachtes Leben ist nicht lebenswert.

Ein unbedachtes Leben ist ein automatisches Leben. Es ist nicht menschlich, sondern programmiert, von außen beeinflußt. Ebensogut könnten wir ein Stein sein, ein Holzklotz. In dem Land, aus dem ich komme, gibt es hunderttausende von Menschen, die in kleinen Hütten und in größter Armut leben, die es gerade schaffen zu überleben, die den ganzen Tag arbeiten müssen, körperlich hart arbeiten, sich dann schlafen legen, morgens aufstehen, etwas essen und dann wieder von vorn anfangen. Während Sie sich zurücklehnen und denken: „Was ist das für ein Leben. Ist das alles, was das Leben denen zu bieten hat?" Und dann merken Sie plötzlich, daß 99,9 Prozent der Menschen hier bei uns nicht viel besser dran sind. Sie können ins Kino gehen, im Auto herumfahren oder eine Kreuzfahrt machen. Meinen Sie wirklich, daß Sie so viel besser dran sind? Sie sind genauso abgestorben, genauso eine Maschine – vielleicht eine etwas größere, aber dennoch eine Maschine. Das ist traurig. Es ist traurig, sich vorzustellen, daß Menschen so durchs Leben gehen.

Menschen gehen mit festen Vorstellungen durchs Leben; sie verändern sich nicht. Sie nehmen einfach nicht wahr, was vor sich geht. Sie könnten ebensogut ein Holzklotz, ein Stein, eine sprechende, laufende, denkende Maschine sein. Das ist doch nicht menschlich. Sie sind Marionetten, werden ständig hin- und hergezerrt, man drückt auf einen Knopf, und schon ist die Reaktion da. Es ist fast vorhersehbar, wie jemand reagiert.

Wenn ich mir einen Menschen anschaue, kann ich Ihnen sagen, wie er oder sie reagieren wird. Bei meiner Arbeit mit Therapiegruppen schreibe ich mir manchmal im voraus auf, daß der-und-der die Sitzung beginnen und die-und-die antworten wird. Sie meinen, das sei böse? Hören Sie nicht auf die Leute, die Ihnen sagen: „Vergiß dich selbst! Gehe in Liebe auf die anderen zu."

Hören Sie nicht darauf! Wer so spricht, hat unrecht. Das Schlimmste, was Sie tun können, ist, sich selbst zu vergessen, wenn Sie auf andere in sogenannter Hilfsbereitschaft zugehen.

Diese Erfahrung konnte ich in aller Deutlichkeit machen, als ich vor vielen Jahren in Chicago Psychologie studierte. Wir absolvierten einen Kurs für pastorale Beratung, an dem nur Priester teilnehmen konnten, die auf diesem Gebiet schon Erfahrung hatten und dazu bereit waren, ein Beratungsgespräch auf Tonband mitzubringen. Der Kurs bestand aus etwa zwanzig Teilnehmern. Als ich an der Reihe war, gab ich mein Tonband ab, auf dem ein Gespräch aufgezeichnet war, das ich mit einer jungen Frau geführt hatte. Der Kursleiter steckte das Band in den Rekorder, und alle hörten zu. Nach fünf Minuten hielt der Leiter das Band an und fragte wie gewohnt: „Möchte jemand etwas dazu sagen?" Worauf ein Kursteilnehmer mich fragte: „Wieso hast du ihr diese Frage gestellt?" Ich antwortete: „Ich bin mir nicht bewußt, daß ich ihr eine Frage gestellt hätte. Im Gegenteil, ich bin mir ziemlich sicher, daß ich ihr überhaupt keine Frage gestellt habe." Er sagte: „Doch, das hast du."

Ich war mir deshalb so sicher, weil ich zu dieser Zeit bewußt die Methode von Carl Rogers befolgte, die personenorientiert und non-direktiv ist. Man stellt keine Fragen, unterbricht nicht und gibt keine Ratschläge. Deshalb war ich mir sehr wohl bewußt, daß ich keine Fragen stellen durfte. Jedenfalls ergab sich daraus ein Disput, worauf der Leiter vorschlug: „Warum spielen wir das Band nicht noch einmal ab?" So verfolgten wir noch einmal das Gespräch, und siehe da: zu meinem größten Entsetzen mußte ich mir diese riesengroße Frage anhören, die mir in den Ohren widerklang. Das Interessante daran war für mich, daß ich die Frage dreimal gehört hatte – zum ersten Mal, als ich sie stellte, zum zweiten Mal, als ich das Band allein abhörte (weil ich ein gutes Band in den Kurs mitbringen wollte), und zum dritten Mal, als ich sie im Kurs hörte. Ich hatte sie einfach nicht wahrgenommen! Ich war mir ihrer nicht bewußt.

Ähnliches passiert oft in meinen Therapiegruppen oder in meinen Kursen für Spiritualität. Wir nehmen das Gespräch auf, und wenn der Gesprächspartner es abhört, kommt immer wieder die Bemerkung: „Wissen Sie, eigentlich habe ich gar nicht richtig gehört, was Sie während des Gesprächs gesagt haben. Ich habe es erst dann gehört, als das Band ablief." Noch interessanter ist, daß *ich selbst* nicht gehört habe, was ich in dem Gespräch gesagt habe. Es ist schockierend zu entdecken, daß ich in einer Therapiesitzung Dinge sage, die mir nicht bewußt sind, und deren Bedeutung mir erst viel später aufgeht. Nennen Sie das *menschlich*? Und Sie sagen: „Vergessen Sie sich selbst, und gehen Sie auf andere zu!"

Nachdem wir also bei diesem Kurs in Chicago das ganze Band abgehört hatten, fragte der Leiter: „Möchte jemand etwas dazu sagen?" Ein fünfzigjähriger Priester, mit dem ich mich gut verstand, fragte: „Toni, ich möchte dir gern eine persönliche Frage stellen. Bist du einverstanden?" „Ja", sagte ich, „schieß los! Wenn ich sie nicht beantworten will, dann hörst du eben nichts von mir." Er fragte mich: „Ist deine Gesprächspartnerin hübsch?"

Sie müssen verstehen, ich war ganz ehrlich gesagt auf einer Stufe meiner Entwicklung (oder Unentwicklung), auf der ich nicht bemerkte, ob jemand gut aussah oder nicht. Es war mir egal. Diese Frau war ein Schaf in der Herde Christi; ich war der Hirte. Ich spendete Hilfe. Ist das nicht großartig! So wurden wir ausgebildet. Also fragte ich zurück: „Was soll das denn heißen?" Er antwortete: „Weil du sie nicht magst, oder?" Ich rief aus: „Was?!"

Nie war ich auf die Idee gekommen, daß ich einzelne Menschen mochte oder nicht mochte. Wie die meisten empfand auch ich manchmal nicht gerade Sympathie, was mir auch in der Regel bewußt war, aber meine Haltung war meistens neutral. Ich fragte: „Wie kommst du darauf?" „Das Band", erwiderte er. Wir ließen es noch einmal ablaufen, dabei bat er mich: „Hör auf deine Stimme. Achte einmal darauf, wie süßlich sie geworden ist. Du bist irritiert, oder?" Ich war es tatsächlich, doch wurde es mir erst hier bewußt.

Und was sagte ich dieser Frau non-direktiv? Ich sagte: „Sie brauchen nicht wiederzukommen." Doch es war mir nicht bewußt. Mein Freund, der Priester, bemerkte: „Sie ist eine Frau, und sie wird es begriffen haben. Wann wirst du sie wieder treffen?" Ich erwiderte: „Am nächsten Mittwoch." Er sagte: „Ich möchte wetten, daß sie nicht kommt." Sie kam auch nicht. Ich wartete eine Woche, aber sie kam nicht; ich wartete eine weitere Woche, aber sie kam nicht. Dann rief ich sie an und brach dabei eine meiner Regeln: Spiele nie den Retter.

Ich rief die Frau also wieder an und sagte ihr: „Erinnern Sie sich an das Band, das Sie mir erlaubt haben, für den Kurs aufzunehmen? Es war eine große Hilfe, denn die Gruppe konnte mich auf verschiedene Dinge hinweisen" (ich sagte ihr nicht worauf!), „die dem Gespräch irgendwie zu Gute kommen würden. Wenn Sie also wiederkommen möchten, könnte das Gespräch noch effizienter werden."

Sie erwiderte: „Gut, ich werde kommen."

Und sie kam. Die Antipathie bestand noch; sie war nicht verschwunden, aber störte nicht mehr.

Was einem bewußt ist, das hat man auch unter Kontrolle; was einem nicht bewußt ist, das hat einen selbst unter Kontrolle. Man ist immer der Sklave dessen, wessen man sich nicht bewußt ist. Ist man sich dessen bewußt, ist man davon befreit. Es ist noch vorhanden, doch es betrifft einen nicht, kontrolliert einen nicht, versklavt einen nicht. Das ist der Unterschied.

Bewußtheit, Bewußtheit und noch einmal Bewußtheit. Was uns in jenem Kurs beigebracht wurde, war, teilnehmende Beobachter zu sein. Um es etwas anschaulicher zu sagen: ich spreche zum Beispiel mit Ihnen, und gleichzeitig stehe ich daneben und beobachte Sie und mich dabei. Wenn ich Ihnen zuhöre, ist es unendlich viel wichtiger für mich, mir zuzuhören als Ihnen. Selbstverständlich ist es wichtig, Ihnen zuzuhören, aber dennoch ist es wichtiger, daß ich mir zuhöre. Andernfalls könnte ich Sie gar nicht hören. Oder ich würde alles, was Sie sagen, verdrehen. Ich würde in meiner ganzen Voreingenommenheit auf Sie zugehen, würde auf Sie in verschiedenster Weise mit meinen Unsicherheiten reagieren, mit meinem Bedürfnis, Sie zu manipulieren, mit meinem Wunsch, Erfolg zu haben, mit Irritationen und Gefühlen, derer ich mir vielleicht nicht bewußt bin. Deshalb ist es so wichtig, mir selbst zuzuhören, wenn ich Ihnen zuhöre. Das ist es, was man uns beibringen wollte: Bewußtsein zu erlangen.

Sie müssen sich nicht immer vorstellen, daß Sie irgendwo im luftleeren Raum schweben. Nur, um Ihnen eine ungefähre Idee davon zu geben, worüber ich spreche, stellen Sie sich einmal einen guten Autofahrer vor, der am Steuer sitzt und Ihnen konzentriert zuhört. Er kann sogar mit Ihnen streiten, aber dennoch mit aller Aufmerksamkeit auf die Verkehrszeichen achten. Sobald etwas Unvorhergesehenes passiert – ein Geräusch, ein Krach oder Knall –, wird er es hören und sagen: „Bist du sicher, daß du hinten die Tür zugemacht hast?" Wie macht er das? Er fuhr bewußt, wachsam. Seine Aufmerksamkeit war auf die Unterhaltung oder den Streit zugespitzt, doch seine Bewußtheit war weit offen. Er nahm dabei alles mögliche mit auf.

Wofür ich hier plädiere, ist nicht Konzentration; die ist nicht wichtig. Viele meditative Techniken wollen die Konzentration schärfen, doch ich bin dem gegenüber mißtrauisch. Sie haben etwas Gewaltsames und bedeuten oft noch mehr Programmierung und Beeinflussung. Wofür ich hier spreche, ist Bewußtheit, die durchaus nicht mit Konzentration gleichzusetzen ist. Konzentration ist ein Scheinwerfer, ein Spotstrahler. Sie sind allem gegenüber offen, was in Ihren Wahrnehmungsbereich gelangt. Sie können davon abgelenkt werden, doch wenn Sie sich auf Bewußtheit einlassen, werden Sie nie abgelenkt. Wenn die Bewußtheit eingeschaltet ist, gibt es keine Ablenkung, da Sie auf alles achten, was immer eintreten mag.

Angenommen, ich betrachte diese Bäume, und zugleich mache ich mir Sorgen. Bin ich dann abgelenkt? Ich bin doch nur abgelenkt, wenn ich mich auf die Bäume konzentrieren wollte. Aber wenn mir bewußt ist, daß ich mir zugleich Sorgen mache, ist dies keineswegs Ablenkung, im Gegenteil. Sie müssen sich nur dessen bewußt sein, worauf Ihre Aufmerksamkeit gerichtet ist. Wenn irgend etwas schiefgeht oder etwas

Unvorhergesehenes passiert, werden Sie sofort alarmiert sein: Etwas läuft schief! In dem Moment, in dem Sie irgendein negatives Gefühl wahrnehmen, werden Sie alarmiert sein. Sie sind wie der Autofahrer am Steuer.

Ich erwähnte bereits, daß die heilige Teresa von Avila sagte, Gott habe ihr die Gnade der Distanzierung von sich selbst erwiesen. Von Kindern kann man das gleiche hören, wenn zum Beispiel ein Zweijähriger sagt: „Tommi hat heute morgen gefrühstückt." Er sagt nicht „ich", obwohl er Tommi ist. Er sagt: „Tommi" – in der dritten Person. Mystiker denken ebenso. Sie haben sich von sich selbst distanziert und leben in Frieden.

Darin bestand die Gnade, von der die heilige Teresa sprach. Es ist das „Ich", das zu entdecken uns die großen Mystiker des Ostens dauernd drängen; doch nicht weniger die im Westen! Auch Meister Eckhart können Sie dazuzählen. Sie drängen den Menschen, sein „Ich" zu entdecken.

Schubladen–Etiketten–Aufkleber

Es kommt nicht darauf an zu wissen, wer oder was das „Ich" ist; Sie werden es sowieso nicht herausfinden. Es gibt keine Worte dafür. Worauf es wirklich ankommt, ist, sich von den Schubladen, in die man es steckt, zu trennen. Die japanischen Meister des Zen sagen in diesem Sinne: „Suche nicht nach der Wahrheit, trenne dich nur von deinen Meinungen." Trennen Sie sich von Ihren Theorien, suchen Sie nicht nach der Wahrheit. Die Wahrheit läßt sich nicht suchen. Wären Sie nicht so voreingenommen, würden Sie das wissen.

Ähnlich ist es hier. Würden Sie sich von Ihrem Schubladen- oder Etikettendenken trennen, wäre Ihnen das klar. Was meine ich mit Schubladen bzw. Etiketten?

Jede Schublade bzw. jedes Etikett, das Sie sich vorstellen können, ausgenommen vielleicht das Etikett „menschliches Wesen". Ich bin ein menschliches Wesen. Dieses Etikett trifft die Sache ziemlich gut, wenn sie auch nicht sehr viel aussagt. Aber wenn Sie sagen: „Ich habe Erfolg", so ist das abwegig. Erfolg ist kein Bestandteil des „Ich"; Erfolg ist wechselhaft, er könnte heute da sein und morgen schon nicht mehr. Das ist nicht das „Ich". Als Sie sagten: „Ich war ein Erfolg", waren Sie im Irrtum; Sie standen im Dunkeln. Sie haben sich mit dem Erfolg identifiziert. So ist es auch, wenn Sie sagen: „Ich bin ein Versager, ich bin Rechtsanwalt, ich bin Geschäftsmann."

Sie wissen, was mit Ihnen geschehen wird, wenn Sie sich mit so etwas identifizieren. Sie werden sich daran klammern. Sie werden sich darum zu sorgen beginnen, ob es irgendwann damit vorbei sein könnte, und genau hier liegt der Punkt, an dem Sie anfangen zu leiden. Nichts anderes meinte ich eben, als ich sagte: „Wenn Sie leiden, schlafen Sie noch."

Möchten Sie ein Zeichen dafür, daß Sie schlafen? Hier ist es: Sie leiden. Leiden ist ein Zeichen dafür, daß Ihnen die Beziehung zur Wahrheit fehlt. Das Leiden wurde Ihnen gegeben, um Ihnen die Augen für die Wahrheit zu öffnen, um zu verstehen, daß es irgendwo Unwahrheit gibt; genauso wie ein körperlicher Schmerz zu verstehen gibt, daß an einer Stelle etwas krank ist. Leid zeigt an, daß irgendwo etwas nicht stimmt. Leid entsteht, wenn Sie in Widerspruch mit der Wirklichkeit leben – wenn Ihre Illusionen sich an der Wirklichkeit, Ihre Lügen sich an der Wahrheit stoßen, wenn Sie leiden. Anders gibt es kein Leid.

Hindernisse auf dem Weg zum Glück

Was ich jetzt sage, mag etwas übertrieben klingen, aber es ist wahr: Vor Ihnen können die wichtigsten Minuten Ihres Lebens liegen. Wenn Sie das begreifen, wird Ihnen das Geheimnis des Erwachens mit einem Schlag klar. Sie werden für immer glücklich, werden nie wieder unglücklich sein. Nichts und niemand wird Ihnen mehr etwas anhaben können. Ich meine das wirklich so: nichts.

Es ist, wie wenn jemand schwarze Farbe in die Luft wirft: die Luft wird davon nicht schwarz, Luft kann man nicht schwarz anmalen. Egal, was Ihnen zustößt, es berührt Sie nicht. Sie behalten Ihren Frieden. Es gibt Menschen, die das erreicht haben, was ich „menschlich sein" nenne. Lassen Sie den Unsinn, wie eine Marionette einmal hierhin und einmal dorthin gezogen zu werden. Lassen Sie sich nicht von dem, was passiert, oder anderen Leuten vorschreiben, wie Sie empfinden sollen. Sie fühlen, wie man es von Ihnen erwartet, und nennen es „verwundbar sein". Für mich heißt das: „eine Marionette sein". Möchten Sie eine Marionette sein? Ein Druck auf den Knopf und Sie liegen am Boden; gefällt Ihnen das? Doch wenn Sie sich weigern, sich mit einem jener Etiketten zu identifizieren, werden die meisten Ihrer Sorgen bald ein Ende haben.

Wir werden später noch über die Angst vor Krankheit und Tod zu sprechen kommen, doch gewöhnlich drehen sich Ihre Sorgen um die Karriere.

Ein Geschäftsmann um die fünfzig, der kaum Zeit hat, trinkt in einer Bar ein Bier und sagt: „Schau dir doch mal meine alten Klassenkameraden an, die haben es wirklich geschafft." – Dieser Narr! Was meint er damit: „Sie haben es geschafft?" Vielleicht stehen ihre Namen in der Zeitung. Heißt das wohl, es zu „schaf-

fen"? Einer ist Fabrikdirektor, ein anderer wurde Richter; einer wurde dies, ein anderer das. Narren, alle miteinander!

Wer bestimmt denn, was „Erfolg haben" bedeutet? Die törichte Gesellschaft! Die Hauptsorge der Gesellschaft besteht darin, die Gesellschaft krank zu machen. Und je eher Sie das merken, desto besser für Sie. Übel dran sind diese Leute, und Sie haben die Richtung verloren. Sie wurden Direktor der Irrenanstalt, und Sie sind noch stolz darauf, obwohl das überhaupt nichts bedeutet. Direktor einer Firma zu sein, hat nichts damit zu tun, erfolgreich zu leben. Einen Haufen Geld zu haben, hat nichts damit zu tun, ob man ein gelungenes Leben führt. Ihr Leben gelingt, wenn Sie wach werden! Dann müssen Sie sich bei niemand mehr entschuldigen, brauchen niemand mehr etwas erklären, es ist für Sie nicht wichtig, was jemand von Ihnen denkt oder über Sie erzählt. Nichts kann Sie mehr quälen; Sie sind glücklich.

Das heißt für mich, erfolgreich zu sein. Ein guter Posten, Berühmtheit und ein guter Ruf haben absolut nichts mit Glück oder Erfolg zu tun. Das ist völlig unwichtig. In Wirklichkeit plagt unseren Mann in der Bar die Frage, was seine Kinder wohl von ihm halten, was seine Nachbarn von ihm denken, wie seine Frau über ihn denkt. Er hätte berühmt werden sollen. Unsere Gesellschaft und Kultur hämmern es ihm Tag und Nacht ein. Leute, die es geschafft haben! Was geschafft? Sich selbst zum Narren machen, das hat er geschafft. Denn er hat seine ganze Energie auf etwas Wertloses gerichtet. Er ist ängstlich und verwirrt, eine Marionette wie alle anderen. Sehen Sie sich an, wie er über die Bühne stolziert. Beobachten Sie einmal, wie er sich aufregt, wenn er einen Fleck auf dem Hemd hat. Heißt das Erfolg?

Schauen Sie einmal, wie er Angst bekommt, wenn er daran denkt, daß er vielleicht nicht wiedergewählt wird. Nennen Sie das Erfolg? Er wird durch und durch kontrolliert, manipuliert. Ein unglücklicher, bedauernswerter Mensch. Das Leben macht ihm keine Freude. Er ist ständig unruhig und ängstlich. Nennen Sie das menschlich?

Und wissen Sie, warum das so ist? Nur aus einem einzigen Grund: Sie haben sich mit einem bestimmten Aufkleber identifiziert, haben Ihr „Ich" mit Ihrem Geld oder Ihrem Job oder Ihrem Beruf gleichgesetzt. Das war Ihr Irrtum.

Kennen Sie die Geschichte vom Rechtsanwalt, dem der Klempner eine Rechnung ausstellte? Er sagte zum Klempner: „Also hören Sie mal, Sie verlangen 200,-

Mark für die Stunde. Soviel verdiene ich ja als Rechtsanwalt nicht." Darauf antwortete der Klempner: „Als ich noch Rechtsanwalt war, habe ich das auch nicht verdient!"

Ob man Klempner, Rechtsanwalt, Geschäftsmann oder Priester ist, berührt das eigentliche „Ich" nicht. Wenn ich morgen meinen Beruf wechseln würde, wäre das so, als wechselte ich meinen Anzug. Ich selbst bleibe derselbe. *Sind* Sie Ihre Kleider? *Sind* Sie Ihr Name? *Sind* Sie Ihr Beruf? Hören Sie auf, sich mit alldem zu identifizieren. Das alles kann von heute auf morgen anders sein.

Wenn Sie das wirklich begriffen haben, kann Sie keine Kritik mehr treffen. Keine Schmeichelei, kein Lob wird Sie mehr rühren. Wenn Ihnen jemand sagt: „Sie sind ein toller Kerl", von was spricht er dann? Er spricht vom „Mich", und nicht vom „Ich". Das „Ich" ist weder großartig noch minderwertig, weder erfolgreich noch ein Versager. Es ist keine dieser Schubladen, in die man nach Belieben gesteckt wird. Sie verändern sich schnell und hängen von den Maßstäben ab, die die Gesellschaft setzt. Diese Dinge hängen von Ihrer Beeinflußbarkeit ab. Schubladen werden von der Laune dessen bestimmt, der zufälligerweise gerade mit Ihnen spricht. Schubladen haben nichts mit dem „Ich" zu tun. Das „Ich" paßt in keine dieser Schubladen. Das „Mich" ist im allgemeinen egoistisch, töricht und kindisch – ein großer Narr. Wenn Sie mir also sagen: „Sie sind ein Narr", dann weiß ich das schon lange! Das zugerichtete Selbst – was haben Sie denn erwartet? Ich weiß das schon lange. Warum identifizieren Sie sich mit ihm? Albern! Das ist nicht das „Ich", sondern das „Mich".

Möchten Sie glücklich sein? Ununterbrochenes Glück hat keine Ursache. Wahres Glück hat keine Ursache. Sie können mich nicht glücklich machen. Sie sind nicht mein Glück. Wenn Sie jemanden, der erwacht ist, fragen: "Warum sind Sie glücklich?", wird er antworten: "Warum nicht?"

Glück ist unser natürlicher Zustand. Glück ist der natürliche Zustand kleiner Kinder, ihnen gehört das Königreich, bis die Dummheit der Gesellschaft und Kultur sie angesteckt und verdorben hat. Um das Glück zu erlangen, müssen Sie gar nichts tun, denn das Glück kann man nicht erlangen. Wissen Sie auch warum? Weil wir es schon haben. Wie soll man auch etwas erlangen, was man schon besitzt? Aber warum erfahren Sie es dann nicht? Weil Sie zuerst etwas verlieren müssen, und zwar Ihre Illusionen. Sie brauchen nichts Zusätzliches, um glücklich zu sein; im Gegenteil, Sie müssen etwas verlieren. Das Leben ist leicht, das Leben macht Spaß. Es ist nur hart zu Ihren Illusionen, Ambitionen, Ihrer Gier, Ihren Sehnsüchten. Wissen Sie, woher das alles kommt? Daher, daß Sie sich mit allen möglichen Aufklebern identifiziert haben!

Vier Schritte zur Weisheit

Das erste, was Sie tun müssen, ist, mit den negativen Gefühlen, derer Sie sich nicht bewußt sind, in Beziehung zu kommen. Viele Menschen haben negative Gefühle und sind sich dessen nicht bewußt. Viele Leute sind frustriert, und sind sich ihrer Frustration nicht bewußt. Erst wenn sie die Freude kennengelernt haben, geht ihnen auf, wie frustriert sie waren. Unentdeckten Krebs kann man nicht behandeln. Kornwürmer lassen sich nicht aus einer Scheune vertreiben, wenn nicht bekannt ist, daß es sie dort gibt.

Zuerst muß man sich also seiner negativen Gefühle bewußt werden. Was sind das für negative Gefühle?

Schwermütigkeit, zum Beispiel. Sie sind verzweifelt und niedergeschlagen; Sie können sich selbst nicht mehr leiden oder fühlen sich schuldig. Sie meinen, das Leben sei witzlos, es habe einfach keinen Sinn; Ihre Gefühle wurden verletzt, Sie fühlen sich nervös und angespannt. Werden Sie sich zuerst über solche Gefühle klar.

Der zweite Schritt (es geht hier um ein Vier-Schritte-Programm) ist, zu verstehen, daß das Gefühl in Ihnen ist und nicht in der Wirklichkeit. Das ist etwas ganz Selbstverständliches, aber denken Sie nicht, daß es allgemein bekannt ist. Das ist es tatsächlich nicht. Auch noch so gebildete Menschen haben das nicht verstanden. Niemand hat mir in der Schule beigebracht, wie ich leben soll, wieviel anderes ich auch gelernt haben mag. So sagte jemand: „Ich habe eine hervorragende Ausbildung genossen. Ich brauchte Jahre, um darüber hinwegzukommen." Darum geht es bei dem, was ich Spiritualität nenne: verlernen. Verlernen Sie den vielen Unsinn, den man Ihnen beigebracht hat.

Die negativen Gefühle gibt es nur in Ihnen, nicht in der Wirklichkeit. Hören Sie ruhig damit auf, die Wirklichkeit ändern zu wollen. Hören Sie damit auf, andere ändern zu wollen. Wir verwenden unsere ganze Zeit und Kraft auf den Versuch, äußere Umstände verändern zu wollen; unsere Ehefrauen, Chefs, Freunde, Feinde – eben die anderen – umzukrempeln. Wir müssen nichts ändern. Die negativen Gefühle gibt es nur in Ihnen. Niemand auf der Welt hat die Macht, Sie unglücklich zu machen. Es gibt nichts auf der Welt, das die Macht besäße, Ihnen zu schaden oder Sie zu verletzten: kein Ereignis, keine Umstände, keine Situation, auch kein anderer Mensch. Aber niemand hat es Ihnen gesagt; vielmehr erzählte man Ihnen das Gegenteil. Deswegen haben Sie jetzt diese Probleme; deswegen schlafen Sie. Man hat Sie über diese Selbstverständlichkeit im Unklaren gelassen.

Angenommen, ein Gartenfest fällt buchstäblich ins Wasser. Wer fühlt sich dann negativ? Der Regen? Oder *Sie*? Was verursacht das negative Gefühl? Der Regen oder Ihre Reaktion? Wenn Sie mit dem Knie an den Tisch stoßen, macht das dem Tisch nichts. Er bleibt das, was er sein soll – ein Tisch. Der Schmerz ist in Ihrem Knie, nicht im Tisch.

Die Mystiker wollen uns sagen, daß die Wirklichkeit schon in Ordnung ist; die Wirklichkeit ist nicht problematisch. Probleme gibt es nur in den Köpfen der Menschen. Genauer gesagt: in dummen, schlafenden Köpfen. Die Wirklichkeit ist nicht problematisch. Gäbe es keine Menschen mehr auf diesem Planeten, würden das Leben und die Natur in all ihrer Schönheit und Grausamkeit weitergehen. Wo läge dann das Problem? Es gibt kein Problem. Sie selbst haben das Problem geschaffen – Sie sind das Problem. Sie haben sich mit dem „Mich" identifiziert: das ist das Problem. Das Gefühl gibt es nur in Ihnen, nicht in der Wirklichkeit.

Der dritte Schritt: Identifizieren Sie sich niemals mit diesem Gefühl; es hat nichts mit dem „Ich" zu tun. Definieren Sie Ihr eigentliches Selbst nicht in diesen Denkkategorien. Sagen Sie nicht: „Ich bin frustriert." Wenn Sie sagen wollen, es gibt hier Frustration, oder, es gibt hier Schwermut, dann ist das in Ordnung. Aber sagen Sie nicht: Ich bin trübsinnig. Damit definieren Sie sich in diesen Kategorien. Das ist Ihre Illusion; das ist Ihr Fehler. Mag es hier auch Frustration oder verletzte Gefühle geben – lassen Sie sie sein, lassen Sie sie in Ruhe. Es wird vorbeigehen. Alles geht vorbei, alles. Ihre Frustrationen und Nervenkitzel haben nichts mit Glück zu tun. Es sind die Ausschläge des Pendels. Wenn Sie Spannung und Nervenkitzel suchen, machen Sie sich auf Frustration gefaßt. Möchten Sie Ihre Droge? Dann machen Sie sich schon auf den Katzenjammer gefaßt. Das Pendel schwingt hin und her.

Das hat nichts mit dem „Ich" zu tun, oder mit Glück. Es ist das „Mich". Wenn Sie daran denken, wenn Sie sich das tausendmal sagen, wenn Sie diese drei Schritte tausendmal tun, dann schaffen Sie es. Vielleicht müssen Sie sie gar nicht dreimal tun. Dafür gibt es keine Regel. Doch tun Sie sie tausendmal, und Sie werden die größte Entdeckung in Ihrem Leben machen: Weg mit der Goldmine in Alaska. Was wollen Sie denn mit dem Gold anfangen? Wenn Sie nicht glücklich sind, können Sie nicht leben. Sie haben also Gold gefunden. Na und? Sie sind ein König; Sie sind eine Prinzessin. Sie sind frei; es kümmert Sie nicht, ob Sie akzeptiert oder abgewiesen werden, es ist belanglos. Die Psychologen sagen immer, wie wichtig es ist, einen Sinn für Zugehörigkeit zu entwickeln. Unsinn! Wieso möchten Sie denn zu jemand gehören? Das spielt keine Rolle mehr.

Einer meiner Freunde erzählte mir, es gebe einen afrikanischen Stamm, bei dem Kapitalverbrechen mit Verbannung bestraft werden. Wenn man Sie aus New York, oder wo auch immer Sie wohnen, hinauswürfe, würden Sie nicht sterben. Wie kam es also, daß das afrikanische Stammesmitglied starb? Weil es sich an der gemeinsamen Dummheit der Menschheit beteiligte. Er glaubte, er könnte nicht leben, wenn er zu niemandem mehr gehört. Unterscheidet er sich in diesem Punkt wirklich so sehr von den meisten Leuten? Er ist davon überzeugt, daß er zu jemandem gehören muß. Doch muß man weder zu irgendwem noch zu irgend etwas, auch nicht zu irgendeiner Gruppe gehören. Man muß nicht einmal verliebt sein.

Wer hat Ihnen gesagt, daß man das muß? Was Sie wirklich brauchen, ist, frei zu sein und zu lieben. Das ist alles, das ist Ihre Natur. Doch was Sie mir da erzählen, heißt, daß Sie begehrt sein möchten. Sie möchten Applaus, möchten attraktiv sein, und daß alle hinter Ihnen herlaufen. Sie vergeuden Ihr Leben. Wachen Sie auf! Das haben Sie nicht nötig. Sie können ohne all das glücklich sein.

Ihre Gesellschaft wird nicht sehr erfreut sein, so etwas zu hören, denn Sie werden zum Schrecken, wenn Sie die Augen öffnen und das verstehen. Wie läßt sich ein solcher Mensch noch kontrollieren? Er braucht einen nicht; er fürchtet keine Kritik, es ist ihm egal, was man über ihn denkt oder was man von ihm sagt. Er hat all diese Fesseln durchgeschnitten; er ist keine Marionette mehr. Das ist erschreckend. „Deshalb wollten wir ihn los sein. Er spricht die Wahrheit; er hat seine Furcht verloren; er ist nicht mehr menschlich." Das soll nicht *menschlich* sein!? Das Gegenteil ist der Fall: endlich ein menschliches Wesen! Er ist aus seiner Sklaverei, aus seinem Gefängnis ausgebrochen.

Kein Ereignis rechtfertigt ein negatives Gefühl. Es gibt keine Situation auf der ganzen Welt, die Grund für ein negatives Gefühl sein könnte. Das haben uns auch alle unsere Mystiker immer wieder nahe zu bringen versucht. Aber niemand hört zu. Das negative Gefühl ist in Ihnen. In der Bhagavad-Gita, dem heiligen Buch der Hindus, sagt Krishna zu Arjuna: „Stürze dich in die Hitze der Schlacht und lege dein Herz zu den Lotosfüßen des Herrn." Ein wunderbarer Satz.

Um das Glück zu erlangen, müssen Sie gar nichts tun. Von Meister Eckhart stammt das schöne Wort: „Gott läßt sich nicht dadurch erreichen, daß man seiner Seele etwas hinzufügt, sondern indem man etwas abzieht." Sie tun nichts, um frei zu sein, sondern lassen etwas. Dann sind Sie frei.

Das erinnert mich an die Geschichte von einem irischen Gefangenen, der einen Tunnel unter der Gefängnismauer ins Freie gegraben hatte, durch den er entkommen konnte. Mitten auf einem Schulhof, auf dem kleine Kinder spielten, kroch er aus dem Tunnel ans Tageslicht. Übermütig sprang er umher und rief: „Ich bin frei, ich bin frei!" Ein kleines Mädchen schaute ihn verächtlich an und sagte: „Das ist doch gar nichts. Ich bin vier."

Der vierte Schritt: Wie ändert man etwas? Wie ändert man sich selbst? Es gibt vieles, was Sie hierbei verstehen müssen, oder besser gesagt, eines, das man auf verschiedene Weise ausdrücken kann. Stellen Sie sich einen Patienten vor, der zum Arzt geht und ihm sagt, woran er leidet. Der Arzt sagt: „Ja, Ihre Symptome kenne ich sehr gut. Wissen Sie, was ich jetzt tun werde? Ich verschreibe Ihnen eine Arznei für Ihren Nachbarn." Der Patient erwidert: „Vielen Dank, Herr Doktor, das wird mir sehr helfen."

Ist das nicht absurd? Aber so handeln wir alle. Derjenige, der schläft, denkt immer, es würde ihm besser gehen, wenn ein anderer sich ändert. Sie leiden, weil Sie schlafen, aber Sie denken sich: „Wie schön könnte das Leben sein, wenn die anderen sich ändern würden; wie schön könnte das Leben sein, wenn mein Nachbar sich änderte, oder meine Frau, oder mein Chef."

Wir möchten immer, daß jemand anderer sich ändert, damit es uns gut geht. Doch sind Sie noch nie auf den Gedanken gekommen, daß selbst dann, wenn sich Ihre Frau oder Ihr Mann ändert, Ihnen nicht viel geholfen wäre. Sie sind genauso verwundbar wie vorher, genauso ein Narr wie vorher, schlafen genauso wie vorher. Sie sind derjenige, der sich ändern muß, der die Arznei zu schlucken hat. Doch Sie bestehen darauf: „Ich fühle mich gut, weil die Welt in Ordnung ist." *Irrtum!* Die Welt ist in Ordnung, weil ich mich gut fühle. Das ist die Botschaft, die uns alle Mystiker verkünden.

Die Welt ist schon in Ordnung

Sobald Sie erwachen, sobald Sie verstehen, sobald Sie sehen, ist die Welt in Ordnung. Immer plagt uns das Problem des Bösen.

Ich kenne dazu eine Geschichte, die nachdenklich macht: Ein kleiner Junge spaziert am Ufer eines Flusses entlang. Er sieht ein Krokodil, das sich in einem Netz verfangen hat. Das Krokodil sagt: „Hab Mitleid mit mir und befreie mich! Ich sehe vielleicht häßlich aus, aber dafür kann ich nichts, ich bin so auf die Welt gekommen. Aber wie häßlich ich auch aussehen mag, so habe ich doch ein liebendes Mutterherz. Als ich heute früh Futter für meine Kleinen suchte, ging ich in diese Falle!"

Der Junge erwidert: „Wenn ich dich befreie, fängst du mich und tötest mich." Das Krokodil fragt: „Glaubst du, das ich so etwas meinem Wohltäter und Befreier antun könnte?"

Der Junge ist überzeugt und öffnet das Netz. Sofort schnappt das Krokodil nach ihm. Im Rachen des Krokodils sagt der Junge: „Das also ist dein Lohn für mein gutes Werk." Das Krokodil entgegnet: „Nimm's nicht persönlich, Kleiner, so ist die Welt nun einmal, das ist das Gesetz des Lebens."

Der Junge widerspricht, bis das Krokodil den Vorschlag macht: „Willst du einen anderen fragen, ob das stimmt?" Der Junge sieht einen Vogel, der auf einem Ast sitzt und fragt ihn: „Vogel, stimmt das, was das Krokodil sagt?" „Ja", antwortet der Vogel, „das Krokodil hat recht. Sieh mich an: Ich kam einmal mit Futter für meine Jungen nach Hause, und stell dir diesen Schreck vor: ich sah eine Schlange, die den Baumstamm hinaufkroch, genau auf mein Nest zu. Ich konnte gar nichts dagegen tun. Sie verschlang meine Jungen, eines nach dem anderen. Ich kreischte und schrie, alles war zwecklos. Das Krokodil hat recht, das ist das Gesetz des Lebens, so ist die Welt nun einmal."

„Siehst du", sagt das Krokodil. Doch der Junge bittet: „Laß mich noch jemanden fragen." Das Krokodil sagt: „Von mir aus!"

Da kommt ein alter Esel am Ufer dahergetrottet. „Esel", sagt der Junge, „stimmt das, was das Krokodil sagt?" Der Esel antwortet: „Das Krokodil hat schon recht. Sieh mich an. Mein Leben lang habe ich für meinen Herrn geschuftet und gerackert und dafür kaum genug Futter bekommen. Jetzt, da ich alt und nutzlos bin, ließ er mich laufen. So streife ich durch den Dschungel und warte darauf, daß mich ein wildes Tier anspringt und meinem Leben ein Ende macht. Das Krokodil hat recht, das ist das Gesetz des Lebens, so ist die Welt nun einmal."

„Siehst du", sagt das Krokodil, „also los!" Doch der Junge bittet es: „Gib mir noch eine Chance, eine letzte Chance. Laß mich noch ein anderes Wesen fragen. Denk daran, wie gut ich zu dir war." Das Krokodil gibt nach: „Gut, du sollst deine letzte Chance haben."

Der Junge sieht einen Hasen vorbeilaufen und fragt ihn: „Hase, hat das Krokodil recht?" Der Hase richtet sich auf seinen Hinterläufen auf und fragt das Krokodil: „Das hast du gesagt?" „Ja, das habe ich." „Einen Augenblick mal", sagt der Hase, „darüber müssen wir diskutieren." „Von mir aus", sagt das Krokodil. Doch der Hase fährt fort: „Wie können wir darüber sprechen, wenn du einen Jungen im Maul hast? Laß ihn raus; auch er muß an unserer Diskussion teilnehmen."

Das Krokodil erwidert: „Du bist schön schlau. Sobald ich ihn herauslasse, läuft er davon." Der Hase aber gibt zurück: „Ich dachte, du hättest mehr Verstand als er. Sobald er wegzulaufen versucht, kannst du ihn mit einem Schlag deines Schwanzes töten." „Also gut",

sagt das Krokodil und läßt den Jungen los. Im selben Moment ruft der Hase: „Lauf!" Der Junge läuft und ist gerettet.

Nach kurzer Zeit fragt der Hase den Jungen: „Magst du denn kein Krokodilfleisch? Möchten die Leute aus deinem Dorf nicht einmal ein gutes Essen? Du hast das Krokodil nicht vollständig befreit; sein ganzes Hinterteil steckt noch im Netz. Warum gehst du nicht ins Dorf und bringst alle her? Dann macht ihr ein Festessen."

Gesagt, getan. Der Junge geht ins Dorf und ruft alle Männer zusammen. Sie kommen mit Äxten, Knüppeln und Speeren und töten das Krokodil. Der Hund des Jungen läuft hinter der Menge her. Sofort sieht er den Hasen, jagt ihm nach, packt ihn und beißt ihn in die Kehle. Der Junge eilt herbei, doch zu spät. Während er den Hasen in den letzten Zügen sieht, sagt er: „Das Krokodil hatte doch recht, so ist die Welt nun einmal, das ist das Gesetz des Lebens."

Es gibt keine Erklärung für all das Leid, das Böse, die Qualen, die Zerstörung und den Hunger in der Welt. Es ist nicht zu ergründen, sosehr wir uns mit unseren religiösen oder sonst welchen Theorien darum bemühen, es bleibt uns verschlossen. Denn das Leben ist ein Rätsel, und das bedeutet, daß Ihr denkender Kopf darin keinen Sinn sehen kann. Darum müssen Sie erwachen, und Sie werden plötzlich verstehen, daß nicht die Wirklichkeit das Problem ist, sondern Sie.

Schlafwandeln

Die Bibel weist immer darauf hin, aber Sie werden kein Wort davon verstehen, solange Sie nicht erwacht sind. Schlafende Menschen lesen die Bibel und kreuzigen unter Berufung auf die Schrift den Messias. Sie müssen wach werden, um den Sinn der Bibel zu erkennen. Wenn Sie aufwachen, ergibt sie einen Sinn – so wie die Wirklichkeit. Aber nie werden Sie imstande sein, den Sinn in Worten auszudrücken.

Sie würden lieber etwas tun? Aber selbst dann müssen wir uns versichern, daß Sie nicht einfach einem Aktivismus verfallen, mit dem Sie Ihre negativen Gefühle loswerden wollen. Viele stürzen sich einfach in irgendeine Aktivität und machen damit alles noch schlimmer. Sie handeln nicht aus Liebe, sondern aus negativen Gefühlen heraus. Sie handeln aus Schuldgefühlen, Ärger, Haß; aus einem Ungerechtigkeitsgefühl oder was auch immer. Erst müssen Sie sich über Ihr „Sein" klar werden, bevor Sie loslegen. Sie müssen sich erst klar darüber sein, wer Sie sind, bevor Sie handeln.

Wenn Schlafende handeln, ersetzen Sie unglücklicherweise eine Grausamkeit durch eine andere, eine Ungerechtigkeit durch eine andere. So ist das nun einmal. Meister Eckhart sagt: „Nicht durch deine Taten wirst du gerettet werden" (oder aufwachen, nennen Sie es, wie Sie wollen), „sondern durch dein Sein. Nicht nach dem, was du tust, sondern nach dem, was du bist, wirst du gerichtet werden."

Was bringt es Ihnen, den Hungrigen zu essen zu geben, den Durstigen zu trinken, oder Gefangene im Gefängnis zu besuchen?

Denken Sie an das Wort des Apostel Paulus: „Und wenn ich meine ganze Habe verschenkte, und wenn ich meinen Leib dem Feuer übergäbe, hätte aber die Liebe nicht, nützte es mir nicht" (1 Kor 13,3). Nicht unsere Taten, sondern unser Sein zählt. *Dann* können Sie handeln. Sie können etwas tun oder es lassen. Sie können das nicht entscheiden, solange Sie nicht erwacht sind.

Bedauerlicherweise wird immer nur Wert darauf gelegt, die Welt zu verändern, und kaum auf die Notwendigkeit, wach zu werden. Sobald Sie aufwachen, werden Sie wissen, was Sie zu tun oder zu lassen haben.

Manche Mystiker sind schon sehr merkwürdig. Wie Jesus, der etwa sagte: „Ich wurde nicht zu diesen Leuten gesandt; ich beschränke mich darauf, das zu tun, was ich gerade jetzt meine, tun zu müssen. Später, vielleicht." Manche Mystiker verstummen, manche singen unerklärlicherweise Lieder, manche dienen. Wir können uns nie sicher sein. Sie tun, was sie für richtig halten; sie wissen genau, was zu tun ist. Wie ich schon sagte: „Stürze dich in die Hitze der Schlacht und lege dein Herz zu den Lotosfüßen des Herrn."

Stellen Sie sich vor, Sie fühlen sich nicht wohl und sind schlechter Laune. Dabei werden Sie durch eine wunderbare Landschaft gefahren. Die Gegend ist herrlich, aber Sie sind nicht in der Stimmung, etwas aufzunehmen. Ein paar Tage später kommen Sie wieder an diesem Ort vorbei und rufen aus: „Nicht zu glauben! Wo war ich nur, daß ich das alles nicht gesehen habe?" – Alles wird schön, wenn Sie selbst sich ändern.

Oder Sie schauen durch regennasse Fensterscheiben auf Wälder und Berge, und alles sieht verschwommen und formlos aus. Am liebsten würden Sie hinausgehen und diese Bäume und Berge verändern. Doch warten Sie, untersuchen wir erst einmal Ihr Fenster. Wenn der Sturm sich legt und der Regen nachläßt, und Sie durch das Fenster schauen, stellen Sie fest: „Alles sieht auf einmal anders aus." Wir sehen Menschen und Dinge nicht so, wie sie sind, sondern wie wir sind. Darum ist es auch zweierlei, wenn zwei Menschen etwas oder einen anderen Menschen betrachten. Wir sehen Dinge und Menschen nicht wie sie sind, sondern wie wir sind.

Erinnern Sie sich an das Wort aus der Bibel, daß alles gut wird für die, welche Gott lieben? Wenn Sie dann schließlich wach werden, versuchen Sie nicht, gute Dinge geschehen zu lassen; sie geschehen von selbst. Plötzlich erkennen Sie, daß alles, was Ihnen passiert, gut ist. Denken Sie an ein paar Leute aus Ihrem Bekanntenkreis, die Sie gerne ändern würden. Sie finden sie launisch, unüberlegt, unzuverlässig, hinterhältig, und wie auch immer diese Eigenschaften heißen mögen. Aber wenn Sie anders sind, werden auch jene anders sein. Das ist eine unfehlbare und wundersame Kur. Sobald Sie anders sind, werden jene anders werden. Dann werden Sie sie mit anderen Augen sehen. Wer Ihnen vorher erschreckend erschien, wird nun erschrocken erscheinen. Wer Ihnen vorher grob erschien, wird Ihnen nun erschrocken vorkommen. Plötzlich hat niemand mehr die Macht, Sie zu verletzen. Niemand hat mehr die Macht, Druck auf Sie auszuüben. Die Leute sind so sehr damit beschäftigt, alle anderen anzuklagen, allen anderen die Schuld zu geben, dem Leben, der Gesellschaft, dem Nachbarn. So werden Sie sich nie verändern; Sie verharren in Ihrem Alptraum, Sie werden niemals wach.

Führen Sie dieses Programm aus, tausendmal:
a) Erkennen Sie die negativen Gefühle in sich;
b) verstehen Sie, daß diese Gefühle in Ihnen sind und nicht in der Welt, nicht in der Wirklichkeit;
c) betrachten Sie diese Gefühle nicht als wesentlichen Bestandteil des „Ichs"; sie kommen und gehen;
d) erkennen Sie, daß sich alles ändert, wenn Sie sich ändern.

Begierig nach Veränderung

Hier stellt sich die große Frage: Muß ich etwas tun, um mich zu ändern? Ich habe eine große Überraschung für Sie, eine Menge guter Neuigkeiten! Sie müssen nämlich überhaupt nichts tun. Je mehr Sie tun, desto schlimmer wird alles. Das einzige, was Sie tun müssen, ist – verstehen.

Denken Sie an jemanden, mit dem Sie leben oder arbeiten, und den Sie nicht mögen, der bei Ihnen negative Gefühle weckt. Ich will versuchen, Ihnen verständlich zu machen, was hier vor sich geht.

Das erste, was Sie verstehen müssen, ist, daß das negative Gefühl in Ihnen ist. Sie selbst sind dafür verantwortlich und niemand sonst. Ein anderer wäre in Gegenwart dieses Menschen völlig ruhig und gelöst; er wäre ihm gleichgültig. *Ihnen* aber nicht.

Dann müssen Sie noch etwas anderes einsehen, nämlich, daß Sie Ansprüche stellen. Sie haben eine bestimmte Erwartung an diese Person. Verstehen Sie das? Dann sagen Sie dem oder der Betreffenden: „Ich habe kein Recht, irgendeinen Anspruch an dich zu stellen." Wenn Sie das sagen, werden Sie Ihre Erwartung aufgeben. „Ich habe kein Recht, einen Anspruch an dich zu stellen. Ja, ich werde mich schon vor den Folgen deines

Tuns, deiner Stimmungen oder was auch immer zu schützen wissen, aber du sei nur, was du sein möchtest. Ich habe kein Recht, Ansprüche an dich zu stellen."

Achten Sie darauf, was mit Ihnen geschieht, wenn Sie das tun. Spüren Sie in sich einen Widerstand, das zu sagen, werden Sie noch viel über Ihr „Mich" herausfinden. Bringen Sie den Diktator, den Tyrannen in Ihnen zum Vorschein. Sie dachten, Sie seien ein richtiges kleines Unschuldslamm, nicht wahr? Doch ich bin ein Tyrann, und Sie sind ein Tyrann – eine kleine Variante von „Ich bin ein Narr, du bist ein Narr." Ich bin ein Diktator, du bist ein Diktator. Ich möchte dein Leben für dich führen; ich möchte dir genau vorschreiben, wie du sein sollst, und wie du dich zu verhalten hast; und du solltest dich wirklich so verhalten, wie ich es beschlossen habe, sonst bestrafe ich mich selbst mit meinen negativen Gefühlen. Denken Sie daran, was ich Ihnen gesagt habe: jeder ist irgendwie verrückt.

Eine Frau erzählte mir einmal, daß ihr Sohn in der Schule einen Preis gewonnen habe, für hervorragende Leistungen in Sport und in Geisteswissenschaften. Sie freute sich für ihn, war aber fast versucht, ihm zu sagen: „Juble nicht zu sehr über den Preis, du wirst dann umso enttäuschter sein, wenn du im nächsten Jahr nicht mehr so gut abschneidest." Sie befand sich in einem Dilemma: Wie sollte sie seine vorhersehbare Ernüchterung verhindern, ohne seine Seifenblase jetzt platzen zu lassen.

Hoffentlich wird er ebenso dazulernen, wie seine Mutter an Weisheit gewinnen wird. Es geht nicht darum, was sie ihm sagt, vielmehr kommt es darauf an, was sie möglicherweise werden wird. Dann wird er es verstehen; dann wird sie wissen, ob und wann sie etwas sagen soll. Dieser Preis war das Ergebnis von Wettbewerb, der sehr grausam sein kann, wenn er auf Haß auf sich selbst und auf andere begründet ist. Man fühlt sich gut auf Kosten eines anderen, der sich schlecht fühlt; man besiegt ihn. Ist das nicht schrecklich? Für Narren ist das etwas Selbstverständliches.

Ein amerikanischer Arzt schrieb einmal über die Auswirkungen des Wettbewerbs auf sein Leben. Er studierte Medizin an einer Universität in der Schweiz, an der auch ziemlich viele Amerikaner waren. Er berichtete, daß viele Studenten einen regelrechten Schock erlitten, als sie erfuhren, daß es an dieser Universität weder Noten, Preise, Ranglisten, Kursbeste oder -zweitbeste gab. Entweder man bestand oder nicht.

Er erzählte: „Manche von uns konnten es einfach nicht aushalten. Wir bekamen fast Verfolgungswahn. Wir dachten, da müsse doch irgendein Trick dabei sein." Einige wechselten dann auch an eine andere Universität. Diejenigen, die es aushielten, entdeckten plötzlich etwas Seltsames, was ihnen von amerikanischen Universitäten fremd war: gute Studenten halfen anderen, die Prüfung zu bestehen und gaben ihnen ihre Mitschriften. Heute studiert sein Sohn Medizin in den Vereinigten Staaten, und er erzählte, daß manche Studenten das Mikroskop im Labor oft so verstellen, daß der nächste einige Minuten braucht, um wieder damit arbeiten zu können. Das ist Wettbewerb! Sie müssen Erfolg haben, müssen perfekt sein.

Dieser Arzt erzählt dann eine nette kleine Geschichte, die sich tatsächlich zugetragen haben soll, aber ebensogut eine schöne Parabel sein könnte. Sie handelt in einer Kleinstadt in Amerika: Ein paar Leute trafen sich abends, um Musik zu machen. Mit von der Partie waren ein Saxophonist, ein Schlagzeuger, ein Geigenspieler – meistens ältere Leute. Sie trafen sich, um Gesellschaft zu haben und aus purer Freude am Musizieren, obwohl keiner ein Meister auf seinem Instrument war. Sie hatten immer viel Spaß, bis zu dem Tag, an dem sie einen neuen Dirigenten engagierten, der

sehr ehrgeizig war. Der neue Dirigent erklärte ihnen: „Also Leute, wir müssen ein Konzert geben; ein Konzert, zu dem die ganze Stadt kommt." Bald darauf warf er einen nach dem anderen von den Leuten hinaus, die nicht so gut spielen konnten, engagierte ein paar Berufsmusiker, bis er ein richtiges Orchester zusammen hatte und alle ihre Namen in der Zeitung standen. War das nicht großartig? So beschlossen sie, in die Großstadt zu gehen und dort aufzutreten. Doch einige der alten Mitglieder des Orchesters hatten Tränen in den Augen und sagten: „Früher war es so schön, als wir noch schlecht spielten und unseren Spaß hatten." So kam Grausamkeit in ihr Leben, und niemand erkannte sie als Grausamkeit. Wie verrückt waren sie geworden!

Einige haben mich gefragt, was ich damit gemeint habe, als ich sagte: „Seien Sie ganz Sie selbst, das ist in Ordnung, aber ich werde mich schützen: ich werde ganz ich selbst sein." Mit anderen Worten: ich werde dir nicht gestatten, mich zu manipulieren. Ich lebe mein Leben, gehe meinen eigenen Weg; ich werde mir immer erlauben, meine eigenen Gedanken zu haben, meine eigenen Neigungen und meinen eigenen Geschmack. Ich werde dir auch nein sagen können.

Wenn ich nicht mit dir zusammen sein möchte, dann nicht wegen irgendwelcher negativen Gefühle, die du in mir weckst. Das kannst du einfach nicht mehr, du hast keine Macht mehr über mich. Ich möchte vielleicht lieber mit jemand anderem zusammen sein. Wenn du mich zum Beispiel fragen würdest: „Hättest du Lust, heute abend mit mir ins Kino zu gehen?", könnte ich dir antworten: „Tut mir leid, ich möchte mit jemand anderem gehen; ich möchte lieber mit ihm zusammensein." Das wäre völlig in Ordnung.

Es ist wunderbar, nein sagen zu können; es gehört mit zum Wachwerden. Es gehört zum Wachwerden, sein Leben so zu leben, wie man es für richtig hält.

Verstehen Sie mich recht: das hat *nichts* mit Egoismus zu tun. Egoistisch wäre es, zu verlangen, daß jemand sein Leben so lebt, wie *Sie* es für richtig halten. *Das* ist egoistisch. Es ist nicht egoistisch, sein Leben so zu leben, wie man es selbst für richtig hält. Der Egoismus liegt in der Forderung, daß andere Leute so leben sollen, wie es Ihrem Geschmack, Ihrem Stolz, Ihrem Nutzen oder Ihrem Vergnügen entspricht. Das ist wirklich egoistisch. Deshalb schütze ich mich. Ich fühle mich nicht dazu verpflichtet, mit dir zusammen zu sein, ebensowenig fühle ich mich dazu verpflichtet, ja zu sagen. Wenn ich deine Gesellschaft mag, genieße ich sie, ohne mich daran zu klammern. Aber ich meide dich nicht länger wegen irgendwelcher negativen Gefühle, die du in mir weckst. Diese Macht hast du nicht mehr.

Das Erwachen sollte eine Überraschung sein. Wenn etwas, was Sie nicht erwarten, eintritt, sind Sie überrascht. Als Frau Webster ihren Mann dabei ertappte, wie er das Dienstmädchen küßte, sagte sie ihm, sie sei sehr überrascht. Aber Webster war ein bißchen pingelig, was den korrekten Gebrauch der Sprache betraf (verständlicherweise, schrieb er doch gerade an seinem berühmten Wörterbuch), und so erklärte er ihr: „Nein, meine Liebe, ich bin überrascht. Du bist verblüfft!"

Manche setzen sich das Erwachen zum Ziel. Sie streben fest entschlossen danach und stehen auf dem Standpunkt: „Ich weigere mich, glücklich zu sein, bis ich erwacht bin." In diesem Fall ist es besser, so zu bleiben, wie Sie sind, sich einfach dessen bewußt zu sein, wie Sie sind. Verglichen mit dem Versuch, ständig zu reagieren, ist einfache Bewußtheit Glück. Viele reagieren deshalb so schnell, weil sie es ohne Bewußtheit tun. Sie werden noch verstehen, daß es auch Gelegenheiten gibt, bei denen Sie unvermeidlich reagieren, auch in voller Bewußtheit. Aber in dem Maße, in dem die Bewußtheit wächst, reagieren Sie weniger und agieren mehr.

Ein Schüler sagte zu seinem Guru, daß er einen fernen Ort aufsuchen wolle, um zu meditieren und, wie er hoffte, Erleuchtung zu erlangen. Alle sechs Monate schickte er dem Guru eine Nachricht, um ihn über seine Fortschritte zu unterrichten. So schrieb er im ersten Brief: „Nun verstehe ich, was es heißt, das Selbst aufzugeben." Der Guru zerriß den Brief und warf ihn in den Papierkorb.

Nach sechs Monaten erhielt er die nächste Nachricht, in der es hieß: „Nun besitze ich das Empfinden für alles Lebendige." Auch diesen Brief zerriß er.

Die dritte Nachricht lautete: „Jetzt kenne ich das Geheimnis des Einen und des Vielen." Der Brief wurde zerrissen. So ging es mehrere Jahre, bis schließlich keine Nachricht mehr kam.

Nach einiger Zeit regte sich beim Guru die Neugier. Als eines Tages ein Reisender auf dem Weg zu dem fernen Ort war, an dem sich sein Schüler aufhielt, bat der

Guru ihn: „Könntest du nicht herausfinden, was aus diesem Mann geworden ist?"

Endlich erhielt er einen Brief von seinem Schüler, darin stand: „*Was macht das schon aus?*" Als der Guru das las, rief er laut: „Er hat es geschafft! Er hat es geschafft! Endlich hat er verstanden! Er hat es verstanden!"

Eine andere Geschichte wird erzählt von einem Soldaten auf dem Schlachtfeld, der einfach sein Gewehr fallen ließ, ein Stück Papier vom Boden aufhob und es betrachtete. Nach kurzer Zeit ließ er es wieder zu Boden flattern. Dann ging er ein Stückchen weiter und tat das gleiche. Die anderen Soldaten sagten: „Der ist ja lebensmüde. Er braucht Hilfe." So schafften sie ihn in eine Klinik, wo sich der beste Psychiater um ihn kümmerte. Aber nichts schien zu helfen. Der Soldat wanderte durch die Gänge, las Papierfetzen auf, schaute sie kurz an und ließ sie wieder zu Boden flattern. Schließlich sagte man: „Wir müssen diesen Mann aus der Armee entlassen." Also rief man ihn herein und überreichte ihm seine Entlassungsurkunde. Er nahm sie, warf einen Blick darauf und rief: „Ist sie das? Das ist sie!" Endlich hatte er sie gefunden.

Seien Sie sich also Ihrer momentanen Bedingtheit bewußt, wie auch immer sie sei. Hören Sie auf, der Diktator zu sein. Hören Sie auf, sich zu etwas zu zwingen. Dann werden Sie eines Tages einsehen, daß Sie allein durch Bewußtheit bereits erreicht haben, wozu Sie sich zwingen wollten.

Ein veränderter Mensch

Stellen Sie auf dem Weg zur Bewußtheit keine Forderungen. Es ist eher wie das Befolgen von Verkehrsregeln. Beachten Sie die Verkehrsregeln nicht, müssen Sie eine Strafe zahlen. Hier in den Vereinigten Staaten fährt man auf der rechten Straßenseite; in Großbritannien fährt man links; ebenso in Indien. Wer sich nicht daran hält, zahlt ein Bußgeld; für verletzte Gefühle, Forderungen oder Erwartungen ist da kein Platz. Man hat sich einfach an die Verkehrsregeln zu halten.

Sie möchten wissen, wann Mitleid und Schuld bei alldem ins Spiel kommen. Sie werden das erfahren, sobald Sie erwacht sind. Sollten Sie sich gerade jetzt schuldig fühlen, wie, um Himmels Willen, könnte ich es Ihnen erklären? Woher wollen Sie wissen, was Mitleid ist? Wie Sie wissen, gibt es Leute, die es Christus gleichtun möchten. Aber wenn ein Affe Saxophon spielt, ist er noch lange kein Musiker. Man kann es Jesus Christus nicht gleichtun, indem man sein Verhalten imitiert. Sie müssen Christus sein. Dann werden Sie auch wissen, was bei Ihrem eigenen Temperament, Ihrem Charakter und dem Temperament Ihres Gegenübers in einer bestimmten Situation zu tun ist. Niemand sonst kann Ihnen das sagen. Aber um *so* handeln zu können, müssen Sie sein, was Christus war. Eine Nachahmung bringt Ihnen gar nichts.

Wenn Sie meinen, daß Mitleid Weichheit bedeutet, dann sehe ich nicht, wie ich Ihnen Mitleid beschreiben könnte, ich sehe hier keine Möglichkeit, denn Mitleid kann sehr hart sein. Mitleid kann sehr grausam sein, es kann einen schockieren, es kann gleichsam seine Ärmel hochkrempeln und auf einen losgehen. Mitleid ist alles mögliche. Mitleid kann auch sehr zart sein, aber das kann man nie wissen. Nur, wenn Sie Liebe werden –

mit anderen Worten, wenn Sie Ihre Illusionen und alles, woran Sie hängen, aufgeben – dann werden Sie „wissen".

Je weniger Sie sich mit dem „Mich" identifizieren, desto mehr werden Sie mit allem und allen im Einklang sein. Wissen Sie auch warum? Weil Sie keine Angst mehr haben, verletzt oder nicht gemocht zu werden. Es liegt Ihnen nichts mehr daran, Ihre Mitmenschen zu beeindrucken. Können Sie sich die Erleichterung vorstellen, wenn Sie niemanden mehr beeindrucken müssen? Eine enorme Erleichterung, letztendlich ist es Glück. Sie spüren keinen Druck oder Zwang mehr, etwas erklären zu müssen. Alles ist in Ordnung. Was gibt es schon zu erklären? Sie spüren keinen Druck oder Zwang mehr, sich für etwas entschuldigen zu müssen. Ich würde Sie viel lieber sagen hören: „Ich bin wach geworden", als: „Es tut mir leid." Ich würde Sie viel lieber sagen hören: „Seit wir uns das letzte Mal gesehen haben, bin ich wach geworden; was ich dir angetan habe, wird nicht mehr passieren", als: „Was ich dir angetan habe, tut mir sehr leid."

Warum sollte jemand eine Entschuldigung verlangen? Das müssen Sie einmal genauer hinterfragen. Selbst wenn jemand absichtlich gemein zu Ihnen gewesen sein sollte, gibt es für Entschuldigungen keinen Platz.

Niemand war gemein zu Ihnen. Jemand war gemein zu dem, von dem er oder sie dachte, daß Sie es wären, aber es waren nicht Sie. Niemand weist Sie je zurück – man weist nur das zurück, von dem man meint, daß Sie es wären, wenn das auch nicht weniger schmerzt. Denn ebensowenig akzeptiert Sie jemand. Bis die anderen wach geworden sind, akzeptieren sie nur ein Bild von Ihnen, oder sie lehnen es eben ab. Nur das Bild, das man sich von Ihnen gemacht hat, wird entweder akzeptiert oder abgelehnt.

Sie sehen, wie umwälzend es sein kann, sich damit näher zu befassen. Mag sein, daß es ein bißchen zu befreiend ist. Doch wie einfach ist es, die Menschen zu lieben, wenn man das versteht! Wie einfach ist es doch, jeden zu lieben, wenn man sich nicht mit den Vorstellungen identifiziert, die sich andere von einem machen. Es wird einfach, sie zu lieben, alle zu lieben.

Ich beobachte „Mich", aber ich denke nicht über das „Mich" nach. Wenn ich „Mich" beobachte, bin ich mir stets bewußt, daß es nur eine Betrachtung ist. In Wirklichkeit denkt man nicht in Kategorien von „Ich" und „Mich".

Es ist wie beim Autofahren, der Fahrer möchte nie das Bewußtsein für das Auto verlieren. Nichts gegen Tagträume, doch darf man dabei nie das Bewußtsein für seine Umgebung verlieren. Immer heißt es, wachsam zu sein. Es ist wie bei einer Mutter, die schläft; sie hört nicht das Dröhnen der Flugzeuge, die über ihr Haus fliegen, doch vernimmt sie sofort den leisesten Seufzer ihres Kindes. Sie ist wachsam, sie ist in diesem Sinne wach. Über den wachen Zustand läßt sich gar nichts sagen, nur über den schlafenden Zustand.

Ebenso läßt sich nichts über das Glücklichsein sagen. Glücklichsein ist nicht zu definieren. Was definiert werden kann, ist das Unglücklichsein. Vergessen Sie Ihr Unglück, und Sie wissen es. Liebe läßt sich nicht definieren, Nicht-Liebe dagegen schon. Vergessen Sie Nicht-Liebe, Angst, und Sie werden es wissen. Wir wollen herausfinden, was das ist: ein erwachter Mensch. Aber das werden Sie erst erfahren, wenn Sie es erreicht haben.

Ich habe gesagt: „Man hat kein Recht, irgendwelche Forderungen zu stellen." Bezieht sich das auch auf unsere Kinder? Früher oder später wird sich Ihr Kind – mit Gottes Segen – von Ihnen lösen müssen. Und Sie werden keine Rechte mehr über Ihre Tochter oder Ihren

Sohn haben. Im Grunde ist sie oder er auch nicht Ihr Kind – das sind sie nie gewesen. Ihr Kind gehört dem Leben, nicht Ihnen. Niemand gehört Ihnen. Wovon Sie sprechen, ist die Erziehung des Kindes: Wenn du Mittagessen willst, mußt du zwischen zwölf und eins zuhause sein, sonst bekommst du eben nichts mehr. Punktum. So ist das bei uns. Bist du nicht pünktlich, gibt es kein Essen. Du bist frei, aber die Konsequenzen mußt du tragen.

Wenn ich sage, daß man keine Erwartungen an andere haben soll, keine Forderungen stellen soll, meine ich damit Erwartungen und Forderungen, die meinem eigenen Wohlbefinden dienen. Der Präsident der Vereinigten Staaten muß zwangsläufig Forderungen an die Bürger stellen. Der Verkehrspolizist muß zwangsläufig Forderungen an die Verkehrsteilnehmer stellen. Aber diese Forderungen betreffen das allgemeine Verhalten – Verkehrsregeln, gute Organisation, das reibungslose Funktionieren der Gesellschaft – sie sind nicht dazu da, daß der Präsident oder der Verkehrspolizist sich wohlfühlen können.

Zur Stille gelangen

Jeder fragt mich, was sein wird, wenn man es schließlich erreicht. Ist das nur Neugier? Wir fragen immer, wie könnte das in dieses System passen, wie könnte das in diesem Zusammenhang Sinn haben, oder wie wird es sich anfühlen, wenn wir es schließlich erreichen. Fangen Sie einfach an, dann werden Sie es wissen, es ist nicht zu beschreiben. Ein Sprichwort aus dem Orient sagt: „Der Wissende spricht nicht; der Sprechende weiß nicht." Es läßt sich nicht ausdrücken; nur das Gegenteil läßt sich ausdrücken. Der Guru kann einem nicht die Wahrheit schenken. Wahrheit ist nicht in Worte oder in einen Lehrsatz zu fassen. Das ist nicht die Wahrheit. Das ist nicht die Wirklichkeit. Die Wirklichkeit kann nicht auf eine Formel gebracht werden. Der Guru kann einem nur seine Irrtümer aufzeigen. Wenn Sie von Ihren Irrtümern Abstand nehmen, werden Sie die Wahrheit erfahren. Und nicht einmal dann können Sie sie in Worte fassen. Es gehört zum allgemeinen Lehrgut der großen katholischen Mystiker.

Der große Thomas von Aquin schrieb nicht und redete nicht gegen Ende seines Lebens; er hatte gesehen. Ich war der Meinung, er habe sein berühmtes Stillschweigen nur ein paar Monate eingehalten, aber es dauerte Jahre. Er erkannte, daß er einen Narren aus sich gemacht hatte, was er auch ausdrücklich sagte. Es wäre dasselbe, wie wenn Sie noch nie eine grüne Mango versucht hätten und mich fragen würden: „Wie schmeckt sie?", und ich antworten würde: „Sauer." Doch indem ich Ihnen dieses Wort vorgäbe, würde ich Sie schon vom Weg abbringen. Versuchen Sie, das zu verstehen.

Die meisten Menschen sind nicht sehr weise; sie eignen sich Worte an – Worte der Schrift zum Beispiel – und verstehen alles falsch. „Sauer", sage ich also, und Sie fragen: „Sauer wie Essig oder wie eine Zitrone?" Nein, nicht sauer wie eine Zitrone, sondern sauer wie eine Mango. „Aber ich habe noch nie eine probiert", antworten Sie. Das ist schade! Aber Sie lassen sich nicht beirren und schreiben eine Doktorarbeit darüber. Wenn Sie eine Mango probiert hätten, hätten Sie das nicht getan, wirklich nicht. Sie hätten vielleicht über ein anderes Thema eine Doktorarbeit geschrieben, aber nicht über Mangofrüchte. Und an dem Tag, an dem Sie endlich eine grüne Mango versuchen, werden Sie sagen: „O nein, wie habe ich mich zum Narren gemacht. Hätte ich diese Doktorarbeit doch nie geschrieben." Genau das hat Thomas von Aquin getan.

Ein großer deutscher Philosoph und Theologe schrieb sogar ein Buch über das Schweigen des heiligen Thomas. Er schwieg einfach, er sprach nicht mehr. Im Prolog zu seiner „Summa Theologica", die das Resumee seines ganzen theologischen Denkens darstellt, schreibt er: „Von Gott können wir nicht sagen, was er ist, sondern nur, was er nicht ist. Deshalb können wir keine Aussage darüber treffen, wie er ist, sondern nur darüber, wie er nicht ist." Und in seinem berühmten Kommentar zu dem Werk des großen Philosophen und Staatsmannes aus dem 5. Jahrhundert, Boethius, „De Sancta Trinitate" stellt er fest, daß es drei Arten der Gotteserkenntnis gibt: 1. in der Schöpfung, 2. im Handeln Gottes in der Geschichte, und 3. die höchste Form der Gotteserkenntnis: Gott „tamquam ignotum" – Gott als den Unbekannten zu erkennen. Die höchste Form, in der man von Gott, dem Dreifaltigen, sprechen kann, ist anzuerkennen, daß man nichts weiß. Der dies sagt, ist kein fernöstlicher Meister des Zen, sondern ein Heiliger und für Jahrhunderte wohl der einflußreichste Kirchenlehrer der Römisch-katholischen Kirche. Gott als den Unbekannten zu erkennen. An einer anderen Stelle sagt der heilige Thomas sogar: als den Unerkennbaren zu erkennen. Wirklichkeit, Gott, Göttlichkeit, Wahrheit, Liebe werden unbegreiflich; das bedeutet, das dies alles vom Verstand nicht begriffen werden kann. Das würde viele Fragen der Menschen erledigen, leben wir doch immer in der Illusion, daß wir wissen. Dem ist aber nicht so. Das können wir gar nicht.

Was ist denn dann die Heilige Schrift? Sie ist ein Fingerzeig, ein Hinweis und keine Beschreibung. Der Fanatismus eines aufrechten Gläubigen, der meint, Bescheid zu wissen, verursacht mehr Böses als die vereinten Bemühungen von zweihundert Gaunern. Es ist erschreckend zu sehen, was aufrechte Gläubige zu tun bereit sind, weil sie meinen, Bescheid zu wissen. Wäre es nicht großartig, wenn es eine Welt gäbe, in der alle sagten: „Wir wissen nicht"? Eine große Hürde wäre genommen.

Ein Mann, von Geburt an blind, kommt zu mir und fragt: „Was ist das, was man grün nennt?" – Wie beschreibt man jemandem die Farbe grün, der noch nie gesehen hat? Mit Hilfe von Analogien. Also antworte ich: „Die Farbe grün ist wie sanfte Musik." „Oh," sagt er, „wie sanfte Musik." „Ja," bestätige ich ihm, „sanfte und beruhigende Musik."

Ein anderer Blinder kommt zu mir und fragt: „Was ist die Farbe grün?" Ich erzähle ihm etwas von fließendem Satin, ganz glatt und angenehm anzufassen. Am nächsten Tag sehe ich, wie sich die beiden Männer gegenseitig Flaschen auf die Köpfe schlagen. Der eine sagt: „Es ist wie sanfte Musik", der andere sagt: „Es ist wie glatter Satin." Und so geht es weiter. Keiner weiß, wovon er spricht – wüßten sie es, wären sie still. Genauso schlimm ist es, ja sogar noch schlimmer, denn wenn dieser Mann eines Tages das Augenlicht erhält, im Garten sitzt und um sich schaut, und Sie ihm sagen: „Jetzt wissen Sie auch, was die Farbe grün ist," wird er antworten: „Ja, das stimmt. Ich habe heute morgen ein Stück gehört."

Es ist tatsächlich so, daß man von Gott umgeben ist, und ihn nicht sieht, weil man „von ihm weiß". Das letzte Hindernis zur Anschauung Gottes ist Ihr Gottesbegriff. Sie vermissen Gott, weil Sie meinen, Sie wüßten Bescheid. Das ist das Schlimme an der Religion. Eben das sagte bereits das Evangelium: daß religiöse Menschen „Bescheid wußten" und deswegen Jesus schließlich loswurden.

Das höchste Wissen von Gott ist, ihn als den Unerkennbaren zu erkennen. Es wird viel zu viel von Gott gesprochen. Es gibt zu wenig Bewußtheit, zu wenig Liebe, zu wenig Glück; doch seien wir etwas zurückhaltender mit diesen Wörtern. Man trennt sich zu selten von Illusionen, von Irrtümern, von dem, woran man hängt, und von Grausamkeiten – es gibt zu selten Bewußtheit. An diesem Mangel leidet die Welt, nicht an einem Mangel an Religion. Religion soll Mangel an Bewußtheit und Erwachen beheben. Schauen Sie doch, wie weit wir degeneriert sind. Kommen Sie in meine Heimat und erleben Sie, wie man einander um der Religion willen umbringt. Das gibt es auf der ganzen Welt. „Der Wissende spricht nicht, der Sprechende weiß nicht." Alle Offenbarungen, wie göttlich sie auch sein mögen, können nie mehr sein als ein Fingerzeig zum Mond. So wie wir im Orient sagen: „Wenn der Weise auf den Mond zeigt, sieht der Tor nur den Finger."

Jean Guitton, ein frommer und strenggläubiger französischer Schriftsteller, fügt dem noch einen erschreckenden Kommentar hinzu: „Wir gebrauchen unsere Finger oft, um Augen auszustechen." Ist das nicht schrecklich? Bewußtwerden, Bewußtwerden und noch einmal Bewußtwerden! Darin ist Heilung, Wahrheit, Rettung; im Bewußtwerden ist Spiritualität; Wachstum, Liebe, im Bewußtwerden geschieht das Erwachen.

Ich muß zu Ihnen über Worte und Begriffe sprechen, denn ich muß Ihnen erklären, warum wir, wenn wir einen Baum betrachten, ihn noch lange nicht sehen. Wir *denken*, daß wir es tun, aber wir tun es nicht. Betrachten wir einen Menschen, sehen wir ihn in Wirklichkeit nicht, wir meinen nur, wir sehen ihn. Wir sehen nur das, was wir uns vorher eingeprägt haben. Wir haben einen Eindruck und bleiben bei diesem Eindruck; wir betrachten diesen Menschen mit diesem Eindruck. So machen wir es mit beinahe allem. Wenn Sie das verstehen, verstehen Sie auch, wie schön es ist, sich all dessen bewußt zu sein, was Sie umgibt. Denn dort ist die Wirklichkeit. „Gott", was auch immer das ist, ist dort. Alles ist *dort*. Der kleine Fisch im Ozean sagt: „Entschuldigen Sie, ich suche den Ozean. Können Sie mir sagen, wo ich ihn finde?" Man kann Mitleid mit ihm haben, nicht wahr? Würden wir nur unsere Augen öffnen und sehen, würden wir auch verstehen.

Den Konkurrenzkampf aufgeben

Kehren wir zu diesem großartigen Satz aus dem Evangelium zurück. „Wer aber sein Leben... verliert, wird es gewinnen" (Mt 16,25). Dieser Satz begegnet einem fast überall in der religiösen, spirituellen und mystischen Literatur.

Wie verliert man sich denn selbst? Haben Sie schon einmal *versucht*, etwas zu verlieren? Es ist doch so: je mehr man es versucht, desto schwieriger wird es. Gerade wenn man etwas nicht verlieren will, verliert man es um so leichter. Man verliert vor allem das, wessen man sich nicht bewußt ist. Gut, aber wie stirbt man sich selbst? Wir sprechen zwar jetzt von Sterben, aber nicht von Selbstmord. Wir sollen nicht das Selbst töten, sondern es heißt, wir sollen ihm sterben. Dem Selbst Schmerzen zuzufügen, es leiden zu lassen, würde genau das Gegenteil bewirken. Es wäre kontraproduktiv.

Man ist nie so sehr mit sich selbst beschäftigt, wie wenn man Schmerzen hat. Man konzentriert sich nie so sehr auf sich selbst, wie wenn man deprimiert ist. Man ist nie so sehr bereit, sich selbst zu vergessen, wie wenn man glücklich ist. Glück befreit vom Selbst. Leid, Schmerz, Verzweiflung und Niedergeschlagenheit fesseln an das Selbst. Denken Sie nur daran, wie bewußt Sie sich Ihres Zahnes sind, wenn er Ihnen weh tut. Haben Sie keine Schmerzen, nehmen Sie nicht einmal wahr, daß Sie diesen Zahn haben, oder einen Kopf, wenn Sie keine Kopfschmerzen haben, ganz anders freilich, wenn Sie von rasenden Kopfschmerzen geplagt werden.

Deshalb ist es ein ziemlicher Irrtum, ja falsch, zu meinen, daß man, um das Selbst zu verleugnen, sich selbst quälen und kasteien muß, wovon man früher überzeugt war. Das Selbst zu verleugnen, ihm zu sterben, heißt, seine wahre Natur zu verstehen. Wenn Sie das tun, wird es verschwinden, wird es sich verlieren.

Stellen Sie sich vor, jemand klopft eines Tages an meine Tür. Ich sage: „Treten Sie nur ein. Darf ich wissen, wer Sie sind?" Darauf erwidert er: „Ich bin Napoleon." Ich sage verdutzt: „Nicht der Napoleon…" Doch gibt er zurück: „Ganz genau, Bonaparte, Kaiser von Frankreich." „Was Sie nicht sagen!", antworte ich, und denke mir dabei, daß ich mich bei diesem Mann wohl besser in acht nehme. „Setzen Sie sich, Eure Majestät." Er beginnt: „Ich habe gehört, daß Sie ein recht guter geistlicher Begleiter sind. Ich habe ein geistliches Problem. Ich bin besorgt. Es fällt mir schwer, auf Gott zu vertrauen. Sehen Sie, meine Armeen stehen in Rußland, und der Gedanke, wie wohl alles ausgehen wird, bereitet mir schlaflose Nächte." Also sage ich ihm: „Eure Majestät, ich kann Ihnen dafür durchaus etwas verschreiben. Mein Vorschlag ist: lesen Sie im Matthäusevangelium, Kapitel 6: „Lernt von den Lilien, die auf dem Feld wachsen: Sie arbeiten nicht und spinnen nicht."

An dieser Stelle beginne ich mich zu fragen, wer hier eigentlich der Verrückte ist, er oder ich. Aber ich mache weiter mit diesem Spinner. Genau das tut auch der weise Guru am Anfang mit Ihnen. Er macht mit Ihnen weiter, er nimmt Ihre Sorgen ernst. Er wischt Ihnen die eine oder andere Träne von der Wange. Sie spinnen, Sie wissen es nur noch nicht. Und bald wird der Zeitpunkt gekommen sein, wo er Ihnen den Teppich unter den Füßen wegzieht und sagt: „Hören Sie auf, Sie sind nicht Napoleon."

In einem der berühmten Dialoge der heiligen Katharina von Siena soll Gott zu ihr gesagt haben: „Ich bin der, der ist; Du bist die, die nicht ist."

Haben Sie jemals Ihr Nicht-Sein erfahren? In der Spiritualität des Fernen Ostens gibt es ein Bild dafür: das Bild der Tänzerin und des Tanzes. Gott wird als die Tänzerin gesehen, und die Schöpfung ist Gottes Tanz. Was aber nicht so zu verstehen ist, daß Gott nun die große Tänzerin ist und Sie die kleine. Oh nein! Sie *werden* getanzt! Haben Sie das schon einmal erfahren?

Wenn also jener Mann zu Sinnen kommt und merkt, daß er nicht Napoleon ist, hört er ja nicht auf zu sein. Er fährt fort zu sein, aber er merkt plötzlich, daß er etwas anderes ist, als er dachte.

Das Selbst zu verlieren, heißt, mit einem Mal zu merken, daß Sie jemand anderes sind, als Sie dachten. Sie dachten, Sie wären die Sonne, nun merken Sie, daß

Sie ein Mond sind. Sie glaubten, Sie wären die Tänzerin, nun erleben Sie sich selbst als den Tanz. Dies alles sind nur Analogien, Bilder, die nicht buchstäblich zu verstehen sind, doch können sie einen Hinweis geben, einen Fingerzeig. Nehmen Sie sie also nicht wörtlich.

Bleibender Wert

Befassen wir uns mit einem anderen Begriff: dem eigenen persönlichen Wert. Was hat es mit ihm auf sich?

Persönlicher Wert bedeutet nicht Selbstwert. Wodurch erhalten wir Selbstwert? Durch Erfolg im Beruf? Durch eine Menge Geld? Oder dadurch, daß Sie als Frau auf Männer anziehend wirken oder als Mann auf Frauen? Wie zerbrechlich sind solche Vorzüge, wie vergänglich.

Wenn wir von Selbstwert sprechen, meinen wir dann nicht in Wirklichkeit unser Erscheinungsbild in den Spiegeln in anderer Leute Köpfe? Haben wir das wirklich nötig? Persönlicher Wert, richtig verstanden, hört auf, sich mit diesen vergänglichen Dingen zu identifizieren oder sich in diesen Begriffen zu definieren. Ich bin nicht deswegen schön, weil alle sagen, daß ich schön bin. Eigentlich bin ich weder schön noch häßlich. So etwas kann sich schnell ändern. Wenn ich plötzlich furchtbar häßlich aussehen würde, wäre es doch weiterhin das „Ich". Dann könnte ich mich einer Schönheitsoperation unterziehen und wäre auf einmal wieder schön. Wird das „Ich" wirklich schön?

Sie werden sich Zeit nehmen müssen, um über all das in Ruhe nachzudenken. Ich habe Ihnen nun eine Frage nach der anderen an den Kopf geworfen, aber wenn Sie geduldig in das Gesagte einzudringen versuchen, werden Sie eine Goldmine entdecken. So ging es auch mir, als ich zum ersten Mal auf diese Fragen stieß.

Schöne Erfahrungen machen das Leben zur Freude. Schmerzliche Erfahrungen führen zu Wachstum. Angenehme Erfahrungen machen das Leben zwar zur Freude, doch müssen sie nicht zwangsläufig zu Wachstum führen. Schmerzliche Erfahrungen jedoch können es. Schmerz und Leid verweisen auf einen Bereich in Ihnen, in dem Sie noch nicht gewachsen sind, in dem Sie noch wachsen und sich verändern müssen. Wenn Sie es verstehen würden, von Schmerz und Leid zu profitieren, wie sehr könnten Sie daran wachsen!

Beschränken wir uns zunächst auf psychisches Leid, auf all diese negativen Gefühle in uns. Verschwenden Sie Ihre Zeit nicht dadurch, daß Sie sich mit nur einem einzigen dieser Gefühle befassen. Wozu sie Ihnen dienen können, sagte ich bereits. Achten Sie einmal auf Ihre Enttäuschung, wenn etwas nicht so klappt, wie Sie es sich vorgestellt haben. Denken Sie darüber nach, was dies über Sie aussagt. Ich sage das, ohne irgendwie urteilen zu wollen (sonst hätten Sie auch noch mit Selbsthaß zu kämpfen). Beobachten Sie, als würden Sie einen anderen beobachten. Betrachten Sie Ihre Enttäuschung, Ihre Niedergeschlagenheit, wenn Sie kritisiert werden. Was sagt das aus über Sie?

Haben Sie schon von jenem Mann gehört, der sagte: „Wer will behaupten, daß Sorgen nicht helfen? Ganz bestimmt helfen sie. Immer wenn ich mir über etwas Sorgen mache, trifft es bestimmt nicht ein!" *Ihm* haben sie gewiß geholfen.

Oder wie ein anderer sagte: „Ein Neurotiker ist jemand, der sich über etwas Sorgen macht, das in der Vergangenheit nicht geschehen ist. Anders als wir normalen Menschen, die sich über etwas Sorgen machen, das in Zukunft nicht geschehen wird." Das ist genau der Punkt. Was sagen Ihre Sorgen und Ihre Ängste über Sie aus?

Negative Gefühle, jedes einzelne negative Gefühl ist für unser Bewußtsein und Verstehen nützlich. Sie bieten Ihnen Gelegenheit, sie von außen zu betrachten. Die Niedergeschlagenheit wird anfangs zwar noch da sein, aber Sie werden sich von ihr gelöst haben. Nach und nach werden Sie die Niedergeschlagenheit verstehen. Indem Sie sie verstehen lernen, wird sie immer seltener auftreten und schließlich ganz verschwinden. Es wird Ihnen dann vielleicht sogar egal sein. Vor der Erleuchtung war ich immer niedergeschlagen. Nach der Erleuchtung bin ich es immer noch. Aber nach und nach, oder sehr schnell, wenn nicht gar mit einem Schlag erreichen Sie den Zustand der Wachsamkeit. Es ist das Stadium, in dem Sie sich von Ihren Wünschen und Sehnsüchten lösen. Aber bedenken Sie, was ich mit Wünschen und Sehnsüchten meine, nämlich: Bis ich nicht habe, wonach ich mich sehne, weigere ich mich, glücklich zu sein." Ich meine dabei all die Fälle, bei denen das Glück von der Erfüllung von Wünschen abhängt.

Wünsche, nicht Vorlieben

Unterdrücken Sie Ihre Wünsche nicht, sonst werden Sie leblos und antriebslos, und das wäre schrecklich. Wünsche *sind* im positiven Sinne des Wortes Energie, und je mehr Energie wir haben, desto besser. Bedenken Sie das. Streben Sie nicht so sehr nach Erfüllung Ihrer Wünsche, als vielmehr danach, sie zu verstehen. Verzichten Sie nicht auf die Ziele Ihrer Wünsche, sondern lernen Sie sie verstehen; sehen Sie sie in ihrem wahren Licht. Erkennen Sie sie als das, was sie wirklich wert sind. Denn versuchen Sie, Ihre Wünsche zu unterdrücken, und bemühen Sie sich, dem Ziel Ihrer Wünsche zu entsagen, werden Sie sich wahrscheinlich um so weniger davon lösen können. Wenn Sie sie dagegen mit Abstand betrachten und als das sehen, was sie wirklich wert sind, wenn Sie einsehen, wie rasch sie Grund zu Traurigkeit, Enttäuschung und Niedergeschlagenheit geben, dann werden Ihre Wünsche sich in das wandeln, was ich Vorlieben nenne.

Wenn Sie mit Vorlieben durchs Leben gehen, aber Ihr Glück nicht von ihnen abhängig machen, dann sind Sie wach geworden. Sie sind auf dem Weg zur Wachsamkeit. Wachsamkeit, Glück – nennen Sie es, wie Sie wollen – ist der Zustand von Ent-Täuschung, Befreiung von Täuschung, indem Sie die Dinge so sehen, wie sie sind, und nicht wie Sie sind, soweit das uns Menschen überhaupt möglich ist. Sich von Illusionen befreien, die Dinge und die Wirklichkeit sehen. Immer, wenn Sie unglücklich sind, haben Sie der Wirklichkeit etwas hinzugefügt. Diese Hinzufügung macht Sie unglücklich. Um es noch einmal zu sagen: Sie haben etwas hinzugefügt, und das ist eine negative Reaktion in Ihnen. Die Wirklichkeit liefert den Anstoß, und Sie liefern die Reaktion. Mit Ihrer Reaktion fügten Sie etwas hinzu. Und wenn Sie prüfen, was Sie da hinzugefügt haben, werden Sie bald feststellen, daß es immer eine Illusion ist, ein Anspruch, eine Erwartung, eine Sehnsucht. Immer. Beispiele dafür gibt es mehr als genug. Und wenn Sie auf diesem Weg weitergehen, werden Sie sie selbst entdecken.

Da gibt es etwa die Illusion, den Irrtum, zu meinen, man brauche nur die äußere Umgebung zu ändern, um sich selbst zu ändern. Aber Sie verändern sich nicht, solange Sie nur Ihre Umgebung ändern. Wenn Sie einen neuen Arbeitsplatz, eine andere Frau, ein neues Haus, einen anderen Guru oder eine andere Spiritualität suchen, ändert Sie das noch lange nicht. Das wäre so, als bildeten Sie sich ein, Sie könnten sich mit einem neuen

Füller eine andere Handschrift zulegen, oder Sie könnten Ihr Gedächtnis mit einem neuen Hut verbessern. Das ändert Sie wirklich nicht; wenn auch viele ihre ganze Kraft darauf verwenden, ihre Umwelt möglichst so zu verändern, daß sie ihrem Geschmack entspricht. Es mag ihnen auch manchmal gelingen – vielleicht für ein paar Minuten –, und sie können dann ein wenig verschnaufen, aber noch während sie verschnaufen, sind sie unruhig und angespannt, denn das Leben fließt weiter, das Leben verändert sich immer fort.

Wenn Sie leben wollen, dürfen Sie also keinen ständigen Aufenthalt haben. Sie dürfen keinen Ort haben, an dem Sie sich ausruhen können. Sie müssen mit dem Leben weiterfließen. Der große Konfuzius sagte: „Wer dauerhaftes Glück will, muß sich stets verändern." Fließen Sie. Aber wir schauen immer wieder zurück, nicht wahr? Wir klammern uns an Vergangenheit und Gegenwart. „Wer seine Hand an den Pflug legt, darf nicht zurückschauen." Möchten Sie eine Melodie oder eine Sinfonie hören, dann geben Sie sich doch nicht mit ein paar Takten zufrieden! Machen Sie doch nicht nach ein paar Noten Schluß! Lassen Sie sie weiterklingen und weiterfließen. Der volle Genuß einer Sinfonie liegt in Ihrer Bereitschaft, alle Töne klingen und vorbeiströmen zu lassen. Wenn Sie jedoch eine bestimmte Stelle ganz besonders schön finden würden und das Orchester bäten: „Bitte, spielt nur diese Stelle!", dann wäre das keine Sinfonie mehr.

Kennen Sie die Sage von Nasrudin, dem alten Mullah, eine legendäre Gestalt, die die Griechen, Türken und Perser für sich beanspruchen. Er brachte seine geistlichen Lehren in die Form meist humorvoller Geschichten. Sie handeln immer von Nasrudin selbst.

Eines Tages zupfte Nasrudin auf einer Gitarre, spielte dabei aber immer denselben Ton. Nach einer Weile versammelte sich eine Menge Leute um ihn (das Ganze trug sich auf dem Marktplatz zu). Da fragte einer der Männer, die ihm zuhörten: „Du spielst ja einen schönen Ton, Mullah, aber warum nimmst du nicht ein paar andere dazu, wie die anderen Musiker?" „Diese Narren", antwortete Nasrudin, „sie *suchen* den richtigen Ton, ich habe ihn *gefunden*."

Sich an Illusionen klammern

Wenn Sie sich anklammern, ist das Leben zerstört; wenn Sie an etwas festhalten, hören Sie auf zu leben. Diese Erfahrung durchzieht das ganze Evangelium. Man erlangt dies durch Verstehen. Verstehen müssen wir! Verstehen müssen wir noch eine weitere Illusion: daß Glück nicht dasselbe wie Spannung und Nervenkitzel ist. Es ist ebenso eine Illusion, daß Nervenkitzel daher rührt, daß Wünsche erfüllt werden. Wünsche erzeugen Angst, und früher oder später folgt der Überdruß. Wenn Sie genug gelitten haben, sind Sie bereit, dies einzusehen. Sie halten sich durch Nervenkitzel hoch. Es ist so, als wollte man ein Rennpferd mit Delikatessen füttern, mit Kuchen und Wein. Doch so wird ein Rennpferd nun einmal nicht gefüttert. Es ist, als gäbe man einem Menschen Drogen. Man kann auch seinen Magen nicht mit Tabletten füllen. Dazu ist selbstverständlich gutes, solides, nahrhaftes Essen und Trinken notwendig. Das alles müssen Sie für sich selbst herausfinden.

Eine weitere Illusion besteht darin, daß das jemand anderer für Sie herausfinden kann, daß irgendein Erlöser, Guru oder Lehrer es für Sie tun kann. Nicht einmal der größte Guru der Welt kann auch nur einen Schritt für Sie tun – den müssen Sie schon selbst tun. Der heilige Augustinus sagt in diesem Zusammenhang sehr einsichtig: „Jesus Christus selbst konnte für viele, die ihn hörten, nichts tun." *Sie selbst* sind es, die das Ihrige erledigen müssen. Niemand kann Ihnen helfen: *Sie* müssen Ihr Essen verdauen, *Sie* müssen verstehen. Das Verstehen kann Ihnen niemand abnehmen. *Sie* müssen selbst suchen, diese Suche nach Ihnen niemand abnehmen. Wenn Sie nach der Wahrheit suchen, müssen *Sie* es ebenso selbst tun. Sie können sich dabei auf niemanden stützen.

Noch eine andere Illusion ist die Meinung, wichtig sei, respektiert, geliebt und geschätzt zu werden, angesehen und bedeutend zu sein. Viele sind der Meinung, wir besäßen einen natürlichen Drang, geliebt und geschätzt zu werden, zu jemand zu gehören. Das ist falsch. Geben Sie diese Illusion auf, und Sie werden zum Glück finden. Wir haben einen natürlichen Drang, frei zu sein, zu lieben, aber nicht geliebt zu werden. Immer wieder stoße ich bei psychotherapeutischen Gesprächen auf ein weitverbreitetes Problem: „Niemand liebt mich; wie kann ich da glücklich sein?" Ich erkläre ihm oder ihr: „Soll das heißen, Sie hätten nie Momente, in denen Sie vergessen, daß Sie nicht geliebt werden, und einfach gelöst und glücklich sind?" Natürlich haben Sie solche Augenblicke.

Nehmen wir zum Beispiel eine Frau, die im Kino sitzt und sich ganz vertieft einen Film ansieht. Es ist eine Komödie – sie biegt sich vor Lachen –, und in diesem gesegneten Augenblick vergißt sie, sich selbst daran zu erinnern, daß niemand sie liebt, niemand sie liebt, niemand sie liebt. Sie ist glücklich! Auf dem Weg nach Hause trifft ihre Freundin, mit der sie im Kino war, ihren Freund und verabschiedet sich von ihr. Die Frau ist wieder allein und denkt: „Alle meine Freundinnen haben Freunde, und ich habe niemanden. Ich bin so unglücklich. *Niemand liebt mich!*"

In Indien kaufen sich neuerdings viele alte Leute

Transistorradios, die dort ein ziemlicher Luxus sind. „Alle haben einen Transistor", hört man immer wieder, „nur ich habe keinen. Ich bin so unglücklich." Bis alle damit anfingen, sich Transistorradios zu kaufen, war jeder auch ohne solch ein Spielzeug glücklich.

Nicht anders ist es mit Ihnen. Bis Ihnen jemand erzählt hat, man könne nicht glücklich sein, ohne geliebt zu werden, waren Sie vollkommen glücklich. Sie können glücklich sein, ohne geliebt oder begehrt zu sein oder auf jemanden anziehend zu wirken. Glücklich werden Sie durch Kontakt zur Realität. Was das Glück bringt, ist der Kontakt zur Realität, in jedem einzelnen Augenblick. Dabei werden Sie Gott finden; dabei werden Sie das Glück finden. Aber die meisten sind nicht bereit, darauf zu hören.

Aus der Vielfalt der Illusionen auch diese: äußere Ereignisse hätten die Macht, Ihnen Schaden zuzufügen, andere Menschen besäßen die Macht, Sie zu verletzen. Diese Macht haben sie jedoch nicht, vielmehr sind Sie es, die ihnen Macht dazu verleihen.

Sodann die Illusion: Sie seien all die Etiketten, die andere Ihnen aufgeklebt oder die Sie sich selbst zugelegt haben. Auf keinen Fall *sind* Sie diese Etiketten, Sie müssen sich deshalb nicht daran klammern. An dem Tag, da mir jemand erzählt, ich sei ein Genie, und ich das ernst nehme, steht es schlimm um mich. Wissen Sie auch warum? Weil ich jetzt anfange, mich zu verkrampfen: ich muß diesem Anspruch gerecht werden, darf das Erreichte nicht verlieren. Nach jedem Vortrag muß ich herausfinden: „Hat Ihnen mein Vortrag gefallen? Finden Sie immer noch, daß ich ein Genie bin?"

Merken Sie etwas? Was Sie also tun müssen, ist, die Etiketten von sich zu reißen: werfen Sie sie weit weg, und Sie sind frei! Identifizieren Sie sich nicht mit solchen Aufklebern! Sie zeigen doch nur, was andere von

Ihnen denken, wie jemand Sie gerade erlebt hat. Sind Sie wirklich ein Genie? Sind Sie ein Spinner? Sind Sie ein Mystiker? Sind Sie überspannt? Was hat das schon zu sagen, vorausgesetzt, Sie bleiben wach und leben Ihr Leben von Augenblick zu Augenblick. Dazu steht im Evangelium der wunderbare Satz: „Seht euch die Vögel des Himmels an: Sie säen nicht, sie ernten nicht und sammeln keine Vorräte in Scheunen... Lernt von den Lilien, die auf dem Feld wachsen... sie arbeiten nicht und spinnen nicht" (Mt 6,26–28). Das ist wirklich mystische Rede – eines erwachten Menschen.

Warum haben Sie also Angst? Können Sie mit all Ihren Ängsten Ihr Leben auch nur um den kürzesten Augenblick verlängern? Warum sich wegen des Morgen beunruhigen? Gibt es ein Leben nach dem Tod? Werde ich nach dem Tod weiterleben? Warum sich mit dem Morgen plagen? *Kommen Sie ins Heute.* Jemand sagte einmal: „Das Leben ist etwas, das uns widerfährt, während wir damit beschäftigt sind, andere Pläne zu schmieden." Das ist tragisch. Leben Sie den gegenwärtigen Augenblick. Es ist eine der Ansichten, zu der Sie gelangen werden, wenn Sie wach geworden sind. Sie werden erkennen, daß Sie in der Gegenwart leben und jeden Augenblick zu schätzen wissen. Ein anderes gutes Zeichen ist, wenn Sie die Sinfonie Ton für Ton hören, ohne sie an einer Stelle anhalten zu wollen.

Die lieben Erinnerungen

Das führt mich zu einem anderen Thema. Es hängt sehr eng damit zusammen, was ich gesagt und vorgeschlagen habe, nämlich sich aller Dinge bewußt zu werden, die wir der Realität hinzufügen. Tun wir das Schritt für Schritt.

Ein Jesuitenpater erzählte mir, wie er vor Jahren in New York eine Rede hielt, zu einer Zeit, in der Puerto-Ricaner wegen bestimmter Vorkommnisse sehr unbeliebt waren. Jeder wußte irgend etwas gegen sie vorzutragen. Deshalb sagte er in seiner Rede: „Lassen Sie mich einige Aussprüche vorlesen, die Leute in New York über bestimmte Einwanderer getan haben." Was er dann vorlas, war nichts anderes als das, was man auch bei den Iren, den Deutschen und allen anderen Einwandererwellen gesagt hatte, die vor Jahren in New York ankamen.

Ganz richtig sagte er: „Diese Menschen bringen die Kriminalität nicht mit; sie werden kriminell, sobald sie hier mit bestimmten Situationen konfrontiert werden. Wir müssen sie verstehen. Wenn Sie etwas dagegen unternehmen wollen, nützt es gar nichts, aus Vorurteilen heraus zu reagieren. Sie brauchen Verständnis, nicht Verurteilung."

Das ist auch der Weg, auf dem Sie Veränderung bei sich selbst erreichen. Nicht durch Verurteilen, nicht dadurch, daß Sie sich selbst beschimpfen, sondern dadurch, daß Sie verstehen, was los ist. Nicht dadurch, daß Sie sich einen elenden alten Sünder nennen. Dadurch ganz bestimmt nicht.

Um Erkenntnis zu erlangen, müssen Sie sehen. Doch Sie können nicht sehen, wenn Sie mit Vorurteilen belastet sind. Fast alles und alle betrachten wir mit Vorurteilen. Das genügt beinahe, um jedem den Mut zu nehmen.

Ich traf einen lange verloren geglaubten Freund wieder. „Hallo, Tom", rufe ich, „schön, dich zu sehen," und umarme ihn fest. Doch wen umarme ich da? Tom oder meine Erinnerung an ihn? Einen lebendigen Menschen oder einen Toten? Ich setze einfach voraus, daß er immer noch der liebenswerte Bursche ist, der er war. Ich setze einfach voraus, daß er mit meinem Bild übereinstimmt, das ich von ihm habe, und mit meinen Erinnerungen und Assoziationen. Deswegen umarme ich ihn. Fünf Minuten später stelle ich fest, daß er sich verändert hat, und ich verliere das Interesse an ihm. Ich habe den Falschen umarmt.

Wenn Sie sehen wollen, wie wahr das ist, hören Sie zu: Eine Ordensschwester aus Indien geht für kurze Zeit in Exerzitien. Alle Mitschwestern der Gemeinschaft sagen: „Ja, das kennen wir: das gehört zu ihrem Charisma; sie besucht immer Arbeitskreise und macht Exerzitien; nichts wird sie jemals ändern." Zufällig passiert es aber, daß sich die Schwester bei diesem bestimmten Arbeitskreis oder dieser Tagung, was immer es auch sei, ändert. Sie ändert sich wirklich, und alle merken den Unterschied. Alle sagen: „Ja, du hast wirklich Einsichten gewonnen, nicht wahr?" Das hat sie auch, was an ihrem Verhalten und ihrer Ausstrahlung zu erkennen ist. Das ist immer so, wenn eine innere Veränderung stattfand. Sie zeigt sich in Ihrem Gesichtsausdruck, in Ihren Augen, an Ihrer Erscheinung.

Die Schwester kehrt also in ihre Gemeinschaft zurück, und da die Gemeinschaft eine feste, von Vorurteilen belastete Meinung von ihr hat, wird sie immer noch mit ihren Vorurteilen angesehen. Ihre Mitschwestern sind die einzigen, die keine Veränderung an ihr bemerken. Sie sagen nur: „Ja, sie wirkt ein bißchen schwungvoller, aber wartet nur, bald wird sie wieder frustriert sein." Und nach einigen Wochen *ist* sie tatsächlich so weit; sie reagiert auf deren Reaktion. Und alle sagen: „Siehst du, was haben wir gesagt, sie hat sich nicht verändert!" Aber das Tragische daran ist, daß sie sich doch verändert hatte und es von den Mitschwestern nur nicht bemerkt worden war. Verhinderte Wahrnehmung kann in der Liebe und in menschlichen Beziehungen verheerende Folgen haben.

Was immer eine Beziehung auch sein mag, sie erfordert mit Sicherheit zweierlei: eine klare Wahrnehmung (soweit wir dazu fähig sind; manche streiten sich darüber, bis zu welchem Grad wir eine klare Wahrnehmung erreichen können; aber ich glaube, niemand wird bestreiten, daß es wünschenswert ist, sie anzustreben) und eine klare Erwiderung. Man kann auf die Dinge um so genauer eingehen, je klarer man sie wahrnimmt. Wenn Ihre Wahrnehmung getrübt ist, ist es nicht sehr wahrscheinlich, daß Sie treffend darauf eingehen. Wie können Sie jemanden lieben, den Sie gar nicht sehen? Sehen Sie wirklich die Menschen, die Sie mögen? Sehen Sie wirklich die Menschen, vor denen Sie Angst haben und die Sie deswegen nicht mögen? Wir hassen, was wir fürchten.

„Die Furcht vor dem Herrn ist der Beginn der Weisheit", sagen mir manche. Doch warten Sie ein wenig. Ich hoffe, sie verstehen, was sie gesagt haben, denn wir hassen immer, was wir fürchten. Was wir fürchten, möchten wir immer zunichte machen, möchten es loswerden, es meiden. Wenn Sie jemanden fürchten, mögen Sie den- oder diejenige nicht. Sie mögen diese Person insofern nicht, als Sie sie fürchten. Auch *sehen* Sie diese Person nicht, denn Ihre Gefühle stehen Ihnen im Weg. Das gilt auch dann, wenn Sie sich zu jemand hingezogen fühlen. Wenn wirklich Liebe da ist, geht es nicht mehr um Sympathie oder Antipathie im gewöhnlichen Sinne. Sie sehen sie klar und gehen auf alles genau ein. Aber auf dieser menschlichen Ebene kommen Ihnen Ihre Sympathien und Antipathien, Ihre Vorlieben und Ihr Hingezogensein immer wieder in die Quere. Deshalb müssen Sie sich dieser Vorgaben immer bewußt sein. Sie sind alle vorhanden und rühren von Ihrem Vorgeformt-Sein. Wie kommt es, daß Sie Dinge mögen, die ich nicht mag? Weil Sie in einer anderen Kultur leben, weil Sie anders erzogen wurden als ich. Ich könnte Ihnen manches zu essen anbieten, was ich mag, wovon Sie sich aber schnell abwenden würden.

In manchen Teilen Indiens gibt es Leute, die Hundefleisch mögen. Anderen würde es schon bei dem Gedanken daran schlecht werden. Wieso? Es ist die Folge einer unterschiedlichen Einstellung durch verschiedene Programmierung. Einem Hindu würde es schlecht werden, wenn er hören würde, daß er Rindfleisch gegessen hat, Amerikaner hingegen essen es mit Vorliebe.

Sie fragen: „Aber warum mögen Inder kein Rindfleisch?" Aus demselben Grund, aus dem Sie nicht Ihren Schoßhund essen wollen. Aus eben diesem Grund. Die Kuh ist für den indischen Bauern, was Ihr Schoßhund für Sie ist. Er möchte sie nicht essen. Es ist ein kulturelles Vorurteil, das ein Tier schützt, das dringend in der Landwirtschaft oder anderswo gebraucht wird.

Warum verliebe ich mich eigentlich? Wieso verliebe ich mich in bestimmte Menschen und in andere nicht? Weil ich beeinflußt wurde. Unbewußt habe ich mir ein Bild geschaffen, wodurch dieser bestimmte Menschentyp auf mich anziehend wirkt. Begegne ich also diesem Menschen, verliebe ich mich Hals über Kopf in ihn. Habe ich aber ihn oder sie wirklich gesehen? Nein, das werde ich erst nach der Hochzeit; denn dann kommt das Erwachen! Dann könnte die Liebe beginnen. Aber Sich-Verlieben hat mit Liebe nichts zu tun. Es ist keine Liebe, sondern Verlangen, brennendes Verlangen. Sie sehnen sich von ganzem Herzen danach, von diesem anbetungswürdigen Geschöpf gesagt zu bekommen, daß Sie auf es anziehend wirken. Das gibt Ihnen ein tolles Gefühl. Währenddessen sagt jeder: „Was, um Himmels willen, findet er nur an ihr?" Das ist seine Voreingenommenheit – er *sieht* nicht.

Man sagt, daß Liebe blind macht. Sie können mir glauben, es gibt nichts Scharfsichtigeres als wahre Liebe, nichts. Sie ist das Scharfsichtigste der Welt. Sucht macht blind, an etwas zu hängen macht blind. Anhänglichkeiten, Sehnsüchte und Wünsche machen blind, aber nicht wahre Liebe. Nennen Sie das nicht Liebe. Natürlich wird dieses Wort in den meisten modernen Sprachen mißbraucht. Man spricht von körperlicher Liebe und Sich-Verlieben. Wie der kleine Junge, der das kleine Mädchen fragt: „Hast du dich schon mal verliebt?" Und sie antwortet: „Nein, aber ich habe mich schon mal ver*freundet*."

Von was reden die Leute also, wenn sie sich verlieben? Das erste, was wir brauchen, ist eine ungetrübte Wahrnehmung. Einen Grund, weshalb wir Menschen nicht klar wahrnehmen, haben wir gesehen – unsere Gefühle stehen uns im Weg, unsere Vorurteile. Damit müssen wir uns herumschlagen, doch auch mit etwas viel Grundlegenderem: mit unseren Vorstellungen, unseren Schlußfolgerungen, unseren Begriffen.

Sie können es glauben oder nicht: jeder Begriff, der uns der Realität näher bringen sollte, endet als Hindernis auf dem Weg zur Realität, denn früher oder später vergessen wir, daß Worte nicht die Sache an sich sind. Der Begriff ist nicht dasselbe wie die Wirklichkeit; zwischen beiden besteht ein großer Unterschied. Deshalb habe ich vorhin schon gesagt, daß das letzte Hindernis, Gott zu finden, das Wort „Gott" selbst und der Gottesbegriff ist. Er ist Ihnen im Weg, wenn Sie nicht aufpassen; er war eigentlich als eine Hilfe gedacht; er kann schon eine Hilfe sein, aber auch ein Hindernis.

Konkret werden

Immer wenn ich einen Begriff verwende, kann ich ihn auf eine ganze Reihe von Individuen anwenden. Ich denke dabei nicht an Eigennamen wie Maria oder Hans, die ja keine begriffliche Bedeutung haben. Ein Begriff paßt auf eine beliebige Menge von Individuen, zahllose Individuen. Begriffe sind universell. Das Wort „Blatt" zum Beispiel kann man für jedes einzelne Blatt eines Baumes verwenden; dasselbe Wort steht also für alle seine individuellen Blätter. Überdies steht dasselbe Wort für alle Blätter an allen Bäumen, große, kleine, zarte, trockene, gelbe, grüne oder Bananenblätter. Wenn ich Ihnen also erzähle, daß ich heute morgen ein Blatt gesehen habe, haben Sie eigentlich keine Ahnung, was ich gesehen habe.

Ich will es Ihnen deutlich machen: Bestimmt haben Sie eine Ahnung, was ich nicht gesehen habe: ich habe zum Beispiel kein Tier, keinen Hund gesehen. Auch habe ich keinen Menschen, keinen Schuh gesehen. Somit haben Sie eine leise Ahnung davon, was ich gesehen habe, wenn es auch nicht spezifiziert und nicht konkret ist. Die Bezeichnung „Mensch" meint keinen Urmenschen, keinen zivilisierten Menschen, keinen Erwachsenen, kein Kind, keine Frau und keinen Mann, kein bestimmtes Alter, keine bestimmte Kultur, sondern einen Begriff. Der Mensch, den Sie antreffen. Sie werden kein menschliches Wesen finden, das so universell ist wie Ihr Begriff. So weist also Ihr Begriff in eine bestimmte Richtung, ist aber nie völlig exakt; er trifft nie das Einzigartige, das Konkrete. Der Begriff ist allgemein.

Wenn ich Ihnen einen Begriff nenne, gebe ich Ihnen *etwas*, wenn es auch wenig ist. Für wissenschaftliches Denken sind Begriffe jedoch wichtig und nützlich. Würde ich zum Beispiel sagen, daß Sie alle hier Lebewesen sind, wäre das aus wissenschaftlicher Sicht völlig korrekt. Aber wir sind mehr als Lebewesen. Wenn ich sage, daß Maria ein Lebewesen ist, ist das richtig; da ich aber etwas Wesentliches verschwiegen habe, ist es ebenso falsch; es wird ihr nicht gerecht. Wenn ich einen Menschen als Frau bezeichne, kann das wohl stimmen, wenngleich es noch so viele Dinge an ihr geben mag, die der Begriff „Frau" nicht einschließt. Sie ist immer diese eine, besondere, konkrete, einzigartige Frau, die nur erlebt und nicht in einen Begriff gefaßt werden kann. Die konkrete Person muß ich selbst sehen, selbst erleben, intuitiv erfassen. Das Individuum kann nur intuitiv und nicht begrifflich erfaßt werden.

Ein Mensch ist mehr als nur rationales Denken. Viele von Ihnen sind vielleicht stolz darauf, Amerikaner genannt zu werden, wie ebenso viele Inder wohl stolz darauf sind, Inder genannt zu werden. Aber was ist ein „Amerikaner", was ist ein „Inder"? Eine Konvention und kein Teil Ihres Wesens. Alles was Sie haben, ist ein Etikett. Die Person selbst kennen Sie nicht. Ein Begriff übergeht oder läßt immer etwas äußerst Wichtiges aus, etwas Wertvolles, was sich nur in der Wirklichkeit findet, welche konkrete Einzigartigkeit ist.

Der große Krishnamurti drückte das schön und treffend aus: „An dem Tag, da du deinem Kind den Namen des Vogels lehrst, wird es den Vogel nicht mehr sehen." Wie wahr! Wenn Ihr Kind dieses flaumige, lebendige, munter umherhüpfende Etwas zum ersten Mal sieht, und Sie zu ihm sagen: „Spatz", dann wird es, sobald es ein anderes flaumiges, umherhüpfendes, ähnliches Etwas sieht, sagen: „Och, Spatzen, Spatzen kenne ich schon. Die sind ja so *langweilig*."

Wenn Sie die Dinge nicht durch das Gitter Ihrer Begriffe betrachten, werden sie Sie nie langweilen; jedes einzelne ist einzigartig. Jeder Spatz ist anders als der andere – trotz aller Ähnlichkeiten. Ähnlichkeiten sind zwar eine große Hilfe, damit wir abstrahieren und überhaupt Begriffe bilden können, sie dienen der Kommunikation, der Bezeichnung, der Wissenschaft. Aber sie führen auch in die Irre, hindern uns daran, *dieses* konkrete Individuum zu sehen. Wenn Sie nur Begriffe erfahren, erfahren Sie nicht die Wirklichkeit, denn die Wirklichkeit ist konkret. Begriffe sind eine Hilfe, Sie an die Wirklichkeit zu *führen*, wenn Sie aber an sie herangekommen sind, müssen Sie sie unmittelbar erfahren und intuitiv erfassen.

Eine zweite Eigenschaft von Begriffen ist die, daß sie statisch sind, während die Wirklichkeit dynamisch ist. Wir bezeichnen die Niagara-Fälle immer gleich, dabei ist ihr Wasser in jedem Augenblick ein anderes. Wir haben das Wort „Fluß", aber das Wasser in ihm fließt ständig weiter. Wir haben ein festes Wort für unseren „Körper", aber die Zellen, aus denen er besteht, erneuern sich ständig.

Angenommen, draußen wehte ein heftiger Wind, und ich möchte meinen Landsleuten in Indien eine Vorstellung davon geben, wie ein amerikanischer Sturm oder Hurrikan aussehen kann. Deshalb fange ich ihn in eine Zigarrenkiste ein, nehme sie mit in meine Heimat und sage: „Seht mal her!" – Natürlich ist das kein Sturm mehr, sobald er einmal *eingefangen* wurde. Oder wenn ich Ihnen einen Eindruck davon verschaffen möchte, wie ein Fluß fließt, und ich Ihnen einen Eimer Wasser daraus bringe. In dem Moment, in dem ich es mit dem Eimer schöpfe, fließt es nicht mehr. In dem Moment, in dem wir Dinge in Begriffe fassen, hören sie auf zu fließen; sie werden unbeweglich, statisch und tot. Eine gefrorene Welle ist keine Welle mehr. Eine Welle besteht aus Bewegung und Dynamik; gefriert sie, ist sie keine Welle mehr. Begriffe sind immer starr und gefroren. Die Wirklichkeit ist dynamisch.

Wenn wir schließlich den Mystikern glauben (und es bedarf keiner großen Mühe, es zu verstehen oder sogar zu glauben, wenn es auch kaum jemand so schnell auffällt), dann ist die Wirklichkeit das *Ganze*, während Worte und Begriffe nur *Bruchteile* von ihr sind. Deswegen ist es auch so schwierig, etwas von einer Sprache in die andere zu übersetzen, denn jede Sprache beleuchtet die Wirklichkeit von einer anderen Seite. So läßt sich zum Beispiel das englische Wort „home" nicht ins Französische oder Spanische übersetzen. „Casa" trifft „home" nicht genau; mit „home" verbinden sich Assoziationen, die nur der englischen Sprache eigen sind. So hat jede Sprache unübersetzbare Wörter und Ausdrücke, denn wir packen die Wirklichkeit in kleine Wortpäckchen und fügen etwas hinzu oder ziehen etwas ab, wobei sich der Gebrauch dieser Wörter dauernd ändert. Die Wirklichkeit ist ein *Ganzes*, während wir sie auf Begriffe reduzieren und Wörter benutzen, um verschiedene Teile von ihr zu bezeichnen. Wenn Sie zum Beispiel noch nie in Ihrem Leben ein Tier gesehen hätten und würden eines Tages einen Schwanz finden –

nur einen Schwanz –, und jemand sagte zu Ihnen: „Das ist ein Schwanz", könnten Sie sich dann etwas darunter vorstellen?

Ideen sind eigentlich Bruchteile des Anblicks, des Erfühlens oder des Erfahrens der Wirklichkeit als eines Ganzen. Nichts anderes sagen uns die Mystiker. Worte können uns die Wirklichkeit nicht vermitteln, sie geben nur Hinweise, Fingerzeige. Wir benutzen sie als Wegweiser zur Wirklichkeit. Sobald wir bei ihr angelangt sind, sind Begriffe nutzlos.

Ein Hindupriester diskutierte einmal mit einem Philosophen, der behauptete, daß das letzte Hindernis zu Gott das Wort „Gott", sei, der Begriff von Gott. Der Priester war darüber schockiert, aber der Philosoph sagte: „Der Esel, auf dem du sitzt, und mit dem du zu einem Haus gelangst, ist nicht das Mittel, um in das Haus hineinzukommen. Du gebrauchst den Begriff, um dorthin zu gelangen; dann steigst du ab und läßt ihn zurück." Sie müssen kein Mystiker sein, um zu verstehen, daß die Wirklichkeit nicht mit Worten und Begriffen einzufangen ist. Um die Wirklichkeit zu kennen, müssen Sie *wissen, über das Wissen hinaus*.

Wem das Buch „Die Wolke des Nichtwissens" vertraut ist, der wird diesen Ausdruck sicherlich wiedererkennen. Die Werke von Dichtern, Malern, Mystikern und den großen Philosophen rühren alle an die Wahrheit dieses Wortes. Nehmen wir einmal an, ich betrachte eines Tages einen Baum. Wenn ich bisher einen Baum sah, habe ich immer gedacht: „Okay, das ist eben ein Baum." Schaue ich aber heute einen Baum an, sehe ich gar keinen Baum; zumindest sehe ich nicht das, was ich zu sehen gewohnt bin. Ich sehe etwas mit dem unverbrauchten Wahrnehmungsvermögen eines Kindes. Ich habe kein Wort dafür. Ich sehe etwas Einzigartiges, Ganzes, Fließendes, nichts Bruchstückhaftes und stehe ganz ehrfürchtig davor. Würden Sie mich fragen: „Was hast du gesehen?" Was meinen Sie, würde ich antworten? Ich habe kein Wort dafür. Für die Wirklichkeit gibt es keine Worte. Denn sobald ich ein Wort verwende, sind wir wieder bei den Begriffen.

Aber wenn ich schon die Wirklichkeit, die meine Sinne wahrnehmen können, nicht ausdrücken kann, wie läßt sich dann etwas in Worte fassen, was mit den Augen nicht zu sehen und mit den Ohren nicht zu hören ist? Wie läßt sich ein Wort für die Wirklichkeit Gottes finden? Beginnen Sie nun zu verstehen, was Thomas von Aquin, Augustinus und viele andere Theologen gesagt haben, und was die Kirche ständig lehrt, nämlich, daß Gott ein für den Menschen unbegreifliches Geheimnis ist?

Einer der bedeutendsten Theologen unserer Zeit, der Jesuitenpater Karl Rahner, schrieb kurz vor seinem Tod einen Brief an einen jungen Studenten, der drogensüchtig war und ihn um Hilfe gebeten hatte. Dieser hatte geschrieben: „Ihr Theologen redet immer von Gott, aber wie kann dieser Gott in meinem Leben Bedeutung haben? Wie kann dieser Gott mich von meiner Sucht befreien?" P. Rahner antwortete ihm: „Ich muß Dir in aller Ehrlichkeit gestehen, daß Gott für mich das Geheimnis schlechthin ist und immer war. Ich verstehe nicht, was Gott ist, niemand kann das. Wir haben Ahnungen und Andeutungen, wir machen stümperhafte und unzulängliche Versuche, das Geheimnis in Worte zu fassen. Aber es gibt kein Wort und keinen Ausdruck dafür." In einem Vortrag vor einer Gruppe Theologen in London sagte Karl Rahner: „Die Aufgabe des Theologen besteht darin, alles durch Gott zu erklären und Gott als den Unerklärbaren zu erklären." Unerklärbares Geheimnis. Man weiß es nicht, man kann es nicht sagen. Man stammelt nur: „Ah, ah, ..."

Worte sind Hinweise und keine Beschreibungen. Tragischerweise verfallen manche dem Götzendienst, weil sie in bezug auf Gott meinen, das Wort sei die Sache selbst. Gibt es einen größeren Unsinn? Sogar im Hinblick auf Menschen, Bäume oder Tiere ist das Wort nicht die Sache selbst. Um wieviel weniger dann bei Gott? Was meinen Sie eigentlich?

Ein international angesehener Bibeltheologe besuchte einen Kurs von mir in San Francisco und sagte: „Mein Gott, nachdem ich Sie gehört habe, sehe ich ein, daß ich mein ganzes Leben lang einen Götzen angebetet habe!" Er sagte das ganz offen. „Ich wäre nie auf die Idee gekommen, daß ich einen Götzen verehre. Mein Götze war nicht aus Holz oder Metall, sondern es war ein geistiger Götze." Das sind die gefährlicheren Götzendiener. Sie besitzen eine sehr raffinierte Substanz, den Verstand, aus dem sie ihren Gott schaffen.

Wozu ich Sie hier bringen möchte, ist dies: daß Sie sich der Wirklichkeit, die Sie umgibt, bewußt werden. Bewußtmachen heißt beobachten, betrachten, was in Ihnen und um Sie herum vorgeht. „Vorgeht" ist ziemlich exakt: Bäume, Gras, Blumen, Tiere, Fels, *alles*, was wirklich ist, bewegt sich. Man beobachtet es, man betrachtet es. Es ist für die Menschen wichtig, daß sie sich nicht nur selbst, sondern die ganze Wirklichkeit beobachten.

Sind Sie in Ihren Begriffen gefangen, möchten Sie aus Ihrem Gefängnis ausbrechen? Dann *schauen* Sie, beobachten Sie – stundenlang. Was sollen Sie beobachten? *Alles*. Die Gesichter der Menschen, die Form der Bäume, einen Vogel im Flug, einen Haufen Steine oder das Gras. Kommen Sie in Kontakt mit den Dingen, schauen Sie sie an. Dann werden Sie hoffentlich aus diesen starren Mustern, aus alldem, was unser Denken und unsere Worte uns aufgezwungen haben, ausbrechen. Hoffentlich werden wir dann sehen. Doch was werden wir sehen? Dieses eine, was wir Wirklichkeit nennen – was auch immer hinter Worten und Begriffen stecken mag. Dies ist eine geistliche Übung – verbunden mit dem Ausbrechen aus Ihrem Käfig, der aus Worten und Begriffen gebaut ist.

Es ist traurig, wenn wir durchs Leben gehen und es niemals mit den Augen eines Kindes sehen. Das heißt nicht, daß Sie jetzt auf alle Ihre Begriffe verzichten sollten; sie haben durchaus ihren Wert. Obwohl wir ohne sie beginnen, haben Begriffe doch eine sehr positive Funktion. Dank ihrer entwickeln wir unsere Intelligenz. Wir sind eingeladen, nicht Kinder zu werden, sondern *wie* die Kinder zu werden. Wir müssen aus einem Stand der Unschuld fallen und aus dem Paradies vertrieben werden; wir müssen ein „Ich" und ein „Mich" mit diesen Begriffen entwickeln. Danach aber müssen wir ins Paradies zurückkehren, müssen noch einmal erlöst werden. Wir müssen den alten Menschen in uns ablegen, unser altes Wesen, das beeinflußte Selbst, und in den Stand des Kindes zurückkehren, ohne ein Kind zu *sein*. Zu Beginn unseres Lebens betrachten wir die Wirklichkeit als Wunder, aber nicht mit dem intelligenten Staunen der Mystiker, sondern mit dem gestaltlosen Staunen des Kindes. Danach vergeht das Wunder und macht der Langeweile Platz, weil wir die Sprache entwickeln mit ihren Wörtern und Begriffen. Danach, hoffentlich, können wir, wenn wir Glück haben, wieder zum Wunder zurückkehren.

Nach Worten suchen

Von Dag Hammaskjöld, dem 1961 ums Leben gekommenen Generalsekretär der Vereinten Nationen und Friedensnobelpreisträger, stammt der Satz: „Gott stirbt nicht an dem Tag, an dem wir nicht mehr an eine personale Gottheit glauben. Vielmehr sterben *wir* an dem Tag, an dem unser Leben nicht mehr vom beständigen Glanz der täglich erneuerten Wunder erhellt wird, deren Quelle jenseits aller Vernunft liegt." Wir brauchen uns nicht um ein Wort zu streiten, nicht um den Begriff „Gott". Über die Realität läßt sich nicht streiten; streiten läßt sich um Ansichten, Begriffe, Urteile. Trennen Sie sich von Ihren Begriffen, Ihren Meinungen, Vorurteilen und Urteilen, und Sie werden das verstehen.

„Quia de deo scire non possumus quid sit, sed quid non sit, non possumus considerare de deo, quomodo sit sed quomodo non sit." Dieser Satz aus der berühmten „Summa theologica" des heiligen Thomas von Aquin ist wie eine Einführung in sein ganzes, großangelegtes Werk: „Bei Gott können wir freilich nicht wissen, was er ist, sondern höchstens, was er nicht ist. Deshalb können wir auch bei Gott nicht untersuchen, wie er ist, sondern nur, wie er nicht ist." Und in seinem Kommentar zu dem Werk von Boethius „Über die Heiligste Dreifaltigkeit", von dem ich schon einmal sprach, sagt Thomas von Aquin, daß der höchste Grad der Erkenntnis Gottes darin besteht, ihn als den Unbekannten zu erkennen. In seiner „Quaestio disputata" „Über die Allmacht Gottes" schreibt der heilige Thomas: „Das letzte Wissen des Menschen von Gott ist, zu begreifen, daß Gott der Unbegreifliche ist." Das alles sind Aussagen eines großen und einflußreichen Theologen und Kirchenlehrers, eines Mystikers und Heiligen. Wir stehen also auf ziemlich festem Boden.

In Indien gibt es dafür einen Spruch in Sanskrit: „*Neti, neti.*" Das bedeutet: „Nicht das, nicht das!" Diese Lehre des Thomas wird die „Via negativa", der „negative Weg" genannt. Der englische Dichter C. S. Lewis schrieb in der Zeit der Todeskrankheit seiner Frau, die er zutiefst liebte, ein Tagebuch, das den Titel hat: „Über die menschliche Trauer" („A Grief Observed"). Er sagte seinen Freunden: „Gott gab mir mit sechzig, was er mir mit zwanzig versagte." Bald nach der Heirat erkrankte seine Frau an Krebs und starb einen qualvollen Tod. Lewis berichtet, daß sein ganzer Glaube wie ein Kartenhaus zusammenstürzte. So sehr er sich auch als Verteidiger des christlichen Glaubens empfunden hatte, fragte er sich doch, als ihn dieser Schlag selbst traf: „Ist Gott ein liebender Vater, oder ist Gott der große Peiniger?" Für beides lassen sich Belege finden. Ich erinnere mich, wie mich meine Schwester fragte, als meine Mutter an Krebs erkrankte: „Toni, warum läßt Gott unsere Mutter leiden?" Ich antwortete ihr: „Meine Liebe, letztes Jahr mußten in China wegen einer Dürrekatastrophe eine Million Menschen verhungern, ohne daß du so eine Frage gestellt hättest."

Manchmal kann es für uns gut sein, durch einen Schicksalsschlag in die Wirklichkeit wachgerüttelt zu werden und dadurch zum Glauben zu finden, wie C. S. Lewis. Er sagt, daß er zuvor nicht den leisesten Zweifel an ein Leben nach dem Tod hatte, doch nach dem Tod seiner Frau sich darin gar nicht mehr so sicher war. Warum? Weil es für ihn so wichtig war, daß sie lebte. Lewis ist ein Meister der Vergleiche und Analogien, er schreibt: „Es ist wie bei einem Seil. Jemand fragt dich: ‚Wird dieses Seil einhundertzwanzig Pfund aushalten?' Worauf du Ja sagst. ‚Gut,' sagt derjenige, dann lassen wir jetzt deinen besten Freund an diesem Seil herunter.' Und du sagst sofort: „Einen Augenblick, laßt mich das Seil noch einmal testen. Plötzlich bist du dir nicht mehr sicher."

Lewis sagt in seinem Buch auch, daß wir nichts von Gott wissen können und sogar unser Fragen nach Gott absurd ist. Warum? Weil es so wäre, als würde ein von Geburt an Blinder Sie fragen: „Ist die Farbe grün eigentlich heiß oder kalt?" „Neti, neti" – nicht das, nicht das. „Ist sie kurz oder lang? Nicht das! „Ist sie süß oder sauer?" Nicht das. „Ist sie rund, oval oder eckig?" Nicht das, nicht das. Der Blindgeborene hat keine Worte, keine Begriffe für eine Farbe, von der er keine Vorstellung hat, keine Intuition, keine Erfahrung. Man kann mit ihm darüber nur in Analogien sprechen. Egal, was er Sie fragt, Sie können nur antworten: „Nicht das, nicht das!" C. S. Lewis schreibt, es sei etwa so, als fragte man, wieviele Minuten in der Farbe gelb sind. Wir alle könnten diese Frage sehr ernst nehmen, darüber diskutieren und streiten. Der eine schätzt, daß fünfundzwanzig Karotten in der Farbe gelb sind, während die andere sagt: „Nein, siebzehn Kartoffeln", und sofort ist der Streit da. Nicht das, nicht das!

Unsere letzte Erkenntnis von Gott ist, zu wissen, daß wir nichts wissen. Und das Tragische ist, daß wir zuviel wissen. Doch wir *meinen* nur, daß wir wissen. Deshalb werden wir niemals etwas entdecken. Tatsächlich hat Thomas von Aquin (der nicht nur ein großer Theologe, sondern auch ein großer Philosoph war) wiederholt gesagt: „Alle Anstrengungen des menschlichen Verstandes können nicht das Wesen einer einzigen Fliege erschöpfend ergründen."

Geprägt durch Bildung und Kultur

Noch etwas mehr über Worte. Ich sagte vorhin schon, daß Worte begrenzt sind. Da ist noch etwas hinzuzufügen. So gibt es einige Worte, denen nichts entspricht.

Gehen wir davon aus, daß ich Inder bin, und nehmen wir einmal an, ich sei Kriegsgefangener in Pakistan, und man sagt mir: „Heute werden wir dich an die Grenze zu Indien bringen, wo du einen Blick in dein Heimatland werfen kannst."

Ich werde also zur Grenze gebracht, schaue über die Grenze und denke: „O Indien! Meine wunderschöne Heimat. Ich sehe Dörfer, Bäume und Berge. Das Land, in dem ich zu Hause bin!" Nach einer Weile sagt einer der Wächter: „Entschuldigung, wir haben uns geirrt. Die richtige Stelle liegt zehn Kilometer weiter."

Worauf habe ich also reagiert? Auf nichts. Ich habe meine Aufmerksamkeit auf ein Wort gerichtet: Indien. Doch Bäume sind nicht Indien, Bäume sind Bäume. In Wirklichkeit gibt es keine Grenzen, sie wurden lediglich vom menschlichen Verstand gezogen, im allgemeinen von engstirnigen, habgierigen Politikern. Früher war Indien ein einziges Land, jetzt sind es vier Länder, und passen wir nicht auf, werden es vielleicht bald sechs sein. Dann werden wir sechs Nationalflaggen haben und sechs Armeen. Deshalb werden Sie mich niemals dabei ertappen können, wie ich vor einer Flagge salutiere. Nationalflaggen als Götzen sind mir zuwider.

Vor was salutieren wir bei einer Flagge? Ich salutiere vor den Menschen, nicht vor einer Flagge mit einer Armee.

Flaggen gibt es auch in den Köpfen der Menschen. Jedenfalls sind tausende von Worten im Gebrauch, die überhaupt nicht der Wirklichkeit entsprechen, aber dennoch bringen sie unsere Gefühle in Wallung! Dann beginnen wir, Dinge zu sehen, die gar nicht vorhanden sind. Wir *sehen* tatsächlich indische Berge, auch wenn es sie gar nicht gibt. Sie wurden amerikanisch beeinflußt oder deutsch, ich wurde indisch beeinflußt. Doch das ist kein Grund, sich zu freuen.

Heutzutage ist bei Ländern der Dritten Welt viel von „Inkulturation" die Rede. Was ist „Kultur" überhaupt? Ich bin über diesen Ausdruck nicht sehr glücklich. Besagt er, daß man gerne etwas tun möchte, weil man so abgerichtet wurde? Daß man gerne etwas fühlen möchte, weil man so abgerichtet wurde? Ist das kein mechanisches Leben? Stellen Sie sich ein amerikanisches Baby vor, das russische Eltern adoptieren und mit nach Rußland nehmen. Das Kind hat keine Ahnung, daß es in Amerika geboren wurde. Es wächst mit der russischen Sprache auf, wird russisch erzogen – es lebt und stirbt für Mütterchen Rußland; es haßt Amerikaner. Das Kind ist durch seine Bildung geprägt, von der eigenen Literatur durchtränkt. Es betrachtet die Welt mit den Augen seiner Kultur. Wenn Sie Ihre Kultur so tragen wollen, wie Sie Ihre Kleider tragen, dann mag das angehen. Eine indische Frau würde einen Sari tragen, eine amerikanische Frau irgend etwas anderes, eine japanische Frau ihren Kimono; aber keine würde sich selbst mit ihren Kleidern identifizieren. Sie aber möchten Ihre Kultur fester an sich ziehen. Sie werden stolz darauf. Man bringt es Ihnen bei, stolz auf sie zu sein. Lassen Sie mich das so nachdrücklich wie möglich sagen.

Ich habe einen Freund, einen Jesuiten, der einmal zu mir sagte: „Immer, wenn ich einen Bettler oder einen Armen sehe, kann ich nicht an ihm vorbeigehen, ohne ihm ein Almosen gegeben zu haben. Das habe ich von meiner Mutter." Seine Mutter gab jedem Armen, der an ihre Tür anklopfte, immer etwas zu essen. Ich erwiderte: „Joe, was du hast, ist keine Tugend; das ist zwanghaft – zwar gut für den Bettler, aber dennoch zwanghaft."

Ich erinnere mich an einen anderen Jesuiten, der bei einem internen Treffen von Angehörigen unserer Provinz in Bombay zu uns sagte: „Ich bin achtzig Jahre alt, fünfundsechzig Jahre davon Jesuit. Ich habe nie meine Meditationsstunde ausgelassen – kein einziges Mal." Das *könnte* durchaus sehr bewundernswert sein, doch genausogut zwanghaft. Jedenfalls kein großes Verdienst, wenn es automatisch getan wird.

Das Schöne einer Tat ergibt sich nicht daraus, daß sie zur Gewohnheit geworden ist, sondern aus dem Gespür, aus dem Bewußtsein, einer klaren Wahrnehmung und angemessenen Erwiderung. Ich kann zu einem Bettler ja sagen und zu dem nächsten nein, ohne durch irgendwelche Beeinflussungen oder Programmierungen, durch meine bisherigen Erfahrungen oder meine Kultur dazu gezwungen zu sein. Nichts wurde mir fest eingeprägt, und wenn, handele ich nicht mehr danach. Hätten Sie zum Beispiel einmal schlechte Erfahrungen mit einem Amerikaner gemacht, wären Sie einmal von einem Hund gebissen worden oder wäre Ihnen einmal ein bestimmtes Essen nicht gut bekommen, dann wären Sie für den Rest Ihres Lebens von diesen Erfahrungen beeinflußt, und das wäre schlecht! Sie müssen davon befreit werden. Übernehmen Sie keine Erfahrungen aus der Vergangenheit, auch keine guten. Lernen Sie, was es bedeutet, etwas vollständig zu erfahren, lassen Sie es dann hinter sich und gehen Sie weiter zum nächsten Moment, vom vorangegangenen unbeeinflußt. Mit so wenig Ballast würden Sie reisen, daß Sie durch ein Nadelöhr kämen. Dann wüßten Sie, was ewiges Leben ist, weil ewiges Leben *jetzt* ist, im zeitlosen *Jetzt*. Nur so werden Sie in ewiges Leben eintreten.

Aber wieviele Dinge schleppen wir mit uns herum! Wir machen uns nie daran, uns selbst zu befreien, den Ballast abzuwerfen und einfach wir selbst zu sein. Es tut mir leid, sagen zu müssen, daß ich überall Moslems begegne, die ihre Religion, ihren Gottesdienst und ihren Koran dazu benutzen, sich von dieser Aufgabe abzulenken. Dasselbe gilt auch für Hindus und Christen.

Können Sie sich den Menschen vorstellen, der nicht mehr durch Worte beeinflußt wird? Sie können ihm alle Worte sagen, und er wird sich nicht von ihnen beeindrucken lassen. Sie können sagen: „Ich bin Kardinalerzbischof Soundso," und es wird ihn nicht berühren. Er wird Sie als das sehen, was Sie sind. Er läßt sich von keinen Etiketten und Schubladen beeinflussen.

Gefilterte Wirklichkeit

Ich möchte noch etwas über unsere Wahrnehmung der Wirklichkeit sagen und werde dies in Form einer Analogie tun: Der Präsident der Vereinigten Staaten muß von den Bürgern eine Art Rückmeldung erhalten, ebenso wie der Papst in Rom von der ganzen Kirche. Es gibt buchstäblich Millionen Dinge, die man dem Präsidenten oder Papst vortragen könnte, doch wären beide kaum in der Lage, sie aufzunehmen, geschweige denn zu verarbeiten. Beide haben also Leute ihres Vertrauens, die für sie abstrahieren, zusammenfassen, beobachten, filtern; das Ergebnis davon bekommen sie auf den Schreibtisch.

Nicht anders geht es uns selbst. Von allen Fasern, allen lebenden Zellen unseres Körpers und von allen unseren Sinnen bekommen wir Rückmeldungen aus der

Realität. Doch wir filtern ständig etwas heraus. Aber was ist denn unser Filter? Unsere Kultur? Die Art, wie wir vorprogrammiert wurden? Die anerzogene Weise, die Dinge zu sehen und zu erfahren? Sogar unsere Sprache kann ein Filter sein. Manchmal wird soviel herausgefiltert, daß manche Dinge, die es gibt, gar nicht mehr gesehen werden. Betrachten Sie doch nur einen Menschen, der an Verfolgungswahn leidet und sich ständig von etwas bedroht fühlt, das es gar nicht gibt; der die Wirklichkeit dauernd aus der Sicht bestimmter Erfahrungen der Vergangenheit oder bestimmter Beeinflussungen interpretiert.

Doch noch ein anderer Dämon ist am Ausfiltern beteiligt. Er heißt An-etwas-Hängen, Begehren, Sehnsucht, Verlangen. Die Wurzel allen Kummers ist das Verlangen. Verlangen trübt und zerstört die Wahrnehmung. Ängste und Wünsche verfolgen uns. Samuel Johnson sagte: „Das Wissen, in einer Woche am Galgen zu hängen, läßt einen Menschen sich wunderbar konzentrieren." Alles andere wird aus dem Gedächtnis gestrichen, das ganze Denken konzentriert sich auf die Angst, den Wunsch, das Verlangen.

Als wir jung waren, wurden wir auf vielerlei Weise abhängig gemacht. Wir wurden so erzogen, daß wir andere Leute brauchen. Wofür? Für Akzeptanz, Zustimmung, Wertschätzung, Applaus – für das, was man Erfolg nennt: alles Worte, die mit der Wirklichkeit nichts zu tun haben. Es handelt sich hierbei um Konventionen und Erfindungen, und wir merken nicht, daß sie sich nicht mit der Realität decken. Was ist Erfolg? Das, wovon eine Gruppe entschieden hat, daß es etwas Positives ist. Eine andere Gruppe würde vielleicht entscheiden, daß es etwas Schlechtes ist. Was in Washington positiv ist, kann in einem Karthäuserkloster negativ sein. Erfolg in einem politischen Bereich kann in einem anderen Zusammenhang Versagen darstellen.

Alles ist Konvention, wenngleich wir so tun, als sei es die Wirklichkeit. Als wir klein waren, wurden wir zum Unglücklichsein programmiert. Man brachte uns bei, zum Glück gehöre Geld, Erfolg, ein gut aussehender Partner bzw. eine Partnerin, ein guter Job, Freundschaft, Spiritualität, Gott – Sie sagen es. Solange Sie das alles nicht bekommen, werden Sie auch nicht glücklich sein, wurde uns gesagt. Genau das nenne ich „sein Herz an etwas hängen". Dieses Verhaftetsein besteht in dem Glauben, daß man ohne etwas Bestimmtes nicht glücklich werden könne. Ist man erst einmal davon überzeugt – und das dringt tief in Ihr Unterbewußtsein ein, in die Wurzeln Ihres Seins – sind Sie erledigt. „Wie könnte ich glücklich sein, wo mir doch die Gesundheit zu schaffen macht?" heißt es dann. Dazu kann ich Ihnen sagen: Ich habe Menschen kennengelernt, die Krebs hatten und glücklich waren. Wie konnten sie glücklich sein, wo sie doch wußten, daß sie bald sterben würden? Aber sie waren es.

„Wie könnte ich glücklich sein, wenn ich kein Geld habe?" Der eine hat eine Million Dollar auf seinem Konto und fühlt sich nicht sicher; der andere hat praktisch nichts, scheint sich aber durchaus nicht unsicher zu fühlen. Er wurde anders programmiert, das ist alles. Es ist müßig, den ersteren zurechtzuweisen; was er braucht, ist Verständnis. Zurechtweisungen helfen nicht viel. Es kommt darauf an zu verstehen, daß Sie vorprogrammiert sind, daß Sie mit falschen Überzeugungen leben. Erkennen Sie sie als falsch, als ein Märchen.

Was tun denn die Menschen ihr ganzes Leben lang? Sie kämpfen ständig, kämpfen und kämpfen. Das nennen sie dann überleben. Wenn der Durchschnittsamerikaner sagt, er oder sie würde seinen oder ihren Lebensunterhalt verdienen, unterhalten sie nicht ihr Leben, o nein! Sie haben viel mehr als sie zum Leben brauchen.

Kommen Sie nach Indien und überzeugen Sie sich davon. Man braucht nicht all die Autos, um leben zu können, genausowenig wie einen Fernsehapparat. Man braucht nicht die vielen Kosmetika, um zu leben, und auch keinen vollen Kleiderschrank. Aber versuchen Sie einmal, einen Durchschnittsamerikaner davon zu überzeugen: sie wurden so beeinflußt, programmiert. Sie arbeiten und mühen sich ab, das ersehnte Gut zu bekommen, das ihr Glück bedeutet.

Denken Sie über die folgende bedrückende Geschichte etwas nach – es ist Ihre Geschichte, meine Geschichte, die Geschichte aller: „Solange ich das nicht erreicht habe (Geld, Freundschaft, irgend etwas), bin ich nicht glücklich; ich werde alles tun, um es zu bekommen, und wenn ich soweit bin, werde ich alles tun, um es mir zu erhalten. Ich habe einen kurzen Nervenkitzel. Ich bin begeistert, daß ich es habe!" Aber wie lange hält es an? Ein paar Minuten, vielleicht ein paar Tage. Wenn Sie Ihr nagelneues Auto in Empfang nehmen, wie lange hält Ihre Begeisterung darüber an? Bis zum nächsten Wunsch, an den Sie Ihr Herz hängen!

In Wahrheit werde ich einen Nervenkitzel ziemlich schnell leid. Man sagte mir, Gebet sei das Höchste, Gott sei das Höchste, Freundschaft sei das Höchste. Wir wußten nicht, was Gebet, Gott oder Freundschaft wirklich war, haben aber viel Aufhebens darum gemacht. Doch schon bald langweilten wir uns damit. Gelangweiltsein vom Gebet, von Gott, von Freundschaft – ist das nicht tragisch? Und es gibt keinen Ausweg, einfach keinen Ausweg. Es ist das einzige Modell, das man uns gab, um glücklich zu sein. Ein anderes Modell gab es einfach nicht. Unsere Kultur, unsere Gesellschaft und bedauerlicherweise sogar unsere Religion boten uns kein anderes Modell.

Sie wurden zum Kardinal ernannt. Welch große Ehre! Ehre? Sagten sie Ehre? Sie haben das falsche Wort gebraucht. Nun werden andere danach streben. Sie verfielen dem, was das Evangelium „die Welt" nennt; Sie werden Ihre Seele verlieren. Welt, Macht, Prestige, Gewinn, Erfolg, Ehre, usw. existieren nicht wirklich. Sie gewinnen die Welt, aber verlieren Ihre Seele. Ihr ganzes Leben wird leer und seelenlos. Da gibt es nichts, außer dem einen Ausweg, nämlich: seine Programmierung loszuwerden! Wie stellt man das an? Sie müssen sich Ihrer Programmierung bewußt werden. Durch Willensanstrengung ändert man sich nicht, ebensowenig wie durch Ideale. Auch ändert man sich nicht dadurch, daß man neue Gewohnheiten annimmt. Dann mag sich zwar Ihr Verhalten ändern, Sie selbst aber ändern sich nicht. Sie ändern sich nur durch Bewußtmachen und Verstehen: Wenn Sie einen Stein als einen Stein ansehen, ein Stück Papier als ein Stück Papier, wenn Sie nicht mehr meinen, der Stein sei ein kostbarer Diamant und das Stück Papier ein Scheck über eine Million Dollar. Wenn Sie das erkennen, ändern Sie sich. Dann brauchen Sie keine Gewalt mehr, um sich selbst zu ändern. Andernfalls wäre das, was Sie ändern nennen, nichts anderes als einfaches Möbelrücken. Ihr Verhalten ist verändert, aber nicht Sie.

Sich loslösen

Der einzige Weg, sich zu verändern, ist, sein Verstehen zu ändern. Aber was heißt verstehen? Wie gehen wir da vor? Versuchen Sie sich einmal klarzumachen, wie weit wir durch alle möglichen Dinge, an denen wir hängen, zu Sklaven werden; wir tun alles, um uns die Welt so zurechtzurücken, damit uns unsere Eingenommenheiten erhalten bleiben, denn die Welt ist für sie eine ständige Bedrohung. Ich habe Angst, einem Freund könnte nichts mehr an mir liegen; er könnte sich jemand anderem zuwenden. Ich muß ständig attraktiv sein, weil ich diesen anderen Menschen unbedingt haben muß. Man hat mich so eingestellt, daß ich meine, auf seine oder ihre Liebe angewiesen zu sein. Das bin ich in Wirklichkeit aber nicht. Ich brauche die Liebe von niemand; ich muß lediglich Kontakt zur Realität bekommen. Ich muß aus meinem Gefängnis ausbrechen, aus diesem Programmiert- und Beeinflußtsein, diesen falschen Überzeugungen, diesem Hirngespinst; ich muß in die Wirklichkeit ausbrechen.

Die Wirklichkeit ist schön, sie ist eine reine Wonne. Das ewige Leben ist jetzt. Es umgibt uns, wie einen Fisch das Meer, doch wir haben keine Ahnung davon. Die Dinge, an denen unser Herz hängt, lenken uns zu sehr ab. Zeitweise richtet sich die Welt so ein, daß sie zu unseren Anhänglichkeiten paßt. Dann sagen wir zum Beispiel: „Toll! Meine Mannschaft hat gewonnen!" Aber warten Sie nur ab; das kann sich schnell ändern; morgen schon können Sie wieder niedergeschlagen sein. Warum machen wir nicht Schluß damit?

Machen Sie diese kleine Übung, die Sie nur ein paar Minuten Zeit kostet: Denken Sie an etwas oder jemand, an dem Sie hängen; oder, mit anderen Worten, an etwas oder jemand, ohne das oder den Sie meinen, nicht glücklich sein zu können. Das kann Ihre Arbeit, Ihre Karriere, Ihr Beruf, Ihr Freund, Ihr Geld, oder was auch immer sein. Dann sagen Sie zu der Sache oder dem Menschen: „Ich brauche dich wirklich nicht, um glücklich zu sein. Ich führe mich nur selbst in die Irre, wenn ich glaube, daß ich ohne dich nicht glücklich sein kann. Doch in Wirklichkeit brauche ich dich nicht zu meinem Glück, ich kann ohne dich glücklich sein. Du bist nicht mein Glück und meine Freude."

Wenn Sie an einem Menschen hängen, wird er oder sie nicht gerade überglücklich sein, das von Ihnen zu hören, aber lassen Sie sich dadurch nicht beirren. Gestehen Sie es sich vielleicht nur im geheimsten Winkel Ihres Herzens ein. Auf jeden Fall werden Sie in Kontakt zur Wahrheit kommen und eine Illusion zerbrechen. Glück ist ein Zustand von Illusionslosigkeit, des Entledigtsein von Illusionen.

Oder versuchen Sie eine andere Übung: Denken Sie an eine Zeit, als Ihr Herz gebrochen war und Sie glaubten, nie wieder glücklich sein zu können (als Ihr Mann starb, Ihre Frau starb, Ihr bester Freund Sie im Stich ließ, Sie Ihr ganzes Geld verloren). Was geschah dann? Die Zeit verging, und wenn es Ihnen gelang, etwas anderes zu finden, woran Sie Ihr Herz hingen, oder jemand anderen zu finden, den Sie mochten, oder etwas anderes, woran Ihnen lag, was war dann mit der alten Sache oder Person? Sie brauchten sie also doch nicht, um glücklich zu sein, oder?

Daraus hätten Sie etwas lernen sollen, aber wir werden nie klüger. Wir sind programmiert und fixiert. Es ist sehr befreiend, mit seinen Gefühlen von nichts abzuhängen. Würden Sie dies für nur eine Sekunde erfahren, gäbe es für Sie in Ihrem Gefängnis keine Mauern mehr, und Sie könnten einen Blick auf die Weite des Himmels werfen. Eines Tages werden Sie vielleicht sogar fliegen.

Ich hatte zwar Angst, es zu sagen, aber ich sprach zu Gott, und ich sagte ihm, daß ich ihn nicht bräuchte. Meine erste Reaktion war: „Das steht zu allem, was ich gelernt habe, im glatten Widerspruch." Manche möchten auch bei ihrer Bindung an Gott eine Ausnahme machen. Sie sagen: „Wenn Gott der ist, der er meiner Meinung nach sein sollte, wird es ihm nicht gefallen, wenn ich meine Bindung an ihn aufgebe!" Gut, wenn Sie meinen, daß Sie ohne Gott nicht glücklich sein können, dann hat der „Gott", an den Sie denken, mit dem wirklichen Gott nichts zu tun. Sie denken an einen Traumzustand, an Ihren Begriff. Manchmal müssen Sie

„Gott" los werden, um Gott zu finden. Viele Mystiker lehren uns das.

Wir wurden von allem so verblendet, daß wir nicht erkannten, daß das Aneinander-Hängen einer Beziehung eher schadet als nützt. Ich erinnere mich, wie sehr ich mich davor fürchtete, einem guten Freund von mir zu sagen: „Eigentlich brauche ich dich nicht. Ich kann auch ohne dich glücklich sein. Aber dadurch, daß ich dir das sage, kann ich deine Gesellschaft erst richtig genießen – da gibt es keine Ängste mehr, keine Eifersucht, kein Besitzdenken, kein Anklammern. Es ist schön, bei dir zu sein, ohne festgehalten zu werden. Du bist frei und ich auch."

Für viele von Ihnen wird das etwas völlig Neues sein. Ich selbst habe lange dazu gebraucht, es zu begreifen, und Sie müssen dabei berücksichtigen, daß ich Jesuit bin und geistliche Übungen gemacht habe, bei denen es genau um so etwas geht. Dennoch begriff ich den entscheidenden Punkt nicht, und meine Kultur und meine Gesellschaft ließen mich die Menschen in den Kategorien meiner Abhängigkeiten sehen. Ich amüsiere mich manchmal darüber, wenn scheinbar objektive Leute wie Therapeuten und geistliche Leiter über jemand sagen: „Er ist wirklich ein toller Kerl, ich mag ihn sehr."

Später finde ich heraus, daß ich jemand mag, weil er oder sie mich mag. Ich schaue in mich hinein und komme immer wieder zu demselben Schluß: Wenn ich von Lob und Wertschätzung abhängig bin, werde ich die Menschen danach beurteilen, ob sie meine Abhängigkeiten gefährden oder fördern. Wenn Sie als Politiker gewählt werden möchten, worauf werden Sie wohl bei den Leuten achten, wonach wird sich Ihr Interesse richten? Sie werden sich um die Leute kümmern, die Sie wählen könnten. Wenn Sie an Sex interessiert sind, wie glauben Sie, werden Sie Frauen und Männer betrachten? Wenn Sie nach Macht streben, wird das Ihre Sicht der Menschen beeinflussen. Jemandem verfallen zu sein, zerstört Ihre Fähigkeit zu lieben.

Was ist Liebe? Liebe ist Empfindsamkeit, Liebe ist Wahrnehmungsfähigkeit. Um dies mit einem Beispiel zu verdeutlichen: Ich höre eine Sinfonie. Aber wenn alles, was ich höre, nur die Pauken sind, höre ich nicht die Sinfonie.

Was ist ein liebendes Herz? Ein liebendes Herz ist dem ganzen Leben gegenüber empfindsam, allen Menschen gegenüber; ein liebendes Herz verschließt sich vor nichts und niemandem. Aber in dem Augenblick, da Sie in meinem Sinn des Wortes abhängig werden, blockieren Sie vieles andere. Sie haben nur noch Augen für das, woran Ihr Herz hängt; Sie haben nur noch Ohren für die Pauken, das Herz ist verhärtet, ja es ist verblendet, denn es sieht das Objekt seiner Abhängigkeit nicht mehr objektiv. Liebe heißt ungetrübte Wahrnehmung, Objektivität; es gibt nichts, was so klarsichtig wäre wie die Liebe.

Liebe, die süchtig macht

Ein liebendes Herz bleibt weich und empfindsam. Wenn Sie aber darauf versessen sind, etwas zu erreichen, werden Sie ruchlos, hart und empfindungslos. Wie können Sie einen Menschen lieben, wenn sie ihn brauchen? Sie können ihn nur gebrauchen. Wenn ich Sie zu meinem Glück brauche, muß ich Sie gebrauchen, manipulieren, muß ich Mittel und Wege finden, Sie zu gewinnen. Ich kann Sie nicht frei sein lassen.

Ich kann die Menschen nur lieben, wenn ich mein Leben von den Menschen losgelöst habe. Wenn ich mich vom Bedürfnis nach Menschen lossage, bin ich wirklich in der Wüste. Am Anfang ist es furchtbar, die

Einsamkeit zu spüren, doch wenn Sie eine Weile ausgehalten haben, entdecken Sie auf einmal, daß es durchaus keine Einsamkeit ist. Sie erleben die Abgeschiedenheit, das Alleinsein, und die Wüste beginnt zu blühen. Dann werden Sie endlich erfahren, was Liebe ist, was Gott ist, was Realität ist. Doch am Anfang kann es hart sein, die Droge aufzugeben, wenn Sie keinen starken Willen oder nicht genug erlitten haben.

Es hat etwas Großartiges an sich, gelitten zu haben. Nur dann kann es Ihnen überdrüssig werden. Sie können das Leiden dazu benutzen, ihm ein Ende zu setzen. Viele leiden aber weiter. Daraus erklärt sich der Konflikt, in dem ich manchmal stehe: der Konflikt zwischen der Rolle des geistlichen Begleiters und der des Therapeuten. Der Therapeut sagt: „Wir wollen das Leiden erleichtern." Der geistliche Begleiter sagt: „Soll sie nur leiden, sie wird ihres Verhaltens anderen gegenüber schon überdrüssig werden und sich schließlich entscheiden, aus diesem Gefängnis emotionaler Abhängigkeit von anderen auszubrechen." Soll ich ein Schmerzmittel verschreiben oder den Krebs entfernen? Das ist keine so leichte Entscheidung.

Jemand wirft angewidert ein Buch auf den Tisch. Lassen Sie es ihn ruhig auf den Tisch werfen. Heben Sie das Buch nicht für ihn auf und sagen ihm, es sei schon alles in Ordnung. Spiritualität ist Bewußtheit, Bewußtheit, und noch einmal Bewußtheit. Wenn sich früher Ihre Mutter über Sie ärgerte, sagte sie nicht, daß etwas mit ihr nicht stimme, vielmehr sagte sie, daß etwas mit Ihnen nicht stimmte, sonst würde sie sich ja nicht über Sie ärgern. Also, ich habe die große Entdeckung gemacht, daß wenn *du* dich ärgerst, Mutter, etwas mit *dir* nicht stimmt. Deshalb solltest du dich besser mit *deinem* Ärger befassen. Verweile bei ihm, und befasse dich mit ihm, es ist nicht mein Ärger. Ob etwas mit mir stimmt oder nicht stimmt, werde ich unabhängig von deinem Ärger herausfinden. Ich werde mich nicht von deinem Ärger beeinflussen lassen.

Das Witzige dabei ist, daß wenn ich mich so verhalten kann, ohne jemand anderem gegenüber negative Gefühle zu entwickeln, ich auch mir selbst gegenüber recht objektiv sein kann. Nur ein Mensch mit viel Bewußtheit kann sich weigern, die Schuld und den Ärger auf sich zu beziehen, und kann sagen: „Du hast einen Wutanfall. Zu schade. Ich verspüre nicht den leisesten Wunsch, dich irgendwie zu retten, und ich weigere mich, mich schuldig zu fühlen." Ich werde mich nicht selbst für etwas hassen, was ich getan habe. Denn das ist Schuld. Ich werde mir nicht selbst ein schlechtes Gefühl bereiten und mich selbst für etwas geißeln, was ich getan habe, sei es nun richtig oder falsch. Ich bin bereit dazu, es zu analysieren, es zu beobachten und zu sagen: „Falls ich etwas falsch gemacht habe, geschah dies in Nicht-Bewußtheit."

Niemand macht etwas in voller Bewußtheit falsch. Deswegen sagen uns die Theologen auch sehr treffend, daß Jesus nichts falsch machen konnte. Das leuchtet mir sehr gut ein, denn der erleuchtete Mensch kann nichts falsch machen. Der Erleuchtete ist frei. Jesus war frei, und weil er frei war, konnte er nichts falsch machen. Weil Sie jedoch etwas falsch machen *können*, sind Sie nicht frei.

Noch mehr Worte

Von Mark Twain stammt der schöne Satz: „Es war sehr kalt, und wäre das Thermometer noch ein paar Zentimeter länger gewesen, wären wir erfroren." – Wir erfrieren an Wörtern. Nicht die Kälte draußen spielt eine Rolle, sondern das Thermometer. Nicht die Realität fällt ins Gewicht, sondern was man sich selbst über sie sagt.

Ich hörte einmal eine schöne Geschichte von einem Bauern in Finnland. Als die russisch-finnische Grenze gezogen wurde, mußte der Bauer sich entscheiden, ob er in Rußland oder in Finnland leben wollte. Nach langer Bedenkzeit sagte er, er wolle in Finnland leben, doch wollte er die russischen Beamten nicht vor den Kopf stoßen. Diese kamen zu ihm und fragten ihn, wieso er in Finnland leben wollte. Er antwortete: „Es war schon immer mein Wunsch, in Mütterchen Rußland zu leben, aber in meinem Alter könnte ich keinen russischen Winter mehr überleben."

Rußland und Finnland sind nur Worte, Begriffe, aber wir verrückten Menschen merken das nicht. Wir achten fast nie auf die Wirklichkeit. Ein Guru versuchte einmal, einer Gruppe von Leuten zu erklären, wie die Menschen auf Worte reagieren, sich von Worten ernähren, von ihnen leben, mehr als von der Wirklichkeit. Einer der Männer stand auf und protestierte. Er sagte: „Dem kann ich nicht zustimmen, daß Worte eine so große Wirkung auf uns haben." Der Guru erwiderte: „Setz dich hin, du Hundesohn." Der Mann wurde blaß vor Zorn und sagte: „Du nennst dich selbst einen Erleuchteten, nennst dich Guru, Meister, aber du solltest dich schämen." Der Guru sagte: „Entschuldigen Sie, mein Herr, ich habe mich hinreißen lassen. Ich bitte Sie vielmals um Entschuldigung, es war ein Versehen, es tut mir wirklich leid." Schließlich beruhigte sich der Mann. Der Guru sagte darauf: „Ein paar Worte genügten, um einen wahren Sturm in Ihnen zu entfachen; und ein paar Worte genügten, um Sie wieder zu beruhigen, war es nicht so?" Worte, Worte, Worte – wie einengend sind sie, wenn man sie nicht richtig gebraucht.

Versteckte Tagesordnungen

Zwischen Wissen und Bewußtheit, zwischen Kenntnis und Bewußtheit besteht ein Unterschied. Ich sprach schon davon, daß man in der Bewußtheit nichts Schlechtes tun kann. Doch kann man wissentlich und mit voller Kenntnis Schlechtes tun, dann, wenn man *weiß*, daß etwas schlecht ist. Jesus betete: „Vater, vergib ihnen, denn sie wissen nicht, was sie tun." Ich würde dies so übersetzen: „Sie sind sich nicht *bewußt*, was sie tun." Paulus sagt, er ist der größte Sünder, weil er die Kirche Gottes verfolgt hat. Aber, fügt er hinzu, er tat es, ohne sich dessen bewußt zu sein.

Oder, wenn die Menschen sich dessen *bewußt* gewesen wären, daß sie den Herrn der Herrlichkeit kreuzigten, hätten sie es niemals getan. Oder: „Die Zeit wird kommen, da sie euch verfolgen und *denken* werden,

Gott damit zu dienen." Sie sind sich nicht bewußt. Sie sind in Kenntnis und Wissen befangen. Thomas von Aquin sagt hierzu treffend: „Immer wenn gesündigt wird, geschieht es im Namen des Guten." Man verblendet sich selbst, sieht etwas als gut an, obwohl man weiß, daß es im übrigen schlecht ist; man sucht Begründungen, weil man etwas unter dem Vorwand des Guten erstrebt.

Eine Frau beschrieb mir einmal zwei Situationen, bei denen es für sie schwierig war, Bewußtheit und Überblick zu behalten. Sie arbeitete in einem Dienstleistungsbetrieb, wo die Leute Schlange standen, viele Telefone klingelten, sie allein mit allem fertig werden mußte, und viele ungeduldige, gereizte Leute eine ständige Ablenkung waren. Sie fand es äußerst schwierig, gelassen und ruhig zu bleiben. Die andere Situation betraf das Autofahren im dichten Verkehr, mit Hupen und Schimpfen von links und rechts. Sie fragte mich, ob sich diese Unruhe legen würde, und sie den inneren Frieden erreichen könne.

Bemerken Sie hier die Abhängigkeit? Frieden. Ihre Abhängigkeit von Ruhe und Frieden. Sie sagte: „Solange ich nicht den inneren Frieden habe, werde ich nicht glücklich sein." Sind Sie schon einmal auf den Gedanken gekommen, daß Sie auch bei aller Anspannung glücklich sein können? Vor der Erleuchtung war ich frustriert, nach der Erleuchtung bin ich immer noch frustriert. Setzen Sie sich Entspannung und Empfindsamkeit nicht zum Ziel. Haben Sie schon einmal davon gehört, daß Leute verkrampfen, wenn sie versuchen, sich zu entspannen? Ist man verkrampft, achtet man nur auf seine Verkrampfung. Sie werden sich selbst nie verstehen, wenn Sie versuchen, sich zu ändern. Je mehr man versucht, sich zu ändern, um so schlimmer wird es. Sehen Sie Ihre Ausgabe darin, bewußt wahrzunehmen. Erspüren Sie das schrillende Telefon; erspüren Sie die gespannten Nerven; erspüren Sie das Gelenktwerden der Autoräder.

Mit anderen Worten: kommen Sie zur Realität, und überlassen Sie die Verkrampfung und die Ruhe sich selbst. Sie werden nicht darum herumkommen, sie sich selbst zu überlassen, weil Sie genug damit zu tun haben werden, den Kontakt zur Wirklichkeit zu behalten. Schritt für Schritt, lassen Sie geschehen, was auch immer geschieht. Veränderung tritt tatsächlich ein, wenn sie nicht aus Ihrem Ego, sondern aus der Wirklichkeit kommt. Bewußtheit setzt die Wirklichkeit frei, Sie zu verändern.

Das Bewußtwerden verändert Sie, aber diese Erfahrung müssen Sie machen. Hier, an diesem Punkt, nehmen Sie mein Wort dafür. Vielleicht haben Sie sich ohnehin vorgenommen, Bewußtheit zu erlangen. Ihr Ego versucht auf seine eigene gerissene Art, Sie zum Bewußtwerden zu drängen. Seien Sie auf der Hut! Sie werden auf Widerstand stoßen, und es wird Probleme geben. Wenn jemand immerzu ängstlich auf das Bewußtwerden bedacht ist, können Sie bei ihm die milde Art von Angst entdecken. Dann will man nämlich wach sein, um herauszufinden, ob man wirklich wach ist oder nicht. Das fällt in den Bereich der *Askese* und ist nicht Bewußtheit.

Es mag in einer Kultur seltsam klingen, die uns dazu erzogen hat, Ziele zu erreichen, weiterzukommen, wenn es auch in Wirklichkeit gar nichts gibt, wohin man gehen könnte, da wir bereits dort sind. Ein japanisches Sprichwort bringt das schön zum Ausdruck: „An dem Tag, an dem du zu reisen aufhörst, wirst zu angekommen sein." Sie sollten die Einstellung haben: „Ich möchte bewußt leben, ich möchte mit allem in Verbindung sein, was geschieht, und es geschehen lassen, was immer es sei; bin ich wach, ist es gut; schlafe ich, ist es auch gut." Sobald Sie es sich zum Ziel setzen und versuchen, es zu *erreichen*, erwarten Sie ein Lob Ihres Egos, eine Bestätigung Ihres Egos. Sie möchten das gute Gefühl, daß Sie es *geschafft* haben. Wann Sie es „schaffen" werden, wissen Sie nicht. Ihre linke Hand wird nicht wissen, was die rechte tut. „Herr, wann haben wir das getan? Wir waren uns dessen nicht bewußt." Gutsein ist nie so schön, wie wenn man sich dessen nicht bewußt ist, daß man Gutes tut. „Du sagst, ich habe dir geholfen? Es hat mir Spaß gemacht. Ich habe nur getan, was ich sowieso tun wollte. Schön, daß es dir geholfen hat. Ich gratuliere dir! Es ist aber nicht mein Verdienst."

Wenn Sie es erreicht haben, wenn Sie zur Bewußtheit gekommen sind, werden Sie sich immer weniger mit Etiketten wie „wach" oder „schlafend" aufhalten. Eines meiner Probleme hier ist, Ihre Neugier zu wecken, aber nicht Ihre spirituelle Gier. Laßt uns wach werden, es wird wunderbar sein. Nach einer Weile spielt es keine Rolle mehr; man ist wach, weil man lebt. Das unbewußte Leben ist nicht wert, gelebt zu werden. Und Sie werden alles Schmerzliche auf sich beruhen lassen.

Nachgeben

Je angestrengter Sie versuchen, sich zu ändern, desto schlimmer kann es werden. Heißt das, daß ein gewisses Maß an Passivität angebracht ist? Ja, denn je mehr Sie einer Sache widerstehen, desto größere Macht geben Sie ihr. Darin sehe ich die Bedeutung des Wortes Jesu: „Wenn dich jemand auf die rechte Wange schlägt, dann halte ihm auch die andere Wange hin." Die Dämonen, die man bekämpft, werden gerade dadurch um so stärker. Das ist eine sehr orientalische Betrachtungsweise. Läßt man sich jedoch mit dem Feind treiben, überwindet man ihn. Wie ist dem Bösen beizukommen? Nicht indem man es bekämpft, sondern indem man es versteht. Sobald wir es verstehen, verschwindet es.

Wie ist der Dunkelheit zu begegnen? Nicht mit der Faust. Die Dunkelheit wird auch nicht mit dem Besen aus dem Zimmer gejagt, sondern man schaltet das Licht an. Je mehr man gegen die Dunkelheit ankämpft, desto wirklicher wird sie, und desto mehr ermatten die eigenen Kräfte. Schaltet man aber das Licht des Bewußtseins an, verschwindet sie.

Angenommen, dieses Stück Papier sei ein Scheck über eine Million Dollar. Ach, ich muß ihm entsagen, will ich das Evangelium befolgen, ich muß verzichten, wenn ich das ewige Leben erlangen will. Wollen Sie eine Gier durch eine andere – eine geistliche Gier – ersetzen?

Vorher hatten Sie ein weltliches Ego, jetzt haben Sie ein geistliches, doch nach wie vor ein Ego, ein raffinierteres, und ein Ego, dem schwieriger beizukommen ist. Indem Sie auf etwas verzichten, binden Sie sich daran. Doch anstatt auf es zu verzichten, schauen Sie dieses Stück Papier an und sagen: „Ach, das ist doch kein Scheck über eine Million Dollar, das ist ein Fetzen Papier." Und schon gibt es nichts mehr zu bekämpfen, auf nichts mehr zu verzichten.

Allerlei Tücken

In meiner Heimat Indien wuchsen viele Männer in dem Glauben auf, Frauen seien wie Kühe. „Ich habe sie geheiratet", sagen sie, „sie gehört mir." Kann man diesen Männern einen Vorwurf machen? Machen Sie sich auf einen Schock gefaßt: nein, kann man nicht.

Ebensowenig wie vielen Amerikanern vorzuwerfen ist, wie sie über Russen denken. Ihre Brillen wurden einfach getönt, und in diesem Farbton sehen sie jetzt die Welt. Wie kann man sie mit der Wirklichkeit vertraut machen, um sie bewußt werden zu lassen, daß sie die Welt durch eine gefärbte Brille sehen? Solange sie nicht ihr zugrundeliegendes Vorurteil erkennen, gibt es keine Hilfe.

Sobald Sie die Welt aus der Sicht einer Ideologie betrachten, sind Sie am Ende. Keine Wirklichkeit paßt in eine Ideologie, das Leben ist mehr als das. Darum suchen die Menschen immer nach einem Sinn des Lebens. Aber das Leben hat keinen Sinn; es kann keinen Sinn haben, denn Sinn ist eine Formel; Sinn ist etwas, was unserem Verstand vernünftig erscheint. Immer, wenn Sie meinen, in der Wirklichkeit einen Sinn zu sehen, stoßen Sie auf etwas, was den Sinn wieder zunichte macht. Sinn ist nur zu finden, wenn Sie über den Sinn hinausgehen. Das Leben hat nur Sinn, wenn Sie es als Mysterium verstehen; für einen begrifflich denkenden Verstand hat es keinen Sinn.

Ich sage nicht, daß Anbetung und Verehrung nicht wichtig sind, aber ich sage zugleich, daß der Zweifel unendlich wichtiger ist als Anbetung. Überall suchen die Menschen nach etwas, das sie anbeten können, aber ich habe noch keine Menschen gefunden, die in ihren Einstellungen und Überzeugungen wach genug sind. Wie froh wären wir, wenn Terroristen ihre Ideologie weniger anbeten und mehr in Frage stellen würden. Trotzdem wollen wir das nicht auf uns beziehen; wir denken, daß wir recht und die Terroristen unrecht haben. Doch ein Terrorist für Sie, ist ein Märtyrer für andere.

Einsamkeit heißt, Menschen zu vermissen; Alleinsein heißt, sich selbst zu genügen. So wird vom scharfzüngigen George Bernard Shaw ein schöner Ausspruch berichtet: Auf einer jener langweiligen Cocktail-Parties, auf denen viel geredet, aber nichts gesagt wird, fragte man ihn: „Amüsieren Sie sich gut?" Worauf er erwiderte: „Das ist das einzige, was mich hier amüsiert."

Zusammensein mit anderen ist nur dann schön, wenn man ihnen nicht versklavt ist. Eine Gemeinschaft kann sich nicht aus Sklaven zusammensetzen, daß heißt aus Leuten, die verlangen, daß andere Leute sie glücklich machen. In einer wirklichen Gemeinschaft gibt es keinen Bettlerhut, kein Anklammern, keine Angst, kein Bangen, keinen Katzenjammer, kein Besitzdenken, keine Ansprüche. Freie Menschen bilden eine Gemeinschaft, nicht Sklaven: eine einfache Wahrheit, die aber von einer ganzen Kultur übertönt wurde, die religiöse Kultur inbegriffen. Die religiöse Kultur kann sich als sehr manipulativ erweisen, wenn man nicht aufpaßt.

Manche Leute betrachten die Bewußtheit als einen hochgelegenen Punkt, eine Plateau, jenseits der unmittelbaren Erfahrung eines jeden Augenblicks. Das macht die Bewußtheit zu einem Ziel. Doch wahre Bewußtheit sucht nichts, wohin man gehen, nichts, was man erreichen sollte. Wie kommen wir zu dieser Bewußtheit? Durch Bewußtheit.

Wenn manche sagen, sie wollten wirklich jeden Moment erfahren, meinen sie schon Bewußtheit, ausgenommen dieses „wollen". Man kann Bewußtheit nicht erfahren wollen; sie tritt ein oder tritt nicht ein.

Der Tod des „Mich"

Kann man uneingeschränkt Mensch sein, ohne das Tragische zu erfahren? Das einzig Tragische auf der Welt ist Ignoranz, die Wurzel allen Übels. Das einzig Tragische auf der Welt ist Unwachsamkeit und Unbewußtheit. Ihnen entspringt die Furcht, und aus der Furcht kommt alles andere, aber der Tod ist keineswegs eine Tragödie. Sterben ist schön; es wird nur für diejenigen zum Schrecken, die das Leben nie verstanden haben. Nur wer Angst vor dem Leben hat, hat auch Angst vor dem Tod. Nur wer tot ist, fürchtet den Tod. Doch wer lebt, fürchtet ihn nicht.

Ein amerikanischer Schriftsteller schrieb dazu sehr treffend: Das Erwachen ist der Tod Ihres Glaubens an Ungerechtigkeit und Tragik. Was für eine Raupe das Ende der Welt bedeutet, ist ein Schmetterling für den Meister. Tod ist Auferstehung

Damit meinen wir nicht irgendeine Auferstehung, die noch geschehen wird, sondern eine, die gerade jetzt geschieht. Wenn Sie von Ihrer Vergangenheit, von jeder vergehenden Minute, Abschied nehmen könnten, einem Sterben gleich, wären Sie ein ganz vom Leben durchdrungener Mensch, denn ein vom Leben durchdrungener Mensch ist durchdrungen vom Tod. Immer ist für uns ein Sterben da, müssen wir etwas zurücklassen, um ganz vom Leben durchdrungen zu werden und um jeden Augenblick aufzuerstehen.

Die Mystiker und Heiligen wie auch andere bemühen sich, die Menschen wach zu machen. Solange sie nicht wach geworden sind, werden sie stets jene anderen kleineren Übel wie Hunger, Krieg und Gewalt haben. Das größte Übel sind Menschen, die schlafen, unwissende Menschen.

Ein Jesuit schrieb einmal an den damaligen Generaloberen des Ordens, Pater Arrupe, einen Brief, in dem er ihn nach dem Wert von Kommunismus, Sozialismus und Kapitalismus fragte. Pater Arrupe gab ihm eine gelungene Antwort, er schrieb: „Ein System ist so gut oder so schlecht wie die Menschen, die darin leben." Menschen mit einem goldenen Herzen könnten den Kapitalismus, Kommunismus oder Sozialismus gut funktionieren lassen.

Verlangen Sie nicht, daß sich die Welt ändert – ändern Sie sich zuerst. Erst dann werden Sie die Welt gut genug sehen, um all das zu ändern, wovon Sie glauben, daß es verändert werden müßte. Entfernen Sie den Balken aus Ihrem eigenen Auge, um nicht das Recht zu verlieren, etwas oder jemand anderen zu ändern. Solange Sie sich Ihrer nicht bewußt geworden sind, haben Sie kein Recht, bei jemandem oder in der Welt einzugreifen. Wenn Sie versuchen, einen anderen oder etwas anderes zu verändern, solange Sie selbst nicht zur Bewußtheit gefunden haben, besteht die Gefahr, daß Sie etwas zu Ihrem eigenen Vorteil ändern – für Ihren Stolz, Ihre dogmatischen Überzeugungen und Ansichten oder auch nur, um Ihre negativen Gefühle zu mildern. Ich habe negative Gefühle, also änderst du dich besser so, daß ich mich wohlfühlen kann.

Befassen Sie sich zuerst mit Ihren negativen Gefühlen, damit Sie, wenn Sie andere ändern wollen, nicht aus Haß oder Negativität handeln, sondern aus Liebe. Es mag seltsam erscheinen, daß Menschen sehr hart zueinander sein können, und sich dennoch sehr lieben können. Der Chirurg kann sehr hart zu einem Patienten sein und dennoch liebevoll. Liebe kann tatsächlich sehr hart sein.

Einsicht und Verständnis

Doch was zieht Selbst-Veränderung nach sich? Ich habe zwar immer und immer wieder davon gesprochen, doch möchte ich nun diese Frage in kleine Abschnitte aufteilen. Zuerst die *Einsicht*. Dazu braucht es nicht Anstrengung, nicht Einübung von Verhaltensweisen, nicht Aufstellung eines Ideals. Ideale richten viel Schaden an. Die ganze Zeit konzentriert man sich darauf, was sein sollte, anstatt auf das, was ist. Damit stülpt man das, was sein sollte, einer gegebenen Wirklichkeit über, ohne jemals verstanden zu haben, was die gegebene Wirklichkeit ist.

Ich möchte es Ihnen an einem Beispiel aus meiner eigenen Beratungserfahrung verdeutlichen: Ein Priester besuchte mich und sagte, er sei faul; er wolle fleißiger sein, aktiver, doch er sei faul. Ich fragte ihn, was er unter „faul" verstehe. Früher hätte ich ihm gesagt: „Schauen Sie, warum machen Sie sich keine Liste von allem, was sie an einem Tag erledigen wollen, und haken dann jeden Abend ab. Das wird Ihnen ein gutes Gefühl geben und so zur Gewohnheit werden." Oder ich hätte ihn gefragt: „Wer ist denn Ihr Vorbild, Ihr Schutzpatron?" Und hätte er geantwortet: Der heilige Franz Xaver, hätte ich ihm gesagt: „Sehen Sie einmal, wie viel Franz Xaver gearbeitet hat. Sie müssen über ihn meditieren, das wird Sie motivieren."

Das ist eine Art, so etwas anzugehen, aber ich muß leider sagen: es ist eine oberflächliche Art. Den Ratsuchenden zu ermuntern, seine Willenskraft und Anstrengung einzusetzen, führt nicht weiter. Sein Verfahren ändert sich vielleicht, er sich selbst jedoch nicht.

Also ging ich nun in die andere Richtung. Ich fragte ihn: „Faul, was ist das? Es gibt zigtausend Arten von Faulheit. Erzählen Sie mir, wie Ihre Faulheit aussieht, beschreiben Sie mir, was *Sie* mit Faulheit meinen." Er antwortete: „Es ist so: ich bringe nichts zuwege. Ich habe das Gefühl, als täte ich nichts."

„Meinen Sie, gleich von dem Moment an, da Sie morgens aufstehen?"

„Ja", sagte er, „ich wache morgens auf und sehe nichts, wofür es sich lohnte aufzustehen."

„Dann sind Sie also depressiv?"

„So können Sie es nennen", erwiderte er, „ich habe mich irgendwie zurückgezogen."

„War das schon immer so?"

„Nein, nicht immer. Früher war ich aktiver. Als ich noch ins Seminar ging, war ich sehr lebendig."

„Wann fing das also an?"

„Ach, so vor drei oder vier Jahren."

Ich fragte ihn, ob damals irgend etwas passiert sei. Er dachte eine Weile darüber nach, bis ich wieder begann: „Wenn Sie so lange darüber nachdenken müssen, kann es vor vier Jahren eigentlich nichts Besonderes gegeben haben. Wie war es denn im Jahr davor?"

„Das war das Jahr, in dem ich zum Priester geweiht wurde."

„Geschah irgend etwas in diesem Jahr?"

„Da gab es nur diese kleine Sache mit der Abschlußprüfung in Theologie – ich bestand sie nicht. Es war etwas enttäuschend für mich, aber ich bin darüber hinweggekommen. Der Bischof hatte vor, mich nach Rom zu schicken, wo ich eventuell im Seminar als Dozent tätig sein sollte. Mir gefiel dieser Gedanke, doch als ich durch die Prüfung fiel, änderte er seine Meinung und schickte mich in diese Gemeinde. Eigentlich war es ein bißchen ungerecht, weil..."

Nun war er plötzlich aufgebracht; da war Ärger, den er nicht bewältigt hatte. Diese Enttäuschung mußte er verarbeiten. Es ist nutzlos, ihm eine Predigt zu halten. Es bringt nichts, ihm irgendeinen Plan vorzulegen. Wir müssen ihm helfen, sich seinem Ärger und seiner Enttäuschung zu stellen und zur Einsicht zu kommen. Wenn er das verarbeiten kann, ist er wieder ins Leben zurückgekehrt. Wenn ich ihn tadele und ihm erzähle, wie hart seine verheirateten Brüder und Schwestern arbeiten, wird er sich nur schuldig fühlen. Er hat nicht die Selbst-Einsicht, die ihn heilen wird. Das wäre also das erste.

Die andere große Aufgabe ist das *Verständnis*. Haben Sie wirklich geglaubt, das würde Sie glücklich machen? Sie nahmen nur an, es würde Sie glücklich machen. Warum wollten Sie denn Dozent im Seminar sein? Weil Sie glücklich sein wollten. Sie dachten, daß Professor zu sein, einen bestimmten Status und Prestige zu haben, Sie glücklich macht. Würde es das wirklich? Dazu braucht man Verständnis.

Durch die Unterscheidung zwischen dem „Ich" und dem „Mich" läßt sich viel einfacher abgrenzen, was vor sich geht. Lassen Sie mich das wieder mit einem Beispiel deutlich machen.

Ein junger Jesuitenpater kam zu mir: ein freundlicher, sympathischer, begabter, talentierter, charmanter, liebenswürdiger Mann, der alle Eigenschaften besaß, die man sich nur wünschen kann. Doch hatte er einen merkwürdigen schwachen Punkt: für die Angestellten war er ein Schrecken. Er war sogar dafür bekannt, sie zu beleidigen, was fast zu einer Sache für den Richter wurde. Immer wenn er die Verantwortung für die Sportplätze, die Schule oder was auch immer übertragen bekam, wurde dieses Problem wieder aktuell. Er machte dreißigtägige Exerzitien, die im Jesuitenorden im sogenannten Terziat vorgeschrieben sind. Zu diesen geistlichen Übungen gehört unter anderem die tägliche Betrachtung der Nachsicht und Liebe Jesu gegenüber Unterprivilegierten. Mir war freilich klar, daß dies nichts nutzen würde. Er kam also zurück und zeigte auch für drei oder vier Monate eine Besserung. (Jemand stellte einmal für die meisten Exerzitien fest, daß wir sie im Namen des Vaters, des Sohnes und des heiligen Geistes beginnen, und sie so beenden, wie es war am Anfang, so auch jetzt und allezeit und in Ewigkeit. Amen.)

Bald danach war er wieder soweit wie voher. Wieder kam er zu mir. Zu dieser Zeit war ich aber sehr beschäftigt. Obwohl er von weit hergekommen war, konnte ich ihn nicht empfangen. Ich schlug ihm deshalb vor: „Wenn es Ihnen recht ist, können Sie mich beim Abendspaziergang begleiten, sonst habe ich leider keine Zeit." Also machten wir einen Spaziergang. Ich kannte ihn bereits, und als wir so dahingingen, regte sich bei mir ein seltsames Gefühl. Wenn ich bei jemandem ein seltsames Gefühl habe, kläre ich das in der Regel gleich mit der oder dem Betreffenden.

Deshalb fragte ich ihn: „Ich habe das seltsame Gefühl, daß Sie etwas vor mir verbergen. Tun Sie das?"

Er war entrüstet: „Was meinen Sie mit verbergen?

Glauben Sie, ich mache diese lange Reise und nehme Ihre Zeit in Anspruch, um etwas vor Ihnen zu verbergen?"

Ich antwortete: „Ich hatte nur dieses seltsame Gefühl, das ist alles; ich dachte, ich sollte das gleich mit Ihnen klären."

So gingen wir weiter. Nicht weit von unserem Haus gab es einen See. Ich erinnere mich noch genau an diese Szene. Er fragte: „Könnten wir uns irgendwo hinsetzen?" Ich antwortete: „Warum nicht." Wir setzten uns auf eine kleine Mauer, die den See umsäumt. Er sagte: „Sie haben recht. Ich verberge etwas vor Ihnen."

Dabei brach er in Tränen aus. „Ich möchte Ihnen jetzt etwas erzählen, was ich noch niemandem erzählt habe, seit ich Jesuit wurde. Mein Vater starb, als ich noch sehr jung war, und meine Mutter mußte als Magd arbeiten gehen. Sie mußte Waschräume, Toiletten und Badezimmer putzen, und das manchmal sechzehn Stunden am Tag, um das Nötigste für unseren Unterhalt zu verdienen. Ich schäme mich so dafür, daß ich es vor allen verborgen habe, und ich nehme weiter irrationalerweise Rache an ihr und an der ganzen Klasse der Hausbediensteten."

Das Gefühl wurde übertragen. Niemand konnte verstehen, warum dieser liebenswürdige Mann so handelte, aber in dem Augenblick, da er sein Handeln erkannte, war es mit den Problemen vorbei. Er war in Ordnung.

Nichts erzwingen

Über das Verhalten Jesu zu meditieren und es oberflächlich zu imitieren, hilft nicht weiter. Es geht nicht darum, Christus zu imitieren, sondern darum, das zu werden, was Jesus war. Es geht darum, Jesus zu werden, sich selbst bewußt zu werden, zu verstehen, was in uns vorgeht. Alle anderen Methoden, die wir anwenden, um uns selbst zu verändern, sind so etwas wie einen Wagen anzuschieben.

Angenommen, Sie müßten in eine weit entfernte Stadt reisen. Unterwegs hat Ihr Auto eine Panne. Nun, das Auto ist kaputt. Also krempeln wir die Ärmel hoch und fangen an zu schieben. Wir schieben, schieben und schieben, bis wir diese ferne Stadt erreichen. „Gut", sagen wir, „wir haben es geschafft." Und dann schieben wir das Auto weiter, den ganzen Weg zur nächsten Stadt! Dort sagen wir: „Wir sind doch angekommen, oder nicht?"

Aber nennen Sie das Leben? Wissen Sie, was Sie brauchen? Sie brauchen einen Fachmann, einen Mechaniker, der einmal die Motorhaube öffnet und die Zündkerzen überprüft. Sie drehen den Zündschlüssel, und der Motor läuft. Sie brauchen den Fachmann – Sie brauchen Verständnis, Einsicht, Bewußtsein –, kein Schieben und Erzwingen, Sie brauchen keine Angstrengung.

Deswegen sind die Menschen so müde und erschöpft. Sie und ich wurden dazu erzogen, mit uns selbst unzufrieden zu sein. Daher rührt das Übel – psychologisch gesehen. Wir sind immer unzufrieden, unbefriedigt, wir wollen immer alles erzwingen. Mach weiter, strenge dich noch mehr an, und noch mehr. Doch dabei gibt es immer diesen inneren Konflikt; da ist sehr wenig Verständnis.

Wahr werden

Einen meiner Glückstage erlebte ich in Indien. Es war ein ganz besonderer Tag – der Tag nach meiner Priesterweihe. Ich saß im Beichtstuhl. In unserer Gemeinde gab es einen heiligmäßigen Jesuitenpater, einen Spanier, den ich schon kannte, bevor ich ins Noviziat eintrat. Am Tag vor dem Eintritt ins Noviziat dachte ich, es wäre besser, mit allem reinen Tisch zu machen, so daß ich dann ordentlich und sauber beginnen könnte und meinem Oberen nichts beichten bräuchte. Vor dem Beichtstuhl dieses alten spanischen Priesters stand ständig eine lange Schlange von Leuten. Der Pater bedeckte seine Augen immer mit einem lilafarbenen Taschentuch, murmelte etwas, gab einem die Buße auf und schickte einen fort. Er hatte mich erst ein paarmal gesehen, redete mich aber mit meinem Vornamen Antonie an. So stellte ich mich ans Ende der Schlange, und als ich an der Reihe war, versuchte ich, beim Sündenbekenntnis die Stimme zu verstellen. Er hörte mich geduldig an, erteilte mir Buße und Lossprechung und sagte dann: „Antonie, wann trittst du eigentlich ins Noviziat ein?"

Jedenfalls besuchte ich am Tag nach meiner Priesterweihe diesen Pater. Dabei fragte mich der alte Priester: „Möchtest du gerne Beichte hören?"

„Ja, gerne."

„Komm und setze dich in meinen Beichtstuhl."

Ich dachte: „O, ich bin ein heiliger Mann. Ich werde in seinem Beichtstuhl sitzen."

Ich hörte drei Stunden lang Beichte. Es war Palmsonntag, und der Andrang vor Ostern war groß. Als ich den Beichtstuhl verließ, war ich niedergeschlagen – nicht davon, was ich gehört hatte, denn ich war darauf vorbereitet worden, und mit einer dunklen Ahnung von dem, was in meinem eigenen Herzen vorging, konnte mich nichts schockieren.

Wissen Sie, was mich so deprimierte? Ich merkte, daß ich allen die beichteten, diese kleinen frommen Allgemeinheiten vortrug: „Beten Sie zur Heiligen Gottesmutter, sie liebt Sie", und: „Denken Sie daran, daß Gott zu Ihnen hält."

Waren diese frommen Plattheiten eine Rettung vor Krebs? Und das *ist* Krebs, mit dem ich es zu tun habe, der Mangel an Bewußtsein und Wirklichkeit. An jenem Tag schwor ich mir einen großen Eid: „Ich werde lernen – ich werde lernen, damit mir dann niemand sagen kann: „Pater, was Sie mir sagten, war absolut richtig, aber völlig nutzlos."

Bewußtsein, Einsicht. Wenn Sie Fachmann bzw. Fachfrau werden (und das werden Sie bald), brauchen Sie keinen Kurs in Psychologie zu besuchen. Wenn Sie anfangen, sich selbst zu beobachten, auf sich selbst zu achten, diese negativen Gefühle zu fassen, werden Sie Ihre eigene Art finden, es zu erklären. Sie werden die Veränderung bemerken. Doch dann werden Sie es mit diesem großen Bösewicht zu tun bekommen, der Selbstverachtung, Selbsthaß und Unzufriedenheit-mit-sich-Selbst heißt.

Verschiedene Bilder

Sprechen wir doch noch etwas von der Mühelosigkeit bei der Veränderung. Ich habe mir dafür ein schönes Bild ausgedacht: ein Segelboot. Wenn ein starker Wind die Segel bläht, gleitet das Boot so mühelos dahin, daß der Kapitän weiter nichts zu tun hat als zu lenken. Es bedarf keiner Anstrengung, er drängt das Boot nicht vorwärts. Dies ist ein Bild für das, was geschieht, wenn

Veränderung durch Bewußtheit eintritt, durch Verstehen.

Beim Blättern in meinen Aufzeichnungen stieß ich auf ein paar Zitate, die gut hierzu passen. Hören Sie dieses: „Es gibt nichts Grausameres als die Natur. Im ganzen Universum gibt es vor ihr kein Entrinnen. Und doch ist es nicht die Natur, die Schaden zufügt, sondern das eigene menschliche Herz." – Hat das einen Sinn? Es ist nicht die Natur, die Schaden zufügt, sondern das eigene Herz des Menschen.

Kennen Sie die Geschichte von Paddy, der vom Gerüst fiel und ganz schön hart aufschlug? Man fragte ihn: „Hast du dich beim Sturz verletzt, Paddy?" Worauf er sagte: „Nein, beim Aufprall, nicht beim Sturz."

Schneidet man Wasser, bleibt das Wasser intakt: schneidet man etwas Festes, geht es entzwei. Sie haben sich feste Einstellungen, feste Illusionen zugelegt; damit stoßen Sie an der Natur an; daher sind Sie verletzt, daher rührt das Leiden.

Noch eine andere schöne Stelle fiel mir auf, die aus einer orientalischen Sage stammt, ich weiß nicht mehr, aus welcher. Genau wie bei der Bibel kommt es nicht auf den Verfasser an, sondern auf das, was gesagt wird. „Ist das Auge nicht versperrt, kann man sehen; ist das Ohr nicht versperrt, kann man hören; ist die Nase nicht versperrt, kann man riechen; ist der Mund nicht versperrt, kann man schmecken; ist der Geist nicht versperrt, wird man weise."

Die Weisheit findet, wer die Hindernisse abreißt, die man mit seinen Begriffen und seiner Beeinflußbarkeit errichtet hat; Weisheit läßt sich nicht erwerben; Weisheit ist nicht Erfahrung; Weisheit wendet nicht die Illusionen von gestern auf die Probleme von heute an.

Wie mir jemand sagte, als ich vor Jahren in Chicago Psychologie studierte: „Oft sind fünfzig Jahre Erfahrung im Leben eines Priesters ein einziges Jahr Erfahrung, fünfzigmal wiederholt." Es sind immer dieselben Lösungen, auf die man zurückgreift: so behandelt man einen Alkoholiker; so behandelt man Priester; so geht man mit Ordensschwestern um und so mit Geschiedenen.

Weisheit ist das freilich nicht. Weisheit heißt, ein feines Gespür für *diese* bestimmte Situation zu haben, für *diesen* bestimmten Menschen, ohne sich von Zurückliegendem und Überbleibseln aus der Vergangenheit beeinflussen zu lassen. Es bedeutet etwas ganz anderes als die Leute gewöhnlich meinen.

Noch einen Satz möchte ich hinzufügen: „Ist das Herz nicht versperrt, kann man lieben." – Nun habe ich so viel über Liebe gesprochen, obwohl ich Ihnen gesagt habe, daß man eigentlich nichts über Liebe sagen kann. Nur von Nichtliebe können wir sprechen, von Sucht. Aber über Liebe selbst läßt sich ausdrücklich nichts sagen.

Über Liebe läßt sich nichts sagen

Wie würde *ich* Liebe beschreiben? Dazu möchte ich mit Ihnen eine Meditation aus einem meiner Bücher machen. Ich lese Ihnen den Text langsam vor, und Sie meditieren darüber, während wir weitermachen, ich halte mich an die Kurzform, für die drei oder vier Minuten genügen. Es ist ein Kommentar zu einem Satz aus dem Evangelium. Ich hatte über einen anderen Text, einen Satz von Plato, nachgedacht: „Aus einem freien Menschen wird kein Sklave, denn ein freier Mensch ist auch im Gefängnis frei." Dieser Satz gleicht dem Wort aus dem Evangelium: „Sollst du eine Meile gehen, dann gehe zwei."

Du glaubtest, du hättest aus mir einen Sklaven gemacht, indem du mir eine Last auf die Schultern geladen hast; das hast du aber nicht. Wer die äußerliche Wirklichkeit dadurch zu verändern sucht, daß er aus dem Gefängnis flieht, um frei zu sein, ist tatsächlich ein Gefangener. Freiheit ist nicht in äußeren Umständen begründet; Freiheit wohnt im Herzen. – Wer kann Sie versklaven, wenn Sie Weisheit gefunden haben?

Hören Sie also den Satz aus dem Evangelium, an den ich vorhin dachte: „Er schickte die Menschen fort. Danach ging er auf einen Berg, um allein zu beten. Es wurde spät, und er war dort ganz allein."

Darum geht es bei der Liebe. Kam Ihnen schon einmal der Gedanke, daß man nur lieben kann, wenn man allein ist? Was bedeutet es zu lieben? Es bedeutet, einen Menschen, eine Situation, eine Sache so zu sehen, wie sie wirklich ist, und nicht, wie man sie sich vorstellt; darauf die Erwiderung zu geben, die sie verdient. Was man nicht einmal sieht, läßt sich schwerlich lieben. Doch was hindert uns am Sehen? Unsere Beeinflußbarkeit, unsere Begriffe, unsere Kategorien, unsere Vorurteile, unsere Erwartungen, die Etiketten, die wir aus unserer Kultur und unseren früheren Erfahrungen übernommen haben. Sehen ist etwas vom Schwierigsten, was ein Mensch leisten kann, denn man braucht dazu einen disziplinierten, wachen Geist. Aber viele geben lieber einer geistigen Trägheit nach, als sich die Mühe zu machen, jeden einzelnen zu sehen, jedes Ding, wie es sich im gegenwärtigen Augenblick darbietet.

Die Kontrolle verlieren

Wenn Sie verstehen möchten, was Kontrolle heißt, stellen Sie sich einmal ein kleines Kind vor, das Drogen probieren darf. Sobald die Droge im Körper des Kindes ist, wird es süchtig; sein ganzes Sein schreit nach der Droge. Ohne Droge zu sein, ist eine so unerträgliche Qual, daß sogar der Tod besser scheint. Denken Sie an dieses Bild: der Körper wurde drogensüchtig.

Genau das hat die Gesellschaft mit Ihnen gemacht, als Sie auf die Welt kamen. Sie durften nicht die feste, stärkende Nahrung des Lebens genießen – nämlich Arbeit, Spiel, Spaß, Lachen, Zusammensein mit anderen, die Freuden der Sinne und des Geistes. Sie durften von der Droge probieren, die Anerkennung, Wertschätzung und Ansehen heißt.

Ich möchte hier einen angesehenen Autor zitieren, A. S. Neill, der das Buch *„Summerhill"* schrieb. Neill sagt: Wenn ein Kind ständig an seinen Eltern hängt, ist dies ein Zeichen dafür, daß es krank ist; es interessiert sich für Menschen. Ein gesundes Kind interessiert sich nicht für Menschen, es interessiert sich für *Dinge*. Wenn sich ein Kind der Liebe der Eltern sicher ist, vergißt es die Eltern; es geht hinaus und erkundet die Welt; es ist neugierig. Es findet einen Frosch und steckt ihn in den Mund – oder etwas Ähnliches. Es ist ein schlechtes Zeichen, wenn ein Kind an seiner Mutter hängt, dann ist es unsicher. Vielleicht hat seine Mutter versucht, Liebe aus ihm herauszupressen, und ihm nicht all die Freiheit und Sicherheit gegeben, die es braucht. Seine Mutter hat immer auf sehr subtile Weise gedroht, es zu verlassen.

So konnten wir an verschiedenen Arten von Sucht Geschmack finden: Anerkennung, Aufmerksamkeit, Erfolg, die Spitze zu erreichen, Prestige, in der Zeitung zu stehen, Chef zu sein. Wir haben an Dingen, wie Gruppenführer zu sein, Bandleader zu sein und so weiter, Geschmack gefunden. Indem wir daran Geschmack fanden, wurden wir süchtig danach und begannen, uns davor zu fürchten, diese Dinge zu verlieren. Erinnern Sie sich an das Gefühl, die Kontrolle verloren zu haben, das Gefühl von Panik, wenn Versagen drohte und Fehler unvermeidlich schienen, wenn Sie Kritik von anderen erwarteten. So wurden Sie feige und von anderen abhängig und verloren Ihre Freiheit. Andere haben nun die Macht, Sie glücklich oder unglücklich zu machen. Sie brauchen dringend Ihre Drogen, aber so sehr Sie auch das Leid, das sie nach sich ziehen, hassen, erkennen Sie zugleich Ihre völlige Hilflosigkeit. Keine Minute, in der Sie sich nicht, bewußt oder unbewußt, der Reaktionen anderer bewußt sind oder sich ihnen anpassen, nach deren Pfeife tanzen.

Eine schöne Definition eines erwachten Menschen: ein Mensch, der nicht mehr nach der Pfeife der Gesellschaft tanzt, ein Mensch, der zu der Musik tanzt, die aus ihm selbst kommt. Wer ignoriert wird oder wer sich abgelehnt fühlt, erfährt eine so unerträgliche Einsamkeit, daß er zu den anderen zurückkriecht und um die wohltuende Droge fleht, die Unterstützung, Ermutigung und Bestätigung heißt. So mit anderen zu leben, bringt endlose Anspannung mit sich. „Die Hölle, das sind die anderen", sagt Sartre. Das ist nur zu wahr. Wenn Sie in solcher Abhängigkeit leben, müssen Sie sich stets von Ihrer besten Seite zeigen; nie können Sie ungezwungen sein; Sie müssen Erwartungen erfüllen.

Mit anderen zu leben, heißt in Anspannung zu leben. Ohne die anderen zu leben, zieht die Agonie der Einsamkeit nach sich, weil Sie die Menschen vermissen. Sie haben die Fähigkeit verloren, sie so zu sehen, wie sie sind, und angemessen auf sie einzugehen, da Ihre Wahrnehmung durch den Drang nach der Droge getrübt wird. Sie sehen sie nur unter dem Blickwinkel, ob sie Ihnen helfen, Ihre Droge zu bekommen, oder ob sie Ihnen die Droge nehmen könnten. Bewußt oder unbewußt betrachten Sie die anderen immer mit diesen Augen: Werde ich von Ihnen bekommen, was ich will, oder werde ich es nicht bekommen? Und können sie mir weder helfen noch mich bedrohen, interessieren sie mich nicht. Es ist schlimm, das sagen zu müssen, aber ich frage mich, für wen von uns das nicht gelten könnte.

Dem Leben lauschen

Sie brauchen also Bewußtheit und Nahrung. Sie brauchen kräftige, gesunde Nahrung. Lernen Sie, die stärkende Nahrung des Lebens zu genießen: gutes Essen, guten Wein, gutes Wasser. Probieren Sie es! Vergessen Sie einmal Ihren Geist und finden Sie Ihre Sinne. Das ist gute, gesunde Nahrung. Die Freuden der Sinne, aber auch die Freuden des Geistes. Wenn Sie zum Beispiel ein gutes Buch genießen oder eine spannende Diskussion erleben oder einfach nachdenken. Es ist großartig! Doch leider haben sich die Menschen irgendwie verrannt, sie werden immer abhängiger, da sie die schönen Dinge des Lebens nicht zu genießen verstehen. So verlangen sie nach immer stärkeren künstlichen Aufputschmitteln.

In den siebziger Jahren appellierte Präsident Carter an die Amerikaner, den Gürtel enger zu schnallen. Dabei dachte ich mir: Er sollte nicht an sie appellieren, mehr zu sparen, sondern sie daran erinnern, das, was sie haben, mehr zu genießen. Viele haben es verlernt, etwas zu genießen. Ich glaube, die meisten Menschen in reichen Ländern haben das verlernt. Sie brauchen immer teurere technische Spielereien, sie können sich nicht an den einfachen Dingen des Lebens erfreuen. Wohin man geht, ob im Supermarkt oder in Wartesälen, ertönt die schönste Musik, aber ich habe noch keinen getroffen, der ihr je gelauscht hätte – keine Zeit, keine Zeit. Sie sind schuldig, sie haben keine Zeit, das Leben zu genießen. Sie sind überlastet: weiter, weiter.

Wenn Sie das Leben und die einfachen Sinnesfreuden wirklich genießen würden – Sie wären überrascht. Sie würden die außergewöhnliche Disziplin eines Tieres entwickeln. Ein Tier ißt niemals zuviel, in seiner natürlichen Umgebung wird es nie zu dick. Es wird niemals etwas essen oder trinken, das seiner Gesundheit schaden könnte. Sie würden nie ein Tier Zigaretten rauchen sehen. Es bewegt sich soviel, wie es braucht – beobachten Sie einmal Ihre Katze nach ihrer Mahlzeit, sehen Sie, wie sie sich ausruht und wie sie mit einem Sprung wieder in Aktion ist, sehen Sie, wie geschmeidig ihre Glieder und wie lebendig ihr Körper ist. Das haben wir verloren. Wir sind nur noch kopfgesteuert, haben uns in unseren Ideen und Idealen verloren, und ständig heißt es: weiter, weiter. Auch stehen wir in einem inneren Konflikt, den Tiere nicht haben. Wir machen uns selbst immer wieder Vorwürfe und plagen uns mit Schuldgefühlen. Sie werden wissen, wovon ich spreche.

Was vor Jahren ein Freund zu mir sagte, hätte ich auch von mir selbst sagen können: Nimm doch diese Schachtel Pralinen weg, denn eine Schachtel Pralinen raubt mir meine Freiheit. Das galt ebenso für mich: Ich verlor meine Freiheit angesichts aller möglichen Dinge, aber das ist jetzt vorbei! Ich brauche nicht viel und genieße es dafür um so intensiver. Wenn man etwas intensiv genossen hat, braucht man davon sehr wenig. Wie Leute, die eifrig ihren Urlaub planen: sie treffen monatelang Reisevorbereitungen, und sind sie dann schließlich an Ort und Stelle, geht es ihnen nur noch darum, ob die Plätze für den Rückflug gebucht sind. Sie

fotographieren viel, und später werden sie die Fotos in einem Album vorzeigen – Fotos von Orten, die sie nie gesehen, sondern nur festgehalten haben. Ein Symbol unseres modernen Lebens.

Vor dieser Art von Askese kann ich Sie nicht genug warnen. Schalten Sie herunter: schmecken Sie, riechen Sie, hören Sie, lassen Sie Ihre Sinne aufleben. Wenn Sie den königlichen Weg zur Mystik suchen, setzen Sie sich in Ruhe hin, und lauschen Sie allen Klängen um sich herum. Konzentrieren Sie sich nicht nur auf einen einzigen Klang; versuchen Sie, alle zu hören. Sie werden reine Wunder erleben, wenn Ihre Sinne sich entfalten. Das ist für den Prozeß der Veränderung überaus wichtig.

Das Ende aller Analyse

Ich möchte Ihnen eine Idee vom Unterschied zwischen Analyse und Bewußtheit oder Kenntnis auf der einen und Einsicht auf der anderen Seite geben. Kenntnis ist nicht Einsicht, Analyse nicht Bewußtheit, Wissen ist nicht Bewußtheit.

Angenommen, ich käme in diesen Raum, eine Schlange würde sich um meinen Arm winden, und ich würde sagen: „Sehen Sie diese Schlange, wie sie sich um meinen Arm windet? Ich habe eben in einem Lexikon nachgeschlagen und festgestellt, daß es sich hier um eine Russellsche Viper handelt. Beißt sie mich, bin ich innerhalb einer halben Minute tot. Könnten Sie mir freundlicherweise einen Rat geben, wie ich dieses Tier loswerden kann?"

Wer redet schon so? Ich habe zwar von etwas Kenntnis genommen, ohne es mir jedoch bewußt gemacht zu haben.

Oder ich zerstöre mich selbst mit Alkohol. „Könnten Sie mir freundlicherweise sagen, wie ich mich von dieser Sucht befreien kann?" Wer so fragt, spricht ohne Bewußtheit. Er weiß, daß er sich selbst zerstört, ist sich dessen aber nicht bewußt. Wäre er sich dessen bewußt, wäre er in derselben Minute von der Sucht befreit. Wäre mir bewußt, um was für eine Schlange es sich handelt, würde ich sie nicht von meinem Arm schütteln; *sie würde durch mich abgeschüttelt werden.*

Das ist die Veränderung, die ich meine. Sie ändern sich nicht selbst: das „Mich" ändert das „Mich" nicht.

Veränderung geschieht *durch* Sie, in Ihnen. Passender kann ich es nicht ausdrücken. Sie sehen, wie die Veränderung in Ihnen stattfindet, durch Sie, sie geschieht in Ihrer Bewußtheit. Sie leisten sie nicht aktiv. Tun Sie das, ist es ein schlechtes Zeichen, denn es wird nicht von Dauer sein. Falls es doch andauern sollte, möge Gott Erbarmen mit den Menschen haben, mit denen Sie zusammenleben, denn Sie werden sehr unnachgiebig werden. Mit Menschen, die aufgrund von Selbsthaß und Unzufriedenheit mit sich selbst zum Glauben gefunden haben, kann man unmöglich zusammenleben. Wie mir einmal jemand sagte: „Um Märtyrerin zu werden, muß man nur einen Heiligen heiraten." In der Bewußtheit aber bewahren Sie Ihre Weichheit, Ihre Sensibilität, Ihre Freundlichkeit, Ihre Offenheit, Ihre Nachgiebigkeit, Sie erzwingen nichts, die Veränderung geschieht einfach.

Ich erinnere mich an einen Priester in Chicago, den ich während meines Psychologiestudiums kennenlernte. Er sagte uns: „Wissen Sie, ich hatte alle Information, die ich brauchte. Ich wußte, daß der Alkohol mich umbringen würde, aber glauben Sie mir, nichts kann einen Alkoholiker ändern – nicht einmal die Liebe seiner Frau und seiner Kinder. Er liebt sie, aber das ändert ihn nicht. Ich entdeckte etwas, was mich veränderte. Eines Tages lag ich bei Nieselregen in der Gosse. Ich öffnete meine Augen und erkannte, daß mich das umbringen würde. Ich sah es und verspürte den Wunsch nie mehr, einen Tropfen anzurühren. Ich habe später sogar ab und zu etwas getrunken, aber nie so viel, daß es mir hätte schaden können. Ich konnte es nicht, und ich kann es immer noch nicht." – Das meine ich: Bewußtheit. Nicht Kenntnis, sondern Bewußtheit.

Ein Freund von mir, der ein sehr starker Raucher war, sagte einmal: „Über das Rauchen gibt es doch alle möglichen Witze. Man erzählt uns, daß Rauchen uns umbringt, aber sieh dir doch die alten Ägypter an; sie sind samt und sonders tot, und kein einziger hat geraucht." Eines Tages bekam er Probleme mit seiner Lunge und mußte sich im Krebsforschungszentrum in Bombay untersuchen lassen. Der Arzt sagte: „Pater, Sie haben zwei

Schatten auf der Lunge, das könnte Krebs sein. In vier Wochen möchte ich Sie wiedersehen." Seitdem hat er keine einzige Zigarette mehr angerührt. Vorher *wußte* er, daß Rauchen tödlich sein kann, nachher war er sich dessen *bewußt*. Das ist der Unterschied.

Der Gründer des Jesuitenordens, der heilige Ignatius von Loyola, verwendet einen schönen Ausdruck dafür. Er nennt es, die Wahrheit schmecken und fühlen – nicht sie wissen, sondern schmecken und fühlen, ein Gefühl für sie bekommen. Wenn Sie ein Gefühl für sie bekommen haben, ändern Sie sich. Wenn Sie sie in Ihrem Kopf wissen, nicht.

Vor uns der Tod

Ich habe schon bei mancher Gelegenheit gesagt, daß der Weg zu wirklichem Leben Sterben ist. Eine Hinführung zum Leben ist, sich vorzustellen, man läge im eigenen Grab: Sie sehen sich darin liegen, in der Haltung, die Ihnen am besten erscheint. In Indien setzt man die Toten mit gekreuzten Beinen hin. Oft trägt man sie so zur Verbrennung, oft werden sie aber auch hingelegt. Stellen Sie sich also vor, Sie liegen ausgestreckt im Sarg und sind tot. Aus dieser Perspektive betrachten Sie nun Ihre Probleme. Alles sieht auf einmal ganz anders aus, oder?

Das ist eine schöne Meditation, die Sie jeden Tag, wenn Sie die Zeit haben, machen sollten. Es ist unglaublich, aber Sie werden lebendig werden. In meinem Buch „Daß ich sehe. Meditationen des Lebens" gibt es dazu eine eigene Meditation. Sie sehen Ihren Körper, wie er zerfällt, dann die Knochen, dann Staub. Sooft ich hierüber spreche, sagen die Leute: „Wie abstoßend!"

Doch was ist denn daran so abstoßend? Die Wirklichkeit, um Himmels willen! Viele wollen freilich die Wirklichkeit nicht sehen und nicht an den Tod denken. Die Menschen leben nicht, die meisten leben nicht, sondern erhalten nur ihren Körper am Leben. Das ist kein Leben. Sie fangen erst dann an zu leben, wenn es Ihnen einerlei ist, ob Sie leben oder sterben. Erst dann leben Sie. Wenn Sie dazu bereit sind, Ihr Leben zu verlieren, leben Sie. Wenn Sie Ihr Leben aber abschirmen, sind Sie tot. Wenn Sie da oben auf dem Dachboden sitzen, und ich sage: „Kommen Sie doch herunter!" Und Sie antworten: „O nein, ich habe gelesen, daß Leute eine Treppe hinuntergegangen und ausgerutscht sind und sich das Genick gebrochen haben; das ist zu gefährlich."

Oder ich kann Sie nicht dazu bewegen, über die Straße zu gehen, weil Sie sagen: „Sie wissen wohl nicht, wie viele Leute schon überfahren wurden, als sie über die Straße gingen?" Wenn ich Sie nicht dazu bringen kann, eine Straße zu überqueren, wie kann ich Sie dann dazu bewegen, einen Kontinent zu überqueren? Und wenn ich Sie nicht dazu bewegen kann, über Ihren Tellerrand von Ansichten und Überzeugungen hinaus in eine andere Welt zu blicken, sind Sie tot, unweigerlich tot; das Leben ist an Ihnen vorbeigegangen. Sie sitzen in Ihrem kleinen Gefängnis und fürchten sich, Sie könnten Ihren Gott verlieren, Ihre Religion, Ihre Freunde, wer weiß, was noch.

Das Leben ist eines für Spieler. Genau das sagte Jesus. Sind Sie bereit, das Risiko einzugehen? Wissen Sie, wann Sie bereit dazu sind? Wenn Sie das herausgefunden haben, wenn Sie wissen, daß das, was man Leben nennt, nicht wirkliches Leben ist. Die Menschen meinen fälschlicherweise, Leben bedeute, seinen Körper am Leben zu erhalten. Lieben Sie also den Gedanken an den Tod. Kommen Sie immer und immer wieder auf ihn zurück. Denken Sie an die Schönheit dieser Leiche, dieses Skeletts, dieser Knochen, wie sie zerfallen, bis nur noch eine Handvoll Staub von Ihnen bleibt. Dann werden Sie sehr erleichtert sein. Mag sein, daß manche dies alles von sich weisen. Sie fürchten jeden Gedanken daran. Dabei ist es sehr erleichternd, aus dieser Perspektive auf sein Leben zu blicken.

Oder besuchen Sie einen Friedhof. Es ist eine überaus läuternde und tiefe Erfahrung. Sie entdecken einen Namen und sagen sich: „Ach, vor so langer Zeit hat er gelebt, vor zwei Jahrhunderten! Ihn müssen dieselben Probleme geplagt haben wie mich, er muß manch schlaflose Nacht gehabt haben. Es ist seltsam, wir leben nur so kurze Zeit."

Ein italienischer Dichter sagte: „Wir leben in einem kurzen Aufblitzen von Licht; der Abend kommt, und es ist für immer Nacht." Es ist nur ein Aufblitzen, und wir nutzen es nicht. Wir vertun es mit unserer Furcht, unseren Sorgen, unseren Bedenken, unseren Belastungen. Versuchen Sie es mit dieser Meditation, können Sie am Ende Informationen gewonnen haben – oder Bewußtheit. Und in diesem Moment des Bewußtwerdens sind Sie *neu*. Zumindest so lange es anhält. Dann werden Sie den Unterschied zwischen Information und Bewußtheit erfahren.

Ein befreundeter Astronom erzählte mir neulich ein paar grundlegende Dinge aus der Astronomie. Ich hatte zum Beispiel nicht gewußt, daß man die Sonne dort sieht, wo sie vor achteinhalb Minuten stand, und nicht an der Stelle, wo sie jetzt steht. Denn ein Sonnenstrahl braucht achteinhalb Minuten, um zu uns zu kommen. Man sieht sie also nicht, wo sie steht; sie ist jetzt schon woanders. Auch die Sterne sandten ihr Licht vor Hunderten und Tausenden von Jahren zu uns. Sie können also ganz woanders sein als dort, wo wir sie sehen. Mein Freund sagte: Wenn wir uns eine Galaxie vorstellen, ein ganzes Universum, wäre unsere Erde ein verlorener

Punkt am hinteren Ende der Milchstraße; noch nicht einmal in der Mitte. Und jeder der Sterne ist eine Sonne, und einige dieser Sonnen sind so groß, daß unsere Sonne und unsere Erde samt dem Raum zwischen ihnen in sie hineinpassen würden. Nach vorsichtiger Schätzung gibt es hundert Millionen Galaxien! Soweit man weiß, dehnt sich das Universum mit einer Geschwindigkeit von zwei Millionen Meilen in der Sekunde aus.

Ich hatte ihm fasziniert zugehört, und als wir das Restaurant verließen, in dem wir gesessen hatten, blickte ich nach oben und hatte ein anderes Gefühl, eine andere Sicht des Lebens. Das ist Bewußtwerden. Entweder Sie nehmen das alles als nüchterne Fakten hin (das ist dann Information), oder Sie haben auf einmal eine andere Sicht des Leben – was sind wir, was ist dieses Universum, was ist das menschliche Leben? Haben Sie dieses Gefühl, so ist es das, was ich mit Bewußtheit meine.

Das Land der Liebe

Würden wir uns wirklich keinen Illusionen mehr darüber hingeben, was die Menschen uns geben oder nehmen können, wären wir wachsam. Tun wir das nicht, hat das schlimme und unausweichliche Folgen: Wir verlieren unsere Fähigkeit zu lieben. Wollen Sie lieben, müssen Sie lernen, wieder zu sehen. Wollen Sie sehen, müssen Sie lernen, Ihre Droge aufzugeben. So einfach ist das. Geben Sie Ihre Abhängigkeit auf. Lösen Sie sich aus den Fangarmen der Gesellschaft, die Ihr Leben umschlingen und ersticken. Befreien Sie sich von diesen Fesseln. Nach außen wird alles so weitergehen wie bisher; wenn Sie auch noch immer in der Welt leben werden, werden Sie kein Teil mehr von ihr sein. In Ihrem Herzen werden Sie nun endlich frei sein, wenn auch ganz und gar allein. Die Abhängigkeit von Ihrer Droge wird sich verlieren. Sie müssen nicht ins Exil gehen; Sie können mitten unter den Menschen sein und ihre Gegenwart genießen. Aber andere besitzen nicht mehr die Macht, Sie glücklich oder unglücklich zu machen. Das heißt Alleinsein. In dieser Abgeschiedenheit verlieren sich Ihre Abhängigkeiten, und Sie gewinnen die Fähigkeit zu lieben. Man betrachtet die anderen nicht mehr als Mittel der Befriedigung seiner eigenen Sucht.

Nur wer dies versucht hat, kennt die Schrecken dieses Prozesses. Es ist, als fordere man sich selbst zum Sterben auf, als verlange man von einem bedauernswerten Drogensüchtigen, auf das einzige Glück zu verzichten, das er je erfahren hat. Wie kann es der Geschmack des Brotes, des Obstes und der reine Duft der Morgenluft, die Frische einer klaren Gebirgsquelle ersetzen? Während er mit Entzugserscheinungen und der Leere kämpft, erfährt er nun, daß die Droge nicht mehr da ist – nichts außer seiner Droge kann diese Leere ausfüllen.

Können Sie sich ein Leben vorstellen, bei dem Sie sich weigern, sich auch nur über ein einziges Wort der Anerkennung zu freuen oder sich an jemand anzulehnen? Stellen Sie sich ein Leben vor, in dem Sie von niemandem gefühlsmäßig abhängen, so daß niemand mehr die Macht hat, Sie glücklich oder verzagt zurückzulassen. Sie weigern sich, einen bestimmten Menschen zu *brauchen*, oder einem anderen Menschen etwas Besonderes zu bedeuten, oder ihn gar Ihr eigen zu nennen.

Die Vögel des Himmels werden ihre Nester und die Füchse ihre Höhle haben, Sie aber werden keinen Platz haben, an dem Sie Ihr Haupt auf der langen Reise des Lebens niederlegen können. Wenn Sie das erreichen, werden Sie endlich wissen, was es bedeutet, eine Sichtweise zu haben, die klar und frei von Furcht oder Verlangen ist. Jedes Wort ist dann wohlüberlegt. *Endlich eine Sichtweise haben, die klar und frei von Furcht oder Verlangen ist.* Sie werden wissen, was es heißt zu lieben. Um aber ins Land der Liebe zu gelangen, müssen Sie die Schmerzen des Todes durchmachen, denn Menschen zu lieben, heißt, das Bedürfnis nach ihnen ersterben zu lassen und ganz allein zu sein.

Wie können Sie jemals soweit kommen? Durch unablässiges Bewußtwerden, durch unendliche Geduld und Mitleid, das Sie einem Drogenabhängigen entgegenbrächten. Dadurch, daß Sie einen Geschmack für die guten Dinge des Lebens entwickeln, um dem Verlangen nach der Droge zu begegnen.

Was sind diese guten Dinge? Die Liebe zur Arbeit, die Sie um ihrer selbst Willen tun; die Liebe zu froher Unterhaltung und Vertrautheit mit Menschen, an die Sie sich nicht anklammern, und von denen Sie mit Ihren Gefühlen nicht abhängen, sondern deren Gesellschaft Sie einfach erfreut. Es hilft auch, wenn Sie etwas mit *ganzem Herzen* machen, Tätigkeiten, die Sie so gerne tun, daß Ihnen dabei Erfolg, Anerkennung und Billigung einfach nicht in den Sinn kommen. Es wird auch helfen, zur Natur zurückzukehren. Halten Sie sich von den Menschenscharen fern, gehen Sie in die Berge, halten Sie mit Bäumen, Blumen, Tieren und Vögeln, mit dem Meer, den Wolken, dem Himmel und den Sternen stille Zwiesprache.

Ich habe Ihnen schon gesagt, daß es eine wichtige geistliche Übung ist, über Dinge staunen zu können, sich der Dinge um einen herum bewußt zu sein. Dann werden sich die Wörter und Begriffe hoffentlich verlieren, Sie werden sehen und den Kontakt zur Wirklichkeit finden. Das ist die Kur gegen Einsamkeit. Gewöhnlich versuchen wir, unsere Einsamkeit dadurch zu heilen, daß wir unsere Gefühle von anderen abhängig machen, daß wir Geselligkeit und Lärm suchen. Das ist keine Heilung. Kehren Sie zu den Dingen zurück, kehren Sie zur Natur zurück, gehen Sie in die Berge. Dann werden Sie erfahren, daß Ihr Herz Sie in die weite Wüste der Abgeschiedenheit gebracht hat, wo niemand mehr an Ihrer Seite ist, absolut niemand.

Zuerst wird Ihnen das unerträglich erscheinen. Aber nur deshalb, weil Sie das Alleinsein nicht gewöhnt sind. Wenn Sie es schaffen, dort eine Weile zu bleiben, wird die Wüste mit einem Mal in Liebe erblühen. Ihr Herz wird von Freude erfüllt sein und singen. Es wird für immer Frühling sein; die Droge wird verbannt sein: Sie sind frei. Dann werden Sie verstehen, was Freiheit ist, was Liebe ist, was Glück ist, was die Wirklichkeit ist, was die Wahrheit ist, was Gott ist. Sie werden sehen, Sie werden mehr erfahren als Begriffe, Voreingenommenheit, Abhängigkeit und an etwas zu hängen. Können Sie das nachvollziehen?

Ich kann Ihnen dazu noch eine nette Geschichte erzählen: Es war einmal ein Mann, der erfand die Kunst

des Feuermachens. Er nahm seine Werkzeuge und wanderte zu einem Stamm im Norden, wo es sehr kalt war, bitterkalt. Dort lehrte er die Menschen, Feuer zu machen. Die Menschen waren auch sehr daran interessiert. Er zeigte ihnen, wozu das Feuer alles gut sein konnte – zum Kochen, zum Sich-Wärmen und anderes mehr. Sie waren sehr dankbar, daß sie die Kunst des Feuermachens gelernt hatten. Doch bevor sie ihm ihren Dank aussprechen konnten, verschwand er. Ihm lag nicht an ihrer Anerkennung oder ihrem Dank; ihm lag an ihrem Wohlergehen.

So ging er zu einem anderen Stamm, dem er wiederum zeigte, wie nützlich seine Erfindung war. Die Menschen dort interessierte das ebensosehr, ein bißchen zu sehr für den Geschmack ihrer Priester, denen nicht verborgen blieb, daß dieser Mann die Scharen auf Kosten ihrer eigenen Beliebtheit anzog. So beschlossen sie, ihn beiseite zu schaffen. Sie vergifteten ihn, kreuzigten ihn, töteten ihn – wie, ist hier nicht weiter wichtig. Doch die Priester bekamen nun Angst, daß sich die Menschen gegen sie wenden würden. Aber die Priester waren sehr schlau, ja gerissen. Können Sie sich vorstellen, was sie taten? Sie fertigten ein Bild des Mannes und stellten es auf den größten Altar des Tempels, die Werkzeuge zum Feuermachen legten Sie vor das Bild. Darauf wurden die Leute angeleitet, das Bild zu verehren und sich vor den Werkzeugen zu verbeugen, was sie auch pflichtbewußt Jahrhunderte hindurch taten. Verehrung und Kult gingen weiter, aber das Feuer gab es nicht mehr.

Wo ist das Feuer? Wo ist die Liebe? Wo ist die Droge, die Ihrem Organismus entzogen wurde? Wo ist die Freiheit? Darum geht es bei Spiritualität. Tragischerweise verlieren wir das leicht aus den Augen, oder nicht? Doch das hat Christus eigentlich gemeint. Wir haben das „Herr, Herr" freilich überbetont, nicht wahr? Wo ist das Feuer? Und wenn Gottesdienst nicht zu Feuer und Anbetung nicht zu Liebe führt, wenn die Liturgie nicht zu einer klaren Wahrnehmung der Wirklichkeit führt, wenn Gott nicht zum Leben führt, für was ist Religion dann gut, außer daß sie noch mehr Trennung, Fanatismus und Feindschaft erzeugt.

Nicht an einem Mangel an Religion im gewöhnlichen Sinn des Wortes leidet die Welt, sondern an einem Mangel an Liebe, einem Mangel an Bewußtheit. Liebe wird durch Bewußtheit geweckt und durch nichts anderes sonst. Lernen Sie die Hindernisse verstehen, die Sie der Liebe, der Freiheit und dem Glück in den Weg legen, und sie werden verschwinden. Zünden Sie das Licht der Bewußtheit an und die Dunkelheit ist gebannt. Glück ist nichts, was sich erwerben läßt; Liebe ist nichts, was sich produzieren läßt; Liebe ist nichts, was Sie haben; Liebe ist etwas, was Sie *hat*. Sie besitzen nicht den Wind, die Sterne und den Regen. Sie besitzen dies alles nicht; Sie geben sich ihnen hin. Hingabe entsteht, wenn Sie sich Ihrer Illusionen bewußt sind, wenn Sie sich Ihres Verlangens und Ihrer Furcht bewußt sind.

Wie ich bereits sagte, ist erstens psychologische Einsicht eine große Hilfe, Analyse jedoch nicht; Analysieren paralysiert. Einsicht ist nicht notwendigerweise Analyse. Einer der großen amerikanischen Psychotherapeuten drückte das sehr treffend aus: „Auf den Aha-Effekt kommt es an." Nur zu analysieren hilft nicht weiter; es liefert nur Information. Wenn Sie es aber zum Aha-Effekt bringen, ist das Einsicht. Das ist Veränderung.

An zweiter Stelle steht das Verständnis Ihrer Sucht. Es ist wichtig und erfordert Zeit. Wieviel Zeit wird doch Andacht und Lobgesang gewidmet, es sollte aber auch Zeit bleiben für die Gewinnung des Selbstverständnisses. Gemeinschaft entsteht nicht durch liturgische Feiern allein. Tief in Ihrem Herzen wissen Sie, so gut wie ich, daß solche Feiern auch dazu dienen können, Meinungsverschiedenheiten zu übertünchen. Gemeinschaft entsteht dadurch, daß wir die Hindernisse erkennen, die wir der Gemeinschaft in den Weg legen; dadurch, daß wir die Konflikte begreifen, die aus unserer Furcht und unserem Verlangen entstehen. Hier entsteht Gemeinschaft. Wir müssen uns immer davor hüten, daß der Gottesdienst zu einer weiteren Ablenkung von der wichtigen Angelegenheit Leben wird. Leben bedeutet nicht, ein Amt in der Regierung zu haben oder ein großer Geschäftsmann zu sein oder spektakuläre Akte der Nächstenliebe zu vollbringen. Leben ist das nicht. Leben ist, alle Hindernisse beiseite gelassen zu haben und den gegenwärtigen Augenblick unverbraucht zu leben. „Die Vögel des Himmels…, sie mühen sich nicht und spinnen nicht" – das ist Leben.

Ich sagte am Anfang, daß die Menschen schlafen, tot sind. Tote in der Regierung, Tote im Wirtschaftsleben, Tote erziehen andere. Werden Sie lebendig! Der Gottesdienst muß genau dazu eine Hilfe sein.

Immer mehr – Sie wissen das so gut wie ich – verlieren wir unsere jungen Menschen. Sie hassen uns; sie sind nicht daran interessiert, noch mehr Furcht und Schuld aufgeladen zu bekommen. Sie sind nicht daran interessiert, sich noch mehr Predigten und Ermahnungen anzuhören. Doch sie sind daran interessiert, etwas über die Liebe zu lernen. Wie kann ich glücklich sein? Wie kann ich leben? Wie kann ich diese herrlichen Dinge entdecken, von denen die Mystiker sprechen? Das alles gehört zum zweiten Punkt: zum Verständnis.

Der dritte: Identifizieren Sie sich mit nichts. Jemand fragte mich vorhin: „Sind Sie denn nie bedrückt?" Und ob ich bedrückt bin. Ich habe oft regelrechte Anfälle von Bedrücktsein, die aber nicht lange anhalten, wirklich nicht. Was mache ich also? Erstens: Ich identifiziere mich nicht damit. Ich spüre, wie mich ein bedrükkendes Gefühl befällt. Anstatt nun aber angespannt und nervös zu werden und mich über mich selbst zu ärgern, erkenne ich, daß ich deprimiert bin, enttäuscht, oder was auch immer.

Zweitens gebe ich zu, dieses Gefühl ist in mir und nicht in jemand anderem, zum Beispiel in dem, der mir nicht geschrieben hat. Es ist also nicht in der äußeren Welt, es ist in mir. Denn solange ich meine, es sei außerhalb von mir, fühle ich mich dazu berechtigt, an meinen Gefühlen festzuhalten. Ich kann nicht behaupten, daß alle auf diese Weise fühlen; tatsächlich fühlen nur Narren so, nur Menschen, die schlafen.

Drittens identifiziere ich mich nicht mit dem Gefühl. Das „Ich" ist nicht dieses Gefühl. „Ich" bin nicht einsam, „Ich" bin nicht deprimiert, „Ich" bin nicht enttäuscht. Enttäuschung ist zwar *da*, aber man beobachtet sie. Sie wären überrascht, wie schnell sie sich auflöst. Alles, dessen Sie sich bewußt sind, verändert sich ständig; Wolken ziehen weiter. Während Sie das tun, kommen Sie zu den verschiedensten Einsichten, warum überhaupt Wolken aufzogen.

Ich habe hier ein schönes Zitat, das ich mir in Gold fassen lassen würde, es ist aus A. S. Neills Buch „Summerhill". Ich muß Ihnen zuerst den Hintergrund erzählen. Vielleicht wissen Sie, daß Neill vierzig Jahre in der Erziehung tätig war. Er entwickelte eine Art Einzelgängerschule, in die er Jungen und Mädchen aufnahm und sie einfach frei sein ließ. Wer Lesen und Schreiben lernen wollte – gut; wer es nicht lernen wollte – auch gut. Jede und jeder kann mit seinem bzw. ihrem Leben alles tun, was er oder sie will, solange nicht die Freiheit von jemand anderem eingeschränkt wird. Vergreifen Sie sich nicht an der Freiheit anderer; im übrigen sind Sie frei.

Neill sagte, daß die Schlimmsten aus Klosterschulen kamen. Das ist natürlich lange her. Etwa sechs Monate dauerte es, um den Ärger und die Ablehnung zu überwinden, die sie unterdrückt hatten. Sie rebellierten volle sechs Monate und bekämpften das System. Am schlimmsten ein Mädchen, die immer ein Fahrrad nahm und in die Stadt fuhr, raus aus der Klasse, raus aus der Schule, raus aus allem. Hatten sie aber einmal ihre Rebellion überwunden, wollten plötzlich alle lernen und protestierten sogar: „Warum haben wir heute keinen Unterricht?" Sie besuchten aber nur die Stunden, für die sie sich interessierten. Sie waren wie umgewandelt. Zuerst hatten die Eltern Angst, ihre Kinder in diese Schule zu schicken und sagten: „Wie können sie erzogen werden, ohne Ordnung zu lernen? Sie müssen angeleitet und geführt werden."

Was war also das Geheimnis von Neills Erfolg? Die schlimmsten Kinder kamen zu ihm, diejenigen, die alle zur Verzweiflung gebracht hatten, doch in sechs Monaten waren sie wie umgewandelt. Hören Sie, was er sagte – außergewöhnliche Worte, heilige Worte: „Jedes Kind hat einen Gott in sich. Unser Bemühen, das Kind zu formen, wird aus dem Gott einen Teufel machen. Die Kinder kommen in meine Schule, kleine Teufel, die die Welt hassen: sie sind destruktiv, haben keine Manieren, sie lügen, sie stehlen, sind unbeherrscht. Nach sechs Monaten sind sie glückliche, gesunde Kinder, die nichts Böses tun."

Erstaunliche Worte eines Mannes, dessen Schule in Großbritannien regelmäßig von Leuten aus dem Erziehungsministerium inspiziert wird, von irgendwelchen Schulleitern oder -leiterinnen oder sonstwem, der sich dafür interessiert. Erstaunlich. Es war sein Charisma. So etwas läßt sich nicht nachmachen, dazu bedarf es einer ganz besonderen Veranlagung. In Vorlesungen vor Schulleitern und -leiterinnen sagte er: „Kommen Sie nach Summerhill, und Sie werden sehen, daß die Bäume voller Früchte hängen; niemand pflückt die

Früchte; niemand strebt danach, die Autorität anzugreifen; sie sind gut ernährt und kennen keine Ablehnung und keinen Ärger. Kommen Sie nach Summerhill, und Sie werden kein behindertes Kind mit einem Spitznamen finden (Sie wissen, wie grausam Kinder sein können, wenn jemand zum Beispiel stottert). Sie werden niemanden finden, der einen Stotterer hänselt, niemals. In diesen Kindern ist keine Gewalttätigkeit, denn niemand gebraucht Gewalt, das ist alles."

Bedenken Sie diese vielsagenden Worte, es sind heilige Worte. In unserer Welt gibt es solche Menschen. Egal, was Gelehrte, Priester und Theologen Ihnen sagen: es gab und gibt noch immer Menschen, die nicht streiten, nicht eifersüchtig sind, keine Konflikte haben, keine Kriege, keine Feindschaften, nichts! Es gibt sie in meinem Land, oder, wie ich mit Bedauern sagen muß, gab es sie dort bis vor relativ kurzer Zeit. Freunde aus meinem Orden versicherten mir, daß sie dort mit Menschen zusammengelebt und -gearbeitet hätten, die nicht fähig waren, zu stehlen oder zu lügen. Eine Ordensschwester erzählte mir, daß die Menschen in Nordostindien, wo sie bei einigen Stämmen arbeitete, niemals etwas verschlossen. Nie gab es Diebstahl oder Lügen – bis die indische Regierung und Missionare auftauchten.

Jedes Kind trägt einen Gott in sich; unser Bemühen, das Kind zu formen, wird aus dem Gott einen Teufel machen. – In dem wunderbaren italienischen Film von Federico Fellini mit dem Titel „8½" kommt eine Szene vor, in der ein Ordensbruder mit einer Gruppe acht- bis zehnjähriger Jungen eine Wanderung oder einen Ausflug machen. Sie sind am Strand, die Jungen laufen voraus, während der Mönch mit dreien oder vieren die Nachhut bildet. Sie begegnen einer älteren Frau, einer Hure, und begrüßen sie: „Hallo", worauf sie auch „Hallo" ruft. Die Jungen fragen sie: „Wer bist du?" Sie antwortet: „Ich bin eine Prostituierte." Sie wissen nicht, was das ist, tun aber so, als wüßten sie es. Einer der Jungen, der anscheinend ein bißchen mehr als die anderen weiß, erklärt: „Eine Prostituierte ist eine Frau, die gewisse Dinge tut, wenn man sie dafür bezahlt." Darauf fragen sie: „Würden Sie diese Dinge tun, wenn wir Sie bezahlen?" „Warum nicht?" Sie sammeln also Geld, geben es ihr und sagen: „Würden Sie nun gewisse Dinge tun, jetzt haben wir Ihnen ja das Geld gegeben?" Darauf antwortet sie: „Klar, Jungs, was soll ich denn tun?" Das einzige, was den Jungen einfällt, ist, daß sie ihre Kleider ausziehen soll, was sie dann auch tut. Sie schauen sie an; noch nie haben sie eine nackte Frau gesehen. Sie wissen nicht, was sie sonst tun sollen, und so fragen sie: „Würden Sie tanzen?" „Klar." Also bilden sie einen Kreis um die Frau, singen und klatschen; die Hure wackelt mit den Hüften, und die Jungen lachen und amüsieren sich. Der Bruder sieht, was sich abspielt, rennt den Strand hinunter und brüllt die Frau an. Sie muß ihre Kleider wieder anziehen, und der Erzähler sagt: „Von diesem Augenblick an waren die Kinder verdorben; bis dahin waren sie unschuldig und schön."

Kein ungewöhnlicher Fall. Ich erinnere mich an einen ziemlich konservativen Missionar in Indien, der eine meiner Arbeitsgruppen besuchte. Als ich dieses Thema zwei Tage lang entwickelte, litt er sichtlich darunter. Am zweiten Abend kam er zu mir und sagte:

Toni, ich kann dir gar nicht sagen, wie sehr ich darunter leide, dir zuzuhören."

„Wieso denn, Stan?"

„Du läßt in mir eine Frage wieder wach werden, die ich seit fünfundzwanzig Jahren unterdrücke, eine ganz schreckliche Frage. Immer wieder frage ich mich: Habe ich meine Leute nicht dadurch verdorben, daß ich Christen aus ihnen gemacht habe?"

Dieser Pater war nicht gerade einer der Liberalsten, er

war ein orthodoxer, ehrfürchtiger, frommer, konservativer Mann. Aber er spürte, daß er glückliche, liebevolle, einfache, arglose Menschen dadurch verdarb, daß er sie zu Christen machte.

Amerikanische Missionare, die mit ihren Frauen auf die Südseeinseln gingen, waren entsetzt, als sie Insulanerinnen mit nackter Brust in die Kirche kommen sahen. Die Frauen der Missionare bestanden darauf, daß die Eingeborenenfrauen anständig gekleidet sein sollten. Also gaben ihnen die Missionare Blusen. Am nächsten Sonntag kamen die Frauen und trugen die Blusen, aber mit zwei großen Löchern auf der Brust, um es luftiger zu haben. Sie hatten recht, die Missionare waren im Unrecht.

Doch wieder zurück zu Neill. Er sagt: „Ich bin kein Genie, ich bin lediglich ein Mann, der sich weigert, die Schritte von Kindern zu lenken." Aber wie verhält es sich dann mit der Erbsünde? Neill sagt, daß jedes Kind einen Gott in sich hat; unsere Versuche, es zu formen, werden aus dem Gott einen Teufel machen. Er läßt die Kinder ihre eigenen Werte bilden, und diese Werte sind ausnahmslos gut und sozial.

Können Sie das glauben? Wenn ein Kind sich geliebt fühlt (das heißt: wenn das Kind fühlt, daß man auf seiner Seite ist), ist es auch in Ordnung. Das Kind erfährt keine Gewalttätigkeit mehr. Keine Furcht, also auch keine Gewalttätigkeit. Das Kind beginnt, andere so zu behandeln, wie es selbst behandelt wird.

Dieses Buch ist wirklich lesenswert! Es kehrte mein Leben und meine Art, mit Menschen umzugehen, völlig um. Ich begann, Wunder zu sehen. Ich begann, die Unzufriedenheit mit mir selbst, die in mir verwurzelt war, zu erkennen, das Wettbewerbsdenken, die Vergleiche, dieses Das-ist-nicht-gut-Genug usw. Sie könnten dagegenhalten, daß ich nie das geworden wäre, was ich heute bin, wenn ich nicht durch andere dazu gebracht worden wäre. Hatte ich diesen Zwang wirklich nötig? Und überhaupt, wer möchte schon das sein, was ich bin? Ich möchte glücklich sein, ich möchte heilig sein, ich möchte liebevoll sein, ich möchte friedlich sein, ich möchte frei sein, ich möchte menschlich sein.

Wissen Sie, woher Kriege kommen? Sie kommen daher, daß innere Konflikte nach außen projiziert werden. Zeigen Sie mir den Menschen, der keinen inneren Konflikt kennt, und ich zeige Ihnen den Menschen, der keine Gewalttätigkeit kennt. Er wird wirksame, ja sogar harte Tatkraft kennen, doch keinen Haß. Wenn er handelt, dann so wie ein Chirurg, wie liebevolle Lehrer mit geistig behinderten Kindern. Sie machen den Kindern keine Vorwürfe, sondern sie verstehen und handeln. Wenn Sie indessen handeln, während Haß und Gewalttätigkeit noch in Ihnen stecken, so unterstützen Sie den Irrtum. Sie versuchen, das Feuer mit Feuer zu löschen. Sie wollen eine Flut mit Wasser eindämmen.

Wenn Sie Bewußtheit erlangt haben, sind Sie nicht gewalttätig oder ängstlich. Sie zwingen sich zu nichts mehr, Sie verstehen. Ernähren Sie sich gesund, mit guter, natürlicher Nahrung. Dabei meine ich nicht bloß reales Essen, ich spreche von Sonnenuntergängen, von der Natur, von einem guten Film, von einem guten Buch, von Arbeit, die Spaß macht, und von guter Gesellschaft. Hoffentlich werden Sie sich dann von Ihren Abhängigkeiten trennen und sich zu diesen anderen Gefühlen hinwenden.

Was für ein Gefühl erfüllt Sie, wenn Sie die Natur erleben, oder wenn Sie in Arbeit vertieft sind, die Sie lieben? Oder wenn Sie wirklich mit jemand, dessen Gesellschaft Sie lieben, offen und vertraut sprechen, ohne sich anzuklammern? Was für Gefühle haben Sie da? Vergleichen Sie diese Gefühle mit denen, die Sie erfüllen, wenn Sie einen Streit oder ein Rennen gewinnen, wenn Sie geschätzt werden, oder wenn man Ihnen applaudiert.

Diese letztgenannten Gefühle nenne ich weltliche Gefühle; die ersten seelische Gefühle. Viele Menschen gewinnen die Welt und verlieren ihre Seele. Viele Menschen leben ein leeres und seelenloses Leben, weil sie sich selbst von Ansehen, Geltung und Lob ernähren, von „Ich bin in Ordnung, du bist in Ordnung", seht mich an, beachtet mich, unterstützt mich, schätzt mich, von: der Chef sein, Macht haben, den Konkurrenzkampf gewinnen.

Ernähren auch Sie sich davon? Wenn Sie das tun, sind Sie tot. Sie haben Ihre Seele verloren. Ernähren Sie sich von anderem, Nahrhafterem. Dann werden Sie die Umwandlung erfahren. – Ich habe Ihnen nun ein ganzes Lebensprogramm angeboten, nicht wahr?

Weitere Bücher von Anthony de Mello

Warum der Vogel singt
Geschichten für das richtige Leben
9. Auflage, 120 Seiten, Paperback
ISBN 3-451-20046-5

„Einübung ins Staunen und Ermutigung dazu, als Mensch zu leben." *(Deutsches Pfarrblatt)*

„Aus diesen Geschichten spricht die Weisheit der Fröhlichen, der Gläubigen. Ein Buch, das Mut macht."
(Weltbild)

Eine Minute Weisheit
4. Auflage, 120 Seiten, Paperback
ISBN 3-451-20649-8

„Die kurzen, zum Teil sehr tiefgründigen Erzählungen enthalten die Weisheit vieler Völker, vieler Jahrhunderte und verschiedener Religionen. Um sie zu verstehen, braucht es ein schlichtes, offenes Herz und einen einfachen Sinn. Dann aber sind sie imstande, unserem Leben Tiefe und Weite zu geben und jede krankmachende Enge zu sprengen." *(Zeit im Buch)*

Daß ich sehe
Meditationen des Lebens
4. Auflage 1990, 92 Seiten, Paperback
ISBN 3-451-20254-9

Ein Meditationskurs von starker Konkretion und Eindringlichkeit – zumeist von einem Schriftwort ausgehend. Von dort her wird die Lebenssituation des Menschen heute beleuchtet.

Verlag Herder Freiburg · Basel · Wien

Weisheit mit Witz

Anthony de Mello
Wer bringt das Pferd zum Fliegen?
Weisheitsgeschichten
176 Seiten, gebunden
ISBN 3-451-21492-X

„Ohne dem Ernst hinter den großen Worten je auszuweichen, greift de Mello immer wieder mit Kreativität in den unerschöpflichen Schatz seiner Weisheitsgeschichten. Die Frage nach dem Sinn des Lebens muß sich jeder selbst stellen und beantworten, doch kann der Blick auf das Komische des Lebens dabei nur dienlich sein."
(Sendbote)

Anthony de Mello
Warum der Schäfer jedes Wetter liebt
Weisheitsgeschichten
4. Auflage, 192 Seiten, gebunden
ISBN 3-451-21184-X

„Das Buch ist ein ,Schatzkästlein'; ein liebenswerter Spiegel menschlicher Eitelkeit und Schwäche! Beides, Eitelkeit und Schwäche, gehört zum Leben – sie zu erkennen, ist schon ein Schritt zur Selbsterkenntnis. Sie lächelnd mit Humor zu ertragen, zu bejahen, ist Weisheit. Es ist eine Freude, in dem Buch zu lesen, zu schmunzeln und es auch zu verschenken."

(Korrespondenzblatt)

Verlag Herder Freiburg · Basel · Wien

Elfi H. M. Gilissen

CITY|TRIP
SYDNEY

Nicht verpassen!

1 George Street [E2]
2 und Museum of Contemporary Art [E2]
Entlang der Hauptstraße von The Rocks, dem Altstadtviertel, lässt sich erahnen, wie es zu Zeiten der Strafgefangenenkolonie in Sydney aussah. Zudem befindet sich hier das Museum of Contemporary Art, das moderne australische Kunst und Aborigine-Kunst bietet (s. S. 53 und S. 55).

6 Sydney Harbour Bridge [F1]
Der „Kleiderbügel" fehlt in keiner Fotosammlung von Sydney. Wenn man keine Höhenangst hat, bietet sich beim Aufstieg auf die Brücke ein spektakulärer Ausblick (s. S. 57).

10 Sydney Opera House [F1]
Das Symbol für Sydney ist ein architektonisches Meisterwerk vor atemberaubender Kulisse und bietet Veranstaltungen von Theater über Oper bis zu Rock und Pop (s. S. 60).

16 Martin Place [F3]
Hier finden sich rund um das charmante Gebäude der ehemaligen Hauptpost Beispiele opulenter kolonialer und moderner Architektur und ein interessantes Banknotenmuseum (s. S. 66).

19 Queen Victoria Building [E4]
Die Königin unter den Einkaufszentren bietet vier Stockwerke mit alten Buntglas- und halbrunden Art-déco-Fenstern sowie gusseisernen Balustraden (s. S. 69).

25 Hyde Park Barracks [F4]
In einem der bedeutendsten Beispiele für georgianische Architektur informiert ein ausgezeichnetes Museum über die Geschichte der Strafgefangenen, die Rolle der Aborigine-Polizisten, Schicksale weiblicher Strafgefangener und die Leistung des Kolonialarchitekten Francis Greenway (s. S. 72).

42 Oxford Street und Paddington Markets [I7]
Die Straße für australische Mode und Kunst ist immer einen Bummel wert. Ein echtes Highlight sind die Paddington Markets am Sonntag, die einen Einblick in die australische Modedesignerszene, aber auch Kunsthandwerkschnäppchen bieten (s. S. 83).

48 Bondi Beach [III]
Am Bondi Beach mit seinem berühmten Rettungsschwimmklub, den Meeresfreibädern und den vielen Surfern erlebt man typisch australische Beachkultur (s. S. 88).

Leichte Orientierung mit dem cleveren Nummernsystem
Die Sehenswürdigkeiten der Stadt sind zum schnellen Auffinden mit **fortlaufenden Nummern** versehen. Diese verweisen auf die ausführliche Beschreibung **im Kapitel „Sydney entdecken"** und zeigen auch die genaue Lage **im Stadtplan**.

CITY|TRIP
SYDNEY

Inhalt

Benutzungshinweise	5
Impressum	6

Auf ins Vergnügen — 7

Ein Wochenende Sydney	8
Zur richtigen Zeit am richtigen Ort	14
Sydney für Citybummler	17
Sydney für Kauflustige	19
Sydney für Genießer	24
Sydney am Abend	33
Sydney für Kunst- und Museumsfreunde	37
Sydney zum Träumen und Entspannen	40

Am Puls der Stadt — 41

Das Antlitz der Metropole	42
Von den Anfängen bis zur Gegenwart	44
Leben in der Stadt	47
Barangaroo – das neueste Megaprojekt	49

Sydney entdecken — 51

Downtown Sydney — 52
The Rocks

❶ George Street ★★★	53
❷ Museum of Contemporary Art (MCA) ★★★	55
❸ Sydney Observatory ★★	55
❹ Garrison Church und Argyle Cut ★	55
❺ Campbell's Cove und Dawes Point Park ★★★	56
❻ Sydney Harbour Bridge ★★★	57

Central Business District

❼ Circular Quay ★★★	58
❽ Customs House ★★	59
❾ Justice & Police Museum ★	60
❿ Sydney Opera House ★★★	60
⓫ Royal Botanic Gardens ★★	62
⓬ Government House und Conservatorium of Music ★	63
⓭ Mitchell Library und State Library ★★	64
⓮ Parliament House ★	65
⓯ Sydney Hospital und The Mint ★	65
⓰ Martin Place ★★★	66
⓱ Pitt Street Mall ★★★	67
⓲ Sydney Tower Eye ★★	68
⓳ Queen Victoria Building (QVB) ★★★	69
⓴ Town Hall ★	70
㉑ Hyde Park und ANZAC Memorial ★★	70
㉒ Australian Museum ★★★	71
㉓ St Mary's Cathedral ★★★	71
㉔ St James' Church und Supreme Court ★★	72
㉕ Hyde Park Barracks ★★★	72
㉖ Art Gallery of NSW und Yiribana Gallery ★★★	72

Chinatown und Darling Harbour

㉗ Central Railway Station ★★	73
㉘ Chinatown ★★	73
㉙ Chinese Garden of Friendship ★★★	74

(30) Powerhouse Museum ★ 75
(31) Cockle Bay ★★★ 75
(32) Pyrmont Bridge ★★ 76
(33) Sydney Aquarium ★★★ 76
(34) Wild Life Sydney ★ 77
(35) Australian National Maritime Museum ★★ 77

Entdeckungen außerhalb des Zentrums 78

Inner East
(36) Elizabeth Bay House ★★ 79
(37) Kings Cross ★ 79
(38) Victoria Street ★★★ 80
(39) Golden Mile ★★ 81
(40) Darlinghurst Courthouse und Darlinghurst Gaol ★★ 82
(41) Victoria Barracks ★ 83
(42) Oxford Street und Paddington Markets ★★★ 83
(43) Rund um die Paddington Town Hall ★ 84
(44) Australian Centre for Photography ★★ 85

Glebe
(45) Sydney University ★★ 85
(46) Glebe Point Road ★★★ 86
(47) Historisches Glebe ★★ 86

Bondi Beach und weiter südlich
(48) Bondi Beach ★★★ 88
(49) Tamarama Beach ★ 91
(50) Bronte Beach ★★ 92
(51) Waverley Cemetery ★★ 92
(52) Clovelly Beach ★ 92
(53) Coogee Beach ★★★ 93

Manly
(54) Manly Art Gallery & Museum ★ 95
(55) Manly Beach ★★★ 95

Praktische Reisetipps 97

An- und Rückreise 98
Barrierefreies Reisen 100
Diplomatische Vertretungen 100
Ein- und Ausreisebestimmungen 101
Elektrizität 103
Geldfragen 103
Informationsquellen 106
Internet und Internetcafés 108
Medizinische Versorgung 108
Mit Kindern unterwegs 109
Notfälle 110
Post 112
Schwule und Lesben 112
Sicherheit 113
Sport und Erholung 114
Sprache 116
Stadttouren 116
Telefonieren 117
Uhrzeit 118
Unterkunft 118
Verkehrsmittel 123
Versicherungen 125
Wetter und Reisezeit 126

Anhang 127

Kleine Sprachhilfe 128
Register 135
Die Autorin 139
Liste der Karteneinträge 140

Exkurse zwischendurch

Kuriose Details über Sydney 13
Gesetzliche Feiertage in NSW 16
Smoker's Guide. 26
Die Aborigines 48
Hoch mit der Regenbogenflagge . . . 81
Faszinierend anders: Meeresfreibäder. 90
Manly Ferry 94
Einfuhr verboten! 102
Sydney preiswert 105
Meine Literaturtipps 107
Verhalten bei Bissen und Stichen 111

Benutzungshinweise

City-Faltplan

Die im Buch beschriebenen Örtlichkeiten wie Sehenswürdigkeiten, Restaurants, Hotels, Cafés usw. sind im Kartenmaterial mit Symbol und Nummer eingetragen.

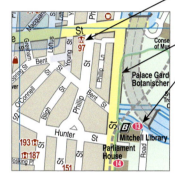

Abkürzungen

> Av = Avenue
> NSW = New South Wales (der Bundesstaat, in dem sich Sydney befindet)
> Pde = Parade (Boulevard)
> Pl = Place (Platz)
> Rd = Road (Straße)
> Sq = Square (Platz)
> St = Street (Straße)
> Ln = Lane (Gasse)

Bewertung der Sehenswürdigkeiten

★★★ auf keinen Fall verpassen
★★ besonders sehenswert
★ wichtige Sehenswürdigkeit für speziell interessierte Besucher

Orientierungssystem

Zur schnelleren Orientierung tragen alle Hauptsehenswürdigkeiten und Lokalitäten sowohl im Text als auch im Kartenmaterial die gleiche Nummer:

🏨 97 Mit Symbol und fortlaufender Nummer werden die sonstigen Lokalitäten wie Cafés, Geschäfte, Hotels, Infostellen usw. gekennzeichnet.
> Die farbige Linie markiert den Verlauf des Stadtspaziergangs (s. S. 10).
⓭ Mit einer fortlaufenden magentafarbenen Nummer sind die Hauptsehenswürdigkeiten gekennzeichnet. Steht die Nummer im Fließtext, verweist sie auf die Beschreibung dieser Sehenswürdigkeit im Kapitel „Sydney entdecken".
[F3] In eckigen Klammern steht das Planquadrat im Kartenmaterial, in diesem Beispiel Planquadrat F3.

Ortsmarken ohne Angabe des Planquadrats liegen außerhalb des Kartenmaterials. Sie können aber wie alle Örtlichkeiten in unseren speziell aufbereiteten Luftbildkarten auf der Produktseite dieses Buches unter www.reise-know-how.de lokalisiert werden.

Bildnachweis

Die Kürzel an den Abbildungen stehen für folgende Fotografen. Wir bedanken uns für die freundliche Abdruckgenehmigung.

Titelbild
und Seite 2   Barbara Bossinger
eg   Elfi H. M. Gilissen
               (die Autorin)

Impressum

Elfi H. M. Gilissen

CityTrip Sydney

erschienen im
REISE KNOW-HOW Verlag Peter Rump GmbH,
Osnabrücker Str. 79, 33649 Bielefeld

© Peter Rump
1. Auflage 2012

Alle Rechte vorbehalten.

ISBN 978-3-8317-2108-5
PRINTED IN GERMANY

Dieses Buch ist erhältlich in jeder Buchhandlung Deutschlands, der Schweiz, Österreichs, Belgiens und der Niederlande. Bitte informieren Sie Ihren Buchhändler über folgende Bezugsadressen:
Deutschland: Prolit GmbH, Postfach 9, D-35461 Fernwald (Annerod) sowie alle Barsortimente
Schweiz: AVA Verlagsauslieferung AG, Postfach 27, CH-8910 Affoltern
Österreich: Mohr Morawa Buchvertrieb GmbH, Sulzengasse 2, A-1230 Wien
Niederlande, Belgien: Willems Adventure, www.willemsadventure.nl

Wer im Buchhandel kein Glück hat, bekommt unsere Bücher auch über unseren Büchershop im Internet:
www.reise-know-how.de

Herausgeber: Klaus Werner
Lektorat: amundo media GmbH
Layout: Günter Pawlak (Umschlag), Anna Medvedev (Inhalt)
Karten: Ingenieurbüro B. Spachmüller, amundo media GmbH
Druck und Bindung: Himmer AG, Augsburg
Fotos: siehe Bildnachweis S. 5
Anzeigenvertrieb: KV Kommunalverlag GmbH & Co. KG, Alte Landstraße 23, 85521 Ottobrunn, Tel. 089 928096-0, info@kommunal-verlag.de

Alle Informationen in diesem Buch sind von der Autorin mit größter Sorgfalt gesammelt und vom Lektorat des Verlages gewissenhaft bearbeitet und überprüft worden. Da inhaltliche und sachliche Fehler nicht ausgeschlossen werden können, erklärt der Verlag, dass alle Angaben im Sinne der Produkthaftung ohne Garantie erfolgen und dass Verlag wie Autorin keinerlei Verantwortung und Haftung für inhaltliche und sachliche Fehler übernehmen.
Die Nennung von Firmen und ihren Produkten und ihre Reihenfolge sind als Beispiel ohne Wertung gegenüber anderen anzusehen.
Qualitäts- und Quantitätsangaben sind rein subjektive Einschätzungen der Autorin und dienen keinesfalls der Bewerbung von Firmen oder Produkten.
Wir freuen uns über Kritik, Kommentare und Verbesserungsvorschläge:
info@reise-know-how.de

Latest News
Unter www.reise-know-how.de werden regelmäßig aktuelle Ergänzungen und Änderungen der Autoren und Leser zum vorliegenden Buch bereitgestellt.
Sie sind auf der Produktseite dieses CityTrip-Titels abrufbar.

Auf ins Vergnügen

Auf ins Vergnügen
Ein Wochenende Sydney

Moderne architektonische Meisterwerke, renovierte Altbauten aus der Zeit, als Sydney Strafgefangenenkolonie war, eine quirlige Gastronomieszene, perfekte Gegebenheiten für einen Strand- oder Segelurlaub, erste Adresse für australische Modelabels und ganz allgemein einer der besten Orte für Musikliebhaber und Nachtschwärmer: Sydney ist die australische Metropole schlechthin.

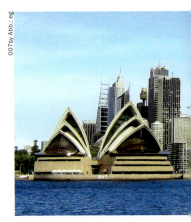

Ein Wochenende Sydney

Für nur ein Wochenende in Sydney nimmt man vermutlich kaum den langen Flug von Europa nach Australien auf sich, aber dennoch kann man an einem verlängerten Wochenende die Essenz der Stadt hautnah erleben. Die folgenden Sightseeingtipps vermitteln das relaxte Gefühl der australischen Beachkultur, enthalten einen kontrastreichen Streifzug durch Downtown Sydney und bieten tiefe Einblicke in das historische Erbe der Stadt.

Da man bei der Ankunft in Sydney nach dem langen Flug vermutlich an **Jetlag** leidet, macht es Sinn, den ersten Tag nicht in der quirligen Stadt zu verbringen, sondern sich stattdessen ein wenig Erholung und australisches **Beachflair** zu gönnen. Wer sich aber doch lieber gleich an die **Entdeckung Sydneys** machen will, kann mit dem zweiten, hier beschriebenen Tag (s. S. 10) starten und sich die Beachkultur für den zweiten oder dritten Tag aufsparen.

Erster Tag: Die Welt der australischen Beachkultur

Frische Luft und natürliches Licht, das ist das beste Rezept gegen Jetlag! Spazieren Sie los! Gewappnet mit einer Schicht Sonnencreme, einer Kopfbedeckung, einer Sonnenbrille und bei sommerlichen Temperaturen auch Schwimmsachen geht es nach dem Hotelfrühstück per Taxi nach **Bondi Beach** ❽. Wer morgens nicht allzu hungrig ist, kann in Bondi Beach im **Crabbe Hole** (s. S. 31) frühstücken, das im Meeresfreibad des wohl traditionsreichsten Rettungsschwimmerklubs Australiens untergebracht ist: den **Bondi Icebergs** (s. S. 89). Ungewöhnlich ist schon allein die Lage des Pools, der sich direkt am Klippenrand befindet und an dessen Außenwänden je nach Seegang die Gischt hochspritzt.

▶ *Sydneys Opernhaus* ❿
von North Sydney aus betrachtet

◀ *Vorseite: Pause an der Blackwattle Bay mit Blick auf die ANZAC Bridge und Sydneys Wolkenkratzer*

Auf ins Vergnügen
Ein Wochenende Sydney

Vom Rettungsschwimmerklub aus bietet sich ein atemberaubender Blick auf die sichelförmige Bucht des **Surf- und Badestrandes** von Bondi Beach. Natur- und Wanderfreunden wird es beim Anblick des populären Klippenpfads entlang der Küste mit Sicherheit gleich warm ums Herz. Von hier kann man einen beliebig langen Spaziergang entlang dem mit Surf- und Badesträndern gespickten Küstenpfad bis nach **Bronte Beach** 50 mit seinem ebenfalls attraktiven Meeresfreibad unternehmen.

Wer Lust hat, noch weiter zu wandern, sollte den spektakulär am Meer gelegenen **Waverley Cemetery** 51 auf der Holzpromenade umrunden und die wunderlich einbetonierte Strandschneise am **Clovelly Beach** 52 in Augenschein nehmen, um dann weiter nach **Coogee Beach** 53 mit seinen vielen besonderen Meeresfreibädern zu spazieren. Mindestens die preisgekrönt restaurierten **Wylie's Baths** (s. S. 93) sollte man sich von innen ansehen. Zum Abschluss des Tages kann man im Restaurant des **Coogee Bay Hotel** (s. S. 119) einkehren. Mit dem Taxi ist man schnell wieder in Sydney oder in Bondi Beach (mit dem Bus ist es zu umständlich).

Weniger wanderfreudige Besucher schlendern von den Bondi Icebergs hinunter zum **Strand von Bondi Beach**. In der Meeresbucht am südlichen Ende tummeln sich an windigen Tagen Surfer und Kitesurfer. In den Sommermonaten ist der Strand besonders am Wochenende voll mit Sonnenbadenden in fröhlicher Badekleidung. Mehr über die Geschichte von Bondi Beach erfährt man anhand von Schwarz-Weiß-Fotografien, die in der Eingangshalle des **Bondi Pavilion** (s. S. 89) ausgestellt sind. Das in der Mitte der Bucht gelegene Badehaus aus den 1920er-Jahren wird heute für Kursangebote, kulturelle Veranstaltungen und Kunstausstellungen genutzt.

Bei schönem Wetter empfiehlt es sich, eine Zeit am Strand zu verweilen und dem bunten Treiben zuzuschauen. Wer seine Schwimmsachen zur Hand hat, kann unter den wachsamen Augen der Rettungsschwimmer zwischen den gelb-roten Fahnen in der Bucht eine Runde schwimmen.

Auf ins Vergnügen
Ein Wochenende Sydney

Zur Mittagszeit sollte man auf der parallel zur Bucht verlaufenden **Campbell Pde** an den Geschäften und Cafés entlangflanieren und sich hier oder in der abzweigenden Hall St ein Café oder Restaurant nach seinem Geschmack aussuchen. Empfehlenswert ist z. B. der **Gertrude & Alice Cafe Bookstore** (s.S. 31) in der Hall St, wo man umgeben von rund 25.000 Secondhandbüchern einen guten biologischen Tee, schmackhaften Kaffee oder andere Getränke genießen und dazu etwas von der preisgünstigen, aber interessanten Speisekarte wählen kann.

Wenn einen der Jetlag noch nicht eingeholt hat, man aber so langsam müde Füße bekommt, dann kann man eine **Rundfahrt mit dem Doppeldeckerbus** auf der Bondi & Bays Explorer Route unternehmen (s.S. 19). Man steigt am Bondi Beach Terminal oder in North Bondi ein und genießt die Fahrt in Richtung Stadt entlang Vaucluse, Rose Bay, Double Bay und Kings Cross ❸. In jedem Fall sollte man oben an der frischen Luft Platz nehmen (Kopfbedeckung nicht vergessen)! So kann man die besten Fotos machen und wird nicht zu müde. Wer noch Energie hat, kann in **Chinatown** ❷ aussteigen. Die Fußgängerzone **Dixon St** [E5] markiert das Herzstück des Viertels, in dem nach wie vor die Mehrheit der in Sydney lebenden Chinesen wohnt und arbeitet. Am Abend kann man hier hervorragend authentisch chinesisch (oder anders asiatisch) essen gehen.

Zweiter Tag: Spaziergang durch das historische Sydney

Frisch und munter geht es direkt nach dem Hotelfrühstück zum restaurierten Altstadtviertel **The Rocks** (s.S. 52). Hier liegen die Wurzeln Australiens, denn hier wurde 1788 die erste Strafgefangenenkolonie auf dem Kontinent gegründet. Vom **Circular Quay** ❼ aus kann man gemütlich am Ufer entlang in Richtung Sydney Harbour Bridge ❻ schlendern. Das erste Gebäude im Art-déco-Stil ist das **Museum of Contemporary Art (MCA)** ❷, in dem es eine hervorragende Sammlung zeitgenössischer australischer Kunst gibt. Besonders hervorzuheben ist der Neubauflügel des Museums, in dem die umfangreiche Sammlung von Aboriginekunst bestens zur Geltung kommt. Von der George St, der Lebensader von The Rocks, taucht man schräg gegenüber dem Museum in die sehr schmale Gasse **Suez Canal** ein, wo im 19.

Auf ins Vergnügen
Ein Wochenende Sydney

Routenverlauf im Stadtplan
Der hier beschriebene Spaziergang ist mit einer farbigen Linie im Stadtplan eingezeichnet.

Jahrhundert die Prostituierten und Gauner herumlungerten. Heute findet man hier Informationstafeln und lebensgroße Scherenschnitte von einigen dieser „illustren" Figuren.

Am Ende der Gasse geht man rechts in die Harrington St und weiter nach links durch die Argyle St, die ca. 7 Meter tief in den Sandstein von The Rocks gehauen wurde. Dieser sogenannte **Argyle Cut** ❹ wird heute von einer Brücke überspannt. Läuft man weiter in Richtung des Viertels Millers Point, trifft man auf zwei der ältesten Kneipen der Stadt, die beide einen Besuch wert sind: das **Lord Nelson Brewery Hotel** (s. S. 30) am Ende der Argyle St und das **Hero of Waterloo** (s. S. 30) in der Lower Fort St.

Der Weg führt nun durch die Lower Fort St zurück bis zur Holy Trinity Anglican Church, die schlicht **Garrison Church** ❹ genannt wird, da viele Angehörige des Militärs hier die Gottesdienste besuchten. Hinter der Kirche links kommt man wieder zum Argyle Cut. Über einen **Treppenaufgang** erreicht man die Cumberland St und den **Gloucester Walk** [E2]. Folgt man Letzterem bergab, kommt man zum Restaurant Belmondo und gelangt direkt daneben über einige Stiegen in die Playfair St mitten in The Rocks. Über die Mill Ln erreicht man die parallel zur Playfair St verlaufende Kendall Ln, wo sich das **The Rocks Discovery Museum** (s. S. 39) befindet, das sich mit der Geschichte des Stadtviertels beschäftigt. Am Ende der Straße erreicht man nach links über die Argyle St wieder die George St, wo sich auf der gegenüberliegenden Straßenseite das **Cadman's Cottage** (s. S. 38) unter einigen Bäumen versteckt. Es gehört zu den ältesten erhaltenen Gebäuden von The Rocks. Freitags, samstags und sonntags kann man an der George St auf den **The Rocks Markets** (s. S. 53) Kunsthandwerk kaufen. In der Straße sind außerdem die Galerien einiger bekannter australischen Künstler und das hervorragende **Craft NSW** (s. S. 39), eine Galerie der Kunsthandwerkgilde von NSW, ansässig.

Hinter dem Craft NSW trifft man auf die Hickson Rd, die direkt zu den ehemaligen Lager- und Packhäusern am **Campbell's Cove** ❺ führt. Von hier aus hat man einen ausgezeichneten Blick auf die beiden Wahrzeichen von Sydney: die **Sydney Harbour Bridge** ❻, auf der mehrmals täglich grau gekleidete Touristengruppen über die anmutige Stahlkonstruktion wandern, und das berühmte Sydney Opera House mit seiner erstaunlichen Dachkonstruktion.

Wandert man entlang der Bucht langsam zurück zum Circular Quay ❼ und weiter in Richtung Opernhaus gibt es en route eine Vielzahl von Restaurants und Bars, die sich für eine Mittagsmahlzeit eignen. So könnte man sich z. B. einen edlen Gaumenschmaus im renommierten Restaurant **Quay** (s. S. 28) gönnen, wo nicht nur das Essen, sondern auch die Aussicht auf Sydney Harbour fabelhaft

◀ *Die Sydney Harbour Bridge* ❻ *bietet auch nachts einen imposanten Anblick*

Ein Wochenende Sydney

ist. Alternativ kann man im Cafe Sydney (s. S. 59) im **Customs House** ❽ einkehren, wo es auch deutschsprachige Zeitungen gibt.

Frisch gestärkt flaniert man nun bis zum **Sydney Opera House** ❿, um das architektonische Meisterwerk des dänischen Architekten Jørn Utzon näher in Augenschein zu nehmen. Idealerweise hat man im Vorfeld für diesen Tag den Besuch eines Konzertes o. Ä. gebucht, um sich das Gebäude so auch von innen ansehen zu können. Es sind jedoch auch Führungen möglich.

Nach all den gesammelten Eindrücken kommt man in den **Royal Botanic Gardens** ⓫, die an das Opera House anschließen, wieder zur Ruhe. Mitten im Park kann man die unzähligen Flughunde in der Nähe des Palm Grove Centre (ausgeschildert) bestaunen, die dort kopfüber von den Bäumen hängen oder gerade kreischend ihre Fledermausflügel für einen kleinen Rundflug gespreizt haben. Wer eine Pause braucht, kann sich zum Entspannen auf dem Gras niederlassen und den Blick auf die Skyline oder Sydney Harbour bestaunen. Auf der Anhöhe im Park befindet sich gegenüber dem Sydney Opera House das **Government House** ⓬, das als Residenz und Regierungssitz des Gouverneurs von New South Wales diente und heute nur noch für repräsentative Anlässe genutzt wird.

Man verlässt den Botanischen Garten am besten durch das Palace Garden Gate (ausgeschildert), das zur Macquarie St [F3] führt. Auf dieser Straße stößt man in Richtung Hyde Park auf eine ganze Reihe von Prachtbauten aus der Glanzzeit Sydneys: die **State Library** mit der **Mitchell Library** ⓭, das **Parliament House** ⓮, das **Sydney Hospital** und **The Mint** ⓯, die **Hyde Park Barracks** ㉕, das **Department of Lands** (1 Prince Albert St [F4]) und das auffallende Duo **St James' Church** und **NSW Supreme Court** ㉔. Man sollte unterwegs mindestens einen Blick in das Foyer der Mitchell Library werfen und bei Interesse an Büchern zum Thema Australien seine Nase in den Buchladen der State Library stecken. Ein Besuch der Hyde Park Barracks lohnt sich ebenfalls.

Am Ende der Prachtstraße Macquarie St liegt der schöne **Hyde Park** ㉑ mit seinem fotogenen Archibald-Brunnen und der katholischen **St Mary's Cathedral** ㉓, dem größten Sandsteingebäude Australiens, im Hintergrund.

Zum Abschluss des Tages kann man per **CityRail** vom St-James-Bahnhof im Hyde Park in Richtung Bondi Junction zum Kings-Cross-Bahnhof fahren und in einem der vielen Restaurants von Kings Cross ㉛, Potts Point [H4] oder Darlinghurst [G5] zu Abend essen. Wer sich nach einem authentischen italienischen Mahl sehnt, ist bei **A Tavola** (s. S. 27) bestens aufgehoben. Mit gefülltem Magen kann man sich anschließend ins Nachtleben des berühmt-berüchtigten Kings Cross oder in die **Gay-Szene** von Darlinghurst stürzen, wo die Nacht gern zum Tag gemacht wird.

Dritter Tag: Harbour Cruise und Shopping Downtown

Direkt nach dem Hotelfrühstück geht es zum Fährterminal Circular Quay ❼, wo man zu einer Hafenrundfahrt nach **Watson's Bay** (s. S. 40) startet. Dort muss man nicht einmal aussteigen, sondern kann auf der Rundfahrt einfach nur die Aussicht genießen. Vielleicht hat man das

Kuriose Details über Sydney

> Die „**Nonnenhaube**" („*Nun's Scrum*") wird das Sydney Opera House ⑩ genannt, ein Apartmentgebäude am Circular Quay East kennt man als „**Toaster**" und die Sydney Harbour Bridge ⑥ ist schlicht der „**Kleiderbügel**" („*Coat Hanger*").

> **4,5 Mio. Sydneysider** verteilen sich auf großzügige **12.444 km² Fläche**, von der aber nur ca. 4000 km² bewohnt sind, der Rest ist Buschland. Im Vergleich dazu leben 3,9 Mio. Berliner auf nur 891 km² und 8,2 Mio. New Yorker auf ca. 790 km² Fläche.

> Laut „*The Independent*" ist Sydney bezüglich der **Lebensqualität** nach San Francisco die **zweitbeste Stadt der Welt für Schwule und Lesben**.

> **Australian Football** wurde in Victoria erfunden und in New South Wales nicht beachtet, bis man 1981 den finanzschwachen South Melbourne Club nach Sydney verpflanzte und ihn in Sydney Swans umbenannte, um die Sydneysider, die traditionell nur für Rugby schwärmen, für „Aussie Rules" (s. S. 115) zu begeistern. Die Rechnung ging auf und die Sydneysider stehen zunehmend hinter ihrem Klub.

> Sydney ist die **größte der australischen Bundeshauptstädte** und liegt weit von den anderen entfernt: Es sind 881 km bis Melbourne in Victoria, 938 km bis Brisbane in Queensland, 1170 km bis Hobart in Tasmania, 1406 km bis Adelaide in South Australia und 3970 km bis Perth in Western Australia.

> **Baristas** haben in Sydney Starpotenzial, denn sie sind mitverantwortlich für das Kreieren der perfekten Tasse Kaffee. Im „Sydney Morning Herald Good Cafe Guide" wird seit einigen Jahren die konkrete Kaffeemarke genannt, die in den dort aufgeführten Cafés aufgebrüht wird.

Glück, Delfine zu sichten, für die die Fährkapitäne unterwegs gerne kurz anhalten.

Zurück am Circular Quay nimmt man gleich noch eine Fähre, und zwar nach **Pyrmont Bay**. Von der Anlegestelle flaniert man am **Australian National Maritime Museum** ㉟ vorbei und weiter rund um die Cockle Bay oder aber über die Pyrmont Bridge in Richtung King St Wharf. Die 369 m lange **Pyrmont Bridge** ㉜, die die Bucht überspannt, ist eine sich elektrisch für den Bootsverkehr öffnende Drehbrücke aus dem Jahre 1902.

Jetzt wird es aber höchste Zeit für ein Mittagessen und einen Schaufensterbummel oder Shoppingtrip in der City. Dazu nimmt man die **Monorail** (s. S. 124) von der Haltestelle „Darling Harbour". Eine Rundfahrt mit der Schwebebahn ist an sich schon ein Erlebnis und man bekommt einen guten Überblick über Darling Harbour und das Einkaufsareal in der City. Aussteigen sollte man an der Haltestelle „Galeries Victoria". Gegenüber findet man das viktorianische **Queen Victoria Building (QVB)** ⑲. Die „Königin unter den Einkaufszentren" bezaubert mit charmanten gusseisernen Balustraden auf vier Ebenen, alten Buntglasfenstern und für den Art déco typischen, halbrunden Fens-

tern. Das Gebäude wurde 1898 als Ersatz für die alten Markthallen fertiggestellt und nach der herrschenden britischen Königin benannt. Im **The Tea Room** (s. S. 20) im 3. Stock am Nordende des QVB lässt es sich wunderbar zum Morning Tea oder Afternoon Tea einkehren. Hier fühlt man sich mit Pomp und Gloria in die Kolonialzeit zurückversetzt.

Auf diese Weise gestärkt kann man sich in das Getümmel der Haupteinkaufsstraße Sydneys begeben. Das QVB ist unterirdisch mit den Einkaufszentren der **Pitt Street Mall** ⓱ verbunden und auch über die Market St gelangt man zu dieser **Fußgängerzone**, die vom 309 m hohen **Sydney Tower Eye** ⓲ überragt wird, dem höchsten Punkt Sydneys und dem zweithöchsten Gebäude Australiens. In der Pitt Street Mall trifft man auf **The Strand Arcade** (s. S. 20), das zweite charmante viktorianische Einkaufszentrum Sydneys, und das supermoderne Einkaufszentrum **Westfield** (s. S. 20). In den oberen Etagen der The Strand Arcade und im 4. Stock von Westfield sind die Boutiquen vieler namhafter australischer Modedesigner vertreten. Bei Hungergefühlen empfiehlt sich der hervorragende moderne **Foodcourt** im 5. Stock von Westfield, wo jeder etwas nach seinem Geschmack finden kann.

Vermutlich erschöpft kann man nun z. B. in eine der unzähligen Bars im **Central Business District** (s. S. 58) einkehren. Ein ganz besonderer Tipp zum Abschluss der drei Tage in Sydney ist jedoch der Besuch des Lokals **Orbit Lounge Bar & Tapas** (s. S. 35) am Australia Sq. Die Aussicht aus dieser Bar im sich um sich selbst drehenden 47. Stockwerk eines Wolkenkratzers ist einfach phänomenal und lässt sich bei Cocktails und Tapas in den 105 Minuten, die für die komplette Drehung benötigt wird, wunderbar genießen – besonders zum Sonnenuntergang.

Zur richtigen Zeit am richtigen Ort

In einer Weltmetropole wie Sydney ist immer etwas los. Manche Events sind weltberühmt wie das Sydney to Hobart Yacht Race, die Feierlichkeiten zur Sylvesternacht oder der schwul-lesbische Sydney Mardi Gras. Es gibt jedoch noch viel mehr Highlights, wobei an fast allen gesetzlichen Feiertagen besondere Events stattfinden.

◀ *Das viktorianische Queen Victoria Building* ⓳ *ist nicht nur für Shoppingfans interessant*

Januar bis März

- **Neujahrstag,** 1. Januar. Dancemusic-party (Field Day) in der Parkanlage The Domain.
- **Australia Day,** 26. Januar. Feierlichkeiten in der Stadt, u. a. Wettfahren der Fähren in Sydney Harbour, Australia Day Regatta mit Segelschiffen und ein Feuerwerk (www.australiaday.com.au).
- **Sydney Festival,** Januar. Angesehenes, dreiwöchiges Festival mit Auftritten von nationalen und internationalen Größen der Theater-, Musik- und Tanzszene, aber auch weniger bekannten Künstlern (www.sydneyfestival.org.au).
- **Chinese New Year** im Januar/Februar. Chinesisches Neujahrsfest. Zwei Wochen lang rund 70 Veranstaltungen mit jährlich ca. 600.000 Besuchern, u. a. Twilight Parade von Town Hall nach Chinatown, Feuerwerk und Drachenbootrennen in Darling Harbour (www.cityofsydney.nsw.gov.au/cny).
- **Tropfest,** ein Tag Ende Februar. Weltweit größtes Kurzfilmfestival in The Domain mit ca. 800 Kurzfilmen (www.tropfest.com.au).
- **Sydney Gay and Lesbian Mardi Gras,** Februar/März. Dreiwöchiges, schwul-lesbisches Festival mit Kunst, Musik, Theater, Film, Literatur, Partys und einer Straßenparade zum Abschluss (www.mardigras.org.au).
- **Langes Osterwochenende,** März/April. Darling Harbour wird zur Open-air-Bühne für Straßentheater, Zirkus und Akrobatikvorstellungen.
- **St. Patrick's Day,** irischer Feiertag am 17. März. Parade durch die City und Hyde Park ㉑, Konzerte, festlich grün gefärbtes Bier und Guinness in den Pubs (www.stpatricksday.org.au).
- **Cricket Test Match,** März. Das entscheidende Cricketspiel um den Weltcup. Die Pubs sind dann brechend voll.

April bis Juni

- **ANZAC Day:** 25. April. Feierlichkeiten im Morgengrauen auf dem Martin Place ⑯ beim Kenotaph und Parade zum Hyde Park ㉑.
- **Australian Fashion Week,** Mai. Präsentation der Frühjahrs- und Sommermodekollektion der australischen Designer (www.rafw.com.au).
- **The National Rugby League State of Origin Series,** ab letztem Maiwochenende an drei Wochenenden. Spielserie der Rugby League in NSW und Queensland (www.cricket.com.au).
- **Darling Harbour Jazz & Blues Festival.** Musikfestival zum Queen's Birthday im Juni (Fr.-Mo., www.darlingharbour.com).
- **Sydney Film Festival,** ab dem 2. Freitag im Juni. Internationales Filmfestival (http://sff.org.au) mit ca. 250 Filmen in zwei Wochen im State Theatre (s. S. 37), Sydney Opera House ⑩ und Dendy Opera Quays (s. S. 37).
- **Walsaison.** Zwischen Juni und Anfang September sollte man auf dem Meer nach Walen Ausschau halten, denn entlang von Sydneys Küsten ziehen dann vor allem Buckelwale *(humpback whales)* und Südkaper *(southern right whales)* oder aber eine von zehn weiteren Walspezies vorbei. Es gibt viele Tourveranstalter (ab Circular Quay ❼ oder Manly, s. S. 93), die das Sichten eines Wales in diesem Zeitraum garantieren.

> **EXTRATIPP**
>
> **What's up in Sydney?**
> - http://whatson.cityofsydney.nsw.gov.au: der wohl umfassendste Online-Kalender für alle Events in Sydney
> - www.smh.com.au/entertainment: Online-Veranstaltungskalender für kulturelle Events

Auf ins Vergnügen
Zur richtigen Zeit am richtigen Ort

Gesetzliche Feiertage in New South Wales

Fallen die gesetzlichen Feiertage auf einen Samstag oder Sonntag, gibt es einen „Ersatzfeiertag" am darauffolgenden Montag. Viele Geschäfte bleiben dann teilweise oder ganz geschlossen.

- **Neujahrstag:** 1. Januar
- **Australia Day:** 26. Januar. Feiertag zum Gedenken an die Gründung Australiens mit der Landung in Botany Bay 1788.
- **Karfreitag:** An diesem Tag sind viele Sehenswürdigkeiten, Geschäfte, Cafés und Restaurants geschlossen.
- **ANZAC Day:** 25. April. Feierlichkeiten zum Gedenken an das Australian and New Zealand Army Corps (ANZAC), das im Jahr 1915 an diesem Tag in Gallipoli (Osmanisches Reich) landete, um für Großbritannien gegen die Türken, Alliierte der Deutschen, zu kämpfen.
- **Queen's Birthday:** Zweiter Montag im Juni
- **Bank Holiday:** Erster Montag im August
- **Labour Day:** Erster Montag im Oktober
- **Christmas Day:** 25. Dezember. An diesem Tag sind viele Sehenswürdigkeiten, Geschäfte, Cafés und Restaurants geschlossen.
- **Boxing Day:** 26. Dezember

Juli bis September

- **Sydney Marathon,** September. Marathon durch Sydney (www.sydneymarathon.org).
- **Rugby League Grand Final,** September. Das Finale der Rugby-League-Saison sorgt für volle Pubs (www.nrl.com.au).
- **AFL Grand Final Week.** Ende September/Anfang Oktober endet die Saison der Australian Football League und in den Pubs wird zugeschaut (www.afl.com.au).

Oktober bis Dezember

- **Darling Harbour Fiesta,** zum Labour Day (erster Montag im Oktober). Traditionell gibt es Fr. bis Mo. ein Fest mit lateinamerikanischer Musik in Darling Harbour (www.darlingharbour.com).
- **Rugby World Cup Final,** Oktober. Ende des internationalen World Cups, für NSW als Rugby-Staat ein Top-Sportevent (www.rugbyworldcup.com).

▶ *Empfehlenswert: Eine Fahrt mit der Monorail (s. S. 124)*

- **Carols by Candlelight,** Dezember. Von Laienchören und bekannten australischen Sängern gesungene Weihnachtslieder, die im Dezember in der Parkanlage The Domain und an anderen Orten in der Stadt für vorweihnachtliche Stimmung sorgen.
- **Sydney to Hobart Yacht Race,** 26. Dezember. Das berühmte Jachtrennen über 630 Seemeilen nach Hobart startet ab Nielsen Park (http://rolexsydneyhobart.com).
- **New Year's Eve,** 31. Dezember. Silvester mit spektakulärem Feuerwerk auf der Sydney Harbour Bridge ❻ und in Manly (www.cityofsydney.nsw.gov.au/nye).

EXTRATIPP — Früh buchen

Es lohnt sich, lange vor Antritt der Reise die **Newsletter** von interessanten Veranstaltungsorten wie z. B. dem Sydney Opera House zu **abonnieren**, damit man Events in seine Reiseplanung integrieren und Tickets buchen kann.

Sydney für Citybummler

Die innerstädtischen Sehenswürdigkeiten in Sydney lassen sich leicht zu Fuß erkunden (ein Vorschlag für einen Spaziergang findet sich auf Seite 10. Wer das Laufpensum reduzieren möchte, sollte Bus- und Fährverbindungen nutzen, bei denen man auch unterwegs die Aussicht genießen kann.

Wer die Stadt am liebsten zu Fuß erkundet und ein Faible für das **historische Sydney** hat, sollte sich im touristischen Stadtteil **The Rocks** (s. S. 52) etwas genauer umschauen. Seine Lage am Hafen ist allein schon charmant und hier bekommt man das **Opernhaus** 10, die **Skyline**, das Fährterminal **Circular Quay** 7 und die **Sydney Harbour Bridge** 6 auf einen Schlag zu sehen. Das bescheidene Museum im Sydney Harbour Bridge Pylon Lookout bietet interessante historische Einblicke in den Bau und Unterhalt der Brücke und einen guten Blick über Sydney Harbour. Touristen kommen oft nicht weiter als bis zur George St und zu den Lagerhäusern am Campbell's Cove 5, aber ein Bummel in den Straßen von **Millers Point** lohnt sich, schon allein wegen eines Besuchs der ältesten Pubs der Stadt wie dem **Lord Nelson Brewery Hotel** (s. S. 30) und dem **Hero of Waterloo** (s. S. 30). Man sollte auf keinen Fall einen Besuch im **Museum of Contemporary Art** 2 auslassen, das Anfang 2012 mit seinem Neubauflügel und verdoppelter Ausstellungsfläche wiedereröffnet wurde. Besonders in Sachen Kunst der Aborigines wird einem hier so manches nähergebracht.

Liebhaber des Großstadtgefühls mit einem Faible für moderne Wolkenkratzer, schnelles Citytempo und Interesse an historischen Prachtbauten kommen im **Central Business District (CBD)** zwischen Circular Quay 7 und Hyde Park 21 auf ihre Kosten. Hier arbeitet der Hauptteil der Bevölkerung, hier geht man einkaufen, hier isst man sein Mittagessen. Freitagabends ziehen die Angestellten

Auf ins Vergnügen
Sydney für Citybummler

nach Feierabend in die unzähligen Bars und Pubs, um das Wochenende einzuläuten. Am Wochenende, wenn ab 18 Uhr die meisten Geschäfte geschlossen haben, ist es dann jedoch recht ruhig im Herzen der Stadt.

Abseits der Highlights entlang der **Macquarie St** [F3/4] sollte man einen Stopp am **Martin Place** ⓰ und natürlich rund um die Shoppingmeile **Pitt Street Mall** ⓱ einlegen, wo man Prachtbauten aus der Blütezeit der Kolonie vorfindet.

Darling Harbour [D3] ist nach The Rocks zweifellos die zweite Hochburg für Touristen und lädt mit seinen Hotels, Restaurants und Nachtklubs, den nahe gelegenen Museen sowie den faszinierenden Tierwelten im **Sydney Aquarium** ㉝ oder im **Wild Life Sydney** ㉞ zum Flanieren ein. Sucht man dann inmitten des fröhlichen Gewirrs nach einer ruhigeren Oase, ist man im **Chinese Garden of Friendship** ㉙, einem chinesischen Garten mit Teehaus am Rande von **Chinatown** ㉘, an der richtigen Adresse.

Will man abends in Sydney ausgehen, sollte man sich in die nahen Vororte wie **Kings Cross** ㊲, **Potts Point** [H4] und **Darlinghurst** [G5] begeben. Diese kann man je nach Lage seines Hotels auch von der Stadt aus schnell zu Fuß erreichen, ansonsten per Bus. Kings Cross ist bekannt für seine Nachtklubs, die vielen Backpacker Hostels und die Überreste der Rotlichtszene. Hier und in den angrenzenden Vororten Potts Point und Darlinghurst findet man vor allem entlang der Victoria St ㊳ und der Darlinghurst Rd [G5] jede Menge Cafés, Bars und Restaurants für unterschiedliche Budgets.

Die **Gay-Szene** ist entlang der Oxford St ㊷ in Darlinghurst zu Hause und zwar, ohne sich zu verstecken. Hier wird alljährlich einer der größten Straßenumzüge zum Thema „Gay Pride" veranstaltet: der **Sydney Gay and Lesbian Mardi Gras** (s. S. 81). Es ist daher kaum verwunderlich, dass es rund um die Oxford St jede Menge Nachtklubs für Nachteulen gibt. Auch sind hier reichlich Restaurants, Cafés und Bars angesiedelt. Die „besseren" Adressen zum Essen und Trinken findet man im angrenzenden Surry Hills, z. B. entlang der Crown St [F5/6].

Steht einem der Sinn mehr nach studentischem Flair, ist man in **Glebe** (s. S. 85) an der richtigen Adresse, denn dieser charmante Vorort liegt am Rande der ältesten Universität Australiens, der Sydney University. Passionierte Stadtbummler können auch diesen Vorort leicht zu Fuß erreichen (ansonsten per Bus). Die historischen Gebäude in Glebe sind vielleicht wenig spektakulär, aber ein Bummel in dem hippen, stadtnahen Vorort lohnt sich allemal. Hier gibt es eine interessante Ansammlung von unabhängigen **Buchläden** und Glebe glänzt jeden Samstag mit der locker-fröhlichen Atmosphäre auf den **Glebe Markets** (s. S. 23).

Ebenso empfehlenswert sind die **Paddington Markets** ㊷ in **Paddington**. Das schicke Stadtviertel wird von Boutiquen **australischer Modedesigner** und von **Kunstgalerien** geprägt. Entsprechend findet man auf dem wöchentlichen Samstagsmarkt Bekleidungskreationen, Modeaccessoirs, Kunsthandwerk und Kunst von noch wenig bekannten Designern und Künstlern.

In Sydneys Strandvororten **Bondi Beach** ㊽ und **Manly** (s. S. 93) steht die natürliche Schönheit des Strandes, der Klippen, der **Meeresfreibäder** (s. S. 90) und des *Bushland* im Vordergrund. Es dreht sich alles um

Auf ins Vergnügen
Sydney für Kauflustige

EXTRATIPP

Sydney mit dem Doppeldeckerbus entdecken

Manchmal ist man z. B. durch den Jetlag zu müde, um die Sehenswürdigkeiten der Stadt auf eigene Faust abzuklappern. Eine willkommene Hilfe bietet der **Doppeldeckerbus von CitySightseeing**, der entlang zweier Routen die wichtigsten Sehenswürdigkeiten der Stadt abfährt. **Der Sydney Explorer** hält an 25 Haltestellen (u. a. The Rocks, Sydney Opera House, Kings Cross, Darling Harbour, Chinatown). Der **Bondi & Bays Explorer** tourt mit 10 Haltestellen durch die Küstenvororte zwischen Bondi Beach und der City. Die Fahrkarten für beide Busse gelten 24/48 Stunden (35/56 $). Man kann damit an den Haltestellen entlang der Route beliebig oft ein- und aussteigen. Selbst wenn man gar nicht aussteigt, genießt man von der obersten Open-air-Etage des Busses eine fantastische Aussicht und bekommt einen guten Überblick über Sydney.

❯ www.city-sightseeing.com

Strandleben und Surferszene. Der Naturfreund kommt auf den Wanderpfaden entlang der Küste auf seine Kosten. Überhaupt ist ein Strandbesuch in Sydney ein Muss! Auch wenn man keine Ambitionen hat, sich beim Wellenreiten zu versuchen, so ist es doch eine wahre Wonne, den Surfern vor Ort bei ihrem Ritt zuzuschauen.

Sydney für Kauflustige

In vielen Stadtteilen von Sydney befinden sich große Einkaufszentren und überall sind mehr oder weniger dieselben australischen und internationalen Ladenketten vertreten. Drum herum gibt es aber natürlich auch Einzelhändler. In der Innenstadt findet man ihre Geschäfte vor allem entlang der George Street ❶ *und in deren Nebenstraßen zwischen dem Hauptbahnhof und dem Fährterminal Circular Quay.*

Shoppingareale

Die wichtigsten Shoppingbereiche der Stadt sind im Kartenmaterial mit einer rötlichen Fläche markiert.

Das Gros der **Einkaufszentren** befindet sich zwischen **Queen Victoria Building** ⓭ und der Fußgängerzone **Pitt Street Mall** ⓱. Hier findet man mit Sicherheit alles, was das Herz begehrt. Abgesehen von den Geschäften gibt es darin die praktischen Foodcourts, in denen man eine Stärkung für die Shoppingtour zu sich nehmen kann. Liebhaber von kleinen **Modeboutiquen** sollten in **Paddington** entlang der **Oxford St** ㊷ bummeln, denn dort sind die australischen Modelabels angesiedelt. Für passionierte Marktgänger ist an einem Samstag der Besuch in Paddington oder Glebe Pflicht, denn dort finden wöchentlich die beiden besten **Märkte** der Stadt statt.

Shoppingmalls

🔖**1** [F4] **David Jones,** 86–108 Castlereagh St, und

🔖**2** [F4] **David Jones,** 65–77 Market St, www.davidjones.com.au, geöffnet: Mo.–Mi. 9.30–19, Do./Fr. bis 21, Sa. 9–19, So. 10–19 Uhr. Traditionsreiche australische Warenhauskette. Im Gebäude in der Castlereagh St befinden sich die Damen- und Kinderabteilungen. Die Herrenabteilung ist im Gebäude in der Market St untergebracht.

Auf ins Vergnügen
Sydney für Kauflustige

🔒3 [E4] **Myer,** 436 George St, www.myer.com.au, geöffnet: Mo.–Mi., Sa. 9–19, Do. bis 21, Fr. bis 20, So. 10–18 Uhr. Das Kaufhaus der australischen Kette Myer ist an das Westfield Sydney angeschlossen und bietet Kleidung der Designerlabels Wayne Cooper und Bettina Liano sowie des Modeklassikers Bonds.

🔴 [E4] **Queen Victoria Building (QVB).** Viktorianisches Einkaufsparadies mit Flair auf fünf Ebenen. Im 2. Stock gibt es eine Galerie mit Aboriginekunst und ein Souvenirgeschäft.

🔒4 [E4] **The Strand Arcade,** 412–414 George St, www.strandarcade.com.au, geöffnet: Mo.–Mi., Fr. 9–17.30, Do. bis 20, Sa. bis 16, So. 11–16 Uhr. Das viktorianische Einkaufszentrum bietet Boutiquen australischer Designerlabels wie Alannah Hill, Bettina Liano, Lisa Ho, Sass & Bide, Wayne Cooper, Zimmermann und Farage. Einen Besuch wert ist auf jeden Fall der australische Pralinenhersteller Haigh's.

🔒5 [E4] **Westfield Sydney,** Pitt Street Mall/Market St, www.westfield.com.au/sydney, geöffnet: Mo.–Mi., Fr./Sa. 9.30–18.30, Do. bis 21, So. 10–18 Uhr. Vor allem Mode- und Schuhgeschäfte, viele internationale Marken, aber auch typisch australische Surfmarken wie Billabong, Mambo, Roxy, Ripcurl und Quicksilver (u. a. in Surf, Dive 'n Ski, 1. Stock), das Bushkleidungs- und Schuhlabel R.M. Williams (3. Stock) sowie Läden der Modedesigner Carla Zampatti (3. Stock), Ksubi (4. Stock), Sass & Bide (4. Stock), Zimmermann (4. Stock). Im Geschäft 100 Squared im ersten Stock werden die Kreationen diverser neuer australischer Modedesigner verkauft.

KLEINE PAUSE
Shop 'n' Stop

› **Dymocks** (s. S. 23). In der Filiale der größten australischen Buchladenkette kann man auf dem Mezzanine-Niveau gut frühstücken und Mittag essen.

› **Westfield Sydney Foodcourt,** Westfield Sydney (s. S. 20), 5. Stock. Der schickste und neuste Foodcourt mit Gourmetpizzas, edlen Fischgerichten, französischer Patisserie, asiatischen Nudelgerichten und Teigtaschen, Sushi, Pasta, Thaigerichten, Sandwiches – für jeden Geschmack etwas.

› **The Tea Room,** Queen Victoria Building 🔴, Nordende, 3. Stock, geöffnet: Mo.–Fr. 11–17, Sa./So. 10–17 Uhr. Teesalon mit Klasse, in dem man nicht nur guten Tee, Morning Tea oder High Tea serviert bekommt, sondern auch herrliche Gerichte zum Lunch im viktorianischen Ambiente des einstigen Tanzsaales genießen kann.

◀ *Im Westfield Sydney Foodcourt gibt es jede Menge Leckereien*

Sydney für Kauflustige

Souvenirs

Typische Souvenirgeschäfte findet man entlang der **George Street** ❶ zwischen Hauptbahnhof und Fährterminal Circular Quay ❼. **Originellere Souvenirs** gibt es u. a. auf den Paddington Markets ㊷ oder den Glebe Markets (s. S. 23). Ideal für den Einkauf von Mitbringseln sind auch die verschiedenen Shops der Museen. Weitere empfehlenswerte Adressen sind:

› **Craft NSW Store** (s. S. 39), geöffnet: tägl. 9.30–17.30 Uhr. Mitglieder der Society of Arts and Crafts of NSW stellen ihre kunsthandwerklichen Arbeiten aus und bieten sie zum Verkauf an.

🛍6 [D4] **Harbourside**, Darling Dr, Darling Harbour, geöffnet: tägl. 10–21 Uhr. Einkaufszentrum mit auf Touristen ausgelegten Geschäften mit Aboriginekunst, Holzarbeiten, T-Shirts, Porzellanwaren, Plüschtieren, australischer Surf- und Beachmode, Bushmodelabels wie R.M. Williams (Schuhe), UGG (Lammfellschuhe), Akubra (Hüte) und Drizabone (Mäntel).

🛍7 [E1] **Metcalfe Bond Stores**, 88–84 George St, The Rocks, geöffnet: tägl. 9.30–17.30 Uhr. Kunsthandwerk- und Souvenirgeschäfte in ehemaligen Lagerhäusern.

🛍8 [E6] **Paddy's Markets,** Hay St, Chinatown, geöffnet: Mi.–So. und feiertags (wenn ein Montag) 9–17 Uhr. Die Paddy's Markets sind der preiswerteste Ort für traditionelle Souvenirs „made in China". Bekannte Marken sucht man hier zwar vergebens, aber an den über 1000 Ständen gibt es Praktisches zum Schnäppchenpreis.

Konfektionsgrößen

Hier eine Liste der mitteleuropäischen **Bekleidungsmaße** und ihrer australischen Entsprechungen. Bei **Schuhen** sind die Angaben je nach Herstellungsland (USA, Großbritannien, China, Spanien, Italien, Australien etc.) unterschiedlich, daher sollte man im Geschäft nach der richtigen Größe fragen.

› **Damenmode:**

Deutschland	34	36	38	40	42	44	46
Australien	6	8	10	12	14	16	18

› **Herrenanzüge:**

Deutschland	44	46	48	50	52	54	56
Australien	87	92	97	102	107	112	117

› **Herrenhemden:** wie die europäischen Maße

› **Baby- und Kindermode:**

Deutschland	50/56	62	68	74	80	86/92	98
Australien	0000	000	00	0	1	2	3
Deutschland	104	110	116	122	128	134	140
Australien	4	5	6	7	8	9	10

Auf ins Vergnügen
Sydney für Kauflustige

EXTRATIPP

Heimat der Opale
Nur in Australien findet man diese Edelsteine aus versteinerten Silikateinschlüssen. Der seltenste und teuerste ist der **Black Opal** mit schimmernden Lagen von tiefem Blaugrün oder Regenbogenfarben vor einem dunklen Hintergrund. Am preiswertesten ist der **White/Light Opal** mit seiner Vielzahl an Farben vor weißem oder hellblauem Hintergrund. Bei **Doublets** und **Triplets** werden dünne Schichten von Opal auf einen anderen Untergrund geklebt.

🛍 **9** [E3] **The National Opal Collection**, 60 Pitt St, geöffnet: Mo.-Fr. 9-18, Sa. 10-17, So. 11.30-17 Uhr. Gutes Opal-Museum und Showroom in einem.

Mode

Die exklusiven Boutiquen der australischen Modedesigner sind im 4. Stock des **Westfield Sydney** (s. S. 20), im 1. und 2. Stock des **The Strand Arcade** (s. S. 20), aber vor allem auch entlang der **Oxford St** ㊷ in Paddington zu finden.

Auf weitere exklusive Mode- und Schuhboutiquen stößt man in der **William St** [I6/7] bis zur Ecke Hopetoun St. In **Paddington** und **Woollahra** bietet sich der Besuch folgender Damenmodeboutiquen an:

🛍 **10** [I7] **Akira Isogawa,** 12a Queen St, Woollahra. Extravagante und hippe Kleider von einem der wenigen männlichen Designer der australischen Modewelt.

🛍 **11** [H6] **Alannah Hill,** 118-120 Oxford St, Paddington. Überaus feminine Damenmode nach Alt-Pariser Art.

🛍 **12** [I7] **Belinda,** 43 William St, Paddington, im The Corner Shop, oder 39 William St, Paddington, im Paddington Store. Hippe Mode von Sydneys Modelegende Belinda Seper.

🛍 **13** [I7] **Bettina Liano,** 440 Oxford St, Paddington. Streetwear-Label der Designerin aus Melbourne.

🛍 **14** [H6] **Collette Dinnigan,** 138 Oxford St, Paddington. Vor allem für ihre Dessous bekannt gewordene, neuseeländische Designerin.

🛍 **15** [I7] **Lisa Ho,** Queen St (Ecke Oxford St), Woollahra. Mode für extrem modebewusste Frauen, die keinen neuen Trend verpassen wollen.

🛍 **16** [H6] **Sass & Bide,** 132 Oxford St, Paddington. Leicht schräge Streetwear.

🛍 **17** [H6] **Willow,** 3a Glenmore Rd, Paddington. Eher jugendliche, freche Designs vom neusten Modesternchen Kit Willow.

🛍 **18** [H6] **Zimmermann,** 2-16 Glenmore Rd, Paddington. Bademode und legere Kleider.

Sydney für Kauflustige

Bücher, Video und Audio

In Australien gibt es **keine Preisbindung** für den Verkauf von Büchern, daher können die Preise für ein- und dasselbe Buch von Geschäft zu Geschäft bis zu 10 oder auch 15 $ variieren.

Viele in Australien herausgegebene Bücher zu sogenannten **„Australiana"**, also rein australischen Themen wie z. B. die australische Flora und Fauna, australische Architektur, Literatur oder Geschichte, findet man nur in Australien und sollte sie daher vor Ort kaufen. Dasselbe gilt für CDs und DVDs.

Wenn man an Secondhandbüchern, -filmen, -CDs, -DVDs oder auch Schallplatten interessiert ist, sollte man sich auf den Märkten in Glebe und Paddington (s. S. 23) sowie entlang der Glebe Point Rd [B5/6, C6] in Glebe umsehen.

Die interessanteste Buchauswahl findet man in den Shops der Museen und bei folgenden Adressen:

🏠**19** [C6] **DaCapo Music Books,** 51 Glebe Point Rd, 1. Stock, geöffnet: tägl. 10–18 Uhr. Noten und Publikationen über Musik.

🏠**20** [E4] **Dymocks,** 428 George St, geöffnet: Mo.–Mi., Fr. 9–18, Do. bis 20, Sa. 9.30–17.30, So. 10.30–17 Uhr. Alteingesessene Adresse der größten australischen Buchladenkette.

🏠**21** [B6] **Florilegium: The Garden Bookstore,** 65 Derwent St (Ecke Mitchell St). Bücher für Gartenliebhaber.

› **Gertrude & Alice Cafe Bookstore** (s. S. 31). Vollgestopfte Regale mit Secondhandbüchern und ein charmantes Café.

🏠**22** [C6] **Gleebooks,** 49 Glebe Point Rd, www.gleebooks.com.au, geöffnet: tägl. 9–21 Uhr, Secondhand- und Kinderbücher: 191 Glebe Point Rd. Fast täglich Literaturlesungen u. Ä.

› **Library Shop,** State Library ❽, geöffnet: Mo.–Fr. 9–17, Sa./So. 11–17 Uhr

› **MOS Shop,** Museum of Sydney (s. S. 38), geöffnet: tägl. 9.30–17 Uhr

🏠**23** [C6] **Phoenix Rising,** 31a Glebe Point Rd, geöffnet: Mo.–Sa. 10–18, Do. bis 19, So. bis 17 Uhr. New-Age-Publikationen.

› **Sappho Books, Cafe & Wine Bar** (s. S. 32). Bei Studenten beliebtes Antiquariat und Secondhandbuchladen.

› **Sydney Opera House Shop,** Sydney Opera House ❿, Lower Concourse, geöffnet: tägl. 9–17 Uhr

🏠**24** [B6] **The Cornstalk Bookshop,** 112 Glebe Point Rd, geöffnet: Mo.–Fr. 9–17 Uhr, am Wochenende oft etwas später geöffnet. Antiquariat.

› **The Garden Shop,** Royal Botanic Gardens ⓫, geöffnet: tägl. 9.30–17 Uhr

Märkte der Stadt

Auf Sydneys Märkten findet man u. a. Kunsthandwerk, Secondhandsachen, Mode und Designobjekte, aber insbesondere eine lebendige Atmosphäre, die schon allein einen Besuch wert ist. Märkte gibt es samstags in fast jedem Stadtteil. Die beiden Wichtigsten sind:

🏠**25** [C6] **Glebe Markets,** Glebe Public School, Glebe Point Rd, Glebe, geöffnet: Sa. 10–16 Uhr, www.glebemarkets.com.au. Der zweitbeste Markt mit über 200 Ständen, an denen man originellen Schmuck, interessante Kunsthandwerkprodukte, Mode (neu und *vintage*), New-Age-Utensilien und kulinarische Leckerbissen findet.

㊷ [I7] **Paddington Markets.** Ein herrliches Marktgewirr am Samstag mit 250

◀ *Im 4. Stock des Westfield Sydney gibt es erlesene Modegeschäfte*

Ständen mit Mode, Schmuck, Büchern, Kunst, Keramik, Hüten, Massage etc. Neue Designer bieten hier ihre Entwürfe an. Natürlich gibt es auch viele Imbissstände. Der schönste Markt in ganz Sydney!

Supermärkte

Die beiden größten Supermarktketten sind **Coles** und **Woolworths**. Darüber hinaus gibt es **convenience stores** (kleine Ladenketten mit langen Öffnungszeiten), die allerdings auch teurer sind.

Duty-free

Die australische **Mehrwertsteuer** nennt sich „Goods and Services Tax (GST)" und beträgt 10 %. Davon ausgenommen sind frische Lebensmittel. Beim Verlassen Australiens kann man die Mehrwertsteuer am **Tourist Refund Scheme Booth** in der Departures-Halle (hinter dem Zoll) zurückerstattet bekommen. **Bedingungen:** Der gesamte Kaufbetrag auf einer Quittung von einem Geschäft muss mindestens 300 $ betragen, der Einkauf darf nicht länger als einen Monat zurückliegen, man muss die Ware nach dem Check-in vorzeigen können (muss ins Handgepäck passen) und auf der Steuerrechnung *(tax invoice)* muss die elfstellige Steuernummer (ABN) des Verkäufers stehen.

Am Flughafen kann man darüber hinaus mit dem „sealed bag system" („Versiegelte-Tasche-System") mehrwertsteuerfrei einkaufen. Hierbei gilt die 300-$-Regel nicht, aber die Ware bleibt bis zum Abflug verschlossen und wird dann kontrolliert. Zum Einkauf in den **Duty-free-Shops** muss man Reisepass und Rückflugticket vorlegen.

Sydney für Genießer

Essen und Trinken

In Sydney ist für jeden Gaumen etwas dabei. Gute Zutaten, ambitionierte Sterneköche und moderne Zubereitungsweisen sind an der Tagesordnung. Insbesondere für Liebhaber der asiatischen Küchenstile ist das Angebot geradezu eine Offenbarung.

Das Gastronomieszene in Sydney ist überaus vielfältig und vereint verschiedene Kochstile zur modernen australischen Cuisine: „**Modern Australian**" nennt sich das. Auf einer typischen Speisekarte dominieren **asiatische Kochstile**, allen voran thai, malaiisch, indisch und chinesisch, zusammen mit italienischer Pizza und Pasta. Darüber hinaus gibt es **so ziemlich jede Landesküche**, da die Einwohner Sydneys aus mehr als 150 Ursprungsländern stammen und diese Einflüsse in das Gastronomieangebot eingebracht haben.

Überall in der Stadt gibt es Cafés, Imbisse, Restaurants, Bars etc. Wo auch immer man gerade Hunger bekommt, findet man garantiert ein passendes Lokal nach seinem Geschmack. Das **Preisniveau** ist i. d. R. höher als in Deutschland, dennoch kann man in Pubs, Cafés und Foodcourts relativ preisgünstig und gut essen. Die Preise für einzelne Speisen rangieren hier von 8 bis 30 $. In einem normalen Restaurant liegen die Preise für ein Hauptgericht bei ca. 25

Gastro- und Nightlife-Areale
Bläulich hervorgehobene Bereiche in den Karten kennzeichnen Gebiete mit einem dichten Angebot an Restaurants, Bars, Klubs, Discos etc.

Auf ins Vergnügen
Sydney für Genießer

> **EXTRATIPP**
>
> **Frühstück**
> Wer im Hotel oder Café frühstückt, wird meist Aufschnitt vermissen, denn beim **continental breakfast** gibt es nur Toast, Marmelade und Cerealien. Wer sich nach einer herzhaften Morgenmahlzeit sehnt, sollte nach einem **cooked breakfast** Ausschau halten, dann gibt es Eier und Speck in diversen Varianten.

> **EXTRAINFO**
>
> **Wochenendzuschlag**
> In den **Strandlokalen in Manly oder Bondi Beach** findet man am Wochenende oft den Hinweis „10 % surcharge on weekends" auf der Speisekarte, d. h. alles ist dann **10 % teurer!**

Bestellgepflogenheiten

In den meisten **Pubs** und in vielen **Cafés** muss man **Essen und Getränke an der Theke bestellen und bezahlen.** Ein Schild (z. B. „Please order here") macht zuweilen auf die Gepflogenheit aufmerksam. Beim Bestellen bekommt man eine Nummer oder muss seine Tischnummer nennen. Das Bestellte wird dann an den Tisch gebracht oder man wird aufgerufen, wenn das Essen fertig ist. Die Getränke muss man im Pub fast immer gleich selbst mitnehmen.

Lokale, in denen die Tische hübsch gedeckt sind, nehmen die Bestellung am Tisch auf und rechnen erst am Schluss ab. Manchmal gibt es hier ein Schild „**Please wait to be seated**", man wartet also, bis einem ein Platz zugewiesen wird.

bis 35 $, in Spitzenlokalen hingegen bei ca. 40 bis 65 $. Will man in einem ganz bestimmten Lokal essen, sollte man **vorab telefonisch reservieren.**

Im Gegensatz zu den traditionelleren Pubs sind Bars fast immer durch einen Innenarchitekten auf Hochglanz gestylt – ganz besonders im Stadtzentrum. Entsprechend sind auch die Gäste gestylt. Diese Lokale öffnen i. d. R. ab 17/18 Uhr, bieten nur kleine Häppchen zu essen und bleiben bis spät in die Nacht geöffnet.

▶ *Fangfrische Leckereien aus dem Meer bekommt man auf dem Sydney Fish Market (s. S. 78)*

Sydney für Genießer

> **EXTRAINFO**
>
> **Wichtig beim Bestellen**
> | | | |
> |---|---|---|
> | Chai Latte | – | schwarzer Tee mit Zimt, Kardamon, Nelke, Ingwer, Zucker/Honig, warmer Milch und Milchschaum |
> | Short Black | – | Espresso |
> | Flat White | – | Espresso und warme Milch (kein Milchschaum) |
> | Latte | – | bei uns als Latte Macchiato bekannt |
> | Long Black | – | normal große Tasse Kaffee |

Smoker's Guide

Das Rauchen ist in Australien seit 2007 **in allen geschlossenen Räumen** wie Einkaufszentren, Restaurants, Cafés und Pubs **verboten**. Die einzige **Ausnahme** sind Biergärten, Balkone oder Terrassen: Dort darf je nach Lokal geraucht werden, entsprechende Schilder machen darauf aufmerksam. Das **Hinterlassen von Zigarettenstummeln**, z. B. auf dem Bürgersteig, wird mit einem **Bußgeld** von 60 $ bestraft, das einer brennenden Zigarette mit 200 $.

Trinkgeld zu geben, ist in Australien eher unüblich. Nur in den besseren Restaurants gibt man ca. 10 %, wenn man mit allem sehr zufrieden war.

Foodcourt und Takeaway

Die **Foodcourts** in den Einkaufszentren der City sind ideal für ein preiswertes Lunch. Man bezeichnet damit eine Halle, in der verschiedene Anbieter unterschiedliche Gerichte und Getränke verkaufen, die man an den gemeinschaftlichen Sitzgelegenheiten in der Mitte der Halle essen kann. Sie sind den üblichen Fastfoodketten meist vorzuziehen (apropos: Burger King firmiert in Australien als Hungry Jack's). Im **Angebot** der Foodcourts sind häufig Sandwiches, herzhaft gefüllte Küchlein und Teigtaschen, Salate, Pizza und Pasta, chinesisches oder thailändisches Essen, Sushi, mexikanische oder malaiische Gerichte, Falafel und Gyros, eine Saftbar, Eis, Kaffee und Kuchen ... Die Öffnungszeiten richten sich nach denen des jeweiligen Einkaufszentrums.

Ebenfalls günstig sind **Takeaway-Cafés**, in denen es vor allem Sandwiches und Salate zum Mitnehmen gibt. Diese Cafés haben meist nur werktags geöffnet.

> **EXTRAINFO**
>
> **Alkohol und Minderjährige**
> Der Verkauf von **Alkohol** an Minderjährige (unter 18 Jahren) ist strafbar. In allen Etablissements mit Alkoholausschank wie z. B. Restaurants sollte man sich daher hüten, für Minderjährige alkoholische Getränke zu bestellen. Darüber hinaus gilt ein **Mindestalter von 18 Jahren** für den abendlichen **Einlass in Bars, Diskotheken und Klubs**.

Empfehlenswerte Lokale

Restaurants

26 [E5] **@Bangkok** $$, 730–742 George St, Chinatown, Tel. 92115232, geöffnet: Mo.–Do. 11.30–2, Fr./Sa. 11.30–4, So. 11.30–3 Uhr. Thai-Restaurant im Café-Stil. Besonders beliebt bei Studenten, die gern preiswert und gut essen.

27 [G5] **Almond Bar** $$, 379 Liverpool St, Darlinghurst, Tel. 93805318, geöffnet: Di.–Do., Sa./So. 17.30–22.30, Fr. 12–22.30 Uhr. Wunderbare orientali-

Auf ins Vergnügen
Sydney für Genießer

sche Mezze-Leckerbissen und eine Vielfalt an Mandelleckereien, interessante Bar und gute Cocktailkarte.

🛈28 [E3] **Altitude** $$$, 36. Stock des Hotels Shangri-La, 176 Cumberland St, The Rocks, Tel. 92506123, geöffnet: Mo.-Sa. 18-22.30 Uhr. Fantastische Aussicht aus der Vogelperspektive auf den Hafen. Hier munden in gediegener Atmosphäre Gerichte der modernen australischen Küche wie Wagyu-Rindfleisch oder australische Dorade.

🛈29 [I] **A Tavola** $$$, 348 Victoria St, Darlinghurst, Tel. 93317871, geöffnet: Mo.-Sa. 18-23, Fr. auch 12-15 Uhr. Authentischer Italiener mit variationsreichen Antipasti, frischer Pasta und frischen Gnocchi. Als nächster Gang bieten sich Fisch oder Schweinebauch an, gefolgt von himmlischen Desserts.

🛈30 [H4] **Bay Bua Vietnamese Restaurant & Bar** $$, 2 Springfield Av, Potts Point, Tel. 93583234, geöffnet: Mo.-Do. 17.30-22.30, Fr./Sa. bis 23 Uhr. Hervorragende, authentisch vietnamesische Leckereien. Kulinarischer Genuss, ohne dass man gestylt sein muss.

🛈31 [E5] **Chef's Gallery** $$, Shop 12, 501 George St (Eingang von Bathurst St), Tel. 92678877, geöffnet: tägl. 11-15, 17-22 Uhr. Modernes chinesisches Restaurant mit mehr als 50 Gerichten, darunter handgemachtes Eiertofu und andere vegetarische Gerichte.

🛈32 [D4] **Chinta Ria** $$, Cockle Bay Wharf Dachterrasse, Darling Harbour, Tel. 92643211, Mo.-Sa. 12-14.30, 18-23, So. nur bis 22.30 Uhr. Scharf gewürzte malaiische Küche, Ambiente mit Buddha und Räucherstäbchen. Jeden ersten Dienstag des Monats Livejazz ab 19 Uhr.

🛈33 [III] **Gelbison** $, 10 Lamrock Ave, Bondi Beach, Tel. 91304042, geöffnet: tägl. 17-23 Uhr. Der alteingesessene Italiener hat mehr als 30 Pizzas mit dünnem, knusperigem Boden und 20 Pastagerichte zur Auswahl.

⊖34 [E5] **Golden Century Seafood Restaurant** $$$, 393-399 Sussex St, Chinatown, Tel. 92123901, geöffnet: tägl. 12-4 Uhr. Eines der besten kantonesischen Restaurants der Stadt, das auf Fisch und Meeresfrüchte spezialisiert ist. Isst man mindestens zu dritt, sollte man je ein Gericht pro Person plus ein Gericht extra zum gemeinsamen Verkosten bestellen.

🛈35 [E4] **La Rosa Bar and Pizza** $$$, 2. Stock, The Strand Arcade, Pitt Street Mall, Tel. 92231674, geöffnet: Mo.-Sa. 11.30-23 Uhr. Gemütlich-schummerige Beleuchtung in einer vorwiegend in schwarz gestylten, italienischen Weinbar. Exquisite Steinofenpizzas und 50 verschiedene italienische Liköre zur Auswahl. Gerichte auch zum Mitnehmen.

🛈36 [F5] **Longrain** $$$$, 85 Commonwealth St, Surry Hills, Tel. 92802888, geöffnet: Fr. 12-14.30, 18-23, Sa. 17.30-23, So. 17.30-22 Uhr, Cocktailbar: tägl. 16-24 Uhr. Typisch australisch und gepaart mit moderner Thai-Cuisine. Angesagt vor allem bei den 30- und 40-Plussern und definitv einen Umweg wert. Hier speist man zusammen mit anderen Restaurantbesuchern an einem Tisch. Im Keller gibt es außerdem eine gute Cocktailbar.

🛈37 [E5] **Mamak** $$, 15 Goulburn St, Chinatown, Tel. 92111669, geöffnet: tägl. 11.30-14.30, 17.30-21.30, Fr./Sa.

Preiskategorien

Durchschnittlicher Preis für ein Hauptgericht ohne Getränk.

$	bis 12 $ (bis 10 €)
$$	12-20 $ (10-16 €)
$$$	20-30 $ (16-24 €)
$$$$	über 30 $ (über 24 €)

Auf ins Vergnügen
Sydney für Genießer

bis 2 Uhr. Hervorragende malaiische Küche. Dem Koch bei der Zubereitung zuzuschauen, während man noch draußen auf dem Bordstein Schlange steht, ist fabelhaft.

🍴**38** [III] **Moo Gourmet Burgers** $, 70A Campbell Pde, Bondi Beach, Tel. 93008898, weitere Filiale: 242 Coogee Bay Rd, Coogee, Tel. 96644300, geöffnet: tägl. 11–22 Uhr. Fantasiereiche Burgervariationen mit leckeren, handgeschnittenen Pommes und himmlischen Eiskreationen zum Dessert.

🍴**39** [E2] **Nakashima** $$, 7 Cambridge St, The Rocks, Tel. 92411364, geöffnet: Mo.–Fr. 12–14.30, Di.–Sa. 18–21.30 Uhr. Sushi, Sashimi und andere typisch japanische Gerichte.

🍴**40** [III] **Nick's Bondi Beach Pavilion** $$$$, Queen Elizabeth Dr, Bondi Beach, Tel. 1300989989, geöffnet: tägl. 12–14.30, 18–22 Uhr. Fisch und Meeresfrüchte und ein unglaublicher Panoramablick auf die Bucht von Bondi Beach. Man kann auch nur einen Drink oder einen Cocktail (15 $) genießen.

🍴**41** [F2] **Ocean Room** $$$, Overseas Passenger Terminal, The Rocks, Tel. 92529585, geöffnet: Mo.–Sa. 18–22 (Fr./Sa. bis 24), Di.–Fr. 12–14.30 Uhr. Lounge-Atmosphäre mit moderner japanischer Küche, Schwerpunkt Fisch.

🍴**42** [F2] **Quay** $$$, Overseas Passenger Terminal, The Rocks, Tel. 92515600, geöffnet: Di.–Fr. 12–14.30, tägl. 18–22 Uhr. Kreativ-elegante Menüs, die man zusammen mit einer hervorragenden Flasche australischem Wein verkosten sollte. Der Küchenchef wurde vom Sydney Morning Herald 2011 mit der Auszeichnung „Bester Jungkoch" gekrönt.

🍴**43** [E2] **Sailors Thai Canteen** $$$, 106 George St, The Rocks, Tel. 92512466, geöffnet: Mo.–Sa. 12–22 Uhr. Feine Thai-Küche in einem charmanten historischen Gebäude, wo einst die Matrosen ein und aus gingen.

🍴**44** [F6] **Spice I Am** $$, 90 Wentworth Ave, Surry Hills, Tel. 92800928, geöffnet: Di.–So. 11.30–15.30, 17.45–22 Uhr. Authentische Thai-Gerichte, für die man einen Tisch reservieren sollte, denn das Restaurant ist so gut, dass es immer voll ist.

🍴**45** [E2] **Summit Restaurant** $$$, Australia Sq, 47. Stock, Tel. 92479777, geöffnet: Fr. 12–15 Uhr, Mo.–So. 18–23 Uhr. Lunch ab 35 $ (Hauptgang), tägl. Dinner ab 85 $ (zwei Gänge) oder à la carte. Aufregendes Restaurant des Starkochs Michael Moore im 47. Stock des Australia-Square-Gebäudes, das sich um sich selbst dreht und so in 105 Minuten eine komplette Rundumsicht der Skyline von Sydney bietet. Achtung: Der Lift zur 47. Etage ist an der von der Straße abgewandten Seite.

🍴**46** [E5] **Thanon Khaosan** $$, 413 Pitt St, Chinatown, Tel. 92111194, geöffnet: So.–Mi. 11–23, Do.–Sa. 11–3 Uhr. Gemütliches kleines Thai-Restaurant, dessen Aufmachung an typische Lokale in Thailand erinnert – das Motortaxi am Eingang sorgt für die nötige Nostalgie. Eine weitere Zweigstelle befindet sich in Bondi Beach, 95 Hall St, geöffnet: Mo.–So. 18–22.30 Uhr.

🍴**47** [F2] **Wildfire** $$$, Overseas Passenger Terminal, The Rocks, Tel. 82731222, geöffnet: So.–Do. 12–23, Fr. 12–24, Sa. 18–24 Uhr. Elegant dinieren unter ausgefallenen Kronleuchtern und neben einer Wand voller Weinflaschen, dazu Loungemusik und feinste Küche. Auch besondere Holzofengerichte und brasilianisches Churasco.

▶ *Alteingesessen: der Pub The Steyne Hotel (s. S. 30) in Manly*

Auf ins Vergnügen
Sydney für Genießer

Pubs

In Sydney wimmelt es von klassischen Pubs, in denen ebenfalls Mahlzeiten serviert werden. Die nachfolgenden Lokale sind zu den angegebenen Zeiten zum Essen gehen sehr zu empfehlen. Getränke werden natürlich durchgehend serviert, auch nachdem die Köche ihre Schürzen für den Tag an den Nagel gehängt haben.

- **48** [E5] **Civic Hotel** $^{\$\$}$, 388 Pitt St, Tel. 80807000, geöffnet: tägl. 12–13, Mo.–Do. 18–21 Uhr. Denkmalgeschützte Art-déco-Kneipe aus den 1930er-Jahren mit guter, modern-griechischer Speisekarte. Freitags ab 17 Uhr Cocktails im 1. Stock.
- ❭ **Coogee Bay Hotel (Brasserie)** $^{\$\$\$}$, Coogee Bay Hotel (s. S. 119), Tel. 96650000, geöffnet: Mo.–Fr. 6.30–10, Sa./So. 7–10, Mo.–Sa. 12–22, So. 12–21.30 Uhr. Eine der besten Adressen in Coogee. Sehr gute Kneipenmahlzeiten im Biergarten mit Blick auf den Strand.
- **49** [E1] **Harbour View Hotel** $^{\$\$}$, 18 Lower Fort St, The Rocks, Tel. 92524111, geöffnet: tägl. 12–22 Uhr. Die Gerichte am Kneipentresen sind gut und preis-

EXTRAINFO

Hotels/Pubhotels

Das Wort *hotel* hat **im australischen Englisch mehrere Bedeutungen.** Früher verstand man darunter aber vor allem ein Etablissement, in dem Männer in der *public bar* im Erdgeschoss etwas trinken gingen, während Frauen und Kinder nur der Zutritt in die *ladies lounge* gestattet war. In den oberen Etagen wurden Gästezimmer mit Gemeinschaftsbadezimmern nach Geschlechtern getrennt vermietet.

Auch heute trifft man noch auf viele alte **Eckkneipen,** in deren Namen *hotel* vorkommt, obwohl sie längst nicht mehr alle Gästezimmer anbieten. Heute sind die meisten von ihnen einfach nur Pubs oder Restaurants und betreiben darüber hinaus oft einen sogenannten *bottleshop*, d. h. ein Geschäft zum Verkauf von Wein, Spirituosen und gelegentlich auch Bier.

Auf ins Vergnügen
Sydney für Genießer

> **EXTRATIPP**
>
> **Lokale mit Meeresblick**
> Die natürliche Schönheit der Millionenstadt Sydney kann man in folgenden Lokalen an den beliebtesten Stränden bei einer leckeren Mahlzeit genießen: **Crabbe Hole** (s. S. 31) oder **Nick's Bondi Beach Pavilion** (s. S. 28) am Bondi Beach bzw. **The Pantry Manly** (s. S. 96) oder **The Steyne Hotel** (s. S. 30) am Manly Beach.

wert. Die Lage mit Blick auf die Unterseite der Sydney Harbour Bridge ist einmalig anders.

- **50** [E1] **Hero of Waterloo**, 81 Lower Fort St, Tel. 92524553, www.heroofwaterloo.com.au, geöffnet: tägl. 11-15, 17-22 Uhr. Echtes Pub-Urgestein mit irischem Einschlag, in dem täglich Livejazz, -folk oder irische Musik geboten wird.
- **51** [E2] **Lord Nelson Brewery Hotel**, 19 Kent St, www.lordnelsonbrewery.com, Tel. 92514044, geöffnet: tägl. 7.30-9.30, Do./Fr. 12-16, Di.-Sa. 18-22 Uhr (Küche Mo.-Fr 12-15.30, 18-22, Sa./So. 12 Uhr bis zur Schließungszeit). Einer der ältesten Pubs Australiens, nach wie vor werden sechs Biere selbst gebraut.
- **52** [I7] **Paddington Inn** $^{\$\$}$, 338 Oxford St, Paddington, Tel. 93805913, geöffnet: Mo.-Fr. 12-15, Mo.-Do. 18-22, Fr. 18-21, Sa./So. 12-21 Uhr. Die Klientel und die Musik sind jung und hipp und das Essen ist gut: Rib-Eye-Steak oder gegrillter Lachs und andere gekonnte Standards.

▶ *Nicht nur Menschen brauchen eine Pause, auch Möwen genießen ihren Fisch gern mit Blick auf die Sydney Harbour Bridge* **6**

- **53** [E2] **The Glenmore Rooftop Hotel** $^{\$\$}$, 96 Cumberland St, The Rocks, Tel. 92474794, geöffnet: tägl. 12-22 Uhr. Auf dem Bürgersteig, auf der Dachterrasse mit Blick auf die Sydney Harbour Bridge oder drinnen: eine tolle Location. In diesem traditionellen Pub von 1921 überzeugt die Speisekarte mit guten, einfachen Gerichten.
- **54** [II] **The Steyne Hotel** $^{\$\$}$, 75 The Corso, Manly, Tel. 99774977, geöffnet: Mo.-Fr. 12-15, 18-21, Sa./So. 12-21 Uhr. Mit Blick auf den Strand und daher immer gut besucht, bei Tage auch von Familien. Die Gerichte sind einfach, schnell und preiswert, aber einfach gut.
- **55** [B5] **Toxteth Hotel** $^{\$\$}$, 345 Glebe Point Rd, Glebe, Tel. 96602370, geöffnet: tägl. 12-15, 17-22 Uhr. Seit über 150 Jahren gehen die Einheimischen hier ein und aus. Das Rezept herzhafte Küche gepaart mit guter Bier- und Weinauswahl gefällt einfach.

Cafés und Imbisse

In einer Stadt wie Sydney ist immer ein Café oder ein Imbiss in der Nähe. Ein Café ist übrigens keinesfalls ein Ort, wo es nur Kaffee und Kuchen gibt, man bekommt dort ebenfalls Frühstück, Sandwiches und Mittagsgerichte. Ist man gerade in der Gegend, sollte man für nachfolgende Adressen besonders die Augen aufhalten.

- **56** [E4] **Bacco Wine Bar & Pasticceria** $^{\$\$}$, Queen Victoria Building, 2. Stock, 455 George St, Tel. 92642155, geöffnet: So.-Mi. 9-18, Do.-Sa. bis 21 Uhr. Ein Italiener wie in Italien – zum Frühstück, zum Mittagessen, zum Kaffee und Kuchen und zum Abendessen. Letzteres auf italienische Weise mit mindestens 4 Gängen!
- **57** [C6] **Badde Manors Cafe** $^{\$}$, 37 Glebe Point Rd, Glebe, Tel. 96603797, geöffnet: Mo.-Do. 6.30 24, Fr. 6.30-1, Sa.

Auf ins Vergnügen
Sydney für Genießer

6-1, So. 7-24 Uhr. Vegetarisch, vegan, glutenfrei, nussfrei, was auch immer für besondere dietäre Wünsche man hat, hier bereitet man schmackhafte Gerichte zu.

❷58 [E5] **Bar Adyar** $, 484 Kent St, geöffnet: Mo.-Fr. 6-15 Uhr. Ein auf vegetarische Mahlzeiten - oftmals bio - spezialisiertes Café, in dem der Kaffee ebenfalls äußerst gut mundet.

❍59 [III] **Bondi Tucker** $, 80 Hall St, Bondi Beach, Tel. 91308080, geöffnet: Mo.-Fr. 10-21.30, Sa./So. 8-21.30 Uhr. Wraps, handgeschnittene Pommes Frites, ein Caesar Salad oder ein Steak am Abend. Alles lecker.

❭ Crabbe Hole $$, Bondi Icebergs (s. S. 89), geöffnet: tägl. 7-17 Uhr. Die Location ist einfach alles. Von hier aus hat man den besten Blick auf die Bucht von Bondi Beach und den Pool der Bondi Icebergs. Obendrein wird hier guter Kaffee serviert und die simplen Fladenbrotkreationen sind einfach gut.

❶60 [E2] **Fine Food Store** $, The Rocks Centre (Ecke Kendall Ln und Mill Ln), The Rocks, geöffnet: Mo.-Sa. 7-17, So. 7.30-17 Uhr. Delikatessengeschäft mit Café, in dem man die Leckereien von verschiedenen Anbietern aus Sydney verköstigen kann. Lecker und immer gut besucht.

❍61 [III] **Gertrude & Alice Cafe Bookstore** $$, 46 Hall St, Bondi Beach, Tel. 91305155, geöffnet: tägl. 7.15-23 Uhr. In diesem charmanten Café genießt man sein Frühstück oder eine andere Mahlzeit inmitten vollgestopfter Regale mit Secondhandbüchern, die zum Verkauf angeboten werden.

❍62 [E4] **Le Grand Café by Becasse** $, Alliance Française, 257 Clarence St, Tel. 92647164, geöffnet: Mo.-Fr. 8-18.30, Sa. 8-15 Uhr. Sehnsucht nach einem richtigen Croissant, Pain-au-chocolat, Brioche, Croque Monsieur oder einem belegten Baguette wie in Frankreich? Hier kann man sie stillen. Becasse hat außerdem eine Theke im Foodcourt des Westfield Sydney (s. S. 20).

❍63 [F2] **Opera Kitchen** $$, Lower Concourse, Sydney Opera House, Circular Quay, geöffnet: tägl. 7.30 Uhr bis spät. Der Hafenblick ist einmalig, das Essen von den fünf Anbietern (u. a. französische Patisserie Becasse, erstklassige Burger bei Charlie & Co. und Sushi bei Kenji) ist einfach nur lecker.

Auf ins Vergnügen
Sydney für Genießer

> **EXTRATIPP**
>
> **Für den späten Hunger**
> In den meisten genannten Nachtklubs und Bars wird auch zu später Stunde noch der ein oder andere Happen serviert, schließlich weiß man um den Hunger der trinkenden Bevölkerung. Darüber hinaus sind zu empfehlen: **@Bangkok** (s. S. 26), **The Basement** (s. S. 35), die Imbissstände **Harry's Café de Wheels** (s. S. 80), das **Golden Century Seafood Restaurant** (s. S. 27), **Mamak** (s. S. 27) und **Thanon Khaosan** (s. S. 28).

> **EXTRAINFO**
>
> **BYO – Bring your own**
> Die meisten Restaurants und Pubs haben eine **Alkoholausschanklizenz,** Cafés aber seltener. In Cafés ist deshalb oftmals „Bring your own" möglich, d. h., man bringt **selbst eine Flasche Wein mit,** die Bedienung öffnet die Flasche und stellt passende Gläser zur Verfügung. Dafür fällt meist eine **corkage fee** (Entkorkungsgebühr) von bis zu 8 $ pro Person oder Flasche an.

- **64** [II] **Organicus Kitchen & Pantry** $, 2–8 Darley Rd, Manly, geöffnet: tägl. 7–17 Uhr. Familienfreundliches Café mit täglich wechselnden Bio-Kreationen, vieles vegetarisch und glutenfrei.
- **65** [G2] **Poolside Café** $, Andrew (Boy) Charlton Pool, 1C Mrs Macquaries Rd, The Domain, Tel. 83541044, tägl. 7.30–16 Uhr (Juni/Juli geschlossen). Am Rande des Botanischen Gartens gelegen, mit Blick auf die Schwimmer im beliebten Freibad und auf die Marinebasis - einer der besten Orte für ein entspanntes Frühstück oder einen Lunch, eventuell nach einer Runde Schwimmen?
- **66** [C6] **Sappho Books, Cafe & Wine Bar** $, 51 Glebe Point Rd, Glebe, Tel. 95524498, geöffnet: Mo./Di. 8.30–19, Mi.–Sa. 8.30–23, So. 9–22 Uhr. Secondhandbuchladen und Antiquariat, bei Tage ein studentisch-gemütliches Café, abends Wein- und Tapasbar.
- **67** [III] **The Earth Food Store** $, 81A Gould St, Bondi Beach, geöffnet: tägl. 7–17.30 Uhr. Bioladen mit kleinem Café. Täglich wechselnde vegetarische und glutenfreie Mahlzeiten – auch zum Mitnehmen an den Strand.
- **68** [F5] **The Falconer** $, 31 Oxford St, Surry Hills, Tel. 92678434, geöffnet: Mo. 7.30–17, Di./Mi. 7.30–22, Do./Fr. 7.30–24, Sa. 8–24, So. 9–17 Uhr. Alte Schreibmaschinen und Schallplatten dekorieren dieses Vintage-Café. Rei-

> **EXTRATIPP**
>
> **Dinner for one**
> Ganz allein an einem Tisch für vier oder mehr Personen zu sitzen, das liegt nicht jedem. Bei Tag ist es kein Problem, denn in den Cafés der Stadt genießen viele Sydneysider ihr Frühstück oder Mittagessen ebenfalls allein. Am Abend empfiehlt sich ein Pubbesuch in folgenden Lokalen: **The Arthouse Hotel** (s. S. 36), **Civic Hotel** (s. S. 29), **Coogee Bay Hotel** (s. S. 119), **The Falconer** (s. S. 32), **The Glenmore Rooftop Hotel** (s. S. 30), **Harbour View Hotel** (s. S. 29), **Light Brigade Hotel** (s. S. 85), **London Tavern** (s. S. 85), **Paddington Inn** (s. S. 30), **The Steyne Hotel** (s. S. 30) oder **Toxteth Hotel** (s. S. 30). Man bestellt eine Tresenmahlzeit und lernt so vielleicht andere Reisende oder wahre Sydneysider kennen. Einfache, asiatische Lokale eignen sich ebenfalls fast immer für eine Mahlzeit allein.

Auf ins Vergnügen
Sydney am Abend

che Auswahl für das Frühstück und sehr gut am Abend.

69 [E4] **The Tea Centre** $, The Glasshouse, 1. Stock, 146 Pitt Street Mall oder über den Eingang 135 King St (Erdgeschoss), geöffnet: Mo.-Fr. 9-17.30, Do. 9-20, Sa. 10-17 Uhr. Hier genießt man eine Kanne guten Tee und dazu einen kleinen Snack und man hat seine Batterien wieder aufgeladen.

EXTRATIPP
Lecker vegetarisch
In Australien gibt es in fast jedem Lokal gute vegetarische Gerichte, so auch bei den folgenden Adressen: **Bar Adyar** (s. S. 31), **Chef's Gallery** (s. S. 27), **Harts Pub** (s. S. 35), **Chinta Ria** (s. S. 27), **Coogee Bay Hotel** (s. S. 119), **La Rosa Bar and Pizza** (s. S. 27), **The Earth Food Store** (s. S. 32), **The Glenmore Rooftop Hotel** (s. S. 30), **Longrain** (s. S. 27), **Organicus Kitchen & Pantry** (s. S. 32), **Paddington Inn** (s. S. 30), **Poolside Café** (Frühstück, s. S. 32), **Sappho Books, Cafe & Wine Bar** (s. S. 32), **The Tea Room** (s. S. 20) und **Toxteth Hotel** (s. S. 30).

Sydney am Abend

Das Nachtleben der Sydneysider gestaltet sich meist klassisch australisch. Am Donnerstag-, Freitag- und Samstagabend trifft man sich gleich nach der Arbeit mit Kollegen und/oder Freunden im Pub oder in einer Bar. Danach geht man essen und anschließend tingelt man vor allem freitags und samstags weiter durch die Szenelokale. Wahre Nachteulen gehen sonntags noch zu einer Afterparty.

Da der traditionelle **australische Pub** nicht nur eine Kneipe ist, sondern fast immer auch gute Mahlzeiten serviert, kann es vorkommen, dass der Sydneysider hier sein Dinner einnimmt, dann Bier, Wein oder Cocktails trinkt und sich dabei mit Freunden unterhält, bis der Laden schließt. Generell sind Pubs in der Woche bis ca. 24 Uhr geöffnet, am Freitag und Samstag länger.

▲ *Das relaxte Organicus Kitchen & Pantry in Manly*

Sydney am Abend

Die Tradition, dass in den Pubs am Wochenende **Rock- und Popbands** auftreten, ist fast nur noch in den Vororten und in The Rocks (s. S. 52) lebendig. In den Bars und Kneipen in der City legt eher ein **DJ** auf. Manch ein Pub wird so zu vorgerückter Stunde zum Nachtklub, in dem man tanzt. Die großen Musikacts treten auf den großen Bühnen und in den Stadien der Stadt auf.

Ebenso populär wie Pubs sind die durchgestylten **Bars und Klubs**, die man in ebenso durchgestylter Aufmachung besucht. Hier gibt es Fingerfood, Sushi, Sternekoch-verdächtige Häppchen und Gerichte gepaart mit einer gehobenen Wein- und Cocktailkarte. Hier legen oftmals DJs auf und sorgen für die notwendigen „Vibes". Sehen und gesehen werden spielt eine große Rolle.

An den Wochenenden brummt es außerdem in den **Nachtklubs** und **Diskotheken** von Darling Harbour [D3], Kings Cross ❸❼ und Darlinghurst [G5].

Pubs und Bars

In den unter „Sydney für Genießer" genannten Pubs (s. S. 29) kann man essen gehen oder nur auf einen Drink einkehren. Nachfolgende Etablissements besucht man eher auf ein abendliches Kaltgetränk, aber in fast allen werden auch (kleine) Gerichte angeboten.

❶70 [E2] **Blu Bar on 36,** 36. Etage des Hotels Shangri-La, 176 Cumberland St, The Rocks, Tel. 92506000, geöffnet: tägl. ab 17, Mo.–Do. bis ca. 22 Uhr, Fr./Sa. bis 1, So. bis 23 Uhr. Hier kann man gemütlich einen Cocktail schlürfen und die fabelhafte Aussicht auf Sydney bei Nacht genießen.

❶71 [F2] **Cruise Bar,** 1. Stock, Overseas Passenger Terminal, The Rocks, Tel. 92511188, Küche geöffnet: Mo.–Do. 11–21, Fr./Sa. bis 22 Uhr. Supermoderne Loungebar mit Live-DJs (entsprechend laut), beliebt bei Sydneysider Yuppies. Die Preise in der Bar sind okay, die Speisekarte im Restaurant ist hingegen um einiges exklusiver und teurer.

Sydney am Abend

EXTRATIPP

Manly Jazz Festival
Am ersten Oktoberwochenende gibt es auf fünf Bühnen in Manly drei Tage lang kostenlose Jazzkonzerte (www.manly.nsw.gov.au/whatson/manly-jazz-festival).

EXTRATIPP

Homebake
Dieses **Musikfestival** (www.homebake.com.au) für australische Bands aus den Bereichen Pop, Rock und Alternative findet an einem Tag Anfang Dezember in The Domain statt.

⊖72 [E2] **Harts Pub,** Essex St/Gloucester St (am Fuße des Hotels Shangri-La), The Rocks, Tel. 92516030, geöffnet: So. 11-23, Mo.-Mi. 11-24, Do.-Sa. 11-1 Uhr. Minibrauerei mit vier hauseigenen Bieren und weiteren Sorten von kleinen australischen Brauereien. Für wahre Bierliebhaber.

› **Orbit Lounge Bar & Tapas,** gehört zum Summit Restaurant (s. S. 28), geöffnet: Mo.-Fr. ab 10, Sa./So. ab 17 Uhr. Die aufregende Bar befindet sich im 47. Stock des Australia-Square-Gebäudes, das sich um sich selbst dreht und so in 105 Minuten eine komplette Rundumsicht der Skyline von Sydney bietet. Bei Tage ebenso zu empfehlen wie am Abend. Viele tolle Tapas für 7-16 $, Cocktails für 13-23 $.

⊖73 [E2] **The Australian Heritage Hotel,** 100 Cumberland St, The Rocks, Tel. 92472229, geöffnet: Mo.-Sa. 11.30 Uhr bis spät, So. 11.30-23 Uhr. 120 Biere auf der Karte und Gourmetpizzas locken Touristen aus aller Welt. Das Ambiente in diesem denkmalgeschützten Pub von 1913 ist einfach gut.

Nachtleben

In einer Metropole wie Sydney gibt es eine Vielzahl an Musiktempeln, Discos, Jazzkellern, Kleinkunstbühnen, Szenetreffs, Kabarettbühnen, Nachtbars usw. Die folgenden Tipps befinden sich in den touristisch interessanten Stadtteilen.

Jazz und Blues
⊖74 [F2] **The Basement,** 7 Macquarie Pl, Circular Quay, Tel. 92512797, www.thebasement.com.au, geöffnet: So.-Do. 12-24, Fr. 12-2, Sa. 17.30-2 Uhr. Der bekannte Klub ist vor allem am Abend gut besucht. Hier wird fast täglich Jazz, Blues und *roots music* live gespielt.

Rock und Punk
› **Coogee Bay Hotel** (s. S. 119). Hervorragendes Hotel, gemütlicher Biergarten und fünf weitere Bars, ein Nachtklub, ein gutes Restaurant und täglich Livemusik in der Beach Bar: Mo./Di. ab 21, Mi.-Sa. ab 22, So. ab 19.30 Uhr.

⊖75 [G6] **Flinders Hotel,** 63 Flinders St, Surry Hills (bei Darlinghurst), www.theflindershotel.com.au, geöffnet: Di.-Do. 17-3, Fr./Sa. 17-5 Uhr. Gays und Heteros aller Altersklassen können dieser Kneipe, in der Livemusik noch groß geschrieben wird, etwas abgewinnen.

⊖76 [E5] **Goodgod 'Small Club',** 55 Liverpool St, www.goodgodgoodgod.com, geöffnet: Mi. 17-1, Do. bis 2, Fr. bis 5, Sa. 18-5 Uhr (Küche Mi./Do. bis 23, Fr./Sa. bis 24 Uhr), Eintritt: bis zu 15 $. Kleiner Klub mit regelmäßigen Rock- und Punkbandauftritten sowie Dancefloor-Events.

◂ *Die hippen Lokale am Overseas Passenger Terminal [F1] sind immer gut besucht*

Auf ins Vergnügen
Sydney am Abend

77 [E5] **Metro Theatre,** 624 George St, www.metrotheatre.com.au. Konzertbühne für bekannte nationale und internationale Independent-Rockkonzerte.

78 [E5] **Three Wise Monkeys,** 555 George St, Chinatown, www.3wisemonkeys.com.au, geöffnet: Mo.–Do. 10–4, Fr. bis 6, Sa. 11–6, So. 11–4 Uhr. Hier stehen Touristen und Einheimische besonders am Wochenende Schlange, um ein Bierchen zu trinken und täglich ab 19, 22 oder 22.30 Uhr der Livemusik zu lauschen.

Nachtklubs

79 [F5] **Exchange Hotel,** 34–44 Oxford St, Darlinghurst, www.exchangehotel.biz, Eintritt: bis 15 $. Eine Adresse mit sechs verschiedenen, unterschiedlich eingerichteten Räumlichkeiten: Livemusikbühne im Spectrum, Nachtklub in der Q Bar (am 3. Sa. jeden Monats nur für Frauen), Punk und Hardcore in der Phoenix Bar, Burlesque Shows im 34B.

80 [H4] **Fake Club,** 2A Roslyn St, Kings Cross, www.fakeclub.com.au, Eintritt: je nach Show 20–300 $. Eine der besten Adressen für House, Deep House und Techno. Hier wird die Nacht durchgetanzt! Sonntags gibt es ab 4 Uhr morgens, wenn die meisten anderen Klubs so langsam schließen, noch den SPICE After Hour Club.

81 [D4] **Home,** 101 Wheat Rd, Cockle Bay Wharf, Darling Harbour, www.homesydney.com, Eintritt: bis 25 $. Riesige Disco mit acht verschiedenen Räumlichkeiten mit unterschiedlicher Musik. Will man am Türsteher vorbeikommen, muss man sich allerdings in Schale werfen.

82 [F5] **Mars Lounge,** 16 Wentworth Ave, Surry Hills, Eintritt: bis zu 10 $. Eine Bar mit Hetero- und Homopublikum, wo insbesondere am Samstag getanzt wird, auch Jazzabende.

83 [D4] **Pontoon Bar,** Cockle Bay Wharf, Darling Harbour, www.pontoonbar.com (man kann sich online auf die Gästeliste setzen lassen), Eintritt: bis 10 $. Am Wochenende ist hier immer der Bär los. Die Lage am Darling Harbour mit Blick auf die Cockle Bay macht die Pontoon Bar zu einer der attraktivsten Discos von Sydney.

84 [E3] **Retro Hotel (The Bristol Arms),** 81 Sussex St, www.theretro.com.au, Eintritt: bis 20 $. Beliebte Disco mit fünf Ebenen, spezialisiert auf Musik der 1970er- und 1980er-Jahre, zu der 30-Plusser gern tanzen. Angenehm unpretentiös!

85 [H4] **Soho Bar & Nightclub,** 171 Victoria St, Potts Point, www.sohobar.com.au (man kann sich online auf die Gästeliste setzen lassen), Eintritt: bis 16 $. Bei 20- bis 30-Jährigen (vornehmlich weiblichen) Discobesuchern beliebter, alteingesessener Nachtklub mit Vorliebe für Electronic, Indie Pop und Dubstep Sounds am Rande von Kings Cross.

86 [E2] **The Argyle,** 18 Argyle St, The Rocks, www.theargylerocks.com, Eintritt: bis 10 $. Nachtklub in atemberaubendem historischem Dekor mit fünf Bars und kleiner Tanzfläche. Beliebter Ort, um den Abend zu beginnen.

> **EXTRATIPP**
> ### Kleinkunst und Kabarett
> **87** [E4] **The Arthouse Hotel,** 275 Pitt St, Tel. 92841200, www.arthousehotel.com.au, Küche: Mo.–Fr. ab 11, Sa. 17–24 Uhr. Eine der erstaunlichsten Kneipen in einer ehemaligen Kunstschule aus dem Jahr 1836, in der man sehr gut essen gehen kann oder aber zu später Stunde die Cocktailkarte unter die Lupe nehmen sollte. Kunstausstellungen, Varieté und Kabarettvorstellungen machen den Abend hier regelmäßig zu etwas Besonderem.

Theater, Film und Konzerte

Es gibt eine Vielzahl an Theatern und Konzertbühnen in Sydney, die jedoch nicht alle für Touristen interessant sind. Das Theaterprogramm kann man online unter www.smh.com.au/entertainment/stage einsehen. Die wichtigsten Bühnen sind:

- 88 [E4] **State Theatre**, 49 Market St, City, Tel. 93736655, Tickets Tel. 1300139588 (Ticketmaster), www.statetheatre.com.au. Ein opulentes, altes Theater, das vor allem für Konzerte genutzt wird.
- 10 [F1] **Sydney Opera House.** Der Besuch des Opernhauses ist auch von innen sehr zu empfehlen, am besten im Rahmen einer Veranstaltung. Man kann alternativ aber auch an einer Führung teilnehmen.
- 89 [E1] **Sydney Theatre (The Wharf)**, Pier 4, Hickson Rd, Walsh Bay (The Rocks), Tel. 92501777, www.sydneytheatre.org.au, Theaterkasse: Mo.-Sa. 9-20.30, So. (an Vorstellungstagen) 15-17.30 Uhr. Die Theateradresse in Sydney schlechthin (Intendanten: Cate Blanchett und Andrew Upton). Geboten wird modernes australisches Theater, Comedy und moderner Tanz (u. a. von der renommierten Aborigine-Gruppe Bangarra Dance Theatre, die gekonnt traditionelle Elemente der Aborigines mit modernem Tanz zu einem aufregend neuen Stil kombiniert.

Ebenso gibt es in Sydney eine Vielzahl an **Kinosälen**. Die wichtigsten für Filmfestivals sind:

- 90 [H7] **Chauvel Cinema**, Oxford St (Ecke Oatley Rd), Paddington, www.palacecinemas.com.au. Programmkino.
- 91 [F2] **Dendy Opera Quays,** 2 Circular Quay East, Circular Quay, www.dendy.com.au. Programmkino.
- 92 [E5] **Event Cinemas,** 505-525 George St, City, www.eventcinemas.com.au. Blockbuster-Kino.
- 93 [G6] **Palace Verona**, 17 Oxford St, Paddington, www.palacecinemas.com.au. Programmkino.

Sydney für Kunst- und Museumsfreunde

Museen allgemein

Sydney bietet eine Vielzahl an empfehlenswerten Museen, die dem Besucher einen tieferen Einblick in die australische Geschichte vermitteln. Geschlossen bleiben alle Museen am 25. Dezember und vielfach auch am Karfreitag.

- 22 [F5] **Australian Museum.** Hervorragendes Museum, das interessante Informationen über die australische Fauna, Flora und Geologie sowie die Geschichte der Aborigines vermittelt.
- 35 [D4] **Australian National Maritime Museum.** Das Schifffahrtsmuseum bietet

▶ *Öffentliche Kunst: die Plastik „Still Life With Stone and Car" von Jimmie Durham in der Hickson Road, Ecke Pottinger St [E1]*

Sydney für Kunst- und Museumsfreunde

Museen, die mit einer magentafarbenen Nummer (22) als Hauptsehenswürdigkeit ausgewiesen sind, werden im Kapitel „Sydney entdecken" ausführlich beschrieben. Dort finden sich auch alle praktischen Informationen wie Adresse, Öffnungszeiten usw.

Einblicke in die Entdeckungsgeschichte Australiens und die Expeditionen zur Antarktis.

🏛 **94** [E2] **Cadman's Cottage,** 110 George St, The Rocks, Tel. 92475033, geöffnet: Mo.–Fr. 9.30–16.30, Sa./So. 10–16.30 Uhr, Eintritt: frei. Älteste historische Residenz Sydneys mit kleinem Museum und dem Sydney Harbour National Park Information Centre.

㉕ [F4] **Hyde Park Barracks.** Hier erfährt man, wie man sich die Tage als Strafgefangener in der britischen Kolonie vorstellen muss.

❾ [F2] **Justice & Police Museum.** Vermittelt Informationen zur Rechtsprechung in den Zeiten der Strafgefangenenkolonie und Einblicke in das Leben der berühmten australischen *bushranger* (Buschräuber).

🏛 **95** [B7] **Macleay Museum,** Macleay Building, Science Rd, geöffnet: Mo.–Fr. 10–16.30, So. 12–16 Uhr, Eintritt: frei. Umfangreiche naturkundliche Sammlung in der University of Sydney.

🏛 **96** [F3] **Museum of Australian Currency Notes,** Reserve Bank of Australia, 65 Martin Pl, geöffnet: Mo.–Fr. 10–16 Uhr, Eintritt: frei. Museum zur farbenfrohen Geschichte der australischen Banknoten, die zugleich Meilensteine in der australischen Geschichte widerspiegeln.

🏛 **97** [F3] **Museum of Sydney,** Phillip St/Bridge St, geöffnet: tägl. 9.30–17 Uhr, Eintritt: 10 $. Das Museumsgebäude steht auf den Fundamenten des ersten Regierungsgebäudes von Australien, das 1788 von Gouverneur Arthur Phillip errichtet wurde und von dem aus die ersten neun Gouverneure die Angelegenheiten der Kolonie regelten. Im Museum werden Ausstellungsstücke zur Siedlungsgeschichte Sydneys und der Kultur der Eora-Aborigines gezeigt.

㉚ [D5] **Powerhouse Museum.** Das größte Museum der Stadt stellt die Geschichte technischer Errungenschaften (der Welt und insbesondere Australiens) vor und ist besonders für Besucher mit (Schul-)Kindern interessant.

🏛 **98** [E2] **Susannah Place,** 58–64 Gloucester St, geöffnet: Mo.–Fr. 14–18, Sa./So. 10–18 bzw. im Winter bis 17 Uhr, Eintritt: 8 $. Shop kostenlos zugänglich. Das dreistöckige Haus veranschaulicht die frühe Bauweise in der Kolonie und beherbergt einen kleinen Kolonialwarenladen aus den 1920er-Jahren, in dem es Waren der Zeit zu kaufen gibt.

❸ [E2] **Sydney Observatory.** Ehemalige Sternwarte mit Teleskop und Blick in den australischen Sternenhimmel. Hier erhält man Informationen zur Milchstraße, dem Kreuz des Südens und zur Astronomiegeschichte.

Sydney für Kunst- und Museumsfreunde

🏛 **99** [E2] **The Rocks Discovery Museum**, 2–8 Kendall Ln, geöffnet: tägl. 10–17 Uhr, Eintritt: Spende von 1 bis 2 $ erbeten. Museum über die Geschichte der Aborigines und des Viertels The Rocks vor und nach der Gründung der Strafgefangenenkolonie.

Kunstmuseen und -galerien

In einer Stadt wie Sydney gibt es unzählige **Kunstgalerien**, von denen viele auf australische Kunst spezialisiert sind. Kunstinteressierte sollten sich in **Paddington** (Oxford St **42**, Glenmore Rd [H6], Hargrave St [I6], Goodhope St [I6]), **Woollahra** (Queen St, Moncur St, Jersey Rd) und **East Sydney** (Cathedral St) umsehen, wo eine Vielzahl von Galerien ansässig ist. Weitere Adressen findet man in **The Rocks** (s. S. 52).

26 [G3] **Art Gallery of NSW und Yiribana Gallery.** Sehenswerte Sammlungen australischer Kunst, Kunst und Kultur der Aborigines und Torres Strait Islanders sowie europäischer und asiatischer Kunst.

44 [H7] **Australian Centre for Photography.** Wechselnde Ausstellungen von zeitgenössischen australischen Fotografen.

100 [E2] **Billich Art Gallery,** 106 George St, The Rocks, www.billich.com, geöffnet: tägl. 9.30–17.30 Uhr. Galerie, die die Arbeiten des Künstlers Charles Billich ausstellt.

101 [F7] **Brett Whiteley Studio,** 2 Raper St, Surry Hills, Tel. 92251892, www.brettwhiteley.com, geöffnet: Sa./So. 10–16 Uhr, Eintritt: frei. Atelier und Wohnhaus des 1992 verstorbenen gleichnamigen Sydneysider Künstlers mit wechselnden Ausstellungen seiner Skulpturen und Malereien.

102 [E2] **Craft NSW,** 104 George St, The Rocks, geöffnet: tägl. 9.30–17.30 Uhr. Hervorragende kunsthandwerkliche Arbeiten der Mitglieder der Society of Arts and Crafts of NSW werden hier ausgestellt und verkauft.

54 [II] **Manly Art Gallery & Museum.** Gute Sammlung von australischen Keramiken und zeitgenössischer sowie früher australischer Malerei.

2 [E2] **Museum of Contemporary Art (MCA).** Hervorragende Sammlung moderner australischer Kunst und umfassende Sammlung von Aborigine-Kunst.

103 [G6] **Object Gallery,** 417 Bourke St, Surry Hills, Tel. 93614511, www.object.com.au, geöffnet: Di.–Fr. 11–17, Sa./So. 10–17 Uhr. Ausstellung und Verkauf von Kunsthandwerk und Designobjekten von inspirierenden australischen Künstlern und Designern.

104 [E2] **S.H. Ervin Gallery,** Observatory Hill, The Rocks, Tel. 92580173, www.nationaltrust.com.au/placestovisit/sheg, geöffnet: Di.–So. 11–17, Eintritt: 7 $. Wechselausstellungen zu australischen Themen aus der Sammlung des National Trust.

> ### EXTRATIPP — Kunst unter freiem Himmel
> › **Art & About.** Dreiwöchiges Festival im September/Oktober, bei dem öffentliche Bereiche der Stadt durch Installationen, Performances, Livemusik u. a. bereichert werden (Infos: www.cityofsydney.nsw.gov.au/artandabout).
> › **Sculpture by the Sea.** Der Küstenweg von Bondi **48** nach Tamarama **49** verwandelt sich von Ende Oktober bis Anfang November in eine Skulpturenausstellung (www.sculpturebythesea.com).

◀ *Historische Schiffe beim Australian National Maritime Museum* **35**

Sydney zum Träumen und Entspannen

In der City gibt es zwei große **Parkanlagen**, in denen sich Sydneysider und Touristen gleichermaßen gern für eine kleine Verschnaufpause oder gar ein Picknick im Grünen niederlassen: die **Royal Botanic Gardens** ⓫ und der **Hyde Park** ㉑. Besondere Orte zum Träumen und Entspannen findet man jedoch vor allem entlang dem Sydney Harbour oder an der Küste zur Tasman Sea.

★**105** [D2] **Illoura Reserve**, Balmain, Fähre nach Balmain East Wharf. Kleiner Park rund um die Fährenanlegestelle in Balmain, von der man die Stadt einmal von einem anderen Blickwinkel aus betrachten kann.

› **Küstenwanderpfad von Bondi Beach nach Coogee** (s. S. 90). Die Küste zwischen Bondi Beach und Coogee mit ihren kleinen, versteckten Strandabschnitten wie Tamarama und Clovelly und großen offenen Buchten wie dem Endpunkt Coogee ist sehr abwechslungsreich. Naturfreunde können hier aufatmen und entspannen.

★**106** [I] **Nielsen Park**, Vaucluse, Bus 325 ab Circular Quay. Charmanter Park, praktisches Kiosk-Café und toller Badestrand. Wenn man Lust hat, ist der Park Ausgangsort für eine Küstenwanderung nach Watson's Bay oder zur City.

★**107** [I] **South Head**, Watson's Bay, Fähre von Circular Quay nach Watson's Bay. Der Nationalpark, Gap Park, Camp Cove, der Hornby Lighthouse und Watson's Bay bieten wunderbare Orte zum Entspannen an ihren Stränden entlang Sydney Harbour und den Klippen der Tasman Sea.

EXTRATIPP

Kleine „Kreuzfahrt" gefällig?

Preiswert und entspannend ist eine **Rundfahrt mit der Fähre** ab Circular Quay ❼, bei der man die Aussicht und die frische Luft an Deck genießen kann. Am beliebtesten ist die Fähre nach Manly, aber auch alle anderen (außer der Fähre nach Parramatta) sind für einen Ausflug geeignet, insbesondere wenn man einen MyMulti Pass (s. S. 123) besitzt.

Für eine „kleine Kreuzfahrt" mit Cafébesuch bieten sich folgende Haltestellen an, die direkt an den Werften gelegen sind:

◯**108** [I] **Rose Bay Marina Kiosk**, Fähre nach Rose Bay, geöffnet: Mo.–Fr. 8–15.30, Sa./So. 8–16 Uhr. Toller Ort für ein Frühstück oder Lunch am Wasser mit einer der schönsten Aussichten in Sydney. Auf der täglich wechselnden Speisekarte wird jeder fündig.

◯**109** [I] **Thelma & Louise Cafe**, Fähre nach Neutral Bay, geöffnet: tägl. 7–17 Uhr. Guter Kaffee, interessante Gerichte, eine quirlige Atmosphäre und Blick auf die Bucht von Neutral Bay.

◯**110** [I] **Watson's Bay Hotel**, Fähre nach Watson's Bay, geöffnet: tägl. 7–22 Uhr. Die Speisekarte ist nicht famos, aber die Fahrt und die wunderschöne Aussicht auf Sydney rechtfertigen einen Besuch auf ein Getränk.

Am Puls der Stadt

Am Puls der Stadt
Das Antlitz der Metropole

Viel blauer Himmel, Sonnenschein, eine frische Meeresbrise und die glitzernden Wellen im Sydney Harbour und an der Tasman Sea bringen die Stadtbewohner und Besucher jeden Tag zum Lächeln – aller Großstadthektik zum Trotz.

Das Antlitz der Metropole

Eine moderne Wolkenkratzerarchitektur, sanierte Altstadtviertel und die ständig neu entstehenden Großbaustellen sind deutliche Zeichen einer wirtschaftlich boomenden Stadt. Alles ist auf Hochglanz poliert, sowohl die neuen Gebäude als auch die historischen Bauten. Die Mehrzahl der Stadtbewohner hat Geld und nimmt sich auch die Zeit, dieses in den Cafés, Restaurants, Pubs, Bars und Geschäften auszugeben. Der weitläufige natürliche Hafen mit seiner sanft hügeligen Landschaft bildet den Rahmen für den historischen Stadtkern mit dem berühmten Sydney Opera House und der Sydney Harbour Bridge und für den Central Business District, das Geschäfts- und Einkaufszentrum der Stadt. Die berühmten Strandvororte Bondi Beach und Manly scheinen dem Rhythmus der Meeresbrandung zu folgen. Die Menschen kommen und gehen: zum Sonnenbaden, Schwimmen, Surfen, Joggen, Spazieren, Nachtschwärmen, Essen, Trinken und Schwatzen. In der Woche sind es vor allem Einheimische und Touristen, am Wochenende hippe Stadtbewohner.

Der **Stadtkern** von Sydney liegt besonders malerisch in einer Bucht von Sydney Harbour, der Mündung des Parramatta River in die Tasman Sea.

◀ *Vorseite: Blick von der Uferpromenade des Botanischen Gartens* ❶ *auf die City*

021sy Abb.: eg

Am Puls der Stadt
Das Antlitz der Metropole

Der **Großraum Sydney** umfasst 656 Stadtteile, die 35 Regierungsdistrikten unterstellt sind und zusammen rund 4000 km² Fläche abdecken. Die sogenannten Sydneysider nehmen somit oftmals lange Anfahrtszeiten von ihrem Wohnort zu ihrer Arbeitsstelle in der City in Kauf. Das **touristisch interessante Stadtgebiet** beschränkt sich jedoch im Wesentlichen auf die Stadtbezirke The Rocks, Central Business District, Chinatown, Darling Harbour, Glebe, Darlinghurst, Paddington, Kings Cross, Bondi Beach, Coogee und Manly. Der öffentliche Nahverkehr ist insbesondere in diesen Stadtvierteln mit U-Bahn, S-Bahn, Nahverkehrszügen, Bussen, Fähren und einer Monorail-Linie gut ausgebaut.

Sydney ist mit seinen **rund 4,5 Millionen Einwohnern** mit Abstand die **größte Stadt Australiens** und darüber hinaus die **Hauptstadt des Bundesstaates New South Wales (NSW)**. Im Grunde ihres Herzens sehen die Sydneysider ihre Stadt als wahre Hauptstadt Australiens – nicht unbedingt politisch gesehen, sondern eher im Hinblick auf **Trends** im sozialen Bereich, in puncto Mode, Nachtleben oder auch im Hinblick auf die Restau-

> **KURZ & KNAPP**
>
> **Die Stadt in Zahlen**
> - **Gegründet:** 1788
> - **Einwohner:** 4,58 Millionen
> - **Bevölkerungsdichte:** 377 Einwohner pro km² (in Inner Sydney jedoch 4741 Einwohner pro km²)
> - **Fläche:** Großraum Sydney ca. 12.137 km² (davon ca. 8000 km² Nationalparks), Inner Sydney 75,4 km²
> - **Höhe ü. M.:** Central Business District ca. 12 m
> - **Stadtbezirke:** 35

▼ *Die ANZAC Bridge [B4] überspannt die Blackwattle Bay*

rantszene. Sydney ist auch nach wie vor die beliebteste Stadt unter den Einwanderern aus aller Welt, die hier in der nach wie vor boomenden australischen Wirtschaft eine Vielzahl an Beschäftigungsmöglichkeiten finden.

Der seit der Jahrtausendwende anhaltende **Wirtschafts- und Immobilienboom** macht sich im **Stadtbild** bemerkbar: Die einst verwaisten alten Hafen- und Industriegebäude entlang dem Hafen wurden restauriert oder abgerissen und es sind neue Parklandschaften, Hochglanzapartments und Bürogebäude entstanden. Die alten Werften in Woolloomooloo, Circular Quay, The Rocks, Pyrmont Bay und Darling Harbour erstrahlen heute in neuem Glanz. Die für Drogen, Prostitution und Nachtleben berühmtberüchtigten Stadtviertel Woolloomooloo, East Sydney, Potts Point, Kings Cross und Darlinghurst wurden und werden saniert und gentrifiziert. Dennoch sind Kings Cross und Darlinghurst auch heute noch **Zentren des innerstädtischen Nachtlebens**, genau wie der Central Business District, wo ebenfalls reichlich Nachtklubs und Bars angesiedelt sind.

Von den Anfängen bis zur Gegenwart

Einst war Sydney die erste Strafgefangenenkolonie der Engländer auf australischem Boden. Heute ist die Stadt eine Weltmetropole, die sich in vielerlei Hinsicht mit großen Namen wie London oder New York messen kann.

Auf einer geheimen Mission stieß **Kapitän James Cook** 1770 als erster Europäer auf die Ostküste Australiens und ging mit seinem Schiff „Endeavour" am 19. April in der **Botany Bay** vor Anker. Heute befinden sich an den Ufern dieser Bucht der Flughafen und der Containerhafen von Sydney. Nach einer Woche segelte Cook die Küste entlang gen Norden, ging auf einer kleinen Insel vor Cape York erneut an Land, hisste die britische Flagge, erklärte das Territorium bis zum 135. Längengrad im Namen von König George III. zu britischem Besitz und nannte es **New South Wales**.

Nachdem die amerikanischen Kolonien 1776 während des Unabhängigkeitskriegs dagegen rebelliert hatten, weitere Strafgefangene aus England als Zwangsarbeiter auf ihren Plantagen aufzunehmen, veranlasste der ab 1783 amtierende Innenminister **Thomas Townshend, Viscount Sydney,** im Jahr 1786 die Gründung einer **Strafgefangenenkolonie.** 1787 stach unter dem Kommando von Kapitän **Arthur Phillip** die **First Fleet** (Erste Flotte) mit elf Schiffen und ca. 1500 Männern und Frauen in See. Mehr als 750 von ihnen waren Strafgefangene, der Rest vorwiegend Angehörige der Marine.

Die Kolonie sollte ursprünglich in der Botany Bay gegründet werden, die James Cook und Joseph Banks bei ihrer Reise mit dem Schiff Endeavour entdeckt hatten und wo sie am 29. April 1770 erstmals an Land gegangen waren. Phillip fand jedoch, dass die Botany Bay, wo sich heute der Containerhafen befindet, nicht genügend Schutz für eine Siedlung bot und entschied sich für die Bucht **Sydney Cove**, die er nach dem Viscount Sydney benannte. Am **26. Januar 1788** ließ Phillip alle elf Schiffe in Sydney Cove vor Anker gehen und die Strafgefangenen an Land bringen. Begleitet von Gewehrschüssen

Am Puls der Stadt
Von den Anfängen bis zur Gegenwart

hisste man am Abend feierlich den britischen Union Jack. Seither wird dieses Datum als **Australia Day**, der Gründungstag Australiens, gefeiert.

Im heutigen Stadtviertel **The Rocks** entstand eine Siedlung, die somit die historische Wiege der Stadt und der australischen Nation darstellt. Von hier aus wurde die Kolonie stellvertretend für die britische Regierung verwaltet, von hier aus stachen die Handelsschiffe mit **Merinowolle** in See, um diese in England zu verkaufen. Damit begann die Blütezeit der für Australien so wichtigen Wollindustrie. NSW mauserte sich schnell zu einer Kolonie der freien Siedler, obwohl England noch bis 1840 Strafgefangene nach Sydney schickte. Im Juli 1842 erhielt Sydney das Stadtrecht und wuchs danach im **Goldrausch** der 1850er-Jahre rasend schnell. Noch 1851 zählte man im Stadtzentrum ca. 42.000 und in den Vororten 9684 Einwohner. 40 Jahre später waren es mit 383.283 Einwohnern schon mehr als siebenmal so viel.

Die Stadt bekam entlang der Pitt St eine von Pferden gezogene **Straßenbahn** und zur Sydney International Exhibition (1879) im eigens dafür erbauten Garden Palace kamen dampfbetriebene Straßenbahnen hinzu. Händler ließen sich in Paddington, Newtown oder Pyrmont nieder, die Arbeiterslums befanden sich in The Rocks, Darling Harbour und Surry Hills und die Reichen bauten ihre Villen entlang der Macquarie St und auf dem Woolloomooloo Hill (heute Potts Point). Chinatown entwickelte sich entlang der George St in Richtung Hauptbahnhof.

Mit dem **Immigrantenstrom** aus dem durch den Zweiten Weltkrieg gebeutelten Europa und weiteren Immigranten aus dem krisengeschüttelten Mittleren Osten und aus Asien in den 1970er- und 1980er-Jahren änderte sich das Gesicht Sydneys im 20. Jh. zu einer **multikulturellen Metropole**. Durch die große **Toleranz** gegenüber neuen Mitbürgern und auch Homosexuellen wurde die Stadt erneut zum Nabel des Kontinents. Hierher kamen und kommen die meisten Auswanderer und verleihen der mit Abstand größten Stadt Australiens den unwiderstehlichen Charme und ihren Facettenreichtum. Sydney ist heute mit all seinen richtungsweisenden Ideen und Moden, aber auch seinen Extravaganzen das New York oder London des australischen Kontinents.

26.01.1788: Gründung der Strafgefangenenkolonie Sydney Cove in NSW unter Gouverneur Arthur Phillip

1801–1803: Matthew Flinders umsegelt und kartografiert den australischen Kontinent und belegt, dass New Holland und NSW zu einem Kontinent gehören.

1803–63: Gründung von weiteren britischen Siedlungen: Van Diemens Land (1803, Tasmanien), Moreton Bay (1824, Queensland), Swan River (1829, Western Australia), Victoria (1835), Adelaide (1836, South Australia)

1825: Van Diemens Land wird als erste der neuen Siedlungen eine von NSW unabhängige Kolonie

1828: Beginn einer Auswanderungskampagne, bei der die Überfahrt von Großbritannien nach Australien von der britischen Regierung bezahlt wird

1841: Letzter Transport von Strafgefangenen nach NSW

1842: Beginn der kolonialen Selbstverwaltung Australiens

1850: Der Südteil von NSW splittet sich als unabhängige Kolonie Victoria ab.

1851–1870: Goldrausch rund um Bathurst im östlichen Teil Australiens

1872: Henry Parkes wird Premierminister von NSW. Er wird viermal wiedergewählt

Am Puls der Stadt
Von den Anfängen bis zur Gegenwart

und gilt als Gründervater Australiens, da er sich für die Vereinigung zu einer Föderation einsetzt.

1899: Die Australier nehmen für die Briten am Burenkrieg in Südafrika teil.

1900: Militärische Beteiligung beim Boxeraufstand in China an der Seite Großbritanniens. Daraus resultiert eine anti-chinesische Haltung. Bei der Gründung der Föderation wird deshalb die Immigration Restriction Act verabschiedet, wonach ausschließlich weiße Immigranten in Australien aufgenommen werden können („White Australia policy").

1.1.1901: Feierlicher Zusammenschluss der sechs Kolonien Australiens zum Federal Commonwealth of Australia mit bundesstaatlicher Verfassung und Dominion-Status (fast vollständige Unabhängigkeit von Großbritannien). Erster Premierminister ist Edmund Barton. Die Feierlichkeiten finden im Centennial Park in Sydney statt.

1911: Gründung des Federal Capital Territory (seit 1938 Australian Capital Territory genannt), in dem ab 1913 der heutige Regierungssitz Canberra gebaut wurde, wo seit 1927 alle föderalen Parlamentssitzungen stattfinden.

1914–1918: Australien kämpft an der Seite der Briten im Ersten Weltkrieg. 421.809 australische Freiwillige melden sich zum Kriegsdienst. Bilanz: rund 61.720 Gefallene und ca. 156.000 Verwundete, die höchste Todesquote unter den Alliierten.

1939–1946: Als die Japaner im Zweiten Weltkrieg Singapur einnehmen, bitten die Australier die USA um Hilfe. 1942 werfen die Japaner Bomben auf Darwin und greifen Sydney mit Mini-U-Booten an. 993.000 Australier ziehen in den Krieg, 39.366 sterben, viele von ihnen in japanischer Gefangenschaft.

1945–1971: Kontinuierlicher Immigrantenstrom aus Europa, eingeleitet von Regierungschef Josef Benedict Chifleys neuer Einwanderungspolitik. Jedes Jahr werden Einwanderungskontingente für bestimmte Nationalitäten festgelegt, ab 1966, nach dem Ende der „White Australia"-Politik, auch aus Asien.

1949: Einführung der australischen Staatsbürgerschaft. Bis dahin konnte man – wenn gewünscht – nur die britische Staatsbürgerschaft annehmen.

1951: Zum Schutz gegen künftige Bedrohungen z. B. durch Japan schließen Australien und Neuseeland mit den USA das ANZUS Treaty. Es beinhaltet, dass diese Nationen sich verpflichten, einander im Kriegsfall zu helfen. Aus diesem Grund ist Australien als Verbündeter der USA im Koreakrieg (1953), im Vietnamkrieg (1965), im Golfkrieg (1990), im Anti-Terror-Krieg in Afghanistan (2002) und im Irakkrieg (2003) aktiv beteiligt.

1956: Olympische Spiele in Melbourne

1962: Die Aborigines erhalten das Wahlrecht (in Queensland erst 1965), 1967 wird dies in einem Referendum vom Volk bestätigt.

1966: Einführung des Australischen Dollars

1970: Victoria überträgt als erster Bundesstaat Land an die Aborigines.

1975: Eine Korruptionsaffäre führt zur umstrittenen Absetzung des Premierministers Gough William durch den Generalgouverneur Sir John Kerr.

1984: „Advance Australia Fair" ersetzt endgültig „God Save The Queen" als offizielle Nationalhymne.

1985: Uluru (Ayers Rock) und Kata Tjuta (The Olgas) werden an die Aborigines zurückgegeben und erhalten ihre Aborigine-Namen zurück.

1986: Der Australia Act macht das australische Rechtssystem endgültig unabhängig von Großbritannien.

1992: Präzedenzfall: Das Oberste Gericht erkennt im Mabo-Fall an, dass die Aborigines Landrechte haben und es nie eine *terra nullius* (Niemandsland) gegeben hat. Ein Jahr später wird der Native Title

Act unterzeichnet, wodurch Aborigines ein Recht auf Kompensation für Landverlust haben. Durch den Citizenship Act muss außerdem bei der Einbürgerung nicht länger auf die britische Krone geschworen werden.

1999: Bei einer Volksabstimmung lehnt die Mehrheit der Australier die Republikgründung ab, weil das angebotene Modell nicht ihren Vorstellungen entspricht.

2000: Olympische Spiele in Sydney. Darauf folgt ein Bau- und Immobilienboom, bei dem so manches Grundstück bis 2005 seinen Wert verdoppelt oder gar verdreifacht. Die Lebenshaltungskosten steigen rasant.

2002: Terroristischer Bombenanschlag auf Bali. 92 junge Australier sterben. Im Zuge der weltweit zunehmenden Bombenanschläge in den Folgejahren werden in Australien die Sicherheitsmaßnahmen verschärft. Das „isolierte" Lebensgefühl verändert sich.

2007: Nach 13 Jahren Regierungskoalition von Liberal und National Party unter Premierminister John Howard gelingt der Australian Labor Party mit Kevin Rudd an ihrer Spitze der lang ersehnte Regierungswechsel.

2010: Nach einer kleinen parteiinternen Revolte wird Julia Gillard ohne Gegenkandidat zur Vorsitzenden der Labor-Partei gewählt. Sie verdrängt somit Kevin Rudd und damit steht erstmals eine Frau an der Spitze Australiens.

Beliebt: ein Spaziergang am Circular Quay ❶ von The Rocks bis zum Botanischen Garten ⓫

Leben in der Stadt

Strände, das Buschland in den Nationalparks, Flüsse und Binnenhäfen prägen das Bild der Metropole Sydney. Ihre Einwohner, die Sydneysider, kommen aus allen Erdteilen und bilden eine multikulturelle Gesellschaft, in der die australische Kultur jedoch dominant bleibt.

Der **Central Business District** ist vor allem durch seine Wolkenkratzer mit Büroflächen, Hotels und Geschäften gekennzeichnet. In einem Teil der Gebäude gibt es zwar auch Apartments, aber nach Feierabend und Ladenschluss wird es in manchen Straßen doch sehr ruhig. Ganz anders in Stadtvierteln wie **Kings Cross**, **Darling Harbour**, **Chinatown**, **Glebe** oder **Darlinghurst**. Hier nimmt das bunte

Am Puls der Stadt
Leben in der Stadt

Treiben in den Straßen dann eher zu, denn hier lebt man, hier amüsiert und entspannt man sich. In den Strandvororten **Bondi Beach** und **Manly** sowie dem „Designermodevorort" **Paddington** ist es wiederum am quirligsten, solange man am Strand baden kann bzw. die Geschäfte geöffnet sind.

Sydney ist natürlich auch eine **Studentenstadt** mit fünf Universitäten, an denen insgesamt ca. 120.000 Studenten eingeschrieben sind. Hinzu kommen noch diverse andere Bildungsinstitute. Allein an der Sydney University, der ältesten Universität der Stadt, sind an den 18 Fakultäten

Die Aborigines

*Die **Urbevölkerung Australiens** lebte bei britischem Siedlungsbeginn im Jahr 1788 bereits seit mindestens 20.000 Jahren im Hafengebiet von Sydney. Die Besatzung von Captain Cook stempelte die Aborigines bei ihren Landgängen 1770 aber als „ein paar Wilde" ab, denen man keine Landrechte abkaufen müsse.*

*Der Großteil der Ureinwohner überlebte die englische **Kolonialisierung** nicht, von ursprünglich ca. 3000 Aborigines in der Gegend blieben weniger als 300 übrig. Die anderen wurden getötet oder fielen eingeschleppten Krankheiten wie Grippe, Masern, Tuberkulose und Windpocken zum Opfer. Die Übriggebliebenen waren bis weit ins 20. Jh. weitgehend **rechtlos** und wurden in der modernen Siedlungsgeschichte Sydneys an den Rand der Stadt nach La Perouse gedrängt.*

*Heute sind von der Gesamteinwohnerzahl Sydneys nur rund 41.804 Aborigines (Zensus 2006), also **weniger als ein Prozent!** Das Verhältnis zwischen der Nicht-Aborigine-Bevölkerung und den Aborigines bleibt angespannt. 2011 debattierte man um die Definition der „Ankunft der Weißen" und die Aborigines fordern, dass in den Geschichtsbüchern endlich von der „Invasion der Engländer" die Rede sein sollte.*

Barangaroo – das neueste Megaprojekt

Aborigine? Aboriginal?

In der deutschen Literatur ist der Begriff „Aborigine" fast überall gebräuchlich, die australischen Ureinwohner hören die Begriffe „Aborigines" oder auch „Aboriginals" aber oft nicht gern. In Australien verwendet man daher häufig die **politisch korrekte Bezeichnung „Indigenous Australians"**, womit jedoch auch die **Torres Strait Islanders** gemeint sind, die Ureinwohner von den Torres-Strait-Inseln, die zum australischen Bundesstaat Queensland gehören. Meint man die Festland-Einwohner, sprechen die Australier daher von „Aboriginal people". Die Wertung und Akzeptanz der Begriffe ändert sich je nach Stand der politischen Lage allerdings immer mal wieder und die Frage nach einer wirklich korrekten Bezeichnung ist nicht abschließend geklärt. Die Ureinwohner selbst benutzen zunehmend Selbstbezeichnungen, die sich meist von ihren primären Siedlungsgebieten oder den lokalen Sprachgruppen ableiten. In Sydney spricht man von „Eora people" und diese unterteilen sich wiederum in 34 Gruppen, wovon die Cadigal in der Region der heutigen Innenstadt lebten.

---

rund 46.000 Studenten eingeschrieben, davon kommen 8000 von außerhalb Australiens.

In Sydney leben mehr **im Ausland geborene Australier** als in den anderen australischen Metropolen. Die Zeiten, als die meisten neuen Migranten aus Großbritannien, Irland und Neuseeland stammten, sind jedoch vorbei, denn heute herrscht ein **Völkergemisch** aller Hautfarben, Glaubensrichtungen und Traditionen. Laut der letzten ausgewerteten Volkszählung (2006) stammt mindestens ein Viertel der Bevölkerung aus nichtenglischsprachigen Ländern, allen voran aus China, Indonesien, Südkorea, Thailand, Hongkong, Malaysia und Vietnam.

Fährt man Bus oder Taxi, spricht der Fahrer mit einem deutlichen ausländischen **Akzent** Englisch und verwendet dabei dennoch die vielen typisch australischen Redensarten. Junge Asiaten hingegen sprechen meist akzentfrei australisches Englisch, sodass man sich fragt, ob sie die Muttersprache ihrer Eltern überhaupt noch beherrschen. Es ist ein buntes und fröhliches Nebeneinander und Miteinander. „Gemischte" Liebespärchen und Ehepaare mögen für viele europäische Betrachter besonders herausstechen, aber hier in Sydney sind sie alle einfach nur Australier.

Barangaroo – das neueste Megaprojekt

Seit den Vorbereitungen auf die Olympischen Spiele 2000 nehmen die städtebaulichen „Facelifting-Projekte" einfach kein Ende. Die boomende Wirtschaft Australiens macht es möglich.

Ganze Stadtviertel wurden bereits **restrukturiert** und **restauriert**. Das Ergebnis kann sich sehen lassen: The Rocks mit seinen hübsch restaurierten, historischen Gebäuden, Darling Harbour als Freizeitmeile auf ehe-

◀ *Cockle Bay Wharf* ❸❶
ist sowohl am Tag als auch bei Nacht einen Besuch wert

Barangaroo – das neueste Megaprojekt

mals industriellem Hafengebiet, die Werften an Millers Point, der Hafen in Pyrmont, die Fahrradwege in der Stadt und die Wanderwege entlang der Küstenlinie.

Nun soll die Stadtsanierung im Rahmen des ökologischen Stadtsanierungsplans **Sustainable Sydney 2030** mit einem weiteren **Megaprojekt** vorangetrieben werden: Der Küstenabschnitt zwischen den Werften von Millers Point und denen von Darling Harbour soll endgültig von seinem industriellen Antlitz befreit werden. „**Barangaroo**" heißt das Projekt und so soll auch der neue Stadtteil heißen – zu Ehren der **Frau von Bennelong**, einem in der frühen Geschichte Sydneys bedeutenden Aborigine. Die Hälfte des ca. 22 Hektar umfassenden Areals zwischen Walsh Bay [E1] und King St Wharfs [D3] wird in eine **Parklandschaft** verwandelt und auf der anderen Hälfte ist der Bau von **Apartments**, einem **Hotel** und von **Bürogebäuden** vorgesehen. Vorbereitend wurde 2008 hinter der King St Wharf das alte Passenger Terminal abgerissen und dann blieb das Areal lange Zeit eine große, brachliegende Baustelle, denn bei der Projektplanung gab es immer wieder **politische Scharmützel** und **Gerichtsprozesse**, die den Fortschritt des Projektes verzögerten.

Die **Projektleitung** für Barangaroo wurde zum größten Teil an die Firma **Lend Lease** übergeben, die direkt um Änderungen des ursprünglichen Plans bat. Diese wurden jedoch von der Stadt Sydney abgelehnt und die **Barangaroo Action Group**, eine Gruppe von Stadtbewohnern, macht sich dafür stark, der Regierung von NSW und der Firma Lend Lease genaustens **auf die Finger zu schauen,** denn man hinterfragt kritisch, warum ein Projekt dieser Größenordnung nur von einer einzigen Firma betreut wird. Es ist auch auffällig, dass in den Änderungswünschen von Lend Lease auf einmal 50 % mehr kommerzielle Nutzfläche und 20 % höhere Gebäude angefragt wurden, als in dem ursprünglichen Plan vorgesehen waren. Am meisten **kontrovers diskutiert** wird aber der Bau eines 170 Meter hohen Luxushotels direkt am Wasser. Alle Bedenken wurden aber im August 2011 beiseitegeschoben und der Projektminister ist jetzt Barry O'Farrell, der Premierminister von NSW, selbst. Das Hotel mit ca. 33.000 m² Fläche wird trotz aller Widerstände gebaut, mit nur ganz kleinen Änderungen des ursprünglichen Plans.

Ende 2011 wurde in Barangaroo South mit dem Bau der ersten drei Bürogebäude aus der **ersten Bauphase** begonnen, der geplante **Headland Park** soll bis 2014 fertiggestellt werden. Man rechnet damit, dass das gesamte Barangaroo-Projekt **etwa 2020 zum Abschluss kommen und über drei Milliarden australische Dollar kosten** wird. Nach dem Ende der Baumaßnahmen sollen täglich ca. 22.000 Angestellte und Anwohner sowie ca. 33.000 Besucher im Stadtteil Barangaroo ein und aus gehen. Egal wie lange es dauern wird, bis Barangaroo komplett gebaut ist, und wie es dann genau aussehen mag, man kann davon ausgehen, dass es die Stadt auch **touristisch bereichern** wird.

Sydney entdecken

Sydney entdecken
Downtown Sydney

Die meisten Sehenswürdigkeiten der Stadt befinden sich in Downtown Sydney, das auch über eine hervorragende Infrastruktur verfügt, falls die Beine müde werden. Für den Besuch der Strandvororte Bondi Beach ㊽ und Manly (s. S. 93) sollte man bei der Planung längere Anfahrtszeiten und die Nutzung von mehreren Verkehrsmitteln berücksichtigen.

Downtown Sydney

Das charmante Hafengebiet **The Rocks** ist die Wiege des modernen Australiens (s. S. 45). Der schmale Landstreifen wird von den beiden Wahrzeichen Sydneys dominiert: der gigantischen **Sydney Harbour Bridge** ⑥, deren gusseiserne Konstruktion wie ein horizontaler Eiffelturm anmutet, und dem berühmten **Sydney Opera House** ⑩ mit seiner kunstvoll geschwungenen Dachkonstruktion, die an Blütenblätter erinnert. Überragt wird alles von der modernen Skyline Sydneys mit zumeist bläulich schillernden Wolkenkratzern, die sich fotogen auf der Wasseroberfläche im **Sydney Harbour** widerspiegeln. In Downtown findet man neben modernster Architektur auch restaurierte historische Gebäude, in denen sich zum Teil die wichtigsten Museen befinden, und außerdem reichlich Restaurants, Cafés, Pubs und Nachtklubs. Hier geht man auch in den Einkaufspassagen und Straßen rund um die **Pitt Street Mall** ⑰ und im neu entdeckten Glanz der viktorianischen **The Strand Arcade** (s. S. 20) und im **Queen Victoria Building** ⑲ shoppen. Am Rande von **Chinatown** ㉘ sorgt **Darling Harbour** [D3] ungeniert touristisch für die nötige Zerstreuung bei den Besuchern der Stadt.

The Rocks

Die Siedlungsgeschichte Australiens beginnt in The Rocks, dem damit auch ältesten Stadtteil Sydneys. Hier landeten am 26. Januar 1788 die elf Schiffe der Ersten Flotte unter dem Kommando von Kapitän Arthur Phillip und hier wurde die erste britische Kolonie in Australien gegründet. In The Rocks wird Sydneys früheste Geschichte bei Rundgängen durch die verwinkelten Gassen entlang der liebevoll instand gehaltenen Kolonialbauten wieder lebendig.

In den Fußgängerzonen Playfair St [E2], Kendall Ln [E2] und Nurses Walk [E2] verstecken sich kleine Museen und etliche Cafés. Im **The Rocks Discovery Museum** (s. S. 39) sind vier Ausstellungen zu sehen, die die Geschichte der Cadigal-Aborigines vor und nach der Kolonialisierung der Sydney-Region durch die Briten darstellen. Der **Nurses Walk** wurde nach den Nonnen benannt, die hier im ersten Krankenhaus Australiens von 1788 bis 1816 die Kranken versorgten. Ein Spaziergang über diesen „Nonnenpfad" verleitet auch zum Relaxen in einem der hier ansässigen Cafés.

Das kleine Museum **Susannah Place** (s. S. 38) beherbergt einen Kolonialwarenladen aus den 1920er-Jahren, in dem es auch authentische Waren aus dieser Zeit zu kaufen gibt. Das dreistöckige Haus mit sechs Zimmern, einer Küche im Kellergeschoss, traditionellen Außentoiletten und offenen Waschräumen ist ein Beispiel für die frühe Bauweise in der Kolonie.

◀ *Vorseite: Imposanter Blick über die Blackwattle Bay*

Sydney entdecken
Downtown Sydney

1 George Street ★★★ [E2]

Entlang der George St reihen sich in renovierten historischen Gebäuden Hotels, Restaurants und klassische Pubs, in denen man auch übernachten kann, sowie Kunstgalerien, Geschäfte und Cafés aneinander.

Ein riesiges **Schwarz-Weiß-Wandgemälde** mit einer Straßenansicht von Sydneys Brown Bear Ln im Jahr 1901 markiert unter dem Cahill Expressway den Anfang von The Rocks. Jetzt heißt es Augen auf, denn so manch eine Fassade birgt interessante Details. Im neugotischen Gebäude der ehemaligen **English, Scottish & Australian Chartered Bank** von 1885 ist heute eine simple Pizza-Pasta-Bar untergebracht. Nebenan „grinst" ein Löwe mit einem Schlagstock im Maul von der **ehemaligen Polizeiwache** herunter.

Die älteste historische Residenz in The Rocks ist das **Cadman's Cottage,** in dem heute sowohl ein kleines Museum (s. S. 38) als auch das **Sydney Harbour National Park Information Centre** (s. S. 106) untergebracht sind, in dem man sich über das Hafengebiet informieren und Schiffstouren durch den Hafen oder zu den Inseln buchen kann. Ab 1845 diente das Gebäude als Hauptquartier der Wasserschutzpolizei und später wurde es von Seeleuten bewohnt,

EXTRATIPP

Events in The Rocks

> **The Rocks Markets,** George St und Playfair St [E2], Sa./So. 10–17 Uhr. Hier werden vor allem touristisch ausgerichtete Kunsthandwerkprodukte verkauft. Freitags gibt es hier auch den The Rocks Farmer's Market mit Produkten aus der Umgebung (Fr. 9–15 Uhr).
> **The Rocks Aroma Festival,** George St und Playfair St [E2], Ende Juli, www.therocks.com. Ein Festival rund um Kaffeeröstungen, Kaffeemaschinen, Kaffee trinken – sprich Barista-Kultur! Außerdem gibt es Kostproben von Schokolade, Tee und Gewürzen.

▼ *The Rocks Market ganz früh am Morgen*

Sydney entdecken
Downtown Sydney

bis man 1864 nebenan das **Sailors' Home** einrichtete. Dort ist heute u. a. die **Billich Art Gallery** (s. S. 39) untergebracht, in der die Arbeiten des australischen Künstlers Charles Billich ausgestellt werden, der insbesondere durch seine packenden Hafenansichten von Sydney bekannt wurde.

Unbedingt besuchen sollte man **Craft NSW** (s. S. 39) im ehemaligen Leichenschauhaus von The Rocks. In dem alten Backsteingebäude werden originelle Exemplare australischer Handwerkskunst ausgestellt, die ideale (nicht kitschige) Mitbringsel darstellen. In der George St finden sich noch weitere Galerien und in den ehemaligen Lagerhäusern **Metcalfe Bond Stores** (s. S. 21) aus den Jahren 1912 bis 1916 wird Kunsthandwerk zum Kauf angeboten.
› Busse 431, 433

EXTRATIPP

Streifzug durch historische Kneipen

Das seit 1841 ungebrochen beliebte **Lord Nelson Brewery Hotel** (s. S. 30) gilt zusammen mit dem Hero of Waterloo als **einer der ältesten Pubs in Australien**. Im Lord Nelson werden noch immer **sechs Biersorten nach eigener Rezeptur** gebraut, die man bei Livejazz oder -rockmusik genießen kann.

Das **Hero of Waterloo** (s. S. 30) ist ein echtes Urgestein unter den Pubs, wo trotz aller einkehrenden Touristen auch noch immer urige Seebären der Hafengegend ein und aus gehen. Auch hier gibt es Livejazz, -folk oder irische Musik.

Weitere Pubs, die sich für eine historische Kneipentour eignen, sind z. B.

● **111** [E2] **Australian Hotel,** 100 Cumberland St, Tel. 92472229. Das im edwardianischen Stil erbaute Australian Hotel von 1913 bietet im Bistro exotische Gourmetpizzas mit Känguru-, Emu- oder Krokodilfleisch und dazu 55 australische Biere.

› **Harbour View Hotel** (s. S. 29). Eine typische Art-déco-Kneipe mit ungewöhnlichen Fusion-Gerichten wie z. B. Kängurufilet mit Harissa oder Regenbogenforelle mit Sichuanpfeffer.

● **112** [E1] **Mercantile Hotel,** 25 George St, Tel. 92473570. Das unter Denkmalschutz stehende Mercantile Hotel aus dem Jahr 1915 ist ein nach wie vor populärer Irish Pub mit Irish Stew und dem berühmten Steak and Guinness Pie auf der Speisekarte. Irische Bands und sogenannte Bush Bands spielen hier regelmäßig live (bis 3 Uhr).

› **The Glenmore Rooftop Hotel** (s. S. 30). Von der Dachterrasse des 1921 im georgianischen Stil erbauten Pubs hat man eine gute Sicht auf The Rocks, Sydney Harbour, Sydney Opera House und die Skyline der Stadt.

◀ *Urig-gemütlich ist ein Besuch im Hero of Waterloo*

Sydney entdecken
Downtown Sydney

❷ Museum of Contemporary Art (MCA) ★★★ [E2]

Das schlichte Art-déco-Gebäude aus den 1930er-Jahren ist das größte Haus in der George St. Wer sich für Kunst interessiert, sollte hier unbedingt einmal vorbeischauen.

Im Museum für zeitgenössische Kunst werden sehr gute, moderne Arbeiten von Künstlern aus den Bereichen **Malerei, Film und Multimedia** präsentiert. Im August 2010 wurde mit der Renovierung und Erweiterung des Museums begonnen. Im Budget, das 53 Mio. Dollar umfasst, ist u.a. der Bau des „Mordant Wing" im Mondrian-Stil geplant, der die Ausstellungsfläche verdoppeln wird, damit in Zukunft die **Aboriginekunstsammlung** umfassender zur Schau gestellt werden kann. Anfang 2012 wurde das Museum wiedereröffnet.

› Museum of Contemporary Art (MCA), 140 George St, Busse 431, 433, geöffnet: tägl. 10–17 Uhr, Eintritt: frei, kostenlose Führungen Mo.–Fr. 11 und 13, Sa./So. 11, 13 und 15 Uhr. Hier gibt es auch ein angenehmes Café.

❸ Sydney Observatory ★★ [E2]

*Das älteste Gebäude des Observatoriums stammt aus dem Jahr 1848 und fungierte einst als Signalstation. Heute ist auf dem Gelände das **Museum für Astronomie** untergebracht mit einer Ausstellung **astronomischer Instrumente** und einer **Zeitball-Uhr**, die früher täglich um exakt 13 Uhr ertönte. Außerdem erfährt man, was die Aborigines über die Entstehung des südlichen Himmels denken.*

Ein Besuch im Observatorium lohnt sich auch am Abend, denn dann kann man den **Sternenhimmel der südlichen Hemisphäre** bewundern. Hier kann man ganz andere Sterne und Planeten sehen als in Europa und vor allem die Milchstraße lässt sich in Australien klar und deutlich erkennen. Am schönsten ist das **Crux Australis**, die Sternenkonstellation „**Kreuz des Südens**", die neben dem Union Jack auf der australischen Flagge prangt.

› Sydney Observatory, Observatory Hill, Watson Rd, Busse 431, 433, Tel. 99213485, www.sydneyobservatory.com.au, geöffnet: tägl. 10–17 Uhr, 3D-Theater und Teleskop Mo.–Fr. (außer in Schulferien) 14.30 u. 15.30, Sa./So. 11, 12, 14.30, 15.30 Uhr, Eintritt: frei (Museum), 3D-Theater und Teleskop 7 $. 90-minütige Nachtführungen für 17 $ (reservierungspflichtig): Apr.–Sep. 18.15 u. 20.15 Uhr, Feb./März, Okt./Nov. 20.15 Uhr, Dez./Jan. 20.30 Uhr.

❹ Garrison Church und Argyle Cut ★ [E2]

Offiziell trägt die Kirche den Namen **Holy Trinity Anglican Church**, im Sprachgebrauch hat sich aber schon früh der Name **Garrison Church** durchgesetzt, denn viele Angehörige des Militärs besuchten hier die Gottesdienste. Der Grundstein der Kirche wurde im Jahr 1840 gelegt, später wurde sie erweitert, sodass sie heute 600 Menschen fasst. Das für den europäischen Betrachter allerdings eher unspektakuläre Gebäude besteht u.a. aus Sandstein aus dem Argyle Cut und an der Ostseite sind schöne Buntglasfenster zu sehen, die sonst selten australische Kirchen zieren.

Der **Argyle Cut** ist der Abschnitt der Argyle St, der seit Stilllegung der örtlichen Steingrube The Rocks und Millers Point verbindet. Ab 1843 schlugen hier zunächst **Strafgefangene** mit Hammer und Meißel den Sandstein aus dem Hügel und nachdem man den Transport von Strafgefangenen aus England stoppte, wurden Arbeiter angeheuert, die die ca. 30 m

breite und 30 m tiefe Schneise mithilfe von Sprengstoff 1859 vollendeten.
› **Garrison Church,** Argyle St/Lower Fort St, Busse 431, 433, nur zur Messe geöffnet: So. 9.30 und 19 Uhr

❺ Campbell's Cove und Dawes Point Park ★★★ [F1]

An der Spitze von The Rocks wird einem eine Flaniermeile mit historischer Häuserkulisse und wunderschöner Aussicht auf die Sydney Harbour Bridge und das Sydney Opera House geboten.

Einst herrschte hier in **Campbell's Cove** an der Spitze von The Rocks **geschäftiges Treiben.** In den zwischen 1838 und 1861 gebauten **Lagerhäusern** des Händlers Robert Campbell wurden Wolle, Zucker, Walöl und Seehundfelle gelagert, bis sie auf Schiffe geladen und nach Europa, Amerika oder Afrika gebracht wurden. In den hübsch restaurierten Sandsteingebäuden ist heute eine Vielzahl an **Restaurants** untergebracht.

Am nördlichen Ende von Campbell's Cove liegt das moderne **Overseas Passenger Terminal** mit noch mehr schicken Restaurants und Bars. Hier am **Circular Quay West** legen im Frühjahr, Sommer und Herbst bis zur Fertigstellung des Terminals in White Bay weiterhin ca. viermal im Monat Kreuzfahrtschiffe an (Zeitplan unter www.sydneyports.com.au, Menüpunkt „Marine Services/Cruise Schedule").

Markant ist auch das **fünfstöckige Backsteingebäude** in Campbell's Cove, welches 1883 durch die Australasian Steam Navigation Co. unter Leitung des Architekten William Wardell mit Giebeln im flämischen Stil und einem fantastischen Glockenturm erbaut wurde. Unter den historischen Gebäuden an Campbell's Cove fällt auch ein **Schornstein** auf. Dieser gehört zur 1903 erbauten George St Electric Light Station, die jedoch nie in Betrieb genommen wurde.

Am äußersten Zipfel von The Rocks bietet sich vom **Dawes Point Park** unterhalb der Sydney Harbour Bridge ❻ eine wunderschöne Aussicht auf eben diese Brücke, das Opernhaus ❿, den Circular Quay ❼ und die Skyline der Stadt. Ob Hobbyfotograf oder Profi, alle finden sich hier für ein Shooting ein.
› Busse 431, 433

EXTRATIPP

Auf ins Vergnügen

Am North-Sydney-Ufer der Sydney Harbour Bridge sieht man vor allem am Abend den hell erleuchteten Luna Park, der einen mit seinem Eingangstor in der Form eines überdimensionalen Gesichts begrüßt. Der Luna Park wurde 1935 als **der erste Vergnügungspark Sydneys** eröffnet. Mehr als die Hälfte der Attraktionen auf dieser permanenten Kirmes sind für Teenager und Erwachsene gedacht, aber auch die Allerkleinsten kommen auf ihre Kosten.

★113 [I] **Luna Park,** Milson's Point, North Sydney, Fähre von Circular Quay nach Milson's Point/Luna Park, www.lunaparksydney.com, während der Schulferien täglich (genaue Öffnungszeiten variieren je nach Monat und Wochentag, siehe Internetseite), Eintritt: 35–45 $ (Kinder 15–35 $)

▶ *Die Syndey Harbour Bridge kann man auch „erklettern"*

Sydney entdecken
Downtown Sydney

❻ Sydney Harbour Bridge ★★★ [F1]

Einst gab es an dieser Stelle lange Warteschlangen, um mit der Fähre nach North Sydney überzusetzen. Seit 1932 überspannt die Sydney Harbour Bridge den 503 m breiten Hafen.

Im Jahr 1890 transportierten die **Sydney Ferries** bereits 5 Mio. Passagiere, 378.500 Fahrzeuge und 43.800 Reiter. Einzige Alternative, um auf die Nordseite des Hafens zu gelangen, war eine 20 km lange Route über fünf Brücken. 1922 erhielt die englische Firma **Dorman Long and Co. Ltd.** den Auftrag für den Bau einer Hafenbrücke. Kostenpunkt: 4.217.721 australische Pfund, 11 Schilling und 10 Pence. Das grobe Design stammte von **Dr. J.J.C. Bradfield**, der auch als Vater der Sydney Harbour Bridge gilt. Mitten in der Weltwirtschaftskrise mit einer Arbeitslosenquote von 32 % in NSW schuf der Bau der Brücke viele neue Arbeitsplätze.

Die **beiden Brückenbögen** wurden simultan an beiden Uferseiten errichtet. Um zu verhindert, dass sie ins Wasser fielen, wurden mithilfe von 128 Kabeln festgezurrt, bis sie schließlich am 20. August 1930 zusammengefügt und die Kabel wieder entfernt werden konnten. Im **Februar 1932** testete man das Bauwerk erstmals unter Volllast. Man parkte dazu 96 Dampflokomotiven auf der Brücke. Alles ging gut und so wurde die Sydney Harbour Bridge am **19. März 1932** durch den damaligen Premierminister John T. Lang **offiziell eröffnet**.

Die vier tragenden, 89 m hohen Betonmasten der Brücke sind mit Granit verkleidet. Es mussten eigens drei Schiffe gebaut werden, um die

---

EXTRATIPP

Aufregende Brückenbesteigung

Die Sydney Harbour Bridge ❻ kann man nicht nur bestaunen und fotografieren, sondern auch besteigen! Schaut man genau hin, kann man tagtäglich deutlich die **graublau gekleideten Kletterer** erkennen, die sich an den Aufstieg machen. Unter der Aufsicht von professionellen „Bergsteigern" erklimmt man die 134 m hohe Brückenstahlkonstruktion. Man sollte schwindelfrei, nüchtern (wird getestet) und über 12 Jahre alt sein sowie Turnschuhe oder Trekkingschuhe tragen!

●**114** [E1] **Bridge Climb**, 3 Cumberland St, The Rocks, Busse 431, 433, Tel. 82747777, www.bridgeclimb.com, 198–298 $. Reservierung empfohlen!

Downtown Sydney

18.000 m³ Granit in nummerierten Blöcken von den Steingruben in den Moruya-Bergen ins 300 km entfernte Sydney zu bringen. In einem dieser Betonmasten, dem sogenannten **Pylon Lookout**, gibt es über drei Etagen verteilt eine Ausstellung zum Bau der Brücke und über seinen Chefingenieur Bradfield. Nach dem Erklimmen von 200 Stufen genießt man von der Plattform des Brückenpfeilers aus 87 m Höhe eine wundervolle Aussicht auf Sydney Harbour.

> **Pylon Lookout**, South East Pylon, Sydney Harbour Bridge (über die Bridge Stairs in der Cumberland St auf Höhe der Argyle St erreichbar), Busse 431, 433, www.pylonlookout.com.au, geöffnet: tägl. 10–17 Uhr, Eintritt: 11 $

Central Business District

Zwischen Hauptbahnhof und Circular Quay am Hafen findet man die modernen Wolkenkratzer, in denen ein Großteil der Sydneysider tagtäglich arbeitet, aber auch die historischen Prachtgebäude und Parkanlagen der Stadt.

❼ Circular Quay ★★★ [F2]

Circular Quay ist die Hauptanlegestelle für die Hafenfähren und eine Hafenrundfahrt ist ein Muss für jeden Sydneybesucher, allein schon, um Fotos vom Sydney Opera House ❿, der Sydney Harbour Bridge ❻ und den Wolkenkratzern der City zu machen.

Mindestens einmal sollte man an dem quirligen Verkehrsknotenpunkt in eine der **Fähren** von Sydney Ferries einsteigen, denn es ist einfach die kostengünstigste Variante, um eine Hafenrundfahrt zu machen. Von hier kann man z. B. nach Manly, Watsons Bay oder auch einfach nur nach Darling Harbour fahren. Außerdem ist es eine Freude, dem geschäftigen Treiben der ein- und ausfahrenden Fähren zuzuschauen.

Wer kommentierte **Hafenrundfahrten** bevorzugt, sollte nach Privatun-

▼ *Am Circular Quay: links das Fährenterminal, rechts der Tank Stream Fountain an der Alfred St (Ecke George St [E2])*

Sydney entdecken
Downtown Sydney

ternehmen wie Captain Cook, Magistic Cruises, Matilda Cruises oder Vagabond Cruises Ausschau halten, die diese kombiniert mit einem Essen oder Entertainment auf dem Schiff ab Wharf 6 anbieten (s. S. 116).
› CityRail-Bahnhof Circular Quay, Alfred St, Busse 303, 422, 423, 426, 428, 436, 438, 439, 440, 443, 470 und alle Fähren nach Circular Quay

❽ Customs House ★★ [F2]

Das **ehemalige Zollamt** aus dem Jahre 1844 wurde vom Architekten Mortimer Lewis ursprünglich als einstöckiges georgianisches Gebäude erbaut und 1885 von Barnet zu einem klassisch **italienischen Palazzo mit dorischen Säulen** erweitert.

Im Gebäude ist heute die **modernste Zweigstelle der Stadtbücherei Sydneys** ansässig, in deren Eingangsbereich man eine durchgestylte Lounge mit einem großen Angebot an Zeitungen und Zeitschriften vorfindet. Im Fußboden des Erdgeschosses ist außerdem ein **detailliertes Modell des CBD** im Maßstab 1:500 eingelassen. Ebenfalls im Erdgeschoss befindet sich das Restaurant Young Alfred, während man ganz oben im Cafe Sydney die Aussicht genießen kann.

▼ *Das einstige Zollamt ist heute eine moderne Bibliothek*

> **KLEINE PAUSE**
>
> **Drinks mit Aussicht**
> ⓘ 115 [F2] **Cafe Sydney**, 31 Alfred St, Customs House, CityRail-Bahnhof Circular Quay, Alfred St, Busse 303, 422, 423, 426, 428, 436, 438, 439, 440, 443, 470 und alle Fähren nach Circular Quay, www.cafesydney.com, geöffnet: Mo.–Fr. 12–23, Sa. 17–23, So. 12–16 Uhr. Im Cafe Sydney im 5. Stock des Customs House kann man die spektakuläre Aussicht auf den Circular Quay, die Harbour Brigde und The Rocks genießen, während man einen Cocktail, einen Kaffee oder ein Gericht von der abwechslungsreichen Speisekarte zu sich nimmt.

Sydney entdecken
Downtown Sydney

› **Customs House,** 31 Alfred St, geöffnet: Mo.-Fr. 8-24, Sa. 10-24, So. 11-17 Uhr. Bücherei: Mo.-Fr. 10-19, Sa./So. 11-16 Uhr, CityRail-Bahnhof Circular Quay, Alfred St, Busse 303, 422, 423, 426, 428, 436, 438, 439, 440, 443, 470 und alle Fähren nach Circular Quay

⑨ Justice & Police Museum ★ **[F2]**

In den drei Gebäuden dieses Museums erfährt man alles zum Thema „Recht und Ordnung" in den Zeiten der Strafgefangenenkolonie. Das neoklassizistische **Gerichtsgebäude der Wasserschutzpolizei** wurde 1856 von Edmund Blacket entworfen, das nebenan gelegene **Polizeigericht** von James Barnet stammt aus dem Jahr 1886 und für die **Wache der Wasserschutzpolizei** aus dem Jahr 1858, die sich wiederum direkt nebenan befindet, zeichnet Alexander Dawson verantwortlich. Heute kann man hier **Gefängniszellen** und auch einen **Gerichtsraum** aus der Zeit Sydneys als Strafgefangenenkolonie besichtigen. Reich bebildert zeigt das Museum außerdem die **Geschichte berühmter Kriminalfälle** und die Geschichte der **bushranger** Frank Gardiner, Ben Hall, Captain Moonlight und natürlich Ned Kelly.

› **Justice & Police Museum,** Albert/Phillip St, CityRail-Bahnhof Circular Quay, Alfred St, Busse 303, 422, 423, 426, 428, 436, 438, 439, 440, 443, 470 und alle Fähren nach Circular Quay, geöffnet: tägl. 10-17 Uhr, Eintritt: 8 $

KURZ & KNAPP

Bushranger
In Australien nennt man Gesetzlose nicht wie in Amerika und England *outlaws*, sondern *bushranger*, weil sie vor allem im australischen Busch ihre Opfer überfielen und beraubten.

⑩ Sydney Opera House ★★★ **[F1]**

Am Bennelong Point steht das prachtvolle Opernhaus mit seiner bekannten Dachkonstruktion, die aus mehr als einer Million Keramikziegeln besteht und an Segel erinnert.

Das Opernhaus wurde vom dänischen Architekten **Jørn Utzon** entworfen, der Sydney erstmals im Juli 1957 besuchte, um vor Ort konkrete Ideen zu sammeln. Zurück in Dänemark erarbeitete er mit dem **Londoner Architektenbüro Ove Arup and Partners** die ersten Pläne. **1958** wurde mit den Bauarbeiten begonnen, noch bevor die Pläne für den Rohbau und die Fundamente richtig ausgearbeitet waren – dies sollte den Bau die nächsten 15 Jahre immer wieder unnötig behindern.

Utzons Vision von der **Dachkonstruktion** war eine der größten strukturellen Herausforderungen, denn die Formen folgten keinem Schema und konnten somit nicht vorgefertigt werden. 1961 entwickelte er mit seinen Kollegen ein „sphärisches Design", das die Verwendung von gekrümmten Trägern beinhaltete, auf denen gleichförmige, gekrümmte Paneele ruhen konnten. Die Montage des Daches des Sydney Opera House wird als die schwierigste der Baugeschichte beschrieben.

Immer wieder kam es zu **Auseinandersetzungen** zwischen Utzon und der Landesregierung sowie den Mitgliedern von Ove Arup and Partners. Im Februar 1966 **reichte Utzon seinen Rücktritt von dem Projekt ein** und war nicht mehr versöhnlich zu stimmen. Es folgte ein enormer Pro-

▶ *Die Architektur des Sydney Opera House ist wirklich beeindruckend*

Sydney entdecken
Downtown Sydney

test in Sydney. Angeführt von einigen der renommiertesten australischen Architekten der Zeit gab es öffentliche Demonstrationen und es wurde verlangt, dass man alles tun müsse, um Utzon zum Bleiben zu bewegen. Es half aber alles nichts, Utzon verließ Sydney Anfang 1966 und kehrte nie zurück. Viele seiner Pläne für das Interieur wurden deshalb nie umgesetzt. Die offizielle **Einweihung** des Opernhauses nahm Queen Elizabeth II. am 20. Oktober 1973 vor. Auch hier war Utzon nicht anwesend und sein Name stand nicht einmal auf dem Schild am Eingang.

In den **1990er-Jahren** gab es viele **bauliche Ergänzungen**, um den Anforderungen eines modernen Opernhauses weiterhin gerecht zu werden. 1999 bat das Sydney Opera House Utzon, einen Katalog von Designrichtlinien zu formulieren, um zukünftige Änderungen am Gebäudekomplex in Übereinstimmung mit seinen Ursprungsideen durchführen zu können. Utzon nahm den Auftrag an und so schloss Sydney endlich Frieden mit dem Architekten, dessen Vision der Stadt zu ihrem weltberühmten Wahrzeichen verholfen hat.

Man kann das Opernhaus durch die Teilnahme an einer **Führung** kennenlernen, aber wenn es die Zeit erlaubt, ist es natürlich die beste Variante, ein **Konzert**, ein **Theaterstück**

oder eine **Oper** zu besuchen. Das Programm ist so vielseitig, dass für jeden etwas dabei ist.

Die **Concert Hall** ist mit 2679 Sitzplätzen der größte Saal im Opernhaus. Mit seinen hohen Decken und der Holzvertäfelung ist er vor allem für höchste Akustik-Qualität konzipiert. Das **Opera Theatre** ist eine Theaterbühne mit 1507 Sitzplätzen und einem Orchestergraben für bis zu 70 Musiker. Darüber hinaus gibt es das **Drama Theatre**, **The Playhouse** und **The Studio**. Der **Utzon Room** ist der einzige Saal, in dem das Interieur von Jørn Utzon stammt, darunter ein 14 Meter langer Wandteppich aus Wolle.

› **Sydney Opera House,** Bennelong Point, CityRail-Bahnhof Circular Quay, Alfred St, Busse 303, 422, 423, 426, 428, 436, 438, 439, 440, 443, 470 und alle Fähren nach Circular Quay, Tel. 92507250 (Führungen, Mo.–Sa. 9–17.30 Uhr), Tel. 92507777 (Tickets, Mo.–Sa. 9–20.30, So. 10–18 Uhr), www.sydneyoperahouse.com. Einstündige Führung (The Essential Tour): alle 30 Min. 9–17 Uhr, 28–35 $ (Mo., Mi. und Fr. 15.30–16.30 Uhr in deutscher Sprache).

⓫ Royal Botanic Gardens ★★ [F2]

Im Botanischen Garten können Besucher und Bewohner der Stadt verweilen und durchatmen. Besonders beliebt ist der Park zur Mittagszeit bei den Angestellten der City.

Spaziert man im Schatten der riesigen Feigenbäume ins Herz des Parks zum Palm Grove Centre (ausgeschildert) hört man immer wieder ein schrilles Kreischen. In den Baumwipfeln hängen hier zahllose **Flughunde** *(flying fox),* eingehüllt in ihre Flügel und mit dem Kopf nach unten. **Ibisse** landen elegant auf den Baumwipfeln, **Gelbhaubenkakadus** *(sulphur-crested cockatoo)* kreischen um die Wette und man kann noch viele andere Vogelarten beobachten. Das **Palm Grove Centre** beherbergt ein Informationszentrum und außerdem ein Restaurant, ein Café sowie einen hervorragenden Shop, in dem man Samen von australischen Pflanzenarten zum Anpflanzen zu Hause und gute Bücher mit dem Schwerpunkt Flora und Fauna kaufen kann. Am Infostand bekommt man Informationen über den Botanischen Garten, Faltblätter für Rundgänge auf eigene Faust und man kann sich für eine Führung anmelden.

Verlässt man den Botanischen Garten über das **Yurong Gate** oder das **Victoria Lodge Gate** und folgt den Pfaden weiter zur Spitze der Landzunge **Mrs Macquaries Point**, kommt man an den **Fleet Steps** vorbei, wo während des Sydney Festivals (s. S. 15) auf einer Open-Air-Kinoleinwand tolle Filme gezeigt werden. Gebaut wurde die Treppe, um 1908 die Great White American Fleet willkommen zu heißen. 1954 setzte Königin Elizabeth II. an diesem Treppenaufgang erstmals einen Fuß auf australischen Boden.

Bleibt man im Botanischen Garten und folgt der Beschilderung zum **Tropical Centre**, kann man eine **Wollemi-Pinie aus der Kreidezeit** bewundern. Es ist ein lebendes Fossil, das die Nadelbaumfamilie Araucariaceae repräsentiert, die 1994 in einer tiefen, sehr feuchten und geschützten Schlucht im Wollemi National Park, ca. 200 km nordwestlich von Sydney, entdeckt wurde.

Im nicht öffentlich zugänglichen **National Herbarium of NSW** gibt es eine Sammlung von über 1,2 Millionen getrockneten Pflanzen, darunter auch solche, die von dem Botaniker Sir Joseph Banks 1770 in Bota-

Sydney entdecken
Downtown Sydney

EXTRATIPP

Ein Besuch im Taronga Zoo
Koalas, Kängurus, Wallabies, Wombats, Tasmanische Beutelteufel, Zwergpinguine, Papageien, Schnabeltiere, Schlangen, Krokodile – diese und viele andere einheimische Tierarten kann man im Taronga Zoo aus nächster Nähe betrachten. Ab Circular Quay erreicht man die Taronga Zoo Wharf in 12 Minuten. Von dort fährt man mit der Seilbahn „Sky Safari" zum Haupteingang des Zoos hinauf, wo man im Informationszentrum den Plan „Wild Australia Walk Map" bekommt (Rundgänge von 40 bis 90 Min. sind beschrieben). Es gibt diverse Führungen und z. B. öffentliche Fütterungen. Achtung: Beim Fotografieren den Blitz abstellen, damit die Tiere nicht unnötig geblendet werden!

★ **116** [l] **Taronga Zoo,** Bradleys Head Rd, Fähre ab Circular Quay, Matilda Cruises Zoo Express ab Circular Quay oder Darling Harbour, www.taronga.org.au, geöffnet: tägl. 9–17 Uhr (Sky Safari erst ab 9.30 Uhr), Eintritt: 44 $ oder 49,50 $ als ZooPass inkl. Fähre, 50,50 $ mit Matilda Cruises Zoo Express

ny Bay zusammengetragen wurden, als James Cook die Ostküste Australiens entdeckte (nach Banks ist auch die Banksia-Blume benannt). Im Gartenabschnitt **Rare and Threatened Plants** findet man seltene und bedrohte Pflanzenarten.

❯ **Royal Botanic Gardens,** Mrs Macquaries Rd, CityRail-Bahnhof Circular Quay, Alfred St, Busse 303, 422, 423, 426, 428, 436, 438, 439, 440, 441, 443, 470 und alle Fähren nach Circular Quay, geöffnet: tägl. 7 Uhr bis Sonnenuntergang (je nach Jahreszeit 17, 17.30, 18, 18.30, 19.30 oder 20 Uhr). Beim Palm Grove Centre startet die kostenlose 1½-stündige Führung: tägl. 10.30 Uhr, März–Nov. Mo.–Fr. auch einstündige Führung um 13 Uhr. Shop: 9.30–17 Uhr (Juni/Juli nur bis 16.30 Uhr). Tropical Centre: 10–16 Uhr, Eintritt: 2,20 $. Fernery und Succulent Garden: 9–16.30 Uhr, Eintritt: frei. Wenn das Wetter es zulässt, kann man ab dem Eingang beim Opernhaus für 10 $ eine entspannende kleine Rundfahrt mit einem Minizug auf Rädern machen (Okt.–Apr. tägl. 10–16.30 Uhr, Mai–Okt. Mo.–Fr. 11–16, Sa./So. 10–16.30 Uhr, Abfahrt alle 30 Min.).

⓬ **Government House und Conservatorium of Music** ★ [F2]

Das **neogotisch angehauchte Government House** entstand in den Jahren 1837 bis 1845 als Residenz und Regierungssitz des Gouverneurs von New South Wales. Der bereits 1816 durch Gouveneur Macquarie bei Kolonialarchitekt **Francis Greenaway** in Auftrag gegebene Plan zum Bau eines Gebäudes mit Burgzinnen war von der britischen Regierung als zu hochtrabend und kostspielig abgelehnt worden. Lediglich das in dem Plan enthaltene, stilistisch an Inveraray Castle in Schottland angelehnte Kutscherhaus und die Pferdeställe wurden gebaut und 1821 fertiggestellt. Sie inspirierten den englischen Architekt **Edward Blore,** der auch am Buckingham Palace in London mitarbeitete, aber bei der späteren Gestaltung des heutigen Government House.

Offiziell wird das Gebäude nur noch für **Empfänge** der Gouverneurin Prof. Marie Bashir und der Premierministerin von New South Wales, Kristina Keneally, genutzt. Im Erdgeschoss

Sydney entdecken
Downtown Sydney

KLEINE PAUSE

Kaffeepause im Treasury Building
Im ehemaligen **Schatzgebäude** von 1851 sollte man sich auf eine Tasse Kaffee oder eine Mahlzeit niederlassen. Gold und andere Wertsachen findet man hier nur noch im Hotelsafe, denn das wunderschön restaurierte Gebäude beherbergt heute das **Hotel InterContinental**. Der ehemalige Innenhof wurde mit einer Glaskuppel überdacht und in den anmutigen, roten Sandsteinarkaden, die nunmehr Teil der Lobby sind, ist das Café Opera untergebracht.
⊙ **117** [F2] **Café Opera**, Hotel InterContinental, 117 Macquarie St, CityRail-Bahnhof Circular Quay, Alfred St, CityRail-Bahnhof Martin Place, Busse 303, 308, 422, 423, 426, 428, 436, 438, 439, 440, 443, 470, Tel. 92539000, geöffnet: 8–22 Uhr

gibt es aber eine außergewöhnliche **Sammlung von Möbeln und Dekorationsgegenständen**, die die Geschmäcker der Gouverneursfamilien widerspiegeln. Seit 1916 ist im ehemaligen Kutscherhaus das **Sydney Conservatorium of Music** untergebracht, das allerdings nicht für die Öffentlichkeit zugänglich ist.
❯ **Government House**, Royal Botanic Gardens, Mrs Macquaries Rd, CityRail-Bahnhof Circular Quay, Alfred St, Busse 303, 422, 423, 426, 428, 436, 438, 439, 440, 443, 470 und alle Fähren nach Circular Quay, geöffnet: Fr.–So. 10.30–15 Uhr, alle halbe Stunde kostenlose 45-Minuten-Führungen

⓭ Mitchell Library und State Library ★★ [F3]
Die 1910 von **Walter Liberty Vernon** gebaute Mitchell Library betritt man durch große **bronzene Tore**, auf denen verschiedene Motive zu sehen sind: das Segelschiff „Endeavour"

des britischen Kapitäns James Cook, der die Ostküste Australiens entdeckte, die Schiffe des Holländers Abel Tasman, der Tasmanien entdeckte, des berühmten Entdeckers Charles Sturt, der die Läufe der großen Flüsse erkundete, und des deutschen Auswanderers Ludwig Leichhardt sowie Szenen aus dem Alltagsleben der Aborigines. Ein wunderbares **Marmormosaik** der Brüder Melocco, das die Reise Abel Tasmans 1642 bis 1643 illustriert, schmückt den Fußboden im Foyer. Aber auch ein Blick in die Halle lohnt sich, denn sie hat eine wunderbare **Glasdachkonstruktion**, die die Verwendung von Kunstlicht bei Tage unnötig macht. Der **Portikus** mit seinen riesigen ionischen Säulen wurde im Übrigen erst 1942 von dem Architekten Cobden Parks angebaut.

Im Hauptgebäude der **State Library** nebenan werden die Dokumente und Karten der First Fleet aufbewahrt. Hier gibt es einen sehr guten Buchshop, in dem man viele Bücher über die australische Geschichte, Flora und Fauna etc. findet.

› **Mitchell Library,** Macquarie St, geöffnet: Mo.–Do. 9–20, Fr. 9–17, Sa. 10–17 Uhr
› **State Library,** Macquarie St, geöffnet: Mo.–Do. 9–20, Fr. 9–17, Sa./So. 10–17 Uhr, Shop: Mo.–Fr. 9–17, Sa./So. 11–17 Uhr
› CityRail-Bahnhof Martin Place, Busse 303, 308

⑭ Parliament House ★ [F3]

In der **früheren Chirurgenunterkunft** des heutigen **Sydney Hospital** ⑮ tagte ab 1829 der **Legislative Council** von New South Wales, weshalb nach und nach immer mehr Anbauten entstanden. Die Räumlichkeiten der Chirurgenunterkunft, die sich Chirurgen und Politiker jahrelang teilen mussten, wurden ab 1852 dann ausschließlich vom **Legislative Assembly** genutzt.

Passend zur Gründung des Zweikammerparlaments im Jahr 1856 wurde die interessante **Bear Pit** (Bärengrube) angebaut, wie die Zweite Kammer des Staatsparlaments genannt wird. Sie besteht aus vorgefertigten, gusseisernen Elementen, die extra aus Glasgow hergebracht worden waren. Wenn die **Zweite Kammer** tagt, wird der 7 kg schwere **Amtsstab** *(mace)* aus Gold und Silber im Wert von 700.000 $ auf den Tisch gelegt. Sonst wird er im Nebenzimmer aufbewahrt, wo man ihn während der Führung zu sehen bekommt.

› **Parliament House,** 6 Macquarie St, CityRail-Bahnhof Martin Place, Busse 303, 308. 45-minütige Führungen am ersten Donnerstag im Monat um 13 Uhr, sonst nur am Australia Day (26. Januar, 10–16 Uhr) für die Öffentlichkeit zugänglich.

⑮ Sydney Hospital und The Mint ★ [F3]

Die Gebäude zwischen der Mitchell Library ⑬ und den Hyde Park Barracks ㉕ gehörten einst alle zum **Sydney Hospital**. Früher wurde es „**Rum Hospital**" genannt, weil Gouverneur Macquarie für den Bau keine Mittel aus London akzeptieren wollte, sondern stattdessen drei Geschäftsleuten im Gegenzug für den Bau das Exklusivrecht für den Import von 60.000 Litern Rum zusicherte.

Im 1816 errichteten Südflügel des alten Sydney Hospital wurde nach Beginn des Goldrausches im Jahr 1852 **The Mint**, die erste britische **Münzan-**

Die lichtdurchflutete Mitchell Library: So macht das Lesen in alten Büchern Spaß.

Downtown Sydney

stalt außerhalb Großbritanniens, eingerichtet. Bis zur Gründung der neuen Münzanstalt des Commonwealth of Australia 1926 in Canberra wurden hier alle Münzen geprägt. Heute ist in dem Gebäude der Historic Houses Trust untergebracht. Viel zu sehen gibt es hier nicht, aber im Shop kann man altes Spielzeug, interessante Bücher und andere Nettigkeiten kaufen.

Das **Hauptgebäude** des Sydney Hospital von 1894 ist auch heute noch unverändert als Krankenhaus der City in Betrieb. Davor steht ein großes **Wildschwein aus Bronze**. Es ist eine Nachbildung von „Il Porcellino" in Florenz und soll wie dieses Glück bringen, wenn man ihm über die Nase reibt. Auf Höhe des Wildschweins kann man in den Innenhof des Krankenhauses gelangen, wo sich der neogotische **Florence Nightingale Wing** und ein kleines Café befinden. Der Gebäudeflügel wurde gemäß den Plänen von Florence Nightingale erbaut, die hier 1868 nach Australien geschickte Krankenschwestern unterbrachte. Davor steht der gusseiserne, gelbgrün lackierte Robert-Brough-Brunnen von 1907, der eine Gruppe typisch australischer Wasservögel zeigt: Brolgas und schwarze Schwäne.

› **The Mint,** 10 Macquarie St, CityRail-Bahnhof Martin Place, Busse 303, 308, geöffnet: Mo.–Fr. 9–17 Uhr, Eintritt: frei

⓰ Martin Place ★★★ [F3]

Die Fußgängerzone Martin Place bietet opulente Architektur in historischen Bankgebäuden, ein Banknotenmuseum, den Glockenschlag vom Uhrenturm der historischen Hauptpost und zeremonielles Flaggenhissen am Kenotaph.

Der Martin Pl ist *der* Platz für Banker: Hier hat die 1928 eröffnete **Commonwealth Bank of Australia** in zwei opulenten historischen Gebäuden ihren Stammsitz. Bei dem Beaux-Arts-Gebäude 48 Martin Pl geleiten schwere, ornamentale Bronzetüren ins Innere, das mit einem Wald von neoklassizistischen Säulen aus grünem Scagliola (Stuckmarmor) und hohen Decken mit ornamentalem Stuck überrascht. Fotografieren ist in der Bank jedoch verboten!

Bunt gestaltete Banknoten mit historischen Darstellungen und Porträts führen den Besucher des relativ jungen **Museum of Australian Currency Notes** (s. S. 38) in der Reserve Bank of Australia durch die Geschichte des Landes. Dieses Schmuckstück unter den Museen in Sydney sollte man sich nicht entgehen lassen.

Der Martin Pl hat aber noch mehr interessante Gebäude zu bieten, für die man allerdings seinen Blick gen Himmel richten sollte. An der nördlichen Ecke zur Castlereagh St steht das **alte MLC-Gebäude** mit seinem kleinen Eckturm mit Art-nouveau-Verzierungen. Über dem Eingangsturm ist eine typische Arbeiterdarstellung zu sehen, darunter das Motto „Union is strength" („Gewerkschaft ist Stärke"). Blickt man zur York St hinunter, sieht man das bis in die 1960er-Jahre höchste Gebäude Sydneys, das **AWA Building** von 1939 mit seiner an das Design des Eiffelturms angelehnten, weißen Stahlantenne. Unübersehbar ist wohl auch das neuere 67-stöckige **MLC Centre** mit seinem futuristischen „Pilz"-Gebäude (direkt gegenüber dem alten MLC-Gebäude), das vom australisch-österreichischen Architekten Harry Seidler entworfen wurde, der als bedeutendster moderner Architekt Australiens gilt.

Das imposanteste Gebäude am Platz ist jedoch das **General Post Of-**

fice (**GPO**), das von James Barnet entworfen und von 1866 bis 1891 gebaut wurde. Der Uhrenturm des ehemaligen Hauptpostamts läutet wie Londons Big Ben mit Glockenschlag und Melodie (bis 21 Uhr, danach ist Ruhe, damit die Hotelgäste im The Westin schlafen können). Der Gebäudekomplex wurde 1996 verkauft und aufwendig restauriert. Im ehemaligen Innenhof, der nun von einem Glasdach abgedeckt ist, findet man unter reich verzierten und teils vergoldeten hohen Decken Cafés, Restaurants, Bars, exklusive Geschäfte und das **The Westin**. In der Lobby dieses edlen Hotels kann man das eindrucksvolle, 4 x 32 m große Ölgemälde „The Spirit of Sydney" und drei „tanzende" Bronzefiguren des 2001 verstorbenen Sydneysider Malers Frank Hodgkinson bewundern.

EXTRATIPP

Pinctada Maxima

Vor der Küste von Broome in Western Australia kultiviert man in der seltenen Auster Pinctada Maxima **exquisite Südseeperlen**. Am Martin Pl kann man prachtvolle Exemplare im **Juweliergeschäft Paspaley** bewundern. Das Geschäft geht auf den Perlentaucher Nicholas Paspaley zurück, der 1932 im Alter von nur 18 Jahren bereits sein eigenes Schiff unterhielt, um nach Muscheln für die Perlmuttknopfherstellung zu tauchen.

📍118 [E3] **Paspaley**, 2 Martin Pl, CityRail-Bahnhof Martin Place, Busse 303, 308, 422, 423, 426, 428, 431, 433, 436, 438, 439, 440, 443, 470, 504, geöffnet: Mo.–Mi., Fr. 9–18, Do. bis 20, Sa. 9.30–17.30, So. 10.30–17 Uhr, www.paspaleypearls.com

Am George-St-Ende des Martin Pl fallen die Bronzeskulpturen von australischen Soldaten am **Kenotaph** ins Auge. Hier wird jeweils am letzten Donnerstag des Monats um 12.30 Uhr zeremoniell die Flagge gehisst (außer Dezember und Januar) und einmal im Jahr wird hier am ANZAC Day (s. S. 16) im Morgengrauen der traditionelle **Dawn Service** zur Erinnerung an die australischen und neuseeländischen Gefallenen des Ersten Weltkriegs (und anderer Kriege) abgehalten. Im Anschluss an die Kranzniederlegung marschieren die Veteranen durch die Stadt, was jährlich von Zehntausenden Zuschauern entlang der Straßen gewürdigt wird. Im Anschluss spielen die Veteranen in den Cafés und Pubs der Stadt das traditionelle „Two-up", ein Münzwurfglücksspiel, das ansonsten illegal ist.

> CityRail-Bahnhof Martin Place, Busse 303, 308, 422, 423, 426, 428, 431, 433, 436, 438, 439, 440, 443, 470, 504

⑰ Pitt Street Mall ★★★ [E4]

Das Einkaufszentrum der Innenstadt zieht sich von Chinatown die George St entlang bis The Rocks, aber das Kerngebiet bildet die Fußgängerzone Pitt Street Mall mit ihren Seitenstraßen.

Auf der Pitt Street Mall reiht sich ein Shoppingcenter ans nächste. Die neuste Adresse ist das 2010 eröffnete **Westfield Sydney** (s. S. 20), in dessen 4. Stock man die Boutiquen der wichtigsten australischen Modedesigner besuchen kann. Im 5. Stock be findet sich der angesagteste Foodcourt der Stadt. Ein Bummel durch diese beiden Stockwerke lohnt sich auch wegen der auffallend interessanten Ausstattung in Schwarz und Weiß und mit besonderen Lampen,

Sydney entdecken
Downtown Sydney

032sy Abb.: eg

die man nicht alle Tage in einem Einkaufszentrum findet.

Als Kontrast dazu sollte man **The Strand Arcade** (s. S. 20) besuchen, eines der schönsten Überbleibsel des viktorianischen Sydney mit seinen wunderschönen, schmiedeeisernen Balkonen und einer Glaskuppel im neoklassizistischen Stil. Das Einkaufszentrum stammt aus dem Jahr 1891 und wurde in einem Feuer 1976 fast zerstört, dann jedoch von den ansässigen Geschäftsinhabern restauriert. Hier findet man im ersten und zweiten Stock ebenfalls Boutiquen edler australischer Modedesigner wie Alannah Hill, Bettina Liano, Lisa Ho, Wayne Cooper, Zimmermann und Farage.

▲ *Das Einkaufszentrum Westfield Sydney (s. S. 20) wird vom Sydney Tower Eye überragt*

▶ *Das Queen Victoria Building mit seinen Art-déco-Elementen ist nicht nur für Shoppingfans ein Erlebnis*

Mit Westfield Sydney verbunden sind Häuser der beiden australischen Warenhausketten **Myer** (s. S. 20) und **David Jones** (s. S. 19). Myer wurde durch den russischen Einwanderer Sidney Myer 1900 in Melbourne gegründet und das erste David-Jones-Geschäft wurde 1838 von dem walisischen Einwanderer David Jones eröffnet. Als Queen Elizabeth II. 1954 als erste britische Monarchin ihren Fuß auf australischen Boden setzte, fand das Staatsbankett zu ihren Ehren im ehemaligen Restaurant im 7. Stock des David-Jones-Gebäudes statt.

❯ CityRail-Bahnhof Martin Place oder QVB, Busse 303, 308, 422, 423, 426, 428, 431, 433, 436, 438, 439, 440, 443, 470, 504, Monorail-Haltestelle City Centre

⑱ Sydney Tower Eye ★★ [E4]

Über dem Westfield Sydney (s. S. 20) thront das 305 m hohe Sydney Tower Eye, **der höchste Punkt Sydneys.** Der in das Einkaufszentrum integrierte Turm wird von **56 Stahlseilen** stabilisiert, die auf dem Dach verankert sind und jeweils sieben Tonnen wiegen. Im Turm selbst sorgt ein **Tank mit 162.000 Litern Wasser** dafür, dass der 2239-Tonnen-Riese auch jedem Wind standhält.

Wer schwindelfrei ist, kann von der **Aussichtsterrasse** auf 250 Metern Höhe bei gutem Wetter eine fantastische 360-Grad-Aussicht bis zu den Blue Mountains oder zum südlichen Woollongong genießen. Wer mehr Spannung braucht, kann in 268 m Höhe an einem 45-minütigen Spaziergang über eine Glasbodenplattform (**Skywalk**) teilnehmen, bei dem man in Gruppen, mit Spezialkleidung und mit Karabinern gesichert, rund um die Spitze des Turms wandert.

Sydney entdecken
Downtown Sydney

Wer auf diesen Nervenkitzel lieber verzichten möchte, kann auch im 360 Bar and Dining oder im Sydney Tower Buffet speisen, den beiden sich um sich selbst drehenden Restaurants oben im Turm.

› **Sydney Tower Eye,** Westfield Sydney, Zugang zum Lift im 5. Stock (Foodcourt), 100 Market St, www.sydneytower.myfun.com.au, CityRail-Bahnhof Martin Place oder QVB, Busse 303, 308, 422, 423, 426, 428, 431, 43, 436, 438, 439, 440, 443, 470, 504, Monorail-Haltestelle City Centre, geöffnet: tägl. 9–22.30 Uhr, Eintritt zum Observation Deck: 25 $, zum Skywalk: 65 $. 360 Bar and Dining und Sydney Tower Buffet, Rezeption im 4. Stock (Lift von dort zum Restaurant), Tel. 82233800, www.trippaswhitegroup.com.au/our-venues, Lunchbüfett (49,50–75 $) und Dinnerbüfett (75/95 $).

⓳ Queen Victoria Building (QVB) ★★★ [E4]

Das Queen Victoria Building ist eine wahre Königin unter den Einkaufszentren: Es bietet vier Stockwerke mit alten Buntglasfenstern, für den Art déco typischen, halbrunden Fenstern und gusseisernen Balustraden. Fertiggestellt wurde das Gebäude zu Ehren von Queen Victoria im Jahr 1898. Die Statue vor dem Gebäude am Park-St-Ende stellt denn auch die Königin dar.

1959 sollte das Gebäude abgerissen werden, doch zum Glück wurde das verhindert und das Haus stattdessen **restauriert**. Heute präsentiert sich das „königliche" Einkaufszentrum mit zahllosen **Geschäften** und **Cafés**, die sich auch unterirdisch bis zum Warenhaus Myer (s. S. 20), zur Pitt Street Mall ⓱ sowie zu den CityRail-Bahnhöfen „Town Hall" und „Galeries Victoria" ausdehnen.

Im obersten Geschoss des QVB sollte man **zwei kitschige Uhrwerke** betrachten: zum einen die Royal Clock, die von 9 bis 21 Uhr stündlich läutet wie die Glocken der Londoner Westminster Cathedral und dazu mit einer Art Puppenspiel einschnei-

> **EXTRATIPP**
>
> **Rosa Diamanten**
> In den **Kimberley Ranges** im Norden Western Australias gibt es die **größte offene Diamantmine der Welt,** in der man die extrem seltenen **rosa Diamanten** findet! Nur 80 von einer Million Diamanten haben diese Farbgebung. Im Westfield Sydney (s. S. 20) kann man bei der australischen Schmuckdesignerin **Nicola Cerrone** (3. Stock) eine Kollektion mit rosafarbenen Diamanten bewundern. Fündig wird man auch bei **Linneys** (3. Stock, Westfield Sydney) sowie bei Schmuckgeschäften im **Queen Victoria Building** ⓳ (1. Stock: Volle, 2. Stock: Lovelle Jewellery und Opal Fields).

Sydney entdecken
Downtown Sydney

dende Ereignisse der britischen Geschichte vorführt, und zum anderen die zehn Meter hohe und vier Tonnen schwere Great Australian Clock, die in 33 Szenen einen Teil der Geschichte Australiens darstellt.

› **Queen Victoria Building (QVB),** 455 George St, CityRail-Bahnhof QVB, Busse 308, 422, 423, 426, 428, 431, 433, 436, 438, 439, 440, 443, 470, 504, Monorail-Haltestelle Galeries Victoria, www.qvb.com.au, geöffnet: Mo.–Mi., Fr./Sa. 9/10–18, Do. bis 21, So. 11–17 Uhr (spätere Öffnungszeit gilt für 1./2. Stock). Am Informationsstand im Erdgeschoss unter der Hauptkuppel kann man eine 45-minütige Führung durch das Gebäude buchen (Tel. 92649209): Di., Do. und Sa. um 11.30 Uhr (außer Dez.), Kosten: 15 $.

⓴ Town Hall ★ [E4]

Die Town Hall im französischen Neorenaissance-Stil von 1881 wurde zum hundertjährigen Jubiläum Australiens fertiggestellt. Das Foyer gilt als eines der besten Beispiele für viktorianische Stuckarbeit in Australien. In seiner Mitte prunkt ein ca. 380 kg schwerer Kronleuchter.

In der Town Hall befindet sich eine neoklassizistische Konzerthalle von 1889 mit einer Decke aus gepressten Metallelementen, die dem Spiel einer der größten Orgeln der Welt (25 m breit, 8000 Pfeifen) standhalten sollte. Hier werden noch immer Konzerte aufgeführt und im Anschluss an ein Konzert kann man an einer Führung durch das Gebäude teilnehmen (5 $).

› **Sydney Town Hall,** 483 George St, CityRail-Bahnhof Town Hall, Busse 308, 422, 423, 426, 428, 431, 433, 436, 438, 439, 440, 441, 443, 461, 470, 480, 483, 504, www.sydneytownhall.com.au (siehe „What's On" für Konzerttermine).

㉑ Hyde Park und ANZAC Memorial ★★ [F5]

Der Hyde Park ist ein beliebter Ort für die Mittagspause. Man setzt sich ins Gras, genießt die frische Luft, die Sonne oder den Schatten der Bäume und schaut den weißen Ibissen mit ihren langen, schwarzen, krummen Schnäbeln zu, die überall im Park nach Essensresten Ausschau halten.

Im Nordteil des Hyde Park sprudelt der **Archibald-Brunnen**, der 1932 im Andenken an den Ersten Weltkrieg vom französischen Bildhauer François Sicard gebaut wurde und ein beliebtes Fotomotiv darstellt.

Im Südteil des Parks liegt das **ANZAC Memorial**. Die Gedenkstätte von 1934 im Art-déco-Stil thematisiert in einer kleinen kostenlosen Ausstellung alle neun kriegerischen Konflikte mit australischer Beteiligung zwischen 1885 und 1972. Hier endet alljährlich am 25. April die ANZAC-Day-Parade, die im Morgengrauen um 4.30 Uhr mit einer Zeremonie am Kenotaph am Martin Place ⓰ beginnt.

An der Kreuzung von Bathurst St und Elizabeth St trifft man im Hyde Park auf einen ägyptisch anmutenden **Obelisken**. Er markiert die höchste Stelle des Abwassersystems der Stadt.

› **ANZAC Memorial,** Hyde Park, CityRail-Bahnhof Railway Station, Busse 303, 308, 441, 461, 480, 483, Metrobusse 10, 20, www.anzacmemorial.nsw.gov.au, geöffnet: tägl. 9–17 Uhr, Eintritt: frei

▶ *Der Hyde Park mit Blick auf die St Mary's Cathedral und den Archibald Fountain ist ein beliebter Ort zum Ausspannen*

Sydney entdecken
Downtown Sydney

㉒ Australian Museum ★★★ [F5]

Das älteste Museum Australiens beherbergt eine interessante Sammlung zur Natur- und Kulturgeschichte des Landes mit Schwerpunkt auf der australischen Fauna und der Geschichte der Aborigines.

Im Erdgeschoss des im georgianischen Stil entworfenen Sandsteingebäudes findet man die sehenswerten **Aboriginal and Torres Strait Collections,** in denen ein Teil der Sammlung von rund 40.000 ethnografischen Objekten und einer Million archäologischen Artefakten aus den Kulturen der Aborigines und Torres Strait Islanders ausgestellt wird. Hervorragend ist auch die naturgeschichtliche Sammlung mit **ausgestopften australischen Wirbeltieren.** Wer keine ausgesprochene Spinnenphobie hat, sollte sich von der Sammlung mit präparierten australischen Spinnen und anderen wirbellosen Tieren faszinieren lassen. Ein weiterer Hingucker ist die **Sammlung von Mineralien und Kristallen,** insbesondere die Albert Chapman Mineral Collection.

› Australian Museum, 6 College St, City-Rail-Bahnhof Museum, Busse 303, 308, 441, 461, 480, 483, Metrobusse 10, 20, www.australianmuseum.net.au, geöffnet: tägl. 9.30–17 Uhr, Eintritt: 12 $

> **KLEINE PAUSE**
>
> **Akuter Hunger?**
> **Auf nach Little Italy!**
> Hinter dem Australian Museum erstreckte sich auf der Stanley St [F/G5] einst Sydneys erstes „Little Italy". Heute sind hier noch immer **italienische Restaurants** angesiedelt, aber es gibt auch kleine **japanische Nudelbars.** Hier kann man gut und preiswert zu Mittag essen.

㉓ St Mary's Cathedral ★★★ [F4]

Die katholische St Mary's Cathedral von 1868 ist das größte Sandsteingebäude Australiens. In der Krypta gibt es ein aus Marmor und Terrazzo kreiertes Mosaik der Brüder Melocco in der Form eines keltischen Kreuzes, das die Schöpfungsgeschichte darstellt.

Die Fertigstellung des Mosaiks dauerte 16 Jahre – von 1930 bis 1946 – und es ist teilweise inspiriert vom **Stil des Book of Kells,** einem überragenden Beispiel der Buchmalerei, das heute in Dublins Trinity College zu sehen ist.

Der **Turm der Kathedrale** aus dem Originalentwurf des Architekten William Wilkinson Wardell wurde erst im Jahre 2000 anlässlich der Olympischen Spiele fertiggestellt.

Am Nordende der Kathedrale befindet sich im Gebäude mit der Adresse 1 Prince Albert St das Department of

Sydney entdecken
Downtown Sydney

Lands. Die schöne Sandsteinfassade des Hauses ist einen Blick wert.

> **St Mary's Cathedral,** St Mary's Rd, CityRail-Bahnhof St James, Busse 303, 308, 441, 461, 480, 483, geöffnet: tägl. von ca. 7 bis ca. 19 Uhr (vor und nach Messezeiten)

㉔ St James' Church und Supreme Court ★★ [F4]

Der Architekt Francis Greenway entwarf die heutige anglikanische St James' Church **ursprünglich als Gerichtsgebäude**, aber in England fand man die Pläne des Architekten und des Gouverneurs Macquarie zu hochtrabend für eine Strafgefangenenkolonie. So mussten Strafgefangene 1819 bis 1824 stattdessen eine Kirche bauen und ein geplantes Schulgebäude wurde 1824 zum NSW Supreme Court, beide im **kolonialen georgianischen** Stil. Die **Portale** der St James' Church wurden später vom Architekten John Verge angebaut. Die Kirche ist heute das älteste, noch als Kirche genutzte Gotteshaus in Sydney. In der Krypta sollte man in der sogenannten **Children's Chapel** einen Blick auf die ornamentalen **Wandmalereien** werfen, die 1929 von der Turramurra Wall Painters Union erstellt wurden, einer von Ethel Anderson gegründeten Gruppe von modernen Wandmalerei-Künstlern aus dem Ort Turramurra in New South Wales.

Das **Gerichtsgebäude** ist noch immer Bestandteil des Gerichtshofs von NSW und daher nicht von innen zu besichtigen.

> **St James' Church,** 173 King St, CityRail-Bahnhof St James, Busse 303, 308, 441, 461, 480, 483, www.sjks.org.au, geöffnet: Mo.–Fr. 10–16, Sa. 9–13, So. 7.30–16 Uhr, Konzerte (Orgel, Kammermusik, Chor etc.): Mi. 13.15–13.45 Uhr, 5 $ Spende erbeten

㉕ Hyde Park Barracks ★★★ [F4]

Die Barracks sind das bedeutendste Beispiel für georgianische Architektur und wurde unter der Leitung von Francis Greenway 1819 als Unterkunft für die Strafgefangenen gebaut.

Bis zur Fertigstellung der Hyde Park Barracks wurden die Strafgefangenen nicht eingesperrt, weil **der Busch als natürliche Begrenzung** im Prinzip genügend Abschreckung gegen das Weglaufen bot. Jedoch war es auf den Straßen Sydneys dadurch nachts nicht sonderlich sicher.

Einmal fertiggestellt übernachteten im Hauptgebäude der Hyde Park Barracks in zwölf Räumen **600 Männer** in Hängematten. Tagsüber arbeiteten sie auf diversen Baustellen in Sydney und abends kehrten sie für eine Mahlzeit und die Nachtruhe in die Baracken zurück. 1848 stellte man den Transport von Strafgefangenen aus England ein.

Die ehemaligen Baracken beherbergen nun ein ausgezeichnetes **Museum**, das u. a. die **Geschichte der Strafgefangenen**, die Rolle der Aborigine-Polizisten, Schicksale weiblicher Strafgefangener und die Leistung des Kolonialarchitekten Francis Greenway thematisiert.

> **Hyde Park Barracks Museum,** Queens Sq, CityRail-Bahnhof St James, Busse 303, 308, 441, 461, 480, 483, geöffnet: tägl. 9.30–17 Uhr, Eintritt: 10 $

㉖ Art Gallery of NSW und Yiribana Gallery ★★★ [G3]

Die Art Gallery of NSW ist ein Muss für alle Kunstinteressierten und bietet Einblick in die künstlerischen Werke Australiens.

Die sehenswerte Sammlung umfasst **moderne australische Kunst**, aber auch Landeskunst aus dem **19. und 20. Jh.** Die Yiribana Gallery ist speziell der **Kunst und Kultur der Aborigines** und **Torres Strait Islanders** gewidmet. Darüber hinaus gibt es aber auch noch eine Sammlung **europäischer und asiatischer Kunst**. Das alles verbirgt sich hinter einer **klassisch-eleganten Fassade** am Rand der Parkanlage The Domain. Einige Gebäudeteile wurden nach Entwürfen von Walter Liberty Vernon zwischen 1896 und 1909 gebaut. Der Bau blieb aber lange Zeit unvollendet, erst 1968 und 1988 wurden die fehlenden Elemente unter der Leitung des Architekten Andrew Anderson hinzugefügt.

› **Art Gallery of NSW,** Art Gallery Rd, The Domain, CityRail-Bahnhof St James, Bus 441, www.artgallery.nsw.gov.au, geöffnet: tägl. 10–17, Mi. bis 21 Uhr, Eintritt: frei (ausgenommen Sonderausstellungen). Das Fotografieren der Exponate von Aborigines ist strengstens verboten!

Chinatown und Darling Harbour

Darling Harbour mit Aquarium ㉝, *Wild Life Sydney* ㉞, *Maritime Museum* ㉟, *Hafenrundfahrten, Powerhouse Museum* ㉚, *Imax-Kino und familienfreundlichem Spielplatz ist ein modernes Freizeitareal. Am Abend wird auf den Terrassen der Restaurants mit Blick auf Darling Harbour gespeist und in den vielen Nachtklubs Musik und Tanz zur Unterhaltung geboten.*

㉗ Central Railway Station ★★ [E6]

Am Hauptbahnhof kommen täglich Tausende Sydneysider an, die zum Arbeiten in die City fahren. Das Schönste am Bahnhof ist der 75 m hohe **Uhrenturm** aus dem Jahr 1921, aber auch die **Ankunftshalle** in dem **Neorenaissancegebäude** von 1906 ist einen Blick wert. Es gibt darin ein kleines **Museum zur Geschichte der Zugfahrt in Australien**. Das **Terrazzo-Mosaik** in Form einer Australienkarte von den Gebrüdern Melocco, das sich auf dem Fußboden im Café Bakehouse befindet, kann man leider durch die Sitzgelegenheiten des Cafés nicht so leicht bewundern.

Auf dem sogenannten „Gleis Null" gibt es die **Jugendherberge Railway Square YHA** (s. S. 121) mit Zimmern in alten Zugwaggons und in einem historischen Gebäude von 1905.

› **Central Railway Station,** Eddy Ave, CityRail-Bahnhof Central, Busse 303, 308, 412, 413, 422, 423, 426, 428, 431, 433, 436, 438, 439, 440, 441, 461, 470, 480, 483, Metrobusse 10, 20, 30, Light-Rail-Haltestelle Central

㉘ Chinatown ★★ [E5]

Vor gut 100 Jahren ließen sich die ersten Chinesen in dem Viertel rund um die Dixon St nieder. Heute sind hier immer noch die meisten chinesischen Restaurants und Geschäfte zu finden und alljährlich wird das chinesische Neujahrsfest mit Drachenparaden gefeiert.

> **KLEINE PAUSE**
>
> **Günstig shoppen und essen**
> Am Rande von Chinatown kann man auf den **Paddy's Markets** (s. S. 21) Billigkleidung und günstige klassische Souvenirs kaufen. Angenehm ist auch eine schnelle chinesische **Kopfmassage** für ca. 15 $ oder eine **Ganzkörpermassage** für 55 $.
>
> Oberhalb der Paddy's Markets kann man im asiatischen Foodcourt des **Einkaufszentrums Market City** günstig asiatisch essen (Foodcourt Mo.–So. 10–20 Uhr).

Sydney entdecken
Downtown Sydney

> **EXTRATIPP**
>
> **Events in Chinatown**
>
> **119** [E5] **Chinatown Night Market**, Little Hay St, Dixon St Mall und Haymarket, geöffnet: Fr. 16–23 Uhr, www.chinatownnightmarket.com.au. Beliebter Nachtmarkt mit über 60 Straßenständen mit allerlei Krimskrams und chinesischen Leckereien.
>
> › Jährlich gibt es zum **chinesischen Neujahrsfest** nach dem Mondkalender einen mehrtägigen Markt, begleitet von einer Woche Veranstaltungen in Chinatown und Darling Harbour wie der **New Year Parade** von Town Hall nach Chinatown und einem **Drachenbootrennen** in Darling Harbour.

Rund um die Dixon St kann man hervorragend **chinesisch essen gehen**. In den Parallelstraßen bis zur Castlereagh St findet man vor allem chinesische Imbissstuben und japanische, vietnamesische, koreanische sowie Thai-Lokale. Wenn man nicht an einer asiatischen Mahlzeit interessiert ist, sollte man dennoch einen Rundgang durch das Viertel machen und die **Atmosphäre** auf sich wirken lassen. Hier erlebt man hautnah wie **multikulturell** die australischen Großstädte sind.

› CityRail-Bahnhof Central, Busse 412, 413, 422, 423, 426, 428, 431, 433, 436, 438, 439, 440, 461, 470, 480, 483, Metrobusse 10, 30, Light-Rail-Haltestelle Capitol Market und Paddy's Markets

㉙ Chinese Garden of Friendship ★★★ [D5]

Sydneys chinesischer Garten ist der größte außerhalb Chinas und wurde 1988 anlässlich der 200-Jahrfeier Australiens von der Stadt Kanton gestiftet.

In dieser **Oase der Ruhe** kann man bei frischer Luft beste **chinesische Gartenarchitektur** mit Teichen, Wasserfällen und Gärten genießen. Am Eingang gibt es eine handgeschnitz-

Sydney entdecken
Downtown Sydney

te **Hochzeitskutsche aus Jade**, die mehr als 2 Tonnen wiegt und vermutlich aus der Provinz Kanton stammt. Im Garten befindet sich außerdem ein typisches **Teehaus**, in dem man gemütlich eine Tasse Tee, Dim Sum, Gow Gee und gedämpfte Schweinefleischbrötchen, aber auch westliche Snacks genießen kann.

› **Chinese Garden of Friendship**, Darling Harbour, CityRail-Bahnhof Central oder Town Hall, Busse 412, 413, 422, 423, 426, 428, 431, 433, 436, 438, 439, 440, 441, 443, 461, 470, 480, 483, 502, 504, Metrobusse 10, 30, Monorail- oder Light-Rail-Haltestelle Paddy's Markets, geöffnet: tägl. 9.30–17.30 Uhr (Teehaus 10–17 Uhr), Eintritt: 6 $

30 Powerhouse Museum ★ [D5]

Ein Tipp für Eltern mit (Schul-)Kindern: Das **ehemalige Elektrizitätswerk** aus dem Jahr 1899, das die Lagerhäuser und Fabriken in Darling Harbour sowie die Pyrmont-Brücke und alle Straßenbahnen mit Elektrizität versorgte, ist das **größte Museum der Stadt**. Hier bekommt man die älteste Dampflokomotive der Welt zu sehen, lernt mehr über **technische Errungenschaften** der Neuzeit und modernes Produktdesign, über Licht, Elektrizität und Magnetismus, aber auch über die **Aborigines**. Außerdem gibt es regelmäßig Sonderausstellungen und für Kinder auch Theatervorführungen. Man sollte sich zwei bis drei Themengebiete aussuchen und diese Abteilungen gezielt besuchen, sonst wird es schnell zu viel.

› **Powerhouse Museum**, 500 Harris St, Bus 443, Light-Rail-Haltestelle Exhibition Centre, Monorail-Haltestelle Paddy's Markets, geöffnet: tägl. 10–17 Uhr, Eintritt: 10 $

31 Cockle Bay ★★★ [D4]

Ein Spaziergang entlang der ehemaligen Werften Cockle Bay Wharf und King Street Wharf (auf der Ostseite der Cockle Bay) mit ihren Restaurants und Bars ist ein Muss, auch wenn man vielleicht nicht das Geld für eine „gehobene Mahlzeit" mit Hafenblick ausgeben oder in den Bars die Nacht durchmachen will.

Die Bucht ist einfach ein wundervolles Fotomotiv und lädt bei Tag und bei Nacht zum Schlendern ein. Der **Darling Harbour**, der die Cockle Bay und weitere Hafenbuchten zwischen Chinatown und Pyrmont umfasst, war einst einer der geschäftigsten Häfen Australiens, in dem die Industrie florierte und immer weitere Hafen- und Industrieanlagen gebaut wurden. Heute ist hier ein **modernes Freizeitareal** für Touristen und Einheimische

> **KLEINE PAUSE**
>
> **Malaiisch essen**
>
> Auf der Dachterrasse der Cockle Bay Wharf wird man von einem dicken Buddha und Räucherstäbchenduft begrüßt. Das **Chinta Ria** (s. S. 27) ist ein fabelhaftes malaiisches Restaurant mit scharf gewürzten, aromatischen Gerichten wie Ayam Ria (leicht paniertes Hähnchenfleisch aus dem Wok mit Ingwer, Chili, Möhren und Zuckerschoten) oder Klassikern wie Beef Rendang (langsam gegartes Rindfleisch mit scharfer Currypaste und Kokosnussmilch). Jeden ersten Dienstag im Monat gibt es dazu ab 19 Uhr Livejazz.

◂ *Oase der Ruhe:*
der Chinese Garden of Friendship

Downtown Sydney

gleichermaßen mit einem großen Angebot an Möglichkeiten zur Hafenrundfahrt, vielen Bars und Restaurants, dem Wild Life Sydney ㉞, dem Sydney Aquarium ㉝, einem IMAX-Kino, dem Sydney Convention und Exhibition Centre (Kongress- und Messegelände von Sydney) und dem Shoppingcenter Harbourside (s. S. 21) mit noch mehr Restaurants und Bars. Seit 2011 gibt es auch einen neuen, kostenlosen **Spielplatz für Kinder**, der die 1988 vom Sydneysider Architekten Bob Woodward entworfenen **Wasserspiele** rund um den Tumbalong Park sinnvoll ergänzt.

› Busse 442, 443, 502, 504, Monorail-Haltestellen Darling Park und Harbourside, Fähren nach Darling Harbour Terminal und Pyrmont Bay

㉜ Pyrmont Bridge ★★ [D4]

Die Pyrmont Bridge ist nur fast eine reine Fußgängerbrücke, denn etwas erhöht fährt auch die Monorail täglich über das 369 m lange Bauwerk.

Die Brücke aus dem Jahre 1902 ist eine Drehbrücke und öffnet sich noch immer samstags, sonntags und feiertags um 10.30, 12, 13, 14 und 15 Uhr elektrisch für den Bootsverkehr. Dabei wird nur das **Mittelstück der Brücke geöffnet**, die oberhalb verlaufende Monorailschiene bleibt geschlossen. Wenn besonders große Schiffe, die Brücke passieren müssen, besteht aber auch die Möglichkeit, die Monorailschiene mit der Brücke zu drehen.

Entworfen wurde die Pyrmont Bridge mit dem bekannten „Allan Truss"-System von **Percy Allan**, der in seiner Laufbahn 583 Brücken baute.

› CityRail-Bahnhof Town Hall, Busse 442, 443, 502, 504, Monorail-Haltestellen Harbourside und Darling Park, Fähren nach Darling Harbour Terminal und Pyrmont Bay

> **EXTRATIPP**
>
> **Rundfahrt mit der Schwebebahn**
>
> In Sydney „schwebt" die **Monorail** auf einer breiten Schiene über den Straßen und passiert auf ihrem kleinen **Rundkurs** durch Darling Harbour, Pyrmont, Chinatown und CBD sieben Haltestellen (s. S. 124). Man sollte unbedingt mal eine ganze Runde mitfahren! Beim Einsteigen darauf achten, dass man kein Abteil mit ganzflächigem Werbeaufkleber wählt, denn dadurch werden die Fenster verdunkelt und eignen sich nicht zum Fotografieren unterwegs.

㉝ Sydney Aquarium ★★★ [D4]

Im Aquarium kommt man tropischen Fischen, Riesenschildkröten, Stachelrochen und vielen Haifischarten in gläsernen Tunneln ganz nah.

Wenn man keine Zeit hat, am Great Barrier Reef in Queensland oder bei Monkey Mia in Western Australia zu tauchen oder die Billabongs (große Teiche) im australischen Inland zu besuchen, ist dieses hervorragende Aquarium ideal, um einen Einblick in die **vielseitige Unterwasserwelt Australiens** zu erhalten. In den gläsernen Tunneln faszinieren große und kleine Wassergeschöpfe wie Seedrachen, Seepferdchen, Haie, Rochen oder Krokodile und in anderen Becken bekommt man das lustige Schnabeltier zu sehen, das wie eine kleine Kreuzung zwischen Ente und Biber anmutet. Insgesamt leben hier **650 Meerestierarten**, teilweise in sogenannten **Touch Pools**, in denen man die Tiere anfassen darf.

› **Sydney Aquarium**, City-Seite von Darling Harbour, nördlich der Pyrmont Bridge, CityRail-Bahnhof Town Hall, Busse 442, 443, Monorail-Haltestelle Darling Park,

Sydney entdecken
Downtown Sydney

Fähren nach Darling Harbour Terminal, www.sydneyaquarium.com.au, geöffnet: tägl. 9–20 Uhr, Eintritt: 35 $ (Online-Tickets ab 17,50 $). Es finden täglich öffentliche Fütterungen und Shows statt.

34 Wild Life Sydney ★ [D4]

Das Wild Life Sydney, das sich über fast 5000 m² auf drei Etagen erstreckt, beherbergt entlang einem 1 km langen Wanderpfad **rund 100 einheimische Tierarten** wie Kängurus, Koalas, Emus und tropische Schmetterlinge. Die Mitte 2011 neu gestaltete Anlage ist jedoch Geschmackssache, denn Wild Life Sydney ist **fast komplett überdacht und klimatisiert.** Man bekommt in der Tropenhalle bei 33 °C aber wunderbare Schmetterlinge und farbenfrohe Pythons zu sehen, die man im Taronga Zoo (s. S. 63) so nicht findet.

› **Wild Life Sydney,** Darling Harbour, CityRail-Bahnhof Town Hall, Busse 442, 443, Monorail-Haltestelle Darling Park, Fähren nach Darling Harbour Terminal, www.wildlifesydney.com.au, geöffnet: tägl. 9–18 Uhr (letzter Eintritt 17 Uhr), 35 $ (Online-Tickets ab 17,50 $). Halbstündlich Fütterungen oder Informationsveranstaltungen.

35 Australian National Maritime Museum ★★ [D4]

Das Museum wurde 1997 vom ehemaligen niederländischen Premierminister Wim Kok eröffnet. Diese Ehre wurde ihm zuteil, weil die Besatzung des holländischen Schiffes „Duyfken" die ersten Europäer waren, die den australischen Kontinent betraten und das Land New Holland tauften.

▶ *Das Cape Bowling Green Lighthouse am Australian National Maritime Museum*

Sydney entdecken
Entdeckungen außerhalb des Zentrums

> **KLEINE PAUSE**
>
> **Frisches Sushi und die besten Fish & Chips**
> Liebhabern von Fisch und Meeresfrüchten sei ein Lunch auf dem Sydney Fish Market mit Aussicht auf die Blackwattle Bay und die ANZAC Bridge empfohlen. Hier bekommt man bei rund 20 Verkaufsständen Sashimi, Sushi, frisch gegarte Riesengarnelen, Hummer, die besten Fish and Chips, Calamari, Austern, Schnapper, Whiting, Barramundi, Thunfisch etc. Frischer geht es nicht!
> 🏠 **120** [C4] **Sydney Fish Market**, Bank St, Pyrmont, Busse 441, 442, 502, 504, Light-Rail-Haltestelle Fish Market, geöffnet: tägl. 12–16 Uhr

In diesem Museum gibt so viel zu sehen, dass man sich besser vorab ein paar Themen herauspickt, sonst kann es leicht zu viel werden. Erstaunlich ist die dokumentierte **Reise des Deutschen Oskar Speck**, der 1932 Deutschland über die Donau in einem 5,49 m langen Kanu namens „Sonnenschein" mit einem kleinen Segel verließ, um in Zypern Arbeit zu suchen, dann sieben Jahre weiterreiste und nach 50.000 km schließlich in Australien landete und sich einbürgern ließ. Außerdem gibt es eine Ausstellung über die **Expedition von Ernest Shackleton** zur Antarktis. Vor dem Museum kann man u. a. das **Schlachtschiff HMAS Vampire**, das **U-Boot HMAS Onslow** der australischen Marine, eine Replik von Kapitän Cooks **HMB Endeavour** (wenn vor Anker) und die beiden Segelschiffe **James Craig** und **Duyfken** (wenn vor Anker) von innen besichtigen.

An der Pyrmont Bay Wharf findet man die 100 m lange, bronzene **Welcome Wall**, in die Hunderte von Namen von Menschen eingraviert wurden, die nach Australien emigriert sind.

> **Australian National Maritime Museum**, 2 Murray St, Darling Harbour, Bus 443, Monorail-Haltestelle Harbourside, Light-Rail-Haltestelle Pyrmont Bay, Fähren nach Pyrmont Bay, geöffnet: tägl. 9.30–17 Uhr (Januar bis 18 Uhr), Eintritt: 7 $ (am 1. Do. des Monats für einen Teil der Ausstellungen Eintritt frei), Eintritt inkl. Besichtigung aller Schiffe: 25 $. Shop mit guter Buchauswahl zu maritimen Themen und Yots Café am Hafenufer (9.30–16.30 Uhr).

Entdeckungen außerhalb des Zentrums

Die City mit ihren Wolkenkratzern und den historischen Gebäuden ist bei Weitem nicht alles, was Sydney zu bieten hat. Per Fähre oder Bus sollte man in jedem Fall die berühmten Surf- und Badestrände besuchen. Aber auch die stadtnahen Vororte bieten ein ganz besonderes Flair, denn hier sind z. B. die besten Märkte der Stadt zu finden, die australische Modeindustrie, Universitätskultur, eine Vielzahl an Ausgehmöglichkeiten und noch mehr interessante Sehenswürdigkeiten in traditioneller Architektur.

Inner East

Mit Inner East sind in diesem Buch vor allem die innerstädtischen Vororte Kings Cross, Potts Point, Darlinghurst und Paddington gemeint, die man zu Fuß oder schnell per Bus und CityRail erreichen kann. Wenn

Sydney entdecken
Entdeckungen außerhalb des Zentrums

man am Abend gern „über die Stränge schlägt", ist Kings Cross ❸ nicht fern, das für sein großes Nightlife-Angebot mit berühmt-berüchtigtem Schmuddelimage bekannt ist. Die Stadt bemüht sich seit Jahren, die „Rotlichtszene" und die „Drogenszene" aufzuräumen, daher trifft man heute mehr auf gute Nachtklubs und Diskotheken als auf Bordelle und Sexklubs. In Kings Cross und im benachbarten Potts Point befinden sich heute auch die meisten Backpacker-Unterkünfte, von denen viele von jungen Rucksackreisenden als Partyzentralen gerühmt werden, die jedoch nicht alle zu empfehlen sind. Die Oxford St im angrenzenden Darlinghurst kennt man als Diskothekenmeile und Heimat der Schwulenszene, während die gleichnamige Straße in Paddington von australischem Modeglamour dominiert wird, außerdem findet dort einer der schönsten Märkte der Stadt statt. Neben dem Nightlife-Angebot, den vielen Restaurants und Cafés gibt es in den innerstädtischen Vororten jedoch auch einige wichtige historische Gebäude aus der Kolonialzeit, die einen Besuch lohnen.

❸ Elizabeth Bay House ★★   [H4]

Malerisch an der Elizabeth Bay in Potts Point gelegen gilt das Elizabeth Bay House als **schönstes koloniales Wohnhaus von Sydney**. Beim einstigen Anwesen des **Kolonialsekretärs Alexander Macleay** fasziniert auch heute noch die traumhafte Innenarchitektur des Architekten John Verge. Das 1835 bis 1839 erbaute Haus hat einen ovalen Salon mit einem ellipsenförmigen Treppenaufgang, bei dem jede Stufe aus einem massiven Stück Naturstein besteht, das auf einem in der Wand verankerten Träger ruht – eine meisterhafte Bauleistung und ein Augenschmaus! Das Gebäude ist weitgehend mit dem ursprünglichen Interieur der Macleays ausgestattet und gewährt einen umfassenden Einblick in das Leben der Familie. Alexander Macleay war ein passionierter Insektensammler und seine Tochter malte die Wildblumen Australiens. Schade ist, dass die Fußböden seit einigen Jahen zum Schutz mit Tüchern abgedeckt sind.

› **Elizabeth Bay House,** 7 Onslow Av, Potts Point, CityRail-Bahnhof Kings Cross, Bus 311, www.hht.net.au/museums/ebh, geöffnet: Fr.–So. 9.30–16 Uhr, Eintritt: 8 $

❸ Kings Cross ★   [H5]

Der **El Alamein Fountain** des Sydneysider Architekten **Bob Woodward** wurde 1961 eingeweiht und ist den australischen Gefallenen der beiden Schlachten von 1942 bei El Alamein

▲ *Das Elizabeth Bay House gibt Einblick in das Leben des Kolonialsekretärs Alexander Macleay*

Sydney entdecken
Entdeckungen außerhalb des Zentrums

in Ägypten gewidmet. Am Platz rund um den Brunnen endet das betuchte Potts Point und hier beginnt mit der Darlinghurst Rd der Vorort **Kings Cross**, der an der William St endet. Alle Versuche der Stadtverwaltung, den Platz anders zu gestalten, werden von den Bewohnern abgeschmettert. Sie lieben ihr Kings Cross so wie es ist: mit **Schmuddelcharakter** und **Laissez-faire-Leichtigkeit**.

Besonders in den 1920er-Jahren war dieses Stadtviertel für seine vielen **Glücksspielkneipen** und **Bordelle** berühmt und berüchtigt. In den 1930er-Jahren zogen **Schriftsteller** und **Kunstschaffende** hierher, denn die Miete war günstig. Seit der Jahrtausendwende wurde das Stadtviertel zunehmend **gentrifiziert**, aber Drogensüchtige, Obachlose und Alkoholiker gibt es hier immer noch und auch die Bordelle und Nachtklubs sind rund um die Kellett St [H5] noch zu finden. In den Nachtklubs, Diskotheken, Bars, Pubs und Restaurants setzt man nun jedoch auf **Lounge-Schick**, edle Küche und Weltklasse-Innenarchitektur. Somit bleibt Kings Cross eine *der* Adressen, wenn es ums Nachtleben geht. Hier halten die Nachtklubs und Late-Night-Bars das Volk bis sechs Uhr in der Früh auf den Beinen.

› CityRail-Bahnhof Kings Cross, Busse 200, 311, 323, 324, 325, 326

❸❽ Victoria Street ★★★ [H4]

Die elegante, baumgesäumte Victoria St, die durch Potts Point und Kings Cross ❸❼ führt, ist jederzeit einen kleinen Spaziergang wert. Durch den Einsatz einer Gruppe von Intellektuellen, die als Sydney Push bekannt wurde, sind viele Häuser aus der georgianischen und viktorianischen Ära der Zerstörung in den 1970er-Jahren entgangen, als Bauherren die Gebäude am liebsten durch moderne Hochhäuser ersetzt hätten, um dadurch zu Reichtum zu kommen.

In der Victoria St, der Challis Av [H3/4] und der Macleay St [H4] in Richtung El Alamein Fountain (s. S. 79) findet man eine Vielzahl an guten, schicken oder gemütlichen **Restaurants und Cafés**. Überquert man die William St in Richtung Darlinghurst, lohnt sich ein Blick auf die Fassade der ungewöhnlichen **Feuerwache** (Ecke Darlinghurst Rd, Victoria St und William St) aus dem Jahr 1910 von Walter Liberty Vernon mit ihrem bunten Mix aus verschiedenen Dachhöhen, Schwüngen, Kan-

---

KLEINE PAUSE

Berühmter Imbiss

Das **Harry's Café de Wheels** vor den Toren des Marinehafens Bravo Base in Woolloomooloo ist über Sydneys Grenzen hinaus berühmt und machte hier schon in den 1940er-Jahren mit einem mobilen Imbisswagen Geschäfte. Heute gibt es hier alle Arten von *pies* und *pasties* (herzhaft gefüllte Küchlein und Teigtaschen). Am schnellsten erreicht man Woolloomooloo von der Victoria St ❸❽ aus über einen der alten **Treppenaufgänge** aus der Zeit um 1870 wie die McElhone Stairs oder die Butler Stairs, von denen sich Sydneys Skyline außerdem gut ablichten lässt.

🄞**121** [G4] **Harry's Café de Wheels**, Cowper Wharf Rd, schräg gegenüber der Dowling St (neben dem Eingang zur Marinebasis), Woolloomooloo, CityRail-Bahnhof Kings Cross, Busse 311, 441, geöffnet: Mo./Di. 8.30–2, Mi./Do. bis 3, Fr./Sa. bis 4, So. bis 1, Sa./So. erst ab 9 Uhr

Sydney entdecken 81
Entdeckungen außerhalb des Zentrums

KLEINE PAUSE

Eiscremekünstler
Hier gibt es **hausgemachte sizilianische Eiscreme** und **Sorbets** mit ganz besonderen Geschmacksnoten. Himmlisch ist die Kombination Birne und Rhabarber oder Pavlova oder Tiramisu.

🏠 **122** [G5] **Gelato Messina (Shop 1)**, 241 Victoria St, Darlinghurst, So.–Do. 12–23, Fr./Sa. 12–23.30 Uhr

---

ten und Fensteranordnungen. Auch auf dem Abschnitt der Victoria St von der alten Feuerwache bis zur Burton St sind viele gute Restaurants, Cafés und Pubs zu finden. Weitere Lokale gibt es in der parallel verlaufenden Darlinghurst Rd, auf der man nach Kings Cross zurückgehen kann, wenn man nicht in Darlinghurst tanzen gehen möchte oder einen Ausflug zur Modemeile Oxford St ㊷ in Paddington plant.

› CityRail-Bahnhof Kings Cross, Busse 200, 311, 323, 324, 325, 326

㊴ Golden Mile ★★ [G6]

Gleich hinter dem Südende des Hyde Park beginnt entlang der Oxford St in Darlinghurst die „Golden Mile" (goldene Meile) oder das „Pink Precinct" (rosa Revier).

Hier ist das **Herzstück der Schwulenszene** und das wird von der Stadtverwaltung auch gewürdigt. Sie verzierte die Oxford St im Juni 2011 systematisch mit **Regenbogenfahnen**. Vor allem nachts tobt sich die Szene in den Bars und Klubs von Darlinghurst aus und besonders am Wochenende finden sich ebenso gern die Heterosexuellen in den zahlreichen Nachtklubs ein. „Reine" Schwulenklubs gibt es hier aber auch.

Leider kommt es immer wieder mal zu nächtlichen Schlägereien und daher versucht die Stadtverwaltung die **Gentrifizierung des Stadtviertels** durch **Aufkaufen berüchtigter Pubs** voranzutreiben. Gegenüber dem so aufgekauften Taylor Square Hotel (Taylor Sq) findet samstags von 8 bis 13 Uhr ein **Farmer's Market** mit Bioobst- und -gemüseverkauf statt. An der Stelle, wo der Gemüsemarkt abgehalten wird, findet man bei den ehemaligen öffentlichen Toiletten **aktuelle Kunstinstallationen**, die im Rahmen des **Taylor Square Plinth Project** dort jeweils für ca. ein halbes Jahr ausgestellt werden. Mitte 2011 war dort z. B. die „CAMP Stonewall" der Künstlerin Annie Kennedy zu sehen, die mit ihrer audiovisuellen Installation die Geschichte der Schwulenrechte in Sydney dokumentierte und die posi-

Hoch mit der Regenbogenflagge

*So heißt es alljährlich im März, wenn die Oxford St ㊷ in Darlinghurst wegen des berühmten **Sydney Gay and Lesbian Mardi Gras** für den Straßenverkehr gesperrt wird. Es ist ein bombastischer Straßenkarneval zum Abschluss eines mehr als dreiwöchigen, **schwul-lesbischen Kunst- und Kulturfestes** in Darlinghurst und anderen Stadtvierteln. Der Mardi Gras ist das **größte Straßenfestival Australiens**. Die Parade der rund 130 Wagen mit rund 9000 Teilnehmern zieht jährlich um die 300.000 Zuschauer an.*

› *www.mardigras.org.au*

Sydney entdecken
Entdeckungen außerhalb des Zentrums

tive Entwicklung in den vergangenen 40 Jahren zelebrierte.

Die **Lesbenszene Sydneys** ist übrigens nicht in einem bestimmten Stadtviertel daheim, sondern eher in bestimmten Kneipen oder bei bestimmten Veranstaltungen (s. S. 112).

› CityRail-Bahnhof Museum, Busse 352, 378, 380, 890, 892, Metrobus 10

⓵ Darlinghurst Courthouse und Darlinghurst Gaol ★★ [G6]

Dorische Säulen aus Sandstein schmücken den Eingang des neoklassizistischen **Darlinghurst Courthouse von 1844** am Taylor Sq, das noch immer als Gerichtsgebäude in Betrieb ist und daher nicht von innen besichtigt werden kann. Folgt man der langen Sandsteinmauer hinter dem Gerichtsgebäude, kommt man zum ehemaligen Gefängnis **Darlinghurst Gaol**, das durch einen unterirdischen Tunnel mit dem Courthouse verbunden ist. Beide Gebäude wurden von dem Kolonialarchitekten Mortimer Lewis entworfen.

Die ersten **119 männlichen und 33 weiblichen Gefangenen** wurden 1841 in das unfertige Gebäude gebracht. Zu den berühmten Gefangenen zählt der Schriftsteller Henry Lawson, der mehrfach eingesperrt wurde, weil er den Unterhaltszahlungen an seine Frau nicht nachkam. 1889 wurde Louisa Collins am Galgen erhängt. Sie hatte zwei Ehemänner mit Arsen vergiftet und war die einzige Frau, die jemals hier exekutiert wurde.

Während des Ersten Weltkriegs hielt man hier ab 1914 **Kriegsgefan-**

EXTRATIPP

Snack im viktorianischen Konzertpavillon

Gegenüber dem ehemaligen Darlinghurst Gaol ⓵ kann man im charmanten **Bandstand Cafe** auf zwei Etagen oder draußen gemütlich speisen und etwas trinken.

○123 [G5] **Bandstand Cafe**, Green Park (zwischen Darlinghurst Rd, Burton St und Victoria St), Darlinghurst, geöffnet: tägl. 7–18, Fr./Sa. auch 18–22 Uhr

Sydney entdecken
Entdeckungen außerhalb des Zentrums

gene im Darlinghurst Gaol fest, darunter auch viele Deutsche. 1921 wurde das Gefängnis zu einer Technischen Schule umgebaut, die später zu den staatlichen TAFE-Schulen für technische und weitere Bildung gehörte. Heute ist hier die **National Art School (NAS)** untergebracht.

Von innen kann man die Gebäude nicht besichtigen, aber eine Wanderung über das Gelände des ehemaligen Gefängnisses ist interessant (zugänglich: Mo.–Fr. 9–17 Uhr). Der runde Turm in der Mitte beherbergte ursprünglich im ersten Stock eine Kapelle und im Erdgeschoss das Badehaus. Alle anderen Gebäude sind strahlenförmig um diesen Turm angeordnet.

› **Darlinghurst Gaol,** Eingang Forbes St zwischen Taylor Sq und Burton St, Busse 352, 378, 380, 890, 892, Metrobus 10

㊶ Victoria Barracks ★ [H6]

Erlesene Militärarchitektur von 1848 – so kann man die schönen Sandsteingebäude beschreiben, in denen auch heute noch eine Division der Australian Army stationiert ist. Von 1841 bis 1848 dauerte die Fertigstellung der Victoria Barracks, in denen die britische Armee untergebracht war, bis 1870 die Kolonialstreitkräfte von NSW ihre Aufgaben übernahmen. Von hier aus zogen australische Soldaten für die Briten nach Südafrika in den Burenkrieg.

Die Barracks sind das wichtigste, unveränderte Beispiel **georgianischer Architektur** in Sydney. Im ehemaligen Gefängnis auf dem Gelände ist das kleine **Army Museum of NSW** mit einer Ausstellung über die Militärgeschichte Australiens untergebracht.

› **Victoria Barracks,** Oxford St, Busse 352, 378, 380, www.army.gov.au/Army MuseumofNSW, geöffnet: Do. 10–13 und So. 10–16 Uhr, Do. gibt es um 10 Uhr eine Führung, Eintritt: frei

㊷ Oxford Street und Paddington Markets ★★★ [I7]

Australisches Prêt-à-porter dominiert die Mode- und Kunstmeile Oxford St in Paddington. Hier haben alle namhaften Designer und viele Newcomer ihre Boutiquen. Kunstgalerien sorgen außerdem für weiteren Augenschmaus.

Hier gibt es endlich mal nicht nur Ladenketten, sondern kleine **Boutiquen** mit Damen-, aber auch Herrenmode, Wohndeko, Körperpflegeprodukten und mehr. Entlang der Oxford St findet man ab der Glenmore Rd einige der großen Namen der australischen Modewelt wie Willow, Alannah Hill und Sass and Bide. Weniger bekannte Designer bieten jeden Samstag auf den **Paddington Markets** ihre Stücke an. Auch Lisa Ho hat hier einst angefangen. Rund um die Paddington Village Uniting Church herrscht seit 1973 an 250 Ständen ein herrliches Marktgewirr mit Mode, Schmuck, Pflanzen, Büchern, Kunst, Keramik, Hüten, Massagen etc. Natürlich gibt es auch viele Essensstände für den Hunger zwischendurch.

Weitere exklusive Mode- und Schuhboutiquen wie The Corner Shop, Ginger & Smart oder Tigerlily findet man in der William St bis zur Ecke Hopetoun St. In der Glenmore Rd und entlang der Oxford St gibt es überdies viele interessante **Kunstgalerien.** Interessierte sollten ihre Entdeckungsreise bis zur Queen St in Woollahra fortsetzen, wo das renom-

◂ *Klein, aber fein:*
das Bandstand Cafe in Darlinghurst

Sydney entdecken
Entdeckungen außerhalb des Zentrums

mierte **Auktionshaus Sotheby's** eine Niederlassung unterhält (118–122 Queen St). Wenn man von hier über die Hopetoun St und die Broughton St weiterwandert, kommt man zum Five-Ways-Viertel, so benannt nach dem Zusammentreffen von fünf Straßen an einer Kreuzung. Hier haben sich noch mehr Kunstgalerien niedergelassen.

> **Paddington Markets**, Paddington Village Uniting Church, 395 Oxford St, Paddington, www.paddingtonmarkets.com.au, Busse 352, 378, 380, geöffnet: Sa. 10–16/17 Uhr

KLEINE PAUSE

Klein, aber feiner Italiener
Nr. 2 Hopetoun St ist *die* Adresse für einen starken **aromatischen Espresso**, **Minipaninis** mit Prosciutto, schmackhaftes **Pilzrisotto** oder eine **Antipastiplatte**. Ein winziges Lokal, das man mit einem Lächeln verlassen wird.

O**124** [I6] **Paddington Alimentari**, 2 Hopetoun St, Paddington, Mo.–Fr. 7–18, Sa. 8–16.30 Uhr

㊸ Rund um die Paddington Town Hall ★ [H7]

Die hübsch restaurierte, ehemalige **Paddington Town Hall** von 1905 fällt mit ihrem 32 Meter hohen Uhrenturm ins Auge (Oxford St, Ecke Oatley Rd). Heute ist hier das **Programmkino Chauvel** (s. S. 37) untergebracht, das ebenso wie das **Palace Verona** (s. S. 37) eine der wichtigen Adressen für ausländische und künstlerische Filme in Sydney ist.

An der Straßenkreuzung Oxford St, Ecke Oatley Rd, trifft man auf weitere architektonisch interessante Gebäude: Das **Paddington Post Office** in einem charmanten, viktorianischen Bau des Architekten James Barnet wurde bereits im Jahr 1884 eröffnet. Die denkmalgeschützte, georgiani-

▲ *In den Paddington Reservoir Gardens sind die Ruinen des einstigen Wasserreservoirs zu sehen*

◀ *Märktstände auf den wundervollen Paddington Markets*

Sydney entdecken
Entdeckungen außerhalb des Zentrums

sche **Juniper Hall** von ca. 1825 wurde von Gin-Hersteller Robert Cooper gebaut und nach der Wacholderbeere *(juniper berry)* benannt, die als Aroma für Gin verwendet wird. In den **Paddington Reservoir Gardens** findet man die historischen Gemäuer des einstigen Wasserreservoirs von 1866, die von einer Gartenanlage umgeben sind, die zum Entspannen einlädt.

❯ Busse 352, 378, 380

㊹ Australian Centre for Photography ★★ [H7]

In Zeiten, in denen man Fotos fast nur noch auf dem Computerbildschirm, in Zeitschriften oder in Form von Werbeplakaten sieht, wird das Auge beim Besuch im australischen Zentrum für Fotografie mit wechselnden Ausstellungen von zeitgenössischen australischen Fotografen verwöhnt.

❯ **Australian Centre for Photography,** 257 Oxford St, Busse 352, 378, 380, www.acp.org.au, geöffnet: Di.-Fr. 12-19, Sa./So. 10-18 Uhr, Eintritt: frei

Glebe

Glebe ist ein hippes Stadtviertel mit Boheme-Touch – deutlich beeinflusst von der ältesten Universität Australiens, der University of Sydney. Die Geschäfte haben hier einen besonderen Touch: Es gibt kleine Boutiquen, Buchläden, Esoterikshops, Bioläden, Buchantiquariate und spezialisierte Musikshops – alles, nur keine großen Ladenketten.

㊺ Sydney University ★★ [B7]

Die **erste Universität Australiens** sollte man sich genauer anschauen. Das rechteckige Kerngebäude mit dem Innenhof nennt sich **The Quadrangle** und wurde von Edmund Blacket entworfen, der bis dahin für die Gestaltung von Sydneys Kirchen zuständig war, was man dem vornehmlich neogotischen **Universitätsgebäude von 1850** stilistisch auch ansieht. Vorlagen waren die englischen Universitäten in Oxford und Cambridge, deren Gründer auf den Buntglasfenstern am Ost- und Westende abgebildet sind. 1859 wurde die **Great Hall** eröffnet, die wie eine Kapelle aussieht und eine große Orgel enthält. 1860 kam der **East Wing** mit dem **Uhrenturm** hinzu, von wo aus jeden Sonntag um 14 Uhr ein Glockenspiel ertönt (während des Semesters auch Di. 13-14 Uhr).

Auf dem Universitätsgelände gibt es drei kleine **Museen**, eine **Kunstgalerie** sowie die **Rare Book Collec-**

> **EXTRATIPP**
>
> **Traditionelle Pubs in Paddington**
>
> Authentisch, untouristisch und uraustralisch laden diese Eckkneipen zum Essen und Trinken ein:
>
> ○**126** [I7] **Light Brigade Hotel**, Oxford St/Jersey Rd. In der Art-déco-Kneipe mit Blick auf die elegante Polizeiwache von Paddington in einem schönen, klassizistischen Gerichtsgebäude speisen.
>
> ○**127** [I7] **London Tavern**, William/Underwood St. Die London Tavern ist der älteste Pub dieser Gegend. Hier kehrt ein eher junges Publikum gerne für ein Rib-Eye-Steak oder einen Wagyu-Burger ein.
>
> ❯ **Paddington Inn** (s. S. 30). Im hippen Paddington Inn kann man bei einem Glas Wein oder Bier entspannen, bekommt aber auch exzellente kleine Mahlzeiten.

Sydney entdecken
Entdeckungen außerhalb des Zentrums

EXTRATIPP

Museen und Ausstellungen in der Universität

> **Macleay Museum** (s. S. 38). Naturkundliche Sammlung der Familie Macleay, von Captain Cooks Entdeckung der Ostküste im Jahr 1770, von Charles Darwin und von anderen Entdeckern.

> **Nicholson Museum**, Eingang vom Innenhof des The Quadrangle, geöffnet: Mo.–Fr. 10–16.30, So. 12–16 Uhr, Eintritt: frei. Größte australische Sammlung archäologischer Funde und Kunstwerke aus Ägypten, dem Mittleren Osten, aus Griechenland, Italien, Zypern und Mesopotamien.

> ★**128** [C7] **Rare Book Collection**, Fisher Library, 2. Stock, University Ave, geöffnet: Mo.–Fr. 9–17 Uhr, Eintritt: frei. Unter den wertvollsten Büchern sind 80 mittelalterliche Manuskripte wie Bibeln und Gebetsbücher, Arbeiten von Aristoteles, Boethius, Cicero, Augustinus und Boccaccio sowie Werke von Galilei, Halley, Lavoisier, Kepler, Kopernikus und Newton.

> **129** [C7] **Tin Sheds Gallery**, 154 City Rd, geöffnet: Di.–Sa. 11–17 Uhr (nicht während Semesterferien), Eintritt: frei. Zeitgenössische Kunstausstellungen zum Thema Kunst und Design in der Fakultät für Architektur.

> **University Art Gallery**, Übergang von Quadrangle zu Macleay-Gebäude, geöffnet: Mo.–Fr. 10–16.30, So. 12–16 Uhr, Eintritt: frei. Wechselnde Ausstellungen der Universitätskunstsammlung, die über 2500 Gemälde, Zeichnungen und Skulpturen von europäischen, asiatischen und australischen Künstlern umfasst.

tion (s. S. 86) in der Fisher Library, die man alle jedoch nur besuchen sollte, wenn man mehr als eine Woche in Sydney verbringt oder aber ein besonderes Interesse daran hat. Von der Anhöhe auf der University Ave hat man übrigens eine besonders gute **Aussicht auf die Skyline** der Stadt.

> www.sydney.edu.au, Busse 352, 370, 413, 422, 423, 426, 428, 431, 433, 436, 438, 439, 440, 461, 470, 480, 483, Metrobusse 10, 30

㊻ Glebe Point Road ★★★ [C6]

Hier gibt es einen der besten Märkte von Sydney, interessante Buchläden und eine muntere Café- und Restaurantszene.

Begeistert von den Paddington Markets und Lust auf mehr? Auch die **Glebe Markets** (s. S. 23) sind ein wahrer Genuss. Doch auch wenn kein Markttag ist, lohnt der Besuch der Glebe Point Rd, sofern man gerne von Café zu Café schlendert und in die **Atmosphäre** des Vorortes abtauchen mag. Entlang der Glebe Point Rd findet man auch reichlich gute Restaurants, wo man je nach Vorliebe zu einer asiatischen, italienischen, japanischen o. a. Mahlzeit einkehren kann.

Ebenfalls typisch für die Glebe Point Rd und Umgebung sind die vielen unabhängigen **Buch- und Musikläden** (s. S. 23). Es ist daher kaum verwunderlich, dass in Glebe allein jährlich mehr als 100 literarische Events wie Dichterlesungen und Buchvorstellungen stattfinden.

> Busse 370, 431, 433, Light-Rail-Haltestelle Glebe

㊼ Historisches Glebe ★★ [B6]

Das historische Glebe bietet schmucke **Villen, Kirchen**, einen winzigen **chinesischen Tempel** und **traditionelle Eckkneipen**. Der Name „Glebe" bedeutet „Pfarrland". **Reverend**

Sydney entdecken

Entdeckungen außerhalb des Zentrums

EXTRATIPP

Glebe Events
- **Glebe Markets** (s. S. 23). Mehr als 200 Stände mit Designer- und Vintagekleidung, hipp gestalteten T-Shirts, originellem Schmuck, interessantem Kunsthandwerk und Gemälden. Zusätzlich gibt es Livemusik und Essensstände.
- Im September findet die **Glebe Week** (Fest mit Aktivitäten für junge Familien) statt. Im Oktober/November belebt das **Glebe Music Festival** für zwei Wochen mit Jazz, Blues, Rock und Klassik (www.glebemusicfestival.com) die Bühnen. Es gipfelt im **Glebe Street Fair** mit bis zu 100.000 Besuchern auf der Glebe Point Rd zwischen Parramatta Rd und Bridge Rd (10–17 Uhr, www.glebestreetfair.com).

KLEINE PAUSE

Charmante Eckkneipen
Im von der Uni geprägten Glebe ist ein Kneipenbesuch auch zum Essen äußerst empfehlenswert:
- **130** [C6] **Australian Youth Hotel**, 63 Bay St, Mo.–Sa. 12–15, 18–22, So. 12–21 Uhr. Das Australian Youth Hotel von 1857 lockt mit raffinierten Gaumengenüssen in schickem Ambiente.
- **131** [B6] **The AB Hotel**, 225 Glebe Point Rd, am Tresen: Mo.–Sa. 12–15, 17.30–22, So. 13–20 Uhr, im Restaurant: Di.–Sa. 17.30–22 Uhr. Im alteingesessenen The AB Hotel bekommt man relativ preiswerte, aber fantasievolle Gerichte mit asiatischem Einfluss.

Richard Johnson, Kaplan der Ersten Flotte, bekam dieses Land um die Blackwattle Bay herum zugewiesen. Nach 1826 begann die Kirche von England, Teile der 160 ha großen Fläche zu veräußern und die Käufer bauten reich verzierte Villen. Immer mehr Siedler kamen her und es entstand ein hübscher, **dörflicher Vorort**.

Es empfiehlt sich ein kleiner Rundgang durch die verträumten Wohnstraßen, die von der Geschichte des Viertels erzählen. Man folgt dazu der St. John's Rd [B6] ins einstige Zentrum des dörflichen Glebe mit dem **Glebe Courthouse** (St Johns Rd, Ecke Talfourd St), der **Glebe Police Station** (1–3 Talfourd St), dem 1870 von Edmund Blacket gebauten **St. John's Bishopthorphe** (138a Glebe Point Rd), der **Glebe Fire Station** (75 St Johns Rd) im Federation-Stil von Walter Vernon und der **Glebe Town Hall** (160 St Johns Rd) im italienischen Stil.

In der Edward St befindet sich seit 1904 der winzige chinesische, buddhistische **Sze Yup Temple** (2 Edward St), der sich unter den chinesischen Einwohnern in den letzten Jahren immer größerer Beliebtheit erfreut. Er ist Kwun Ti gewidmet, einem chinesischen Helden aus dem 3. Jh., der für Brüderlichkeit, Loyalität und Barmherzigkeit steht.

Wem das alles nicht zusagt, der kann auch einfach nur durch die vielen traditionellen Eckkneipen von Glebe tingeln, die aus der Geschichte dieses Vororts nicht wegzudenken sind. Auf der Glebe Point Rd sind es The AB Hotel (s. S. 87) und das Toxteth Hotel (s. S. 30), in der Bridge Rd das Excelsior Hotel (Nr. 101) und bei 162 St. John's Rd das Nag's Head Hotel. Allesamt Institutionen in der örtlichen Pubszene seit über 100 Jahren.
- Busse 370, 431, 433, Light-Rail-Haltestellen Glebe und Jubilee Park

Entdeckungen außerhalb des Zentrums

> **EXTRATIPP**
>
> **Spaziergang entlang der Blackwattle Bay**
>
> Im **Jubilee Park** [A4] am Ende der Glebe Point Rd kann man unter riesigen Moreton-Bay-Feigenbäumen herrlich entspannen, und zwar mit Blick auf die ANZAC Bridge, welche die Blackwattle Bay überspannt, und auf die Sydney Harbour Bridge in der Ferne. Schön ist ein Spaziergang auf dem Küstenpfad in Richtung City. Nach einer Pause im **Blackwattle Café** kommt man über die Ferry Rd beim Bootsklub der Universität wieder zurück auf die Glebe Point Rd. Alternativ fährt man mit der ab der Ferry Rd ausgeschilderten Light Rail zurück in die City.
> ○**132** [B4] **Blackwattle Café**, 55 Leichhardt St, Blackwattle Park, 370, 431, 433, Light-Rail-Haltestellen Glebe und Jubilee Park, Mi.–So. 8–16 Uhr

Bondi Beach und weiter südlich

Bondi Beach mit seinem Rettungsschwimmklub von 1906, als die Badegesetze gelockert wurden und man offiziell im Meer baden durfte, ist der berühmteste Strand-Vorort Sydneys und bietet traumhaften, goldgelben Sand und grünblaues Wasser. Entlang der Küste der Tasman Sea gibt es jedoch noch weitere Strände, die man besuchen sollte, wenn man etwas Zeit mitbringt.

㊽ Bondi Beach ★★★   [III]

Surfen, Schwimmen und andere Wasser- und Strandsportarten dominieren die Bucht von Bondi Beach. Was läge da näher, als es den anderen gleichzutun und sich in die Wellen zu stürzen?

Der beliebte Badevorort an der Tasman Sea ist nur sieben Kilometer vom Stadtzentrum entfernt und der nahegelegenste Strand dieser Größenordnung. Die Bucht mit **feinstem Sand** und **wilden Surfwellen** ist hier ungefähr einen Kilometer lang und an der breitesten Stelle 250 m breit. Die Wellen sind an der Südseite des Strandes besonders rau und man sollte daher hier auch nicht schwimmen, sondern höchstens surfen. Während der Sommermonate werden die Badenden zusätzlich durch **Haiabfangnetze** unter Wasser geschützt, sodass man eine Begegnung mit einem Weißen Hai hier zuverlässig ausschließen kann. Am Nordende des Strandes befindet sich ein kleines,

◀ *Der Jubilee Park mit der ANZAC Bridge im Hintergrund*

Sydney entdecken
Entdeckungen außerhalb des Zentrums

abgetrenntes **Meeresfreibad**, das vor allem zum Planschen für Kinder gedacht ist. Die Grasfläche daneben ist besonders bei der Schwulenszene für ein Sonnenbad populär. Hier geht es ums Sehen und Gesehen werden.

Etwa in der Mitte des Strandes steht der **Bondi Pavilion**. Dieses denkmalgeschützte, neo-georgianische Badehaus stammt von 1928, als das Baden groß in Mode kam und man hier Umkleiden, Duschräume und ein türkisches Bad baute. Heute fungiert es nur noch als Gemeindezentrum, in dem wechselnde Ausstellungen gezeigt werden und Theatervorstellungen oder Workshops stattfinden.

› Busse 333 (prepay), 361, 380, 381, 382, 389. Schneller ist man per CityRail zum Bahnhof Bondi Junction, von wo aus man mit den Bussen 333, 378, 380 oder 389 weiterfährt.

> **EXTRAINFO**
>
> **Wichtig: rot-gelbe Flaggen!**
> Viele von Sydneys Stränden liegen am offenen Meer, das zuweilen eine reißende Brandung und tückische Unterströmungen aufweist. Entsprechend gefährlich kann es sein, im Meer zu schwimmen. An den zum Baden geeigneten Stränden sind **Rettungsschwimmer** im Einsatz. Vor einem **Hai-Angriff** muss man keine Angst haben, denn viele Strände in Sydney Harbour sind im Sommer durch Netze geschützt. An welchen Strandabschnitten man ohne Gefahr unter der Aufsicht der Rettungsschwimmer schwimmen gehen kann, sieht man an den beiden **rot-gelben Flaggen**. Zwischen den Flaggen kann man sich ins Wasser wagen. Sind keine Flaggen am Strand, sollte man es schlicht sein lassen. Übrigens: Strandstühle, Sonnenschirme u. Ä. kann man in Sydney nicht mieten. Man muss alles selbst mitbringen.

Wilde Wellen rollen auf das aus Naturstein gehauene Meeresfreibad **Bondi Icebergs** zu und die Schwimmer, die hier ihre Runden ziehen, werden von oben zusätzlich mit der sprühenden Gischt berieselt. Das Freibad wurde 1929 gebaut, damit die Rettungsschwimmer auch in den Wintermonaten trainieren konnten. Damals wurde in den Statuten festgelegt, dass man, um **Mitglied im Klub** bleiben zu können, für einen Zeitraum von fünf Jahren in den Monaten September bis Mai an drei von vier Sonntagen an Wettkämpfen teilnehmen muss. Obwohl viel diskutiert, ist diese Regel noch immer in Kraft. Frauen können hier im Übrigen erst seit 1994(!) Mitglied werden.

Als **Besucher** kann man auf den acht 50-Meter-Bahnen jedoch auch ohne Mitgliedschaft seine Bahnen schwimmen (wenn man weiter als fünf Kilometer von Bondi Beach entfernt seinen regulären Wohnsitz hat). Außerdem gibt es hier eine besonders im Winter beliebte **Sauna**, in der man seine Schwimmkleidung allerdings anbehalten muss. Aber man sollte Folgendes bedenken: Anders als in Europa sind FKK und der Saunabesuch vor allem eine Domäne der schwulen Männer. Frauen und heterosexuelle Männer gehen in Australien nur selten in die Sauna.

★**133** [III] **Bondi Icebergs**, 1 Notts Ave, Busse 333 (prepay), 361, 380, 381, 382 (kürzer: per CityRail zum Bahnhof Bondi Junction und dort in die Busse 333, 378 oder 380 einsteigen), Tel. www.icebergs.com.au, geöffnet: Mo.–Fr. 11–18.30, Sa./So. 9–18.30 Uhr, Eintritt: 5,50 $ (zum Schwimmen)

Faszinierend anders: Meeresfreibäder

Rund 100 Meeresfreibäder gibt es in NSW, davon **allein 26 in Sydney**. Die meisten von ihnen datieren vom Ende des 19. bzw. Anfang des 20. Jahrhunderts, als das Schwimmen groß in Mode kam und insbesondere die **Rettungsschwimmer** angenehmere Temperaturen für das **Training in den Wintermonaten** haben wollten.

Bei den Meeresfreibädern handelt es sich um rechteckige Vertiefungen (meist 25 oder 50 Meter lang) am Rand der Meeresklippen. Sie wurden **aus dem Gestein herausgehauen** und bei Bedarf mit Beton ausgeformt und werden durch die **Flutwellen** immer neu mit Meerwasser befüllt. Da das Wasser nicht komplett abfließen kann, ist es deutlich wärmer als das Wasser im Meer und eignet sich daher auch zum Schwimmen in den Wintermonaten. Viele der Meeresfreibäder stehen heute unter **Denkmalschutz**, aber man sollte sie vor allem besuchen, weil der Anblick der Konstruktion allein schon erstaunlich ist. Die Lage an den Klippen ist oftmals spektakulär!

KLEINE PAUSE

Hier isst das Auge mit
Das **Bistro Crabbe Hole** (tägl. 7–17 Uhr) im Balkonbereich der Bondi Icebergs (s. S. 89) mit Blick auf den Pool kann man auf einen Drink oder eine Mahlzeit besuchen, ohne Eintritt ins Schwimmbad zahlen zu müssen.

Im **Icebergs Dining Room and Bar** (Di.–Sa. 12–24, So. 12–22 Uhr) schlürft man am Abend coole Drinks oder genießt dabei eine der bekannten Livebands, die hier regelmäßig am Wochenende auftreten.

Der sechs Kilometer lange **Küstenwanderpfad von Bondi Beach nach Coogee** 53 zieht sich von den Bondi Icebergs entlang der Küste weiter nach Süden. Er bietet eine fantastische Aussicht, begeistert Wanderer, Jogger und alle Naturfreunde. Es handelt sich hier aber lediglich um einen Abschnitt des längeren Wanderpfads, der von Circular Quay bis nach Cronulla am Rande des Royal National Parks führt.

Entlang der Küste sind viele Abschnitte des Wegs als **Aquatic Reserve** klassifiziert, was bedeutet, dass das Sammeln von Krabben, Seeschnecken, Muscheln, Tintenfischen etc. im Küstenbereich bis zu 100 Meter ins Meer (gemessen ab Ebbestand) nicht gestattet ist. Entsprechend können **Schnorchler** hier eine ganz wunderbare Unterwasserwelt bewundern – insbesondere in Gordons Bay.

Sydney entdecken
Entdeckungen außerhalb des Zentrums

EXTRATIPP: Wale in Sicht!
Umrundet man zwischen Juni und Anfang September **Mackenzies Point**, kann man auf dem Meer vorbeiziehende **Buckelwale** *(Humpback Whales)* und **Südkaper** *(Southern Right Whales)* oder aber eine von zehn weiteren Walspezies sehen. Ein Naturschauspiel, das man sich nicht entgehen lassen sollte!

●**134** [III] **Mackenzies Point,** Felsplatte zwischen dem Südende von Bondi Beach und dem Nordende von Tamarama Beach am Wanderweg nach Coogee

EXTRATIPP: Events in Bondi
🔒**135** [III] **Bondi Beach Markets,** Bondi Beach Public School, Campbell Pde, geöffnet: So. 10–16 Uhr, www.bondibeachmarkets.com.au. Kleiner Markt mit Kreationen junger Modedesigner, Vintagekleidung, Schmuck und Kunsthandwerk. Samstags gibt es von 9 bis 13 Uhr an derselben Adresse auch einen Farmer's Market mit Obst, Gemüse und regionalen Spezialitäten.

› **Flickerfest,** www.flickerfest.com.au. Zehntägiges internationales Kurzfilmfestival im Bondi Pavilion (s. S. 89).

› **Sculpture by the Sea,** www.sculpturebythesea.com, Ende Oktober, Anfang November. Seit 1997 wird der 2 km lange Küstenweg von Bondi nach Tamarama einen Monat lang für eine Skulpturenausstellung genutzt (ca. 100 Skulpturen von australischen und internationalen Künstlern).

› **City2Surf,** www.city2surf.com.au. 14-km-Volkslauf von Hyde Park nach Bondi Beach.

⓮ Tamarama Beach ★ [III]
An diesem schmalen, zwischen den Klippen eingekeilten Sandstrand sitzen viele **Surfer** auf ihren Brettern und warten auf gute Wellen. Die **Brandung** kann hier ganz schön heftig werden, entsprechend macht es Spaß, den Surfern zuzuschauen.

Tamarama Beach gilt als der **gefährlichste bewachte Strand von NSW,** mit mehr Rettungsaktionen als an allen anderen Stränden von Sydney. Allerdings hat der örtliche **Rettungsschwimmerklub** in seiner über 100-jährigen Geschichte noch kein einziges Leben in der Brandung verloren. Ein bemerkenswerter Erfolg, der für die Rettungsschwimmer spricht.

▲ *Bootsklub in Gordons Bay*

◀ *Das schickste Meeresfreibad: Bondi Icebergs in Bondi Beach*

Entdeckungen außerhalb des Zentrums

Im **Tamarama Park** hinter dem Strand gibt es kostenlose Barbecue-Anlagen, an denen besonders bei schönem Wetter am Wochenende viel los ist.
> Bus 361

❺⓿ Bronte Beach ★★ [I]

Bronte Beach ist ein sichelförmiger Strand und dahinter befindet sich ein großer Park, in dem man das hübsche **Bronte House** von 1845 findet. Das Haus mit seinem wundervollen Garten wird jedoch normal vermietet und ist somit nicht für die Öffentlichkeit zugänglich.

Wer sich nicht ins unruhige Meer stürzen möchte, kann in den kostenlosen **Bronte Baths** von 1887 am Südende des Strandes dennoch im Meerwasser schwimmen. Früher badeten hier die Männer von Sonnenaufgang bis 10 Uhr und die Damen von 16 Uhr bis Sonnenuntergang. Die Sonn- und Feiertage waren ganz für das männliche Geschlecht reserviert! Das hat sich zum Glück geändert. Sonntags ist die Grünfläche im **Bronte Park** gefüllt mit Menschen, Kühltaschen und Campingstühlen – und der Duft von Gegrilltem hängt in der Luft, denn hier gibt es auch kostenlose Barbecue-Anlagen.

🅂 136 [I] **Bronte Baths**, Südende des Strandes, Bus 361

KLEINE PAUSE

Wanderpause

Wenn man den **Küstenpfad von Bondi Beach nach Coogee** läuft, findet man in Bronte entlang der Bronte Rd einige gute Cafés, die sich für einen kulinarischen Zwischenstopp eignen. Besonders empfehlenswert:
🍴 137 [I] **Bronte Lounge**, 471 Bronte Rd, 1. Stock, tägl. 9–22 Uhr

---

❺❶ Waverley Cemetery ★★ [I]

Über die Bronte Rd gelangt man zum Waverley Cemetery von 1877, dessen Grabsteine bis an die Klippen heranreichen. Die **Verbindungsstraße** vom Bronte Beach zum Friedhof ist gut fünf Meter tief in die Klippen gehauen, da die frühen Siedler das **Baumaterial** für ihre Häuser hier abbauten.

Wer gern alte Friedhöfe besucht, sollte einen Rundgang zwischen den schönen Beispielen für **viktorianische** und **edwardianische Grabsteinarchitektur** machen. Hier ruht so mancher berühmte Australier. Dazu gehören z. B. Henry Lawson, Dichter und Journalist, und die Dichterin Dorothea Mackellar, deren Gedicht „My Country" bei Erscheinen 1908 zu den beliebtesten der Zeit gehörte. Noch eine Berühmtheit ist Lawrence Hargrave, Pionier, Entdecker und Erfinder. Die ersten in Europa gebauten Flugzeuge griffen auf seine Technik zurück.

> **Waverley Cemetery,** St Thomas St, Bronte, Busse 360, 378, geöffnet: Mai–Aug. 7–17 Uhr, Apr./Sep.–Nov. bis 18 Uhr, Dez.–März bis 19 Uhr. Informationen zu den Grabstätten, Büro des Friedhofs, Thomas St, Mo.–Fr. 9–17, Sa. 9–15 Uhr.

❺❷ Clovelly Beach ★ [IV]

Der geschützte Clovelly Beach wird links und rechts von einem **Felsplateau** begrenzt, das überbetoniert und mit **Treppenabgängen** ins Meer versehen wurde. Schön sieht das nicht gerade aus, aber die Anwohner schätzen diese Anlage, die das Schwimmen und Schnorcheln im Meer erleichtert. An der Südseite des Strandes gibt es ein kostenloses, betoniertes 25-Meter-Meeresfreibad: Geoff James Pool.

> Busse 360, 339

Sydney entdecken
Entdeckungen außerhalb des Zentrums

🔴 Coogee Beach ★★★ [IV]

Coogee ist der gemütlichere Strandvorort und obendrein der Spitzenreiter, was die Zahl der Meeresfreibäder am Ufer anbelangt – hier gibt es gleich vier.

Ein **einfaches Meeresfreibad** liegt am südlichen Zipfel des Dunningham Reserve, wo seit 2003 das formschöne **Bali Memorial** des Künstlers Sasha Reid zu finden ist, mit dem an die Opfer des Bombenanschlags von 2002 in Bali erinnert wird, von denen zwanzig aus nahegelegenen Vororten von Sydney kamen.

Am Südende des Strandes von Coogee befindet sich der ebenfalls frei zugängliche **Ross Jones Memorial Pool** von 1947, der rundum mit kleinen Betonpfeilern verziert ist, die an die Zinnen einer Sandburg erinnern. Dieses Meeresfreibad liegt gleich neben dem Rettungsschwimmerklub, der den Pool auch vornehmlich nutzt.

Einmalig in Australien sind die 1886 eröffneten **McIvers (Women's) Baths,** die bis 1922 durch die McIver-Familie betrieben wurde. 1922 übernahm der Randwick Ladies Amateur Swimming Club und leitet das Meeresfreibad auch heute noch. Es soll schon seit Jahren renoviert werden, aber nach wie vor ist alles beim Alten: Den Eintritt von 20 Cent wirft man einfach in einen bereitstehenden Topf! Weil das Bad nur für Frauen ist, trifft man hier viele Muslimas, Lesben und Mütter mit Kindern an. Eine Klage wegen Verstoßes gegen das Antidiskriminierungsgesetz wurde 1995 erfolgreich abgewehrt und somit ist es das einzige Bad in ganz Australien, welches ausschließlich für Frauen (und kleine Kinder) zugänglich ist.

Absoluter Geheimtipp bei den Einheimischen ist das vierte Meeresfreibad in Coogee: die **Wylie's Baths** von 1907, die seit 1993 unter Denkmalschutz stehen. Dieses Meeresfreibad ist einzigartig in seiner Gestaltung und hier trifft man auch auf besonders viele Meeresgeschöpfe, die mit Ebbe und Flut ein und aus gehen. Namensgeberin war Wilhelmina Wylie, die Tochter des Gründers. Sie war eine der ersten australischen Schwimmerinnen, die an den Olympischen Spielen teilnahmen. 1912 gewann sie in Stockholm hinter Fanny Durack, ebenfalls Australierin, die Silbermedaille.

Außer sich am Strand zu tummeln, kann man in Coogee auch gut etwas essen und trinken. Der ruhige Ort hat mehr Backpackerunterkünfte als z. B. Bondi Beach und auch mehr gemütliche Cafés.

› Busse 313, 314, 370, 372, 373, 374

🚇 **138** [IV] **McIvers (Women's) Baths,** am Südende von Coogee Beach weiter Richtung Süden, Eintritt: 20 Cent, durchgehend geöffnet, Rettungsschwimmer anwesend von 12–17 Uhr. Nur für Frauen und Kinder.

🚇 **139** [IV] **Wylie's Baths,** am Südende von Coogee Beach weiter Richtung Süden, fast bei Neptune St, Eintritt: 3 $, geöffnet: tägl. 7–17 Uhr, während Sommerzeit bis 19 Uhr, Massagen 50–180 $, Yoga Session für 15 $ (Di. und Fr. 7.30–8.45, Mi. 9–10.15 Uhr)

Manly

Eine halbe Stunde Wind im Haar auf dem Außendeck der Fähre mit atemberaubend schöner Aussicht und mit etwas Glück Zusammentreffen mit ein paar Delfinen. Im Surfer- und Badeort Manly an der Nordküste Sydneys herrscht schon bei der Überfahrt Urlaubsstimmung.

Das Stadtzentrum von Manly ist nicht besonders hübsch und wichtige

Manly Ferry

Die Fähren „Freshwater", „Queenscliff", „Narrabeen" und „Collaroy" wurden zwischen 1982 und 1988 gebaut. Sie sind alle 70 Meter lang, 12,5 Meter breit und bieten bis zu 1100 Passagieren Platz. Die halbstündige Fahrt mit der Fähre von Circular Quay ❼ nach Manly Wharf ist eine wunderbare und obendrein die preiswerteste Art, die Hafenschneise zwischen der City und der Meeresenge zur Tasman Sea zu erkunden. Fast alle Touristen begeben sich auf das Außendeck, um nach der Abfahrt Fotos vom **Sydney Opera House** ❿ und der **Sydney Harbour Bridge** ❻ zu schießen. Es gibt jedoch auf der Fahrt noch mehr zu entdecken.

Fast am Sydney Opera House vorbei, erblickt man auf der Landzunge gegenüber das neogotische **Kirribilli House** von 1855. Es ist seit 1957 die Residenz des australischen Premierministers. Die derzeitige Premierministerin Julia Gillard nutzt das Haus jedoch nur zu offiziellen Anlässen (Ex-Premier John Howard wohnte hier von 1996 bis 2007 mit seiner Familie).

Auf dem gleichen Grundstück befindet sich das **Admiralty House,** die offizielle Residenz des australischen Generalgouverneurs. Derzeit hat dieses Amt Quentin Alice Louise Bryce inne. Auch sie lebt nicht hier, sondern die Räumlichkeiten werden zur Unterbringung von wichtigen Staatsgästen genutzt. Die beiden Gebäude sind nur einmal im Jahr öffentlich zugänglich (ein Sonntag im September, Termin unter www.theaustralianafund.org.au unter „News").

Als Nächstes bewegt sich die Fähre an **Fort Denison** vorbei, einer Gefängnisinsel aus den Zeiten der Strafgefangenenkolonie. Das Fort mit seinem Martello-Turm wurde im Jahr 1857 gebaut. Seit 1906 wird jeden Tag um 13 Uhr ein Kanonenschuss abgegeben, nach dem die Matrosen und andere Sydneysider ihre Uhr korrekt stellen können.

Die Fähre umrundet auch Bradley's Head, wo der empfehlenswerte **Taronga Zoo** (s. S. 63) liegt. Mit ein wenig Glück sieht man auf der Fahrt Delfine in freier Wildbahn vorbeischwimmen. Im australischen Winter verirrt sich auch schon mal ein Wal in den Port Jackson, meist muss man sich zur Walbeobachtung jedoch einer Rundfahrt außerhalb der Meeresöffnung anschließen (s. S. 116).

An einem windigen Tag schaukelt die Fähre ganz schön in den Wellen, denn ab Bradley's Head verlässt man den Windschatten von South Head und muss die ca. 750 m breite **Meeresöffnung zum Pazifischen Ozean** durchfahren, um in die schützende Manly-Bucht hinter North Head zu kommen.

North Head ist heute ein Naturschutzgebiet, in dem man ein Stück stadtnahe Wildnis vorfindet und wo man Eidechsen und Nasenbeutler in ihrem tradtionellen Lebensraum antreffen kann.

In der vom Ozean abgewandten Bucht von **Manly Cove,** wo man mit der Fähre ankommt, ist ein Stück Strand mit Hai-Netzen abgeschirmt, damit man beruhigt schwimmen gehen kann. Verlässt man den Schiffsanleger, fällt einem ein bekanntes Schild ins Auge: das Logo von Aldi-Süd. Die Firma betreibt hier eine Filiale.

Sydney entdecken
Entdeckungen außerhalb des Zentrums

historische Sehenswürdigkeiten gibt es auch nicht. Für Shoppingfans interessant ist aber die ca. 200 m lange **Fußgängerzone The Corso** mit Geschäften, die vor allem auf Surfmode spezialisiert sind. Sie ist auch der schnellste Weg zum wunderbaren **Manly Beach** 55 an der Tasman Sea. Ist man auf der Suche nach einem netten Café, sollte man es in den Nebenstraßen versuchen.

54 Manly Art Gallery & Museum ★ [II]

Kunstinteressierte sollten einen Blick in das Manly Art Gallery & Museum werfen. Hier gibt es **ständig wechselnde Ausstellungen**, da die Sammlung von **australischen Keramiken** sowie von **zeitgenössischen und frühen australischen Gemälden** so groß ist, dass sie nie vollständig gezeigt werden kann.

› **Manly Art Gallery & Museum,** West Esplanade, Fähre von Circular Quay nach Manly, Bus 151, http://gallery.manly australia.com.au, Eintritt: frei, geöffnet: Di.–So. 10–17 Uhr

55 Manly Beach ★★★ [II]

Eigentlich dreht sich in Manly alles ums Baden und Surfen! 1903 wurde Manly Beach als einer der ersten Strände in NSW offiziell zugelassen. Bis dahin war das Baden im offenen Meer bei Tage verboten.

Die Hauptbeschäftigung in Manly ist wohl das **Surfen** und so sieht man reichlich Boys und Girls mit einem Board unter dem Arm barfuß zum Strand schlendern. In Manlys Wellen surfen gelernt hat auch Layne Beachley, die siebenfache Weltmeisterin im Surfen. Egal ob zum Bodyboarden, Longboarden oder Windsurfen – alle lieben Manlys Brandung und Wind.

> **EXTRATIPP**
>
> **Mit den Haien tauchen**
>
> Das Besondere an dem kleinen Aquarium **Oceanworld** ist, dass man dort einen **Tauchgang im Haifischbecken** buchen kann. Dabei trifft man auf vier verschiedene Rochenarten, Riesenschildkröten, Schnapper, Mulloway und vier Haifischarten.
>
> ★ **140** [II] **Oceanworld,** West Esplanade, Fähre von Circular Quay nach Manly, Bus 151, Eintritt: 20 $, geöffnet: tägl. 10–17.30 Uhr, www.oceanworld.com.au. Ein Tauchgang mit Haien und Rochen (Shark Dive Xtreme) muss vorab gebucht werden (185–250 $).

> **EXTRATIPP**
>
> **Cruise oder Wassertaxi nach Fort Denison**
>
> Auf der **ehemaligen Gefängnisinsel** kann man an einer Führung teilnehmen oder sich auf eigene Faust umschauen. Man errreicht die Insel mit Matilda Cruises oder per Wassertaxi ab Darling Harbour, Pier 26, und Circular Quay, (Pier) No. 6 Jetty. Eine **Führung** bucht man im Sydney Harbour National Park Information Centre (s. S. 106), Preis für die Führung: 27 $, Zeiten: Mi.–So. 10.45 und tägl. 12.15 und 14.30 Uhr.

Die lange, sichelförmige Bucht an der Tasman Sea ist mit einem **wundervollen Sandstrand** gesegnet, der in drei Abschnitte unterteilt ist: im Norden der Queenscliff Beach, dann North Steyne und South Steyne. Am Südende schließen noch zwei weitere Strände an: **Fairy Bower Beach** und **Shelly Beach.**

Geht man über The Corso von Manly Wharf zum Manly Beach, trifft man genau zwischen North und South

Sydney entdecken
Entdeckungen außerhalb des Zentrums

EXTRATIPP

Events in Manly
- **Manly Arts Festival,** ca. 14 Tage lang ab dem zweiten Fr. im September. Die Innenstadt wird zur Bühne für bildende und darstellende Kunst.
- **Manly Jazz Festival,** drei Tage Anfang Oktober, am Labour-Day-Wochenende, 12 Uhr bis Sonnenuntergang. Kostenlose Jazzkonzerte in Cafés und Restaurants.

🔒**141** [II] **Manly Markets,** Sydney Rd, Sa./So. 9–17 Uhr. Verkauf von Schmuck, Mode, Kunsthandwerk und Design. Sa. 9–14 Uhr auch Manly Farmers Markets, Short St Plaza.

KLEINE PAUSE

Frühstück im The Pantry Manly
◯**142** [II] **The Pantry Manly,** Ocean Promenade, North Steyne, Tel. 99770566, www.thepantrymanly.com, geöffnet: tägl. 7.30–21.30/22 Uhr. Im charmanten ehemaligen Badehaus von 1919 direkt am Strand ist nunmehr eine Brasserie untergebracht, die vor allem französische und italienische Leckerbissen auf der Speisekarte hat. Die Frühstückskarte ist hingegen eher modern-englisch angehaucht und in jedem Fall zu empfehlen.

Steyne auf den Strand. Wer Lust auf einen ausgiebigen Spaziergang am Strand oder auf der Strandpromenade hat, sollte entlang der North Steyne in Richtung Norden zum Queenscliff Beach aufbrechen.

Der **Queenscliff Beach** ist unter Surfern für seine heftigen Wellen bekannt, sogenannte „Bomboras", die schon auf dem Meer brechen. Entsprechend viele Surfer sitzen hier auf ihren Brettern und arbeiten an ihrer Technik. Ein besonderes Schauspiel, das man sich nicht entgehen lassen sollte.

Im Sommer veranstaltet der örtliche **Rettungsschwimmerklub** am Queenscliff Beach Übungen und Wettbewerbe, die lustig anzusehen sind, denn die Mitglieder tragen noch Badehauben wie in den 1920er-Jahren: aus Stoff und unter dem Kinn festgeschnürt! Dennoch muss man die Rettungsschwimmer bewundern, die hier in der relativ gefährlichen Brandung trainieren, um sich alltäglich der Rettung von Menschen in Seenot widmen zu können. An der South Steyne sind sie bei geeignetem Wetter ganzjährig im Einsatz, während die Rettungsschwimmer an den Strandabschnitten North Steyne und Queenscliff nur von Oktober bis April patrouillieren.

Trainiert wird insbesondere in den Wintermonaten im **Meeresfreibad,** in dem man geschützt vor Brandung und Haien seine Runden schwimmen kann. Am ersten Sonntag im Februar sollte man dem spektakulären **Wettschwimmen** im Meer zuschauen, an dem immer wieder ehemalige Olympia-Gewinner teilnehmen!

Folgt man der Strandpromenade ab The Corso Richtung Süden, passiert man den **Fairy Bower Pool,** ein Meeresfreibad in der Form eines Dreiecks. Am Rand dieses Freibades stehen zwei formschöne **weibliche Plastiken** von Helen Leete. Dahinter liegt der **Badestrand Shelly Beach** – ideal für alle, die hohe Wellen lieber meiden.

- Fähre von Circular Quay nach Manly, Bus 151

Praktische Reisetipps

An- und Rückreise

Im australischen Sommer von Dezember bis Februar herrscht **Hochsaison.** Auch viele Australier reisen zu dieser Jahreszeit und fliegen über Weihnachten nach Hause zurück. Das bedeutet, dass die Flüge schon Monate im Voraus ausgebucht sind. Wer nicht nur die teuersten Flüge und Hotels haben möchte, sollte daher **frühzeitig buchen** – idealerweise ca. sechs Monate vor Reiseantritt! Wenn man zeitlich flexibel ist, sollte man sich nach den Terminen der günstigeren Flugsaison (zwischen Februar und Juni) erkundigen. Eine Woche früher oder später kann man unter Umständen in eine andere Saison rutschen und dadurch bis zu 500 € sparen!

Flugverbindungen

Nonstopverbindungen nach Australien gibt es aus dem deutschsprachigen Raum nicht, es wird auch bei einer **Direktverbindung** mindestens ein **Zwischenstopp** eingelegt, z. B. mit Qantas von Frankfurt über Singapur. Die Dauer eines Direktfluges nach Sydney liegt bei **etwa 20 Stunden.**

Daneben gibt es interessante **Umsteigeverbindungen** nach Sydney, z. B. mit Asiana Air und Korean Air (über Seoul), Cathay Pacific (über Hongkong), China Airlines (über Taipeh), Emirates (über Dubai), Etihad Airways (über Abu Dhabi), Malaysia Airlines (über Kuala Lumpur), Qantas und Singapore Airlines (über Singapur), Thai Airways (über Bangkok) und Vietnam Airlines (über Ho Tschi Minh Stadt).

Eine Hafenrundfahrt (s. S. 116) ist in Sydney ein Muss

Flugpreise

Je nach Fluggesellschaft, Jahreszeit und Aufenthaltsdauer bekommt man ein Economy-Ticket von Deutschland, Österreich und der Schweiz nach Sydney und zurück **für 900 bis 1500 €.** Am teuersten sind Flüge von Anfang Dezember bis Anfang Januar.

Preiswertere Flüge sind mit **Jugend- und Studententickets** (je nach Airline alle jungen Leute bis 29 Jahre und Studenten bis 34 Jahre) möglich. Außerhalb der Hauptsaison gibt es einen Hin- und Rückflug von Frankfurt nach Sydney ab etwa 850 €.

Kinder unter zwei Jahren fliegen ohne Sitzplatzanspruch für 10 % des Erwachsenenpreises, ansonsten werden für ältere Kinder die regulären Preise je nach Airline um 25 bis 50 % ermäßigt. Ab dem 12. Lebensjahr gilt der Erwachsenentarif oder ein besonderer Jugendtarif.

Von Zeit zu Zeit offerieren die Fluggesellschaften **befristete Sonderangebote.** Dann kann man z. B. mit Thai Airways für unter 900 Euro oder mit Qantas für etwa 1100 € von Frankfurt nach Sydney und zurück fliegen. Bei Qantas bekommt man obendrein ein bis zwei Inlandsflüge in Australien zu einem geringen Mehrpreis.

In Deutschland gibt es von **Frankfurt** aus die häufigsten Verbindungen nach Sydney. Tickets für Flüge von und zu anderen deutschen Flughäfen sind oft teurer. Da kann es für Deutsche attraktiver sein, mit einem Rail-and-Fly-Ticket per Bahn nach Frankfurt zu reisen (entweder bereits im Flugpreis enthalten oder ca. 30 bis 60 € extra).

Indirekt sparen kann man als Mitglied eines **Vielfliegerprogramms** wie von **Star Alliance** (www.star-alliance.com, Mitglieder u. a. Asiana Airlines, Singapore Airlines, Thai Airways), **Sky-Team** (www.skyteam.com, Mitglieder

Praktische Reisetipps
An- und Rückreise

EXTRATIPP

Jetlag

Jetlag kann einem die ersten vier bis fünf Tage in Sydney gründlich verderben. Der Körper kann sich nicht so schnell auf den enormen **Zeitunterschied** einstellen, die innere Uhr ist aus dem Rhythmus und muss sich wieder einpendeln. Man wird viel zu früh müde, legt sich ins Bett und wird nachts ständig wach, fühlt sich erschöpft und kann das reiche Freizeitangebot kaum nutzen. Es gibt jedoch einige Tipps, wie man seinem Körper dabei helfen kann, Jetlag zu vermeiden. **Während des Fluges** sollte man **viel Wasser trinken** und so viel wie möglich **schlafen** oder ruhen. Ohrenstöpsel gegen den Lärm und Augenmaske helfen dabei. Nach der Ankunft in Sydney sollte man so viel Zeit wie möglich **bei Tageslicht an der frischen Luft** verbringen und versuchen, bis mindestens 18/19 Uhr durchzuhalten, bevor man müde ins Bett sinkt.

---

u. a. Korean Air, Vietnam Airlines) oder **oneworld** (www.oneworld.com, Mitglieder u. a. American Airlines, Cathay Pacific Airways, Qantas). Die Mitgliedschaft ist kostenlos und die gesammelten Meilen von Flügen bei Fluggesellschaften innerhalb eines Verbundes reichen vielleicht schon für einen Freiflug bei einer der Partnergesellschaften beim nächsten Urlaub. Beim Einlösen eines Gratisfluges ist aber langfristige Vorausplanung nötig.

Buchung

Vergünstigte **Spezialtarife** und befristete **Sonderangebote** kann man nur bei wenigen Fluggesellschaften direkt buchen. Die Angebote sind aber bei Spezialreisebüros wie u. a. Jet-Travel in Hennef (Tel. 02242 868606, www.jet-travel.de) erhältlich, die uns die hier genannten Informationen zur Anreise per Flugzeug zur Verfügung gestellt haben.

Vom Flughafen in die Stadt

Der **Kingsford Smith Airport** liegt nur neun Kilometer südlich des Stadtzentrums und ist an das **CityRail-Netzwerk** angebunden (AirportLink-Bahnhöfe im Untergeschoss der Terminals). Fahrkarten gibt es vor dem Durchgang zu den Gleisen am Schalter und am Automaten. Für den Durchgang zu den Gleisen selbst benötigt man nebst gültiger Fahrkarte auch einen **GatePass** (s. S. 124).

› **Infos:** Den besten Anfahrtsweg per CityRail, Bus und/oder Fähre zur Unterkunft bzw. zurück zum Flughafen sollte man sich unter www.131500.info („Plan your Trip") anzeigen lassen.

Wer lieber mit einem **Shuttlebus** zum Hotel möchte, kommt mit dem **KST Airporter** bequem zu den Hotels in der City, in Kings Cross und Darling Harbour. Sie fahren an der entsprechenden Haltestelle vor dem Terminal ab. Der Nachteil: Es dauert mitunter sehr lange, da für jeden Fahrgast bei einem anderen Hotel angehalten wird.

› **Infos:** Preis: 16,20 $ bzw. hin und zurück 28,80 $ bei Onlinebuchung, sonst 18 $ und 32 $. Will man für den Rückflug beim Hotel abgeholt werden, sollte man vorab reservieren: Tel. 96669988, www.kst.com.au. Eine reine Rückfahrt vom Hotel zum Flughafen kostet bei Onlinebuchung 12,60 $, sonst 14 $. Für die Fahrt muss man 55 Min. einplanen.

Es gibt auch einen **Shuttlebus nach Manly,** der jedoch vorab gebucht werden muss.

Barrierefreies Reisen, Diplomatische Vertretungen

> **Infos:** Airport Shuttle North, Tel./Fax 1300505100 oder 99977767, www.airportshuttlenorth.com, 1 Person 41 $, 2 Personen 51 $

Eine **Taxifahrt** ist am bequemsten und sofern man nicht allein reist auch gar nicht so teuer. Preisbeispiele mit Taxis Combined (s. S. 125): in die City ca. 40 bis 45 $, nach Glebe ca. 35 $, nach Manly ca. 84 $ (wovon 11 $ allein Tunnel- und Brückengebühren sind). Zwischen 22 und 6 Uhr wird ein Nachtzuschlag von 20 % berechnet und es ist üblich, etwa 10 % Trinkgeld zu geben.

Barrierefreies Reisen

Sydney ist für **Rollstuhlfahrer** relativ gut zugänglich, denn seit Ausrichtung der Paralympics 2000 hat man immer wieder Verbesserungen in öffentlichen Gebäuden, Hotels, Restaurants und großen Geschäften vorgenommen. Alle **Fähren** und die für Touristen interessanten **Anlegestellen** Circular Quay, Darling Harbour, Manly, Milsons Point/Luna Park, Neutral Bay und Taronga Zoo sind für Rollstuhlfahrer ausgelegt. Gleiches gilt für alle **CityRail-Züge** und viele ihrer Bahnhöfe, ca. 50 % der **Buslinien** und alle **Light-Rail- und Monorail-Bahnen** sowie deren Bahnhöfe.

> **Informationen** über die Zugangsmöglichkeiten in Sydney gibt es auf der Internetseite www.cityofsydney.nsw.gov.au/AboutSydney/CBDDisabledAccess.
> **Taxis**, die für Rollstuhlfahrer geeignet sind, kann man rund um die Uhr bei Zero 200 vorbestellen, Tel. 83320200, www.zero200.com.au.
> Genaue Informationen zu fast allen **öffentlichen Verkehrsmitteln** erhält man unter Tel. 131500 oder www.131500. info unter „Plan Your Trip", wobei man das Rollstuhlsymbol anklicken muss, damit nur barrierefreie Verbindungen angezeigt werden.
> Informationen zur **Light Rail** und **Monorail** bekommt man bei www.metrolightrail.com.au unter „Metro Transport, Special Needs".

Damit **sehbehinderte Menschen** sich in Sydney zurechtfinden können, geben die Verkehrsampeln deutliche **Tonsignale** ab und an Bahnhöfen, Bussteigen, Bordsteinkanten gibt es **Markierungen auf dem Boden**, die man mit dem Blindenstock erfühlen kann. Für genauere Informationen kann man sich an Vision Australia (www.visionaustralia.org.au) wenden.

Diplomatische Vertretungen

In Deutschland und Österreich

> **Australische Botschaft in Deutschland**, Wallstr. 76–79, 10179 Berlin, Tel. 030 8800880, www.germany.embassy.gov.au. Auch zuständig für **Staatsangehörige der Schweiz**.
> **Australische Botschaft in Österreich**, Mattiellistr. 2, 1040 Wien, Tel. 01 506740, www.australian-embassy.at

In Sydney

- **143** [I] **Deutsches Generalkonsulat Sydney**, 13 Trelawney St, Woollahra, ca. 900 m von CityRail-Bahnhof Edgecliff entfernt, Tel. 93287733, für dringende Notfälle Tel. 0412359826
- **144** [E3] **Österreichisches Honorargeneralkonsulat Sydney**, 1 York St, 10. Stock, CityRail-Bahnhof Wynyard, Tel. 92513363

Praktische Reisetipps
Ein- und Ausreisebestimmungen

●**145** [I] **Schweizerisches Generalkonsulat Sydney,** 101 Grafton St (Ecke Grosvenor St), Tower 2, 23. Stock, Bondi Junction, CityRail-Bahnhof Bondi Junction, Tel. 83834000

Ein- und Ausreisebestimmungen

Visum

Als Staatsbürger der EU und der Schweiz muss man auf der Internetseite der Einwanderungsbehörde ein drei Monate gültiges, elektronisch ausgestelltes **Touristenvisum** (Visitor ETA) beantragen (www.eta.immi.gov.au). **Geschäftsreisende** können das Short Validity Business ETA ebenfalls online beantragen. Der **Reisepass** muss mindestens noch zwei Monate über das Ausreisedatum aus Australien hinaus gültig sein. **Kinder,** die auf dem Reisepass der Eltern eingetragen sind, müssen einen eigenen Visaantrag stellen. Der **Antrag für ein ETA-Visum** kostet 20 $ und muss per Kreditkarte bezahlt werden.

Wer **kein Staatsbürger der EU oder der Schweiz** ist, muss sein Visum direkt bei der zuständigen australischen Botschaft (s. S. 100) beantragen.

Zollformalitäten in Sydney

Wenn man in Australien ankommt, erhält man im Flugzeug die **Incoming Passenger Card,** auf der man alle im Exkurs „Einfuhr verboten!" (s. S. 102) beschriebenen Dinge deklarieren muss. Hat man dort etwas eingetragen, muss man damit durch den **Red Channel** (roten Kanal) gehen. Verbotene Substanzen und Produkte sollte man im Flugzeug liegenlassen oder in den bereitstehenden **Quarantänemülleimer** werfen. Alle deklarierten Dinge werden überprüft und meist sofort zurückgegeben. Falls nötig, darf man entscheiden, ob man für einen Export ins Ursprungsland zahlen will oder ob die betreffenden Dinge kostenlos vernichtet werden.

Falls man verbotene Dinge einführt oder etwas nicht deklariert, droht ein **Sofortbußgeld** in Höhe von 220 $ bzw. man riskiert Geldbußen bis zu 60.000 $ und eine **Freiheitsstrafe** von bis zu 10 Jahren. Seit 1992 werden **Spürhunde** eingesetzt, die die Fluggäste und ihr Gepäck nach Betreten des Flughafens beschnuppern und anschlagen, wenn sie etwas aufspüren! Hat man nichts zu deklarieren, geht man durch den **Green Channel.**

> **Zollfreimengen:** Pro Person ab 18 Jahren dürfen 2,25 l Alkohol (inkl. Wein und Bier), 250 Zigaretten oder 250 g Tabakwaren sowie Neuwaren im Wert von 900 $ nach Australien eingeführt werden. Personen unter 18 Jahren dürfen Neuwaren im Wert von 450 $ einführen (keinen Alkohol oder Tabakwaren).

Mehrwertsteuerrückerstattung

Beim **Tourist Refund Scheme Booth** in der Abflughalle im T1 International Terminal (hinter dem Zoll) kann man die 10 % Mehrwertsteuer (**Goods and Services Tax**) zurückerstattet bekommen, sofern der gesamte Kaufbetrag auf einer Steuerrechnung mindestens 300 $ beträgt, dieser Einkauf nicht länger als einen Monat zurückliegt und man die Ware nach dem Check-in im Handgepäck vorzeigen kann. Auf der Steuerrechnung *(Tax Invoice)* muss die elfstellige Steuernummer *(Australian Business Number = ABN)* des Verkäufers stehen.

Praktische Reisetipps
Ein- und Ausreisebestimmungen

Einfuhr verboten!

Bakterien, Viren und Schädlinge, die für Europas Flora und Fauna harmlos sind, können in Australien verheerende Epidemien verursachen. Daher hat Australien **sehr strenge Einfuhrbestimmungen** *für den Flug- und Postverkehr, an die man sich halten sollte.*

Im Folgenden werden in jeder Produktgruppe zunächst die Produkte genannt, die man beim Zoll deklarieren muss. Diese werden auf Gefährlichkeit überprüft. Innerhalb jeder Produktgruppe ist die Einfuhr von einigen Produkten grundsätzlich verboten.

› **Pflanzenprodukte** *aus Stroh, Holz, Palmenblätter, Getreide, Kokosnuss, Bambus, Schilf, Tannenzapfen, getrocknete Blumen.* **Verboten** *sind: alle lebenden Pflanzen sowie Bananenblätter, Samen und Nüsse.*

› **Tierprodukte** *wie Tierfelle, Tierhaut, Sehnen, Horn, Pelz, Federn, Haar, Eierschalen, Knochen, Muscheln, Korallenstücke, Wolle, Faden, Teppiche etc. Ausgestopfte Tiere brauchen ein Zertifikat des Tierpräparators.* **Verboten** *sind: alle lebenden Tiere, es sei denn man bringt z. B. sein Haustier mit, was aber mindestens drei Monate Quarantäne für das Tier bedeutet.*

› **Lebensmittel,** *egal ob gekocht oder roh, frisch oder im Glas eingemacht, essbar oder medizinisch anwendbar, z. B. Trockenfrüchte, Gemüse, Kräuter, Gewürze, Tee, Kräutermedizin, Süßes, Nudeln, Reis, Kaffee, Milchgetränke, Bienenprodukte.* **Verboten** *sind: frisches Fleisch, Fleischprodukte, Fischprodukte, Eier- und Milchprodukte, Obst, Gemüse, sogar frische Essensreste, die man während des Fluges serviert bekommen hat.*

› **Kleidung und Ausrüstung** *wie Lederkleidung, Schuhe mit eventuellen Erdresten (werden beim Zoll gereinigt, damit keine fremden Erreger, Pflanzensporen oder Tiereier eingeschleppt werden), Veterinärinstrumente, Sättel, Zaumzeug, Vogelkäfige, Zelte, Golfausrüstung, Fahrräder.* **Verboten** *sind: Sand und Erde.*

› **Mehr Informationen:** *Australian Quarantine Information Services (AQIS), Tel. 83347444, www.aqis. gov.au/german*

Europäischer Zoll

Im Folgenden ist aufgeführt, was man bei der Rückeinreise **nach Europa einführen** darf. Selbstverständlich indiskutabel ist die Einfuhr von Waffen, Drogen und Tieren nach dem Artenschutzabkommen. Für Pflanzen, Pflanzenteile und deren Erzeugnisse ist ein **Pflanzengesundheitszeugnis** aus Australien erforderlich. D. h., schon bei Saatgut für australische Wildpflanzen muss man darauf achten, das es von einer zuverlässigen Quelle gekauft wurde.

Wenn man mehr zollpflichtige Waren einführen möchte, als die Freigrenzen zulassen, können **Zoll, Verbrauchsteuer** und auch **Einfuhrumsatzsteuer** erhoben werden. **Nähere Informationen** erhält man beim zuständigen Zollamt:

Zollfreimengen in Europa

› *Tabakwaren (für Personen ab 17 Jahren): 200 Zigaretten oder 100 Zigarillos oder 50 Zigarren oder 250 g Tabak oder eine anteilige Zusammenstellung dieser Waren*
› *Alkohol (für Personen ab 17 Jahren) in die EU: 1 l Spirituosen (über 22 Vol.-%) oder 2 l Spirituosen (unter 22 Vol.-%) oder eine anteilige Zusammenstellung dieser Waren und 4 l nicht-schäumende Weine sowie 16 l Bier; in die Schweiz: 2 l bis 15 Vol.-% und 1 l über 15 Vol.-%*
› *Andere Waren in die EU: für See- und Flugreisende bis zu einem Warenwert von insgesamt 430 €, alle Reisende unter 15 Jahren 175 € (bzw. 150 € in Österreich); in die Schweiz: neu angeschaffte Waren bis zu einem Gesamtwert von 300 SFr*

› **Deutschland:** www.zoll.de oder Tel. 0351 44834510, **Österreich:** www.bmf.gv.at oder Tel. 01 51433564053, **Schweiz:** www.ezv.admin.ch oder Tel. 061 2871111

Elektrizität

In Australien nutzt man eine Stromspannung von **240/250 V** mit einer Frequenz von **50-Hz-Wechselstrom**. Deutsche Geräte funktionieren somit ohne Probleme, aber man benötigt für die australischen dreipoligen Steckdosen spezielle **Adapter** mit zwei leicht schräg stehenden Stiften und einem mittleren, senkrechten Stift zur Erdung (der nicht unbedingt nötig ist). Wenn man keinen Weltreisestecker hat, kann man einen passenden Adapter z. B. am Flughafen oder in vielen *convenience stores* in Sydney kaufen.

Geldfragen

In Australien bezahlt man mit dem australischen Dollar. Es gibt Scheine für 5 $, 10 $, 20 $, 50 $ und 100 $. Darüber hinaus gibt es Geldstücke im Wert von 2 $, 1 $, 50 Cent, 20 Cent, 10 Cent und 5 Cent.

Der australischen Wirtschaft geht es gut, und das schon seit Jahren. Die Folge: Der australische Dollar ist stark und somit ist alles **vergleichsweise teuer**. Besucht man pro Tag zum Beispiel zwei kostenpflichtige Sehenswürdigkeiten, isst in normalpreisigen Cafés und Restaurants, kauft zwei Wasserflaschen und nutzt das öffentliche Verkehrsnetz, so sollte man mit einem Budget von 120 $ pro Person und Tag kalkulieren. Hinzu kommen noch die Kosten für die Unterkunft.

Der **Geldautomat** (ATM = *Automatic Teller Machine*) ist der ideale Ort zur Bargeldbeschaffung. Sowohl mit der **Bankkarte mit Maestro-Logo** (auch EC-Karte genannt) als auch der **Kreditkarte** muss man dazu den jeweiligen PIN-Code eingeben. Aufgepasst: Bankkarten mit der neuen

Wechselkurse

1 € = 1,29 $
1 $ = 0,77 €/0,94 SFr
1 SFr = 1,06 $

(Stand Frühjahr 2012)

Praktische Reisetipps
Geldfragen

Commonwealth Bank, National Australia Bank, St. George Bank und Westpac Bank, die alle eine Vielzahl an Filialen in der Stadt unterhalten (Mo.–Fr. 9.30–16/17 Uhr). Man muss jedoch keine Bankfiliale suchen, denn die Geldautomaten findet man z. B. in Einkaufszentren, in *convenience stores* und an CityRail-Bahnhöfen. Wenn man einen Automaten sucht, fragt man am besten einen Passanten: „Excuse me, do you know where I can find an ATM around here?"

Ob und wie hoch die **Kosten für die Barabhebung** am Geldautomaten sind, ist abhängig von der kartenaustellenden Bank und von der Bank, bei der die Abhebung erfolgt. Man sollte sich daher vor der Reise bei seiner Hausbank informieren, mit wem sie vor Ort zusammenarbeitet. Im ungünstigsten Fall wird pro Abhebung bei der Maestro-Karte eine Gebühr von bis zu 1 % des Abhebungsbetrags und bei der Kreditkarte gar bis zu 5,5 % berechnet. Für das bargeldlose Zahlen mit der Kreditkarte werden ca. 1 bis 2 % für den Auslandseinsatz berechnet. Eine Alternative ist die **Postbank SparCard**, mit der man zehnmal pro Jahr auch außerhalb der EU-Länder kostenlos Bargeld an Automaten mit Visa- und Visa-Plus-Zeichen bekommt (ab der 11. Abbuchung 5,50 € pro Abbuchung, Liste der Geldautomaten vor Ort: http://visa.via.infonow.net/locator/global).

Bezahlfunktion „V-Pay", wie sie z. B von der Postbank ausgegeben werden, funktionieren außerhalb Europas nicht.
› Weitere Informationen: www.vpay.de

Gleich nach Ankunft am Flughafen stehen zur Bargeldbeschaffung 33 Geldautomaten zur Verfügung. Die **wichtigsten Banken** sind ANZ Bank,

◂ *Am ATM (Geldautomaten) kann man in Sydney problemlos Geld abheben*

Sydney preiswert

*Die **Sydney Harbour Bridge** 6 und das **Sydney Opera House** 10 lassen sich von außen vollkommen kostenlos bestaunen und aus jedem Blickwinkel fotografieren. Die beiden schönsten Parkanlagen, von denen man einen wunderbaren Blick auf die City und/oder den Hafen hat, sind ebenfalls kostenlos zugänglich: die **Royal Botanic Gardens** 11 und der **Hyde Park** 21.*

*Kunstfreunde kommen im **Museum of Contemporary Art** 2, in der **Art Gallery of NSW** 26 oder im **Manly Art Gallery & Museum** 54 vollkommen gratis auf ihre Kosten. Und darüber hinaus gibt es eine Vielfalt an Galerien (s. S. 39) in der Stadt, in denen man zeitgenössische Arbeiten australischer Künstler bewundern darf.*

*Es gibt noch viele weitere Sehenswürdigkeiten, die man kostenlos besichtigen kann, darunter das **Museum des Sydney Observatory** 3, **The Mint** 15, das **Museum of Australian Currency Notes** (s. S. 38), das **ANZAC Memorial** 21, die **Victoria Barracks** 41 und die fünf Museen und Kunstgalerien der **Sydney University** 45.*

*Plant man den Besuch von mindestens vier Sehenswürdigkeiten, die vom Historic Houses Trust verwaltet werden, lohnt sich die Anschaffung des **Ticket Through Time** (TTT) für 30 $, denn auf diese Weise ist der Besuch von **Elizabeth Bay House** 36, **Hyde Park Barracks** 25, **Susannah Place** (s. S. 38), **Museum of Sydney** (s. S. 38) und **Justice & Police Museum** 9 deutlich günstiger (sonst 8–10 $ pro Sehenswürdigkeit).*

*Ein Strandbesuch am **Bondi Beach** 48, **Coogee Beach** 53 oder **Manly Beach** 55 sowie das Baden in den meisten Meeresfreibädern rund um Sydney ist ebenfalls kostenlos, man sollte lediglich in eine Mehrfahrtenkarte für den **öffentlichen Verkehr** (s. S. 123) investieren, damit man sich so preiswert wie möglich fortbewegen kann. Sofern man sich nur innerhalb der City zwischen Central Station und Circular Quay aufhält, kann man auch den kostenlosen grünen **Sydney CBD Shuttle** nutzen (Route 555), der alle zehn Minuten in beide Fahrtrichtungen einen Rundkurs via Elizabeth St und George St fährt (s. S. 123).*

*Will man bei der **Verpflegung** sparen, empfiehlt sich der Besuch der Foodcourts in den Einkaufszentren (s. S. 19), wo man immer etwas nach seinem Geschmack finden kann und in der Regel weniger zahlt als im Café oder Restaurant.*

Wer lieber **Bargeld** mitbringt, findet am Flughafen **Wechselstuben** von Travelex und lässt sich dort am besten Adressen der innerstadtischen Niederlassungen nennen. Wer dringend eine größere Summe benötigt, kann sich über **Western Union** Geld schicken lassen (www.westernunion.de).

› Falls einem die Bank- oder Kreditkarte abhanden gekommen ist, s. S. 111.

EXTRAINFO

Nicht auf den Cent genau

1985 wurden die **1- und 2-Cent-Münzen abgeschafft**, wodurch krumme Beträge beim Bezahlen **nach unten bzw. oben gerundet** werden. Also: Nicht wundern, wenn man das Wechselgeld nicht auf den Cent genau zurückbekommt!

Informationsquellen

Infostellen zu Hause

❯ **Tourism Australia,** Neue Mainzer Str. 22, 60311 Frankfurt/M., Tel. 069 27400622, www.australia.com/de. Das offizielle Fremdenverkehrsamt bietet allgemeine touristische Informationen.

Infostellen in der Stadt

Der **Traveller's Information Desk** in der Mitte der Ankunftshalle am Flughafen hilft u. a. bei Hotelbuchungen für denselben Tag und Fragen zu öffentlichen Verkehrsmitteln (tägl. von 6 Uhr bis zum letzten Flug, Tel. 96679386). Von den kostenlosen Broschüren sollte man „What's On" mitnehmen. Sie enthält das aktuelle Programm für Sonderausstellungen, Nightlife und Veranstaltungen (inkl. Rabattgutscheinen von 10 bis 20% für Museen und andere Sehenswürdigkeiten). **Weitere touristische Informationsstellen,** die auch kostenlose Karten anbieten, finden sich in der City:

- ❶**146** [E2] **Sydney Visitor Centre The Rocks,** The Rocks Centre, oberster Stock, Argyle St/Playfair St, The Rocks, Tel. 1800067676, geöffnet: tägl. 9.30–17.30 Uhr
- ❶**147** [D4] **Sydney Visitor Information Centre Darling Harbour,** 33 Wheat Rd (Palm Grove, unter dem Freeway zwischen IMAX Theatre und Darling Walk), Darling Harbour, Tel. 1800067676, geöffnet: tägl. 9.30–17.30 Uhr
- ❶**148** [E2] **Sydney Harbour National Park Information Centre,** 110 George St, The Rocks, Tel. 92530888, geöffnet: Mo.–Fr. 9.30–16.30, Sa./So. 10–16.30 Uhr
- ❶**149** [II] **Manly Visitor Information Centre,** The Forecourt, Manly Wharf, Manly, Tel. 99761430, Mo.–Fr. 9–17, Sa./So. 10–16 Uhr

Kartenservice

Tickets für Theater, Konzerte und Musicals etc. bekommt man hier:

- ●**150** [F4] **Ticketek,** 50 Park St, Tel. 132849, www.ticketek.com. Für große Events, u. a. in den Bereichen Theater, Oper, Musik, Film.
- ●**151** [F3] **Ticketmaster,** State Theatre, 49 Market St, Tel. 1300883622, www.ticketmaster.com.au. Für große Events, u. a. in den Bereichen Theater, Oper, Musik, Film.
- ●**152** [F5] **Moshtix,** Red Eye Records, 370 Pitt St, Tel. 92094614, www.moshtix.com.au. Für Pop- und Rockkonzerte (eher kleiner, alternativ).

Sydney im Internet

❯ **www.cityofsydney.nsw.gov.au** – Offizielle Website der Stadtverwaltung. Unter „About Sydney, What's On" erfährt man, was in der Stadt los ist: Termine u. v. m.

❯ **http://sydney.citysearch.com.au** – Hier erfährt man nach Kategorien geordnet, was man in Sydney machen kann und welche Restaurants, Bars und Klubs zu empfehlen sind.

❯ **http://weather.smh.com.au** – Genaue Wettervorhersagen für Sydney mit Detailinformationen für alle Stadtteile

❯ **www.sydneyaustralia.com** – Informationen von der NSW-Regierung für alle, die in Sydney studieren oder arbeiten möchten

❯ **www.bondivillage.com** – Tourismus- und Community-Informationen zu Bondi Beach

❯ **www.darlingharbour.com** – Offizielle Tourismusinfos zu Darling Harbour

❯ **www.kingscrossonline.com.au** – Tourismus- und Community-Infos zu Kings Cross (mit Darlinghurst, East Sydney, Potts Point, Woolloomooloo)

❯ **www.manlyaustralia.com.au** – Tourismus- und Community-Infos zu Manly

Meine Literaturtipps

Abgesehen von Bildbänden gibt es keine leicht verdaulichen Buchempfehlungen zum Thema Sydney in deutscher Sprache. Australische Bücher werden selten ins Deutsche übersetzt (zuletzt einige Titel anlässlich der Olympiade 2000, die jedoch mittlerweile in der deutschen Übersetzung vergriffen sind).

Will man aber einen Einblick in die Psyche der Sydneysider und/oder die komplexe Geschichte der Stadt und der Nation bekommen, sind folgende englischsprachige Bücher empfehlenswert:

› Peter Carey: *„30 Days in Sydney"*. Ein literarisches Reisebuch, das die Atmosphäre und die Lebensweise in Sydney einzufangen vermag. Es bietet sowohl eine historische als auch eine zeitgenössische Betrachtung Sydneys aus dem Blickwinkel des Autors, der aus Sydneys Stadtviertel Balmain stammt, aber heute in New York lebt.

› Tim Flannery (Hrsg.): *„The Birth of Sydney"*. Eine Collage aus Stadtbeschreibungen aus der Sicht der frühen Entdecker, Pioniere, Journalisten sowie von Stadtbesuchern damals und heute.

› Delia Falconer: *„Sydney: Haunted City"*. Ein topaktuelles literarisches Werk über die Psyche der Sydneysider und die aktuellen städtebaulichen Entwicklungen aus der Sicht einer waschechten Sydneysiderin mit frischem Schreibstil.

› Louise Hawson: *„52 Suburbs"*. Ein als Buch veröffentlichter Fotoblog über Sydneys Vororte und die Menschen darin. Ein wundervolles Stadtporträt mit 1200 Fotos.

› Geoffrey Moorhouse: *„Sydney, Portrait of a City"*. Umfassendes Porträt der Geschichte Sydneys bis zu den Olympischen Spielen 2000.

› Graham Jahn: *„Sydney Architecture"*. Ein interessantes Buch zur Architektur in Sydney, in dem die Geschichte der Bauwerke detailliert zusammengefasst wird.

› Paul McCillick: *„Sydney Architecture, The Making of a Global City"*. Ein Hochglanzbuch, in dem die architektonischen Meisterwerke der Vergangenheit ebenso besprochen werden wie die modernen Highlights.

› Ruth Park: *„The Harp in the South"*. Roman von 1948, in dem die Sydneysider Autorin das Leben einer Hure in Surry Hills beschreibt und dabei einen Einblick in die „Schmuddelseele" der Stadt gewährt.

› Elfi H. M. Gilissen: *„Kulturschock Australien"*. Ein Buch über die Besonderheiten der Australier, wobei die Geschichte und naturkundliche Gegebenheiten ebenso detailliert geschildert werden wie die sozialen Beziehungen und Eigenheiten.

› www.manly.nsw.gov.au – Auf der offiziellen Website der Gemeindeverwaltung von Manly findet man unter „What's On" Informationen zu den wichtigsten Veranstaltungen.

› www.therocks.com – Die offizielle Tourismus-Website zu The Rocks bietet Veranstaltungsinformationen und vieles mehr.

› www.glebesydney.com – Tourismus- und Community-Infos zu Glebe

> **EXTRATIPP**
>
> **Kostenlos Zeitung lesen**
> Wer gerne Zeitung in der gedruckten Version liest, findet in der **Stadtbücherei im Customs House** ❽ u. a. die FAZ, Le Monde, die International Herald Tribune, die New York Times und das Wall Street Journal – täglich frisch und auch bis zu vier Wochen alte Ausgaben.

Stadtpläne

Empfehlenswerte Stadtpläne sind UBD Sydney Suburban Map 262, UBD Sydney Mini Map 255, Gregory's Suburban Sydney 216, Gregory's Sydney City & Suburbs 218 oder Gregory's Uncovered Sydney. Man kann sie u. a. hier erwerben:

🛍153 [F5] **Travel Bookshop**, Shop 3, 175 Liverpool St, geöffnet: Mo.–Fr. 9–18, Sa. 10–17 Uhr

Stadtblätter

In welchen Pubs und Klubs es Livemusik oder Partys gibt, erfährt man in kostenlosen Zeitschriften im DIN-A3-Format, die in Kneipen und Musikgeschäften der Stadt (vor allem in den Vororten) ausliegen: **3D World** (www.threedworld.com.au, Dance- und Party-Events) und **The Drum Media** (http://streetpress.com.au, alle Arten von Livemusik-Veranstaltungen).

Internet und Internetcafés

Die meisten **Unterkünfte** in Sydney bieten eine Internetverbindung an und außerdem findet man überall preisgünstige **Internetcafés**. Im Internetcafé Global Gossip hat man außerdem die Möglichkeit, mit der Global-Gossip-Karte preiswert zu telefonieren, zu skypen, zu faxen und zu kopieren sowie Post aufzugeben.

@154 [E6] **Global Gossip**, 790 George St, www.globalgossip.com, geöffnet: Mo.–Fr. 9.30–22, Sa. 10–22, So. 11–22 Uhr

Darüber hinaus gibt es in allen **McDonalds-Filialen** kostenloses WLAN. Viele andere **Cafés** und **Restaurants** bieten ihren Kunden auf Nachfrage ebenfalls Zugang zu einer WiFi-Verbindung. Ist man auf der Suche nach dem nächstgelegenen **Hotspot**, kann man bei www.jiwire.com online nachsehen oder eine entsprechende Software für das Android-Handy herunterladen.

Medizinische Versorgung

Die medizinische Versorgung ist in Sydney hervorragend. **Medikamente** und eine **Beratung** erhält man in der **Apotheke** *(pharmacy/chemist)*, die man in jedem Einkaufszentrum findet. Viele Medikamente, z. B. leichte Schmerzmittel, Hustensaft oder Vitamine, sind auch im Supermarkt erhältlich.

Ärzte und Krankenhäuser

Ist man ernsthaft verletzt oder glaubt, dass ein operativer Eingriff nötig sein könnte, sollte man die **Notaufnahme** *(emergency)* eines Krankenhauses aufsuchen. Ansonsten kann man auch eine **Gemeinschaftspraxis** *(medical centre)* besuchen. Deutsche, Schweizer und Österreicher müssen **Arztrechnungen** vor Ort **in bar bezah-**

Praktische Reisetipps
Mit Kindern unterwegs

len und dann später mit der **Reisekrankenversicherung** (s. S. 125) abrechnen. Eine viertelstündige Konsultation kostet ca. 60 bis 75 $ (oftmals bar zu zahlen).

Staatliche Krankenhäuser
- **155** [F3] **Sydney Hospital & Sydney Eye Hospital**, 8 Macquarie St, Tel. 93827111
- **156** [II] **Manly Hospital**, Darley Rd, Manly, Tel. 99769611
- **157** [I] **Prince of Wales Hospital & Sydney Children's Hospital**, High St, Randwick (Nähe Bondi Beach), Tel. 93822222 bzw. 93821111

Medical Centres
- **158** [F5] **CBD Medical Centre**, 242 Castlereagh St, Tel. 92680133, www.sydneycbdmedicalcentre.com.au
- **159** [C6] **Broadway General Practice**, Broadway Shopping Centre, 1. Stock, Bay St, Glebe, Tel. 92815085, www.broadwayhealthcare.com.au
- **160** [F3] **M.L.C. Centre Dental Surgery**, M.L.C. Centre, King St/Castlereagh St, Tel. 92323866, www.mlccentredental.com.au. Zahnärztliche Behandlungen.
- **161** [E5] **Dental Clinic @ World Tower**, 87–89 Liverpool St, Tel. 92690514, www.bestdentist.com.au. Zahnärztliche Behandlungen.

Apotheke
- **162** [E5] **Priceline Pharmacy World Square**, 644 George St, City, Tel. 92680042, www.priceline.com.au (für weitere Filialen), geöffnet: Mo.–Fr. 8.30–23.30, Sa. 10–23.30, So. 11–23.30 Uhr

▶ *Im Luna Park (s. S. 56) am Ende der Sydney Harbour Bridge ist jeden Tag etwas los*

Mit Kindern unterwegs

Sydney hat auch für Kinder viel zu bieten. Die Stadt ist von viel **Grün** und von **Stränden** mit endlosen Wassersportmöglichkeiten umgeben und hat viele Attraktionen und Museen, die geradezu für Kinder gemacht sind.

Bei Sehenswürdigkeiten und Attraktionen gibt es für Kinder von 4 bis 15 Jahren **Ermäßigungen** von ca. 50 %, unter 4 Jahren ist der Eintritt in der Regel frei. Darüber hinaus gibt es fast immer attraktive **Familientarife**, die üblicherweise für zwei Erwachsene und zwei zahlpflichtige Kinder gelten. Bei den Sydney-Bussen und -Fähren brauchen Kinder unter 4 Jahren ebenfalls kein Ticket.

Notfälle

- ㉒ [F5] **Australian Museum.** Hier ist man Auge in Auge mit tasmanischen Tigern, Beutelteufeln, Spinnen, Schlangen und vielen anderen australischen Tieren (ausgestopft oder anders präpariert). Außerdem gibt es funkelnde Mineralien und noch mehr naturkundliche Besonderheiten Australiens zu sehen.
- ㉟ [D4] **Australian National Maritime Museum.** Expeditionen zur Antarktis, Weltumsegelungen, U-Boote und alte Schiffe – das Schifffahrtsmuseum fasziniert junge Abenteurer.
- ⑨ [F2] **Justice & Police Museum.** Rechtsprechung zu Zeiten der Strafgefangenenkolonie und Einblicke in das Leben der berühmten *bushranger* (Buschräuber) finden vor allem Teenager interessant, die gerne Krimis schauen.
- ㉚ [D5] **Powerhouse Museum.** Das größte Museum der Stadt stellt vor allem die Geschichte der technischen Errungenschaften vor.
- ❸ [E2] **Sydney Observatory.** Ehemalige Sternwarte mit Teleskop und Blick in den australischen Sternenhimmel: alles zu Milchstraße, Kreuz des Südens und viel Astronomiegeschichte.
- › **Taronga Zoo** (s. S. 63). Hier sieht man mehr australische Tiere als nur Känguru, Koala und Krokodil. Ein Muss!
- ㉝ [D4] **Sydney Aquarium.** Die faszinierende Unterwasserwelt legt den Schwerpunkt auf die Bewohner australischer Gewässer.
- ㉞ [D4] **Wild Life Sydney.** Wenn man keine Zeit für den Taronga Zoo hat, lernt man hier ebenfalls einen Teil der australischen Tierwelt hautnah kennen.
- › **Luna Park** (s. S. 56). Die Attraktionen dieser permanenten Kirmes an Milson's Point sind vor allem für Teenager und Erwachsene gedacht, aber auch die Allerkleinsten kommen auf ihre Kosten.
- › **Bridge Climb** (s. S. 57). Eine aufregende Besteigung der Sydney Harbour Bridge für alle Schwindelfreien ab 10 Jahren.
- › **McIvers (Women's) Baths** (s. S. 93). Meeresfreibad für Frauen und kleine Kinder in Coogee (keine Männer gestattet).
- ●163 [II] **Little Manly Cove.** Kleiner familienfreundlicher Badestrand mit Spielplatz und Kiosk in Manly.
- › **Nielsen Park** (s. S. 40). Toller Badestrand am Rand eines schönen Parks mit praktischem Kiosk-Café in Vaucluse.
- ⑪ [F2] **Royal Botanic Gardens.** Hier kann man sich austoben, Verstecken spielen, Ibisse und Flughunde bewundern oder eine kleine Rundfahrt mit einem Minizug auf Rädern machen.
- › **Spielplätze**, z. B. in unmittelbarer Nähe des Hotels, kann man unter www.cityofsydney.nsw.gov.au unter „Residents, Parks, Playgrounds & Garden" suchen.
- › Ein weiteres Highlight sind **Fahrten mit der Fähre**, z. B. nach Manly, Watson's Bay oder auch nur nach Darling Harbour (s. S. 116).

Notfälle

Egal, ob man einen Krankenwagen, die Polizei oder die Feuerwehr braucht, man wählt im Notfall immer die **Notfallnummer 000**! Wie man sich bei einem Schlangen- oder Spinnenbiss verhält, erfährt man auf Seite 111.

> **EXTRAINFO**
>
> **Notruf**
> › **Notruf:** Tel. 000
> › **Suchdienst** (Search and Rescue): zur See Tel. 1800641792 (mit europäischem Handy 0061262306811) und aus der Luft Tel. 1800815257 (mit europäischem Handy Tel. 0061262306899)
> › **Vergiftungszentrum** (NSW Poisons Information Centre): Tel. 131126

Notfälle

Verhalten bei Bissen und Stichen

Bei allen Stichen oder Bissen von Schlangen, Trichternetzspinnen (Funnel-web spiders), Mausspinnen (Mouse spiders), Blau-Ring-Oktopoden (Blue-ringed octopuses), Konusmuscheln (Cone shells) und Stachelrochen (Stingrays) sollte man einen **Druckverband** anlegen. Man bandagiert das Körperteil von unterhalb der Bisswunde in Richtung Herz so fest und so weit wie möglich, als sei es ein verstauchter Knöchel und baut eine Schiene ein, damit das Körperteil nicht mehr bewegt wird. Der Verletzte muss *so schnell wie möglich ins Krankenhaus* gebracht werden.

Auf keinen Fall darf die Wunde gewaschen werden, denn anhand der Giftreste auf der Hautoberfläche kann die Tierart und somit das u. U. notwendige Gegengift schneller bestimmt werden.

› *Notruf jeder Art:* Tel. 000
› *Vergiftungszentrum* (NSW Poisons Information Centre): Tel. 131126

---

164 [E2] Police Station The Rocks, 132 George St, Tel. 82206399
› Polizei (Police Assistance Line): Tel. 131444 (keine Notrufe), auch bei Verlust von wichtigen Dokumenten und Verdacht auf Diebstahl

Karten- oder Ausweisverlust

Bei Verlust der Maestro-(EC-) oder der Kreditkarte gibt es für Kartensperrungen eine **deutsche Zentralnummer**. Bei diesem Sperrnotruf kann man die meisten Debit- und Kreditkarten sperren lassen. Einzelne Institute, wie zurzeit die Postbank und die Valovis Bank (ehem. KarstadtQuelle Bank), nehmen aber nicht am Sperrnotruf teil, daher sollte man vor der Reise klären, ob die eigene Bank diesem Notrufsystem angeschlossen ist.
› **Deutscher Sperrnotruf:** Tel. 01149 116116 oder Tel. 01149 30 40504050
› Unter www.kartensicherheit.de gibt es weitere Informationen. Bei Bedarf kann man einen SOS-Infopass mit den wichtigsten Telefonnummern ausdrucken.

In **Österreich** und der **Schweiz** gibt es keine zentrale Sperrnummer. Reisende dieser Länder können sich bei ihrem Kreditinstitut über den zuständigen Sperrnotruf informieren.

Wichtig für alle: Die **Kartennummer** und die **Gültigkeitsdauer** sollte man separat **notieren**, da die Daten bei einer Sperrung abgefragt werden.

Wird der **Reisepass** oder **Personalausweis** im Ausland **gestohlen**, muss man den Verlust bei der örtlichen Polizei melden. Darüber hinaus sollte man sich an die nächste diplomatische Auslandsvertretung (s. S. 100) seines Landes wenden, damit man einen Ersatzausweis ausgestellt bekommt.

Fundbüro

Falls das **Gepäck** nach dem Flug nicht auf dem Gepäckband erscheint, sollte man den Verlust direkt bei seiner Airline melden. Wenn man etwas in den Terminals verliert, wendet man sich an Lost Property Sydney Airport.
› **Lost Property Sydney Airport,** Tel. 96679583 (Terminal T1), Tel. 93527450 (Terminal T2), Tel. 99529312 (T3 Qantas Domestic Terminal)

Post, Schwule und Lesben

Für **an anderen Stellen in Sydney** verlorengegangene Dinge kann man sich an die unten genannten Stellen wenden, ansonsten hilft die Polizei (s. o.).
> **Sydney Buses**, je nach Busdepot, nachschlagbar unter www.sydneybuses.info/lost-property
> **Sydney Ferries**, Tel. 81133002, Lost Property Office, Circular Quay Wharf 3, Mo.–Fr. 7.30–16 Uhr
> **Taxis/Wassertaxis**, je nach Taxifirma (s. S. 124 und S. 125)
> **Metro Monorail und Light Rail**, Tel. 85845288
> **CityRail-Züge** und **-Bahnhöfe**, Tel. 93793341, (RailCorp) Lost Property Office, Central Station (gegenüber Bahnsteig 1), Mo.–Fr. 8–17 Uhr. Bei Abholung ist eine Bearbeitungsgebühr von 6,40 $ zu zahlen.

Post

Australia Post unterhält Filialen in der ganzen Stadt. Die Öffnungszeiten variieren je nach Filiale, aber die Kernöffnungszeit ist Mo. bis Fr. 9 bis 17 Uhr, und manchmal Sa. 10 bis 14 Uhr.

✉ **165** [E3] **Australia Post**, General Post Office, 1 Martin Pl, City, Mo.–Fr. 8.15–17.30, Sa. 10–14 Uhr

Briefkästen sind ca. 1,50 m hoch und knallrot bzw. gelb für Express Post. Man darf hier ausschließlich reine Briefpost einwerfen! Wenn man etwas anderes versenden möchte, muss man es in einer Poststelle abgeben und für den Zoll auch genaue Angaben (in englischer Sprache) machen, was enthalten ist.

Das **Luftpostporto** (ca. 6 Werktage) für eine Postkarte (240 x 130 x 5 mm, 20 g) beträgt 1,60 $. Für Briefe bis 50 g zahlt man 2,35 $.

Schwule und Lesben

In Sydney gehören Schwule und Lesben im Grunde nicht gesondert genannt, denn die Stadt ist nicht nur in dieser Hinsicht eine der tolerantesten der Welt. Alljährlich findet hier mit dem **schwul-lesbischen Mardi Gras** eine der weltweit größten Gay-Pride-Paraden statt. Was Bars, Restaurants oder Unterkünfte anbelangt, muss man nicht nach homo-freundlichen Häusern suchen, auch wenn sich diese in den **schwul-lesbischen Hochburgen** Darlinghurst, Kings Cross ㊲, Enmore, Erskineville und Newtown oft mit dem typischen **Regenbogen-Sticker** ausweisen.

Während die **Schwulenszene** u. a. in **Darlinghurst** zu Hause ist, findet man dort nicht allzu viele Lesben. Die **Lesbenszene** ist nicht in einem bestimmten Stadtviertel daheim, son-

> **EXTRATIPP**
>
> **Ideal zum Hineinschnuppern**
> > www.starobserver.com.au. Internetversion des kostenlosen Szeneblattes Sydney Star Observer mit Nachrichten und Tipps für die Gay- und Lesben-Szene (siehe „Whats On").
> > www.lotl.com. Internetversion des kostenlosen Szeneblattes Lesbians on the Loose mit Nachrichten und Tipps für die Lesben-Szene.
> > www.gaysydney4u.com. Bars, Klubs, Hotels, Saunas – kommentierte Adressen für Homosexuelle in Sydney.
> > http://sydney.gaycities.com. Infos zu Bars, Klubs, Events, Hotels und Shops.
> > www.sapphicsydney.com.au. Events der Lesbenszene unter „Nightlife".

Praktische Reisetipps
Sicherheit

dern in bestimmten Kneipen oder sie trifft sich bei bestimmten Veranstaltungen wie im Bank Hotel in Newtown und dem Sly Fox Hotel in Enmore oder gar nur einmal monatlich oder sporadisch in wechselnden Kneipen in Darlinghurst und anderen Vierteln.

166 [G6] **ARQ,** 16 Flinders St, Darlinghurst, www.arqsydney.com.au, Eintritt: bis zu 25 $. Fr. House, Techno und Trance auf der Tanzfläche, Sa. Disco, Do. Dragshows. Bei der Gay-Szene beliebt.

167 [I] **Bank Hotel,** 324 King St, City-Rail-Bahnhof Newtown, www.bankhotel.com.au. Ein typischer Pub mit Thai-Restaurant, in dessen Bars (vor allem dem Velvet Room) DJs zum Tanzen auflegen, jeden Mi. ist „Velvet Wednesdays" – nur für Frauen.

168 [I] **Sly Fox Hotel,** 199 Enmore Rd, Enmore, CityRail-Bahnhof Newtown, www.theslyfox.com.au. Ein typischer Pub, in dem auffallend viele Girls verkehren. Jeden Mi. von 19–3 Uhr „Queer Central" mit DJs.

169 [G6] **Stonewall Hotel,** 175 Oxford St, Darlinghurst, www.stonewallhotel.com. Ikone unter den Gay-Bars mit regulären Dragshows und Partythemen, in der sich alle Altersstufen der Szene auf drei Etagen austoben.

Sicherheit

In Bezug auf die **Kriminalität** ist Sydney mit Großstädten wie Hamburg, Berlin, Wien oder Amsterdam vergleichbar. Es gibt also keinen Grund zur Sorge, wohl aber zur üblichen Vorsicht. Bei größeren Menschenansammlungen sollte man sich vor **Taschendieben** in Acht nehmen und seine Wertsachen möglichst im Hotelsafe einschließen.

▲ *Der Taylor Square [G6] in Darlinghurst ist das Zentrum des „schwulen Sydney"*

Prostitution und Drogenhandel sind in Kings Cross und East Sydney immer noch allgegenwärtig, allerdings werden die Viertel auch immer mehr saniert und den Aktivitäten ein Riegel vorgeschoben.

Leider scheinen sich seit Beginn des 21. Jh. Zwischenfälle wie einzelne **Schießereien** auf offener Straße zu mehren. Sydneys Polizei (s. S. 111) patrouilliert daher immer häufiger und man versucht, den privaten Waffenbesitz zu unterbinden. Bestimmte Kneipen in Darlinghurst, wo es regelmäßig zu bösen Schlägereien kam, hat die Stadt schlicht aufgekauft und die Lage so unter Kontrolle gebracht.

Sport und Erholung

Baden und Schwimmen

Wem das Meer und die Meeresfreibäder wie Bondi Icebergs (s. S. 89) und Wylie's Baths (s. S. 93) zum Schwimmengehen nicht ausreichen, wird hier fündig:

S170 [G2] **Andrew (Boy) Charlton Pool**, Mrs. Macquaries Rd (am Rande des Botanischen Gartens), www.abcpool.org, geöffnet: 1.9.–30.4. tägl. 6–19/20 Uhr, Eintritt: 5,80 $ oder 52 $ für eine Zehnerkarte. Mit beheiztem 50-m-Freibad, kleinem Übungsfreibad, Fitnessraum und dem tollen Poolside Café (s. S. 32).

S171 [F4] **Cook & Phillip Park Aquatic and Fitness Centre**, 4 College St (am Rande von Hyde Park), www.cookandphillip.org.au, geöffnet: Mo.–Fr. 6–22, Sa./So. 7–20 Uhr, Eintritt: 6,40 $ (17,50 $ inkl. Fitnessräume). Beheiztes 50-m-Hallenbad, Spaßbad mit Wellenmaschine und Flusslauf sowie Hydrotherapiebecken, Fitnessräumen, Café und Kinderspielecke.

> **EXTRATIPP**
>
> **Slip, Slop, Slap!**
> Die **UV-Strahlung** ist in Australien viel aggressiver, verursacht nachweislich Hautkrebs und kann einem auch einen gehörigen Sonnenstich verpassen. Daher "slip on a shirt, slop on some sunscreen, slap on a hat" - ein **Shirt** anziehen, **Sonnencreme** auftragen und einen **Hut** aufsetzen! Nicht vergessen: Ausreichend **Wasser trinken!**

S172 [D5] **Ian Thorpe Aquatic and Fitness Centre**, 438–484 Harris St, Darling Harbour, www.itac.org.au, geöffnet: Mo.–Fr. 6–21, Sa./So. bis 20 Uhr, Eintritt: 6,40 $ (17,50 $ inkl. Fitnessräume). Beheiztes 50-m-Hallenbad mit Whirlpool, Sauna und Fitnesszentrum.

S173 [I] **North Sydney Olympic Pool**, 4 Alfred St South (neben Sydney Harbour Bridge), North Sydney, geöffnet: Mo.–Fr. 5.30–21, Sa./So. 7–19 Uhr, Eintritt: 6,70 $, mit Sauna und Spa 18,50 $. 50-m-Freibad mit außergewöhnlichem Blick auf die Sydney Harbour Bridge und Sydney.

Surfen

Besonders zum Surfen geeignete Strände in Citynähe sind **Bondi Beach** ㊽, **Tamarama Beach** ㊾, **Bronte Beach** ㊿ und **Fairy Bower Beach** (s. S. 95). Für Bodyboarder und für Surfer gilt: **Nur an bewachten Strandabschnitten** zwischen den gelb-roten Flaggen surfen, denn hier ist man vor den tückischen Strömungen sicher. Die Ausrüstung kann man in Bondi Beach entlang der Campbell Pde kaufen oder mieten, in Manly in den Shops an der South Steyne oder der Pittwater Rd.

Praktische Reisetipps
Sport und Erholung

S174 [III] **Let's Go Surfing**, 128 Ramsgate Av, North Bondi, Tel. 93651800, www.letsgosurfing.com.au. Surfkurse 95–305 $. Hier wird alles vermietet, was man zum Surfen braucht.

S175 [II] **Manly Surf School**, North Steyne Surf Lifesaving Club, Manly, Tel. 99776977, www.manlysurfschool.com. Surfunterricht 60–340 $.

Tauchen und Schnorcheln

Rund um den Hafen gibt es verschiedene Tauch- und Schnorchelmöglichkeiten. Gute **Tauchveranstalter** sind:

S176 [II] **Dive Centre Manly**, Tel. 99774355, www.divesydney.com.au. Tauchkurs ab 395 $.

S177 [IV] **Pro Dive**, Tel. 1800820820, www.prodive.com.au. Dreitägiger Tauchkurs ab 297 $. Auch Walbeobachtungstrips.

Segeln

Wer gern bei einem echten Segeltörn dabei sein möchte, egal ob man mit anpacken oder einfach nur dabei sein will, kann telefonisch bei folgenden Anbietern buchen:

S178 [C3] **Sailing Sydney**, Tel. 1300670008, www.sailingsydney.net. Zweieinhalb- bis dreistündiger Segeltörn auf einer 75-Fuß-Segeljacht ab Wharf 9, King St Wharf, Darling Harbour, tägl. 13–15.30, Fr. 13–16 Uhr, ab 129 $. Man braucht Turnschuhe mit weißen Sohlen, einen warmen Pullover oder eine Jacke, Hut, Sonnenmilch und Sonnenbrille und sollte eine Kamera mitbringen. Keine Erfahrung im Segeln erforderlich.

S179 [D3] **Sydney Heritage Fleet**, Tel. 92983888, www.shf.org.au. Segeltörn mit historischem Nachbau der James Craig für 150 $, Sa./So. um 9.30 Uhr ab Wharf 7, Maritime Heritage Centre (Rückkehr um 16 Uhr).

Rugby, Cricket, Australian Football

Wer die **Volkssportarten** Rugby, Cricket oder Australian Football (Footie) live miterleben möchte, kann bei den Ticketek-Büros (s. S. 106) Karten kaufen. Im Sommer sind die Stadien Austragungsort für Cricketspiele, im Winter für Footie und Rugby.

S180 [I] **ANZ Stadium**, Edwin Flack Av, Sydney Olympic Park, www.anzstadium.com.au

S181 [H7] **Sydney Cricket Ground (SCG) & Sydney Football Stadium**, Driver Av, Moore Park, www.sydneycricketground.com.au

EXTRATIPP

Aussie Rules

„Aussie Rules" ist eine ganz und gar australische **Sportart mit Vollkontakt**, die vor allem in Victoria heimisch ist, denn 10 der 17 Klubs der **Australian Football League** kommen von dort, außerdem je zwei aus Queensland, South Australia und Western Australia sowie ein Klub aus Sydney. Zwei Teams von je 18 Mann rennen ohne besondere Schutzkleidung auf dem Feld mit zwei Toren, die durch je zwei 6 m und zwei 3 m hohe senkrechte Pfähle markiert werden, hinter einem eiförmigen Ball her. Den Ball dürfen sie nach bestimmten Regeln **mit Fuß oder Hand** schießen bzw. werfen sowie beim Rennen für maximal 15 Meter in der Hand halten, bevor sie ihn wieder aufprellen lassen. Die professionelle Australian Football League Grand Final ist neben dem Super Bowl in den USA die weltweit bestbesuchte Vereinsmeisterschaftsveranstaltung, die seit Jahren rund 100.000 Zuschauer ins Stadium lockt.

Fitness und Sport allgemein

Sydneys Strände bieten genug Möglichkeiten zum Fitnesstraining und zur Erholung. Möchte man jedoch eine Runde Tennis, Squash, Basketball oder Golf spielen, Fahrrad fahren, Reiten oder Inlineskaten, kann man all dies in den **Centennial Parklands** und im angrenzenden **Moore Park** in Paddington tun, wo man das eventuell benötigte Equipment mieten kann.

- **182** [I] **Centennial Parklands**, Moore Park Rd, Paddington, www.centennialparklands.com.au

Sprache

Britisches Englisch, amerikanisches Englisch, Singapur-Englisch, irisches Englisch, schottisches Englisch, walisisches Englisch, indisches Englisch, internationales Englisch – in Sydney verstehen die Australier im Großen und Ganzen alle Variationen der englischen Sprache, aber geantwortet wird vom waschechten Australier in **australischem Englisch**, und das kann schon einmal zu Verwirrungen führen. Ein Einlesen in die Besonderheiten des australischen Dialekts bzw. des spezifisch australischen Wortschatzes ist daher auch für den Kurzurlauber sinnvoll. Eine Liste mit hilfreichen Begriffen ist in der „Kleinen Sprachhilfe" im Anhang dieses Buches zu finden (s. S. 128).

Stadttouren

Für jedermann empfehlenswert sind die Doppeldeckerbusse von **CitySightseeing** (s. S. 19), die einen Rundkurs entlang der wichtigsten Sehenswürdigkeiten fahren und bei denen man beliebig aus- und einsteigen kann.

Hafenrundfahrten

- **183** [D4] **Captain Cook Cruises**, Pier 6, Circular Quay, auch King St Wharf, Darling Harbour, Tel. 92061111 oder 1800804843, www.captaincook.com.au, Preis: ab 39 $. 1½- bis 2½-stündige Hafenrundfahrten, Lunch- und Dinner-Cruises (auch an Silvester) sowie Walbeobachtungscruises (im Winter).
- **184** [D4] **Matilda Cruises**, Pier 6, Circular Quay, auch Pier 26, Darling Harbour, Tel. 82705188, www.matilda.com.au, Kosten: ab 30 $. Einstündige Hafenrundfahrten sowie Fährdienste in Kombination mit Eintritt zu u. a. Taronga Zoo, Fort Denison oder Shark Island.

LITERATURTIPP

Australisches Englisch – Wie bitte?

› Elfi H. M. Gilissen: „**Englisch für Australien**". Wer seine Englischkenntnisse speziell für Australien auffrischen möchte, dem sei dieser Kauderwelsch-Band aus dem REISE KNOW-HOW Verlag empfohlen. Es macht Spaß, sich auf dem Flug damit die Zeit zu vertreiben und die besonderen australischen Redensarten für den touristischen Alltag anzuschauen. Das Büchlein ist klein, handlich und leicht! Dazu gibt es begleitendes Audiomaterial.

› Elfi H. M. Gilissen: „**Australian Slang**". Der „Kauderwelsch" aus dem REISE KNOW-How Verlag präsentiert alles von alltäglichen, umgangssprachlichen Wendungen bis zu derbem Slang. Dazu passend gibt es eine Audio-CD mit den wichtigsten Wörtern und Sätzen aus dem Buch.

● **185** [C4] **Vagabond Cruises,** Eastern Pontoon, Circular Quay, auch King St Wharf 8, Darling Harbour, Tel. 1300862784 oder 96600388, www.vagabond.com.au, Kosten: ab 30 $. Im Angebot sind 1½- bis 2-stündige Hafenrundfahrten, Walbeobachtungstouren (im Winter), Kombintickets, in denen der Eintritt in den Zoo oder das Aquarium enthalten sind, sowie spezielle Fahrten an Feiertagen.

Vorwahlen

> für **Deutschland:** Tel. 01149
> für **Österreich:** Tel. 01143
> für die **Schweiz:** Tel. 01141
> für **Australien:** Tel. 0061
> für **Sydney:** Tel. 02 (aus Australien) bzw. Tel. 00612 (vom Ausland aus)

Fahrradtouren

● **186** [E2] **Bonza Bike Tours,** 30 Harrington St, The Rocks, Tel. 92478800, www.bonzabiketours.com, Kosten: ab 89 $. Bonza Bike Tours bieten vier Radführungen durch Sydney an. Zu empfehlen sind die „Sydney Classic Tour" (Mo., Mi., Fr., Sa. um 10.30 Uhr, Dauer: 3,5–4 Std.) oder die „Manly Beach & Sunset Cruise" (Mo., Fr., Sa. um 15.15 Uhr, Dauer: 3,5–4 Std.).

Telefonieren

International telefoniert man am günstigsten mit einer **phonecard** (Telefonkarte). Man bekommt sie bei Zeitschriftenhändlern *(newsagents)*, Minisupermärkten *(convenience stores)*, Tankstellen, der Post, in Internetcafés, Backpacker-Hotels und Visitor Information Centres (s. S. 106). Die **Preise** der Anbieter variieren stark, daher sollte man vergleichen. Die Preise des Anbieters Global Gossip (s. S. 108) lagen Anfang 2012 bei 2 Cent pro Minute für Festnetzgespräche nach Deutschland, Österreich und in die Schweiz. Überaus preiswert kann man auch per **Skype** nach Hause telefonieren, z. B. in Internetcafés mit DSL (ebenfalls bei Global Gossip möglich).

Um eine australische Telefonnummer ausfindig zu machen, kann man unter www.whitepages.com.au einen Blick ins **Telefonbuch** werfen. Geschäftsadressen oder -telefonnummern findet man unter www.yellowpages.com.au. Man kann aber auch die Auskunft anrufen:

> **Nationale Auskunft** (Local & National Directory Assistance): Tel. 1223 oder Tel. 12456 (Call Connect), wenn man sich direkt verbinden lassen möchte
> **Internationale Auskunft** (International Directory Assistance): Tel. 1225

Das eigene **Mobiltelefon** lässt sich in Australien problemlos nutzen, denn die meisten Mobilfunkgesellschaften haben Roamingverträge mit den australischen Gesellschaften Telstra, Vodafone, Optus, Virgin oder Hutchinson 3G. In Australien nutzt man GSM 900 und 1800 MHz sowie 3G 2100 MHz. Wegen hoher Gebühren sollte man sich jedoch auf SMS beschränken, wobei der Empfang in der Regel kostenfrei ist.

Falls das Mobiltelefon SIM-lock-frei ist (also keine Sperrung anderer Provider vorhanden ist) und man innerhalb Australiens **viele Gespräche** führen muss, kann man sich eine **örtliche Prepaid-SIM-Karte** (Prepaid SIM only) besorgen. Man hat jedoch eine andere Rufnummer.

Übrigens: *Handy* ist zwar ein englisches Wort, bedeutet aber lediglich „handlich". Das korrekte englische Wort für ein Mobiltelefon ist *mobile (phone)!*

Uhrzeit

Bei Anrufen von und nach Australien sollte man die **Zeitverschiebung** berücksichtigen: Sydney ist **10 Stunden weiter** (vom letzten Wochenende im Oktober bis zum letzten Wochenende im März sogar **11 Stunden**).

Unterkunft

Sydney bietet Unterkünfte in allen Preisklassen. In diesem Abschnitt werden Hotels vorgestellt, deren Service und Lage besonders zu empfehlen sind.

Wenn ein Hotel nicht vollständig ausgebucht ist, werden die Zimmer oft **im Internet preiswerter** angeboten als normal – vor allem in der Nebensaison! Solche Schnäppchen findet man z. B. unter:

› www.booking.com, www.check-in.com.au. Verlässliche Reservierungswebsites, vor allem für Hotels und Apartments in der Stadt.
› www.hostelbookers.com. Onlinereservierung von Hostels und Backpackers-Unterkünften.

Ausgewählte Hotels

Im Zentrum (CBD)

187 [F3] **Medina Classic Martin Place** $$$, 1 Hosking Pl, Tel. 92246400, Fax 92246499, www.medina.com.au. 49 schlichte Miniapartments im Herzen der City mit komplett ausgestatteter Miniküche.

Preiskategorien

Die angegebenen Preiskategorien für Hotels beziehen sich auf die günstigsten Angebote für eine Nacht im Doppelzimmer außerhalb der Hochsaison und bei frühzeitiger Buchung.

Frühstück ist oftmals nicht inbegriffen. Dafür werden bei $$$-Hotels ca. 30 $ pro Zimmer zusätzlich berechnet.

$ 70–110 $ (65–90 €)
$$ 110–150 $ (90–120 €)
$$$ 150–200 $ (120–160 €)

188 [E5] **Metro Hotel on Pitt** $$, 300 Pitt St, Tel. 92838088 oder 1800333800, Fax 92832825, www.metrohotels.com.au. Klassisches Hotel mit einer schönen Bar. 115 Zimmer (für bis zu 3 Personen) mit Bad, manche mit Whirlpool.

189 [E4] **Park8 Hotel** $$$, 185 Castlereagh St, www.park8.com.au, Tel. 92832488, Fax 92832588. Modernes Hotel am Hyde Park mit 36 Zimmern, die alle eine praktische Miniküche und ein großes Badezimmer haben, manche sogar mit Badewanne.

190 [E5] **Pensione Hotel** $$, 631–635 George St, Tel. 92658888 oder 1800885886, Fax 92119825, www.pensione.com.au. 68 charmant moderne Zimmer, auch für Familien geeignet, denn es gibt auch eine praktische Gemeinschaftsküche.

191 [E5] **Quest World Square** $$$, 2 Cunningham St, Tel. 92911900 oder 929119999, www.questapartments.com.au. 72 geräumige Apartments mit kompletter Küche, Zugang zum Indoor- und Outdoorpool sowie zu den Fitnessräumen.

Unterkunft

192 [E2] **Russell Hotel** $^{\$\$}$, 143a George St (Eingang in der Globe St, Ecke Nurse's Walk), The Rocks, Tel. 92413543, Fax 92521652, www.therussell.com.au. Jedes der 29 Zimmer im charmanten viktorianischen Bau ist anders eingerichtet (mit/ohne Bad). Mit toller Dachterrasse.

193 [F3] **Travelodge** $^{\$\$}$, 165 Phillip St, Tel. 82249400, 1300886886, Fax 82249500, www.travelodge.com.au. 86 schlichte Zimmer mit praktischer Miniküche mit Mikrowelle und Wasserkocher, sodass man durchaus kleine Mahlzeiten zubereiten kann.

194 [D6] **Vulcan Hotel** $^{\$\$\$}$, 500 Wattle St, Darling Harbour, Tel. 92113283, Fax 92127439, www.vulcanhotel.com.au. 46 modern ausgestattete Twin- und Doppelzimmer sowie Familienzimmer mit kleiner Küche.

195 [F5] **Y Hotel Hyde Park** $^{\$\$}$, 5–11 Wentworth Av, Tel. 92642451 oder 1800994994, Fax 92856288, www.yhotel.com.au. Schlichte, aber preiswerte DZ und 3-Bett-Zimmer mit und ohne Bad, auch Schlafsaal (4 Pers., ab 55 $ pro Bett). 120 Zimmer.

In stadtnahen Vororten

196 [H5] **Diamant Hotel** $^{\$\$\$}$, 14 Kings Cross Rd, Potts Point, Tel. 92958888, Fax 92958899, www.diamant.com.au. Acht edel durchgestylte Zimmer und Suiten. Manche Zimmer haben einen privaten Balkon mit Blick auf die Skyline der City.

197 [H4] **Holiday Inn Potts Point** $^{\$\$\$}$, 203 Victoria St, Potts Point, Tel. 93684000 oder 08005565565, Fax 83569111, www.ichotelsgroup.com. Hotel einer Kette mit guter Qualität, 288 Zimmer und 7 Suiten mitten in Kings Cross.

198 [F5] **Hotel Stellar (Best Western)** $^{\$\$\$}$, 4 Wentworth Av, Darlinghurst, Tel. 92649754 oder 1800025575, Fax 92618006, www.hotelstellar.com. 38 Apartments für bis zu 6 Personen, alle mit Miniküche inkl. Mikrowelle und Kühlschrank.

199 [H4] **Macleay Hotel** $^{\$\$\$}$, 28 Macleay St, Potts Point, Tel. 93577755 oder 1800357775, Fax 93577233, www.themacleay.com. 80 einfache Apartments für 1 bis 3 Personen mit Miniküche inklusive Mikrowelle und Kühlschrank. Schwimmbad und Barbecueanlage.

200 [H4] **Quest Potts Point** $^{\$\$}$, 15 Springfield Av, Potts Point, Tel. 89886999, Fax 89886998, www.questpottspoint.com.au. 68 komfortabel eingerichtete Apartments mit Internet, Kabel-TV, Miniküche u. v. m.

201 [B5] **The Haven Inn** $^{\$\$\$}$, 196 Glebe Point Rd, Glebe, Tel. 96606655, Fax 96606279, www.haveninnsydney.com.au. 54 komfortable, einfache Zimmer. Mit Schwimmbad.

202 [G5] **The Kirketon** $^{\$\$\$}$, 229 Darlinghurst Rd, Darlinghurst, www.kirketon.com.au, Tel. 93322011 oder 1800332920. Kleines Hotel mit nur 40 Zimmern, die von schlicht-elegant bis zu edel ausgestattet sind. Mitten im Nightlife-Distrikt am Rande von Kings Cross.

203 [F5] **Travelodge** $^{\$\$\$}$, 27 Wentworth Av, Darlinghurst, Tel. 82671700 oder 1300886886, Fax 82671800, www.travelodge.com.au. 406 Zimmer mit Miniküche inkl. Mikrowelle und Kühlschrank sowie Schreibtisch.

In den Strandvororten

204 [IV] **Coogee Bay Hotel** $^{\$\$}$, 9 Vicar St, Coogee, Tel. 96650000, Fax 96641576, www.coogeebayhotel.com.au. Gutes Hotel der „alten Art", d. h. Pub, Hotel und Restaurant in einem. Viele der 74 Zimmer mit tollem Blick auf das Meer.

205 [IV] **Dive Hotel** $^{\$\$\$}$, 234 Arden St, Coogee, www.divehotel.com.au, Tel. 96655538, Fax 96654347. Ein wirklich hübsches Hotel mit toller Aussicht. 14

Zimmer, viele davon mit Miniküche. Kostenloses WLAN.

206 [III] **Hotel Bondi** $^{\$\$}$, 178 Cambell Pde, Bondi Beach, Tel. 91303271, Fax 91307974, www.hotelbondi.com.au. Traditionsreich und am Strand gelegen. 50 Zimmer mit Bad, auch 3- und 4-Bett-Zimmer.

207 [III] **Manly Paradise Motel & Apartments** $^{\$\$}$, Rezeption, 54 North Steyne, Manly, Tel. 99775799, Fax 99776848, www.manlyparadise.com.au. 21 typische Motelzimmer und 30 Apartments für 1 bis 5 Gäste.

208 [III] **Novotel Sydney Manly Pacific** $^{\$\$\$}$, 55 North Steyne Rd, www.novotel.com, Manly, Tel. 99777666, Fax 99777822. Typisches Novotel direkt am Strand mit 214 Zimmern, Schwimmbad auf dem Dach, Sauna, Fitnessräumen und Whirlpool.

▲ *Das Hotel Bondi ist ein Klassiker unter Sydneys Unterkünften*

209 [II] **Periwinkle Guest House** $^{\$\$}$, 18–19 East Esplanade, Manly, Tel. 99774668, Fax 99776308, www.periwinkle.citysearch.com.au. Geboten werden 18 schöne Zimmer in einem Federation-Stil-Gebäude aus dem Jahr 1895, zwölf davon mit Bad. Sehr kinderfreundlich.

Jugendherbergen und Backpackers

Jugendherbergen stehen Gästen jeden Alters offen. Neben regulären Doppelzimmern gibt es in Jugendherbergen und sogenannten „Backpackers" auch Schlafsäle mit 1 bis 12 Betten, wobei es bei den meisten sowohl reine Frauen- als auch reine Männer- und gemischte Schlafsäle gibt.

Eine Übernachtung im Schlafsaal ist bis zu 30 % preiswerter, wenn man das Bett eine Woche lang anmietet. In den **Backpackers** findet man vorwiegend junge Menschen, denn oft sind dort nur Gäste von 18 bis 35 Jahren zugelassen.

EXTRATIPP: Jugendherberge

Ist man im Besitz eines **internationalen Jugendherbergsausweises** aus seinem Heimatland, schläft man auch in Sydneys Jugendherbergen (Youth Hostel Australia, www.yha.com.au) zum günstigeren Tarif, sonst muss man eine Tagesmitgliedschaft erwerben.

Eine **Jahresmitgliedschaft** kostet:
› in Deutschland 12,50–21 € (www.jugendherberge.de)
› in Österreich 10–20 € (www.oejhv.or.at)
› in der Schweiz 22–44 SFr (www.youthostel.ch).

Praktische Reisetipps
Unterkunft

Kleine Sprachhilfe Unterkunft

bathroom	Badezimmer		Manchmal stellen sie sogar Frühstück bereit.
bunk bed	Etagenbett		
dorm	Schlafsaal mit 2 bis 12 Betten (was man z. B. 12-share nennt)	*single*	Zimmer für nur eine Person
		shared (facilities/ bathroom)	ein Gemeinschaftsbadezimmer auf dem Gang bzw. oft zwei, für Männer und Frauen getrennt
double	Zimmer mit Doppelbett		
ensuite	Dusche, Toilette, Waschbecken in einem kleinen Raum im Zimmer		
king size bed	Doppelbett		
self-contained	für Selbstversorger ausgestattet (Küche, Bad, Waschraum etc.)	*triple*	Dreierzimmer
		twin	Zimmer mit zwei Einzelbetten, oftmals teurer als ein Zimmer mit Doppelbett
serviced	Apartments, die wie Hotelsuiten ausgestattet sind und auch täglich gereinigt werden.		
		quadruple	Viererzimmer
		queen size bed	französisches Doppelbett

Im Zentrum

210 [F6] **BIG Hostel** $^{\$-\$\$}$, 212 Elizabeth St, Tel. 92816030 oder 1800212244, Fax 92816031, www.bighostel.com. 25 Zimmer mit Bad (bis zu 6 Personen) sowie 12 Schlafsäle (4 bis 8 Etagenbetten). Mit praktischer Barbecue-Anlage auf der begrünten Dachterrasse. Kostenloses WLAN.

211 [E6] **Railway Square YHA** $^{\$}$, 8–10 Lee St, Chinatown, Tel. 92819666, Fax 92819688, www.yha.com.au. Tolle Zimmer in alten Zugwaggons und in einem historischen Gebäude von 1904 auf „Gleis Null" der Central Station. 10 DZ (2 mit Bad), 54 Schlafsäle (4 bis 8 Betten, ab 32 $ pro Bett).

212 [E6] **Sydney Central YHA** $^{\$}$, 11 Rawson Pl, Tel. 92189000, Fax 92189099, www.yha.com.au. Mehrfach preisgekrönte Jugendherberge direkt am Bahnhof mit 54 DZ und 97 Schlafsälen (4 bis 8 Betten, ab 37 $ pro Bett) mit und ohne Bad. Schwimmbad, Sauna, Gemeinschaftsküchen. Sauber und sicher.

213 [E2] **Sydney Harbour YHA** $^{\$\$}$, 110 Cumberland St, The Rocks, Tel. 82720900, Fax 82720950, www.yha.com.au. 255 Zimmer in der neusten Jugendherberge der Stadt, mit umwerfender Aussicht von der Dachterrasse und archäologischer Ausgrabungsstätte im Erdgeschoss. 2- bis 6-Bett-Zimmer (ab 41 $ pro Bett), alle mit Bad.

In stadtnahen Vororten

214 [B6] **Alishan International Guest House** $^{\$-\$\$}$, 100 Glebe Point Rd, Glebe, Tel. 95664048, Fax 96601001, www.alishan.com.au. Viel Platz in einem hübschen, alten Gebäude mit 19 Zimmern und kleinen Schlafsälen (ab 35 $ pro Bett), 14 davon mit Bad.

215 [H4] **Blue Parrot Backpackers** $^{\$}$, 87 Macleay St, Potts Point, Tel. 93564888, www.blueparrot.com.au. Eine beliebte, familienbetriebene Backpacker-Unterkunft, bei jungen Reisenden seit vielen

Unterkunft

Jahren gleichbleibend beliebt. 4-, 6-, und 10-Bett-Schlafsäle (ab 35 $ pro Bett). Keine Doppelzimmer. Kostenloses WLAN. Nur für Gäste zwischen 18 und 35 Jahren.

216 [H4] **Eva's Backpackers** $, 6-8 Orwell St, Potts Point, www.evasbackpackers.com.au, Tel. 93582185 oder 1800802517. Sauberer Familienbetrieb mit Dachterrasse. 31 Zimmer und Schlafsäle (4 bis 10 Betten, ab 30 $ pro Bett), manche mit eigenem Bad.

217 [A5] **Glebe Point YHA** $, 262–264 Glebe Point Rd, Glebe, Tel. 96928418, Fax 96600431, www.yha.com.au. 4 EZ, 17 DZ und 28 Schlafsäle (3 bis 5 Betten, ab 27 $ pro Bett) mit Gemeinschaftsbad.

218 [A5] **Glebe Village Backpackers** $, 256 Glebe Point Rd, Glebe, Tel. 96608878 oder 1800801983, Fax 95521201, www.glebevillage.com. Gemütlich und einfach. 13 DZ und Schlafsäle (4 bis 10 Betten, ab 23 $ pro Bett).

219 [H4] **The Jackaroo Hostel** $, 107–109 Darlinghurst Rd, Kings Cross, Tel. 93322244, www.jackaroohostel.com. Die Besitzer des Jackaroo sind zwei Brüder, die selbst die Welt bereist und dann ihr eigenes Hostel eröffnet haben. 4- und 6-Bett-Schlafsäle mit Bad (ab 33 $ pro Bett), auch DZ mit Bad. Kostenloses WLAN.

In den Strandvororten

220 [III] **Bondi Beachhouse YHA** $, Fletcher/Dellview St, Bondi Beach, Tel. 93652088, Fax 93652177, www.yha.com.au. Alteingesessen und immer noch eine der besten Adressen für Junggebliebene in Bondi. 16 EZ, 11 DZ und 8 Schlafsäle (4 bis 6 Betten, ab 30 $ pro Bett) mit Gemeinschaftsbad, mit Blick auf den Strand.

221 [IV] **Coogee Beach House** $, 171 Arden St, Coogee, Tel. 96651162, Fax 96650365, www.coogeebeachhouse.com. DZ und Schlafsäle (3 und 6 Betten, ab 30 $ pro Bett) mit Gemeinschaftsbad.

222 [II] **Manly Backpackers** $, 24–28 Raglan St, Manly, Tel. 99773411 oder 1800662500, Fax 99774379, www.manlybackpackers.com.au. 4- und 6-Bett-Schlafsäle (ab 32 $ pro Bett) sowie DZ, alle mit Gemeinschaftsbad. Überdies u. a. Gemeinschaftsbarbecues und Pooltische.

223 [II] **Manly Guest House** $, 6 Steinton St, Manly, Tel. 99770884, www.manlyguesthouse.com.au. Doppelzimmer und 3- bis 5-Bett-Zimmer (ab 30 $ pro Bett) mit Gemeinschaftsbad. Kostenloses WLAN und Internet.

224 [III] **Surfside Bondi Beach** $, 35a Hall St, Bondi, Tel. 93654900, www.surfsidebackpackers.com.au. Doppelzimmer und Schlafsäle (4 bis 6 Betten, ab 26 $ pro Bett) mit Gemeinschaftsbad. Kostenlose Surfbretter und Schnorchelausrüstung.

225 [IV] **Surfside Coogee Beach** $, 186 Arden St, Coogee, Tel. 93157888, www.surfsidebackpackers.com.au. 12 DZ, 3-Bett-Zimmer und Schlafsäle (4 bis 8 Betten, ab 26 $ pro Bett) mit Gemeinschaftsbad. Kostenlose Surfbretter und Schnorchelausrüstung.

▶ *Mit den Bussen von Sydney Buses oder per Taxi kommt man sicher von einem Ort zum anderen*

Verkehrsmittel

Öffentlicher Nahverkehr

Sydney hat ein gut ausgebautes öffentliches Nahverkehrsnetz. Die zwei wichtigsten **Verkehrsknotenpunkte** sind **Circular Quay** ❶, wo fast alle Fährlinien ablegen, eine CityRail-Anbindung besteht und sich ein großer Busbahnhof befindet, und **Central Station** ㉑, wo fast alle CityRail-Linien und viele Buslinien halten.

Staatlich betrieben sind die Stadtbahn **CityRail**, **Sydney Buses** und die Fähren von **Sydney Ferries**. Die **Metrobus-Linien** und die Stadtbahnen **Light Rail** und **Monorail** werden privat betrieben.

Die Fahrt mit einer einzigen Buslinie in Sydney ist übrigens kostenlos: Der grüne **Sydney CBD Shuttle** (Route 555) fährt alle zehn Minuten in beide Fahrtrichtungen via Elizabeth St und George St einen Rundkurs zwischen Central Station und Circular Quay (Mo.–Fr. 9.30–15.30, Do. bis 21, Sa./So. 9.30–18 Uhr).

Informationen zum gesamten Verkehrsnetz und auch **Fahrplanauskünfte** erhält man bei:
› Transport Infoline, Tel. 131500, www.131500.info oder mit einem Internet-fähigen Mobiltelefon unter http://mobile.131500.info

Fahrkarten

Das **Fahrkarten- und Preissystem** nennt sich **MyZone** und gilt für alle Busse (Sydney Buses und Metrobus), Fähren von Sydney Ferries und für die Stadtbahnen CityRail sowie Light Rail. Nutzt man binnen einer Woche eines dieser öffentlichen Verkehrsmittel für mindestens 12 Fahrten, sollte man einen **MyMulti WeeklyPass** anschaffen.

Die Fahrkarte steckt man in den Entwerter im Verkehrsmittel (Bus, Metrobus, Light Rail) oder an den Zugangsschranken (große Fährenanleger, CityRail) und los gehts. Ist man an kleineren Fährenanlegern eingestiegen, kontrolliert das Personal.
› **MyMulti DayPass:** 20 $. Einen Tag gültig (bis 4 Uhr am darauffolgenden Morgen).
› **MyMulti WeeklyPass:** 41 $. Wochenkarte der Zone 1 (gilt innerhalb des in diesem Buch beschriebenen Citybereichs) für alle Busse, Fähren und Light-Rail-Bahnen sowie CityRail-Stadtbahnen. Wochenkarten für die Zonen 2 und 3 sind für Ziele in unserem Reiseführer nicht notwendig.

Verkehrsmittel

> **EXTRATIPP**
>
> **Monorail**
> Die Nutzung der Monorail ist **nicht in MyZone inbegriffen**. Sie fährt (außer am 25.12.) Mo.–Fr. 7–22 Uhr, Sa./So. 8–22 Uhr tägl. ca. alle 5 Minuten. Für eine Rundfahrt von ca. 15 Minuten Dauer zahlt man 4,90 $. **Fahrscheine** gibt es an jeder der sieben Haltestellen (City Centre, Darling Park, Harbourside, Convention, Paddy's Markets, World Square, Galleries Victoria). Es gibt auch einen Monorail Day Pass für 9,50 $ (Familie 23 $). Er lohnt sich, wenn man mind. zwei Fahrten an einem Tag plant.

Mehrfahrtentickets und Einzelfahrscheine bekommt man u. a. an den **Ticketschaltern** der großen Busbahnhöfe und den **transit shops** genannten Ticketverkaufsstellen:
- ❼ [F2] **Circular Quay,** vor McDonald's, Loftus St (Ecke Alfred St), Mo.–Fr. 7–19, Sa./So. 8.30–17 Uhr
- › **Wynyard Station,** Carrington-St-Eingang, Mo.–Fr. 7–19 Uhr
- ⓳ [E4] **Queen Victoria Building,** Eingang York St, Mo.–Fr. 7–19 Uhr
- › **Railway Square,** George St (Ecke Lee St), Mo.–Fr. 9–19 Uhr

Für **CityRail-Stadtbahnen** bekommt man Fahrscheine ansonsten auch am Automaten oder den Fahrkartenschaltern der Bahnhöfe. **Tickets für Fähren** gibt es ebenfalls am Automaten oder an Fahrkartenschaltern (Circular Quay, Darling Harbour und Manly) sowie beim Fährenpersonal, falls man an kleinen Anlegestellen einsteigt. Karten für die **Light-Rail-Stadtbahnen** gibt es am Automaten am Bahnsteig oder in der Stadtbahn selbst.

Einzelfahrscheine für den Bus kosten für eine Fahrt von Circular Quay bis Kings Cross 2 $, bis Paddington 3,30 $ und bis Bondi Beach 4,30 $. Für CityRail-Fahrten von Circular Quay nach Kings Cross zahlt man 3,20 $. Light-Rail-Fahrscheine kosten im stadtnahen Bereich 3,40 $, die Fähre nach Darling Harbour 5,60 $, die nach Manly 7 $ für die einfache Fahrt.

Achtung: Werktags zwischen 7 und 19 Uhr werden im CBD-Bereich keine Fahrkarten im Bus verkauft! In sogenannten **Prepay-Buslinien** werden generell keine Fahrkarten verkauft. Beim Ticketkauf im Bus muss man das Geld passend haben, Scheine werden nicht gewechselt!

Für die CityRail-Haltestellen **Domestic Airport** und **International Airport** (Haltestellen am Kingsford Smith Airport für die Terminals mit Inlandsflügen und internationalen Flügen) braucht man zusätzlich zum eigentlichen Fahrschein einen sogenannten **GatePass**, ein **Ticket für den Bahnhofszugang**, den man nur durch das Scannen des Tickets an den Ticketschranken betreten bzw. verlassen kann. Man kann dieses Ticket am Schalter des Bahnhofs am Flughafen oder am Ticketschalter oder Automaten jedes CityRail-Bahnhofs kaufen. Preis: 12 $ für den einfachen oder 19 $ für den Zugang bei Ankunft und Abflug.

Taxi

Für eine Fahrt innerhalb der City, z. B. von Paddington nach Glebe oder von der City nach North Sydney zahlt man 15 bis 25 $, von der City nach Manly 55 bis 60 $. Es ist üblich, ca. 10 % Trinkgeld zu geben. Taxis kann man **heranwinken** oder **telefonisch bestellen**.

Praktische Reisetipps
Versicherungen

› **Taxis Combined,** Tel. 133300, für Maxi Cab (Großraumtaxi): Tel. 131924, www.taxiscombined.com.au
› **Yellow Cabs,** Tel. 131924 (auch Maxi Cab), www.yellowcab.com.au
› **Manly Warringah Cabs** (für Manly), Tel. 131668 oder 99725600, www.manlycabs.com.au

Wassertaxi

Wassertaxistände findet man an **Circular Quay East** und **Darling Harbour** oder man bestellt sie telefonisch an eine andere Anlegestelle. Man zahlt ca. 15 $ pro Person (bei einer Gruppe von 6 Personen) plus einem Grundpreis, der abhängig von Ausgangs- und Zielpunkt ist (z. B. 59 $ von Darling Harbour).

› **Water Taxis Combined,** Tel. 95558888, www.watertaxis.com.au
› **Yellow Water Taxis,** Tel. 1300138840, www.yellowwatertaxis.com.au

Versicherungen

Egal welche Versicherungen man abschließt: Man sollte die **Notfallnummern notieren** und mit der Nummer der Police gut aufheben! Bei Eintreten eines Notfalls muss die Versicherungsgesellschaft sofort **telefonisch verständigt** werden!

Der Abschluss einer **Jahresversicherung** ist in der Regel kostengünstiger als mehrere Einzelversicherungen. Günstiger ist auch die **Versicherung als Familie** statt als Einzelpersonen.

Auslandskrankenversicherung

Die Kosten für eine ärztliche Behandlung in Australien werden **von den gesetzlichen Krankenversicherungen** in Deutschland und Österreich **nicht übernommen,** daher ist der Abschluss einer privaten Auslandskrankenversicherung unverzichtbar.

Bei Abschluss der Versicherung muss man auf einige Punkte achten. Es sollte ein **Vollschutz ohne Summenbeschränkung** bestehen und im Falle einer schweren Krankheit oder eines Unfalls sollte auch der **Rücktransport** übernommen werden. Wichtig ist, dass im Krankheitsfall der Versicherungsschutz über die vorher festgelegte Zeit hinaus **automatisch verlängert** wird, wenn die Rückreise nicht möglich ist.

Schweizer sollten bei ihrer Krankenversicherungsgesellschaft nachfragen, ob die Auslandsdeckung auch für Australien gilt.

Zur **Erstattung der Kosten** benötigt man grundsätzlich **Quittungen** (mit Datum, Namen, Bericht über Art und Umfang der Behandlung, Kosten der Behandlung und Medikamente).

Andere Versicherungen

Ob es sich lohnt, eine Reiserücktrittsversicherung, Reisegepäckversicherung oder Reiseunfallversicherung abzuschließen, ist individuell abzuklären. Gerade diese Versicherungen enthalten **viele Ausschlussklauseln,** sodass sie nicht immer Sinn machen.

Die **Reisegepäckversicherung** lohnt sich seltener, da z. B. bei Flugreisen verlorenes Gepäck **oft nur nach Kilopreis** und auch sonst nur der Zeitwert nach Vorlage der Rechnung ersetzt wird. Wurde eine Wertsache nicht im Safe aufbewahrt, gibt es bei Diebstahl auch keinen Ersatz. Die Liste der Ausschlussgründe ist endlos. Überdies deckt häufig auch die **Hausratsversicherung** Raub und Beschädigung von Eigentum auch

Praktische Reisetipps
Wetter und Reisezeit

im Ausland. Für den Fall, dass etwas passiert ist, muss der Versicherung als Schadensnachweis ein **Polizeiprotokoll** vorgelegt werden.

Hat man eine **Unfallversicherung**, sollte man prüfen, ob diese im Falle plötzlicher Arbeitsunfähigkeit aufgrund eines Unfalls im Urlaub zahlt.

Wetter und Reisezeit

Da sich Sydney auf der südlichen Hälfte des Erdballs befindet, sind die **Jahreszeiten** dort **genau entgegengesetzt** zu denen in Europa. D. h., wenn bei uns Frühling herrscht, ist in Australien Herbst, ist bei uns Sommer, ist dort Winter.

Die schönste Jahreszeit in Sydney ist der **Frühling** von September bis November mit durchschnittlichen Tageshöchsttemperaturen von 20 bis 24 °C! Dann blühen die Wildblumen und exotische Eukalyptusarten.

Von Dezember bis Februar ist **Sommer** mit einer durchschnittlichen Tageshöchsttemperatur von 25 bis 26 °C und einer Tiefsttemperatur um 18 °C. Auch wenn das Thermometer mal auf 45 °C ansteigt, lässt sich das an der Küste gut aushalten, denn es weht fast immer eine feuchte Meeresbrise. Regen gibt es an etwa elf Tagen im Monat. Für den passionierten Surfer sind die Sommermonate von November bis März mit Wassertemperaturen um 22 °C die beste Zeit des Jahres! Dezember bis Februar ist jedoch auch die **Hauptreisezeit der Australier** und somit sind Hotels schnell belegt und die Preise deutlich teurer. Das kann aber auch zu den Osterferien in der zweiten Aprilhälfte, in den Winterferien im Juli und in den Frühlingsferien Ende September bis Mitte Oktober vorkommen.

Der **Herbst** von März bis Mai ist mit einer durchschnittlichen Tageshöchsttemperatur von 19 bis 23 °C ebenso schön wie der australische Frühling, allerdings sind die Wassertemperaturen wärmer. Die Banksias blühen.

Selbst im **Winter** von Juni bis August herrschen in Sydney noch immer durchschnittliche Tageshöchsttemperaturen von 16 bis 18 °C und es regnet im Durchschnitt nur rund zehn Tage monatlich. Zum Surfen ist es vielleicht etwas ungemütlich, aber mit Wassertemperaturen von 15 bis 18 °C zum Tauchen geeignet!

Bekleidung

Von Oktober bis Mai heißt es „Hut auf"! Die **Sonnenstrahlen sind aggressiv** in Australien: Hautkrebsgefahr! Abgesehen davon sollte man sich vor einem Sonnenstich oder einem schmerzhaften Sonnenbrand schützen! Ebenso wichtig ist eine **Sonnenbrille** mit gutem UV-Filter, denn die Augen zusammenzukneifen, um sich gegen die gleißende Sonne zu schützen, führt sonst leicht zu Kopfschmerzen.

Wenn es in Sydney regnet, nutzt man am besten einen **Regenschirm**, denn bei dem schwülen Klima ist eine Regenjacke eher unangenehm. Von Mai bis Oktober ist eine atmungsaktive, wasserabweisende **Windjacke** zum Schutz gegen die auskühlende Meeresbrise ideal. Von Juni bis Ende September gehört auch ein **Pullover** für die Abendstunden ins Gepäck.

Anhang

Kleine Sprachhilfe

Die folgenden Wörter und Redewendungen wurden dem Reisesprachführer „Englisch für Australien – Wort für Wort" (Kauderwelsch-Band 150) aus dem REISE KNOW-HOW Verlag entnommen.

Häufig gebrauchte Wörter und Redewendungen

Zahlen

1	(wan)	one
2	(tu)	two
3	(ðriej)	three
4	(fo'e)	four
5	(fajv)	five
6	(ßikß)	six
7	(ßäwen)	seven
8	(ajt)	eight
9	(najn)	nine
10	(tän)	ten
11	(ejläven)	eleven
12	(twälv)	twelve
13	(ðöötiejn)	thirteen
14	(fotiejn)	fourteen
15	(fiftiejn)	fifteen
16	(ßikßtiejn)	sixteen
17	(ßäwentiejn)	seventeen
18	(ajtiejn)	eighteen
19	(najntiejn)	nineteen
20	(twäntiej)	twenty
30	(ðöötiej)	thirty
40	(fotiej)	forty
50	(fiftiej)	fifty
60	(ßikßtiej)	sixty
70	(ßäwentiej)	seventy
80	(ajtiej)	eighty
90	(najntiej)	ninety
100	(handred)	hundred

◀ *Im Botanischen Garten* ⓫ *baumeln Scharen von Flughunden kopfüber in den Bäumen*

Die wichtigsten Zeitangaben

yesterday	(jäßtedäj)	gestern
today	(tedäj)	heute
tomorrow	(temorrou)	morgen
last week	(laaßt wiejk)	letzte Woche
every day	(ävriej daj)	täglich
am	(äjäm)	Vormittag
pm	(piejäm)	Nachmittag/Abend
arvo	(aavou)	Nachmittag
next	(näkßt)	nächste/r
before	(biefo'e)	vor
after	(aafte)	nach
early	(öhrliej)	früh
late	(lajt)	spät
on time	(on tajm)	pünktlich
now	(nau)	jetzt
in a sec	(ine ßäk)	bald
never	(näve)	nie

Die wichtigsten Fragewörter

who?	(huh)	wer?
what?	(wot)	was?
where?	(wä'e)	wo?/wohin?
why?	(waj)	warum?
how?	(hau)	wie?
how much?	(hau matsch)	wie viel? (Menge)
how many?	(hau männih)	wie viele? (Anzahl)
when?	(wänn)	wann?
how long?	(hau long)	wie lange?

Die wichtigsten Richtungsangaben

on the right	(on ðe rajt)	rechts
on the left	(on ðe läft)	links
to the right	(te ðe rajt)	nach rechts
to the left	(te ðe läft)	nach links
turn right	(töön rajt)	rechts abbiegen
turn left	(töön läft)	links abbiegen
straight	(ßtrajt)	geradeaus
in front of	(in frantof)	gegenüber

Anhang

Kleine Sprachhilfe

outside	(audßajd)	außerhalb	*down there*	(daun ðä'e)	da unten
inside	(inßajd)	innerhalb	*nearby*	(nie'ebaj)	nah, in der Nähe
here	(hie'e)	hier	*far away*	(faa ewaj)	weit weg
there	(ðä'e)	dort	*round*	(raund ðe	um die Ecke
up there	(ap ðä'e)	da oben	*the corner*	kohrnè)	

Die wichtigsten Floskeln und Redewendungen

yes	jäß	ja
no/nah	nou/nah	nein
thank you/ta	ðänk_juh/taa	danke
please	pliejs	bitte
Good morning!	gud morning	Guten Morgen!
'day!	gdäj	Guten Tag!
Hi!	haj	Hallo!
How are you?	hauarje	Wie geht es Ihnen/dir?
Yeah alright, thanks.	jä'e owrajt ðängkß	Danke gut.
Bye!	baj	Auf Wiedersehen!
Have a nice day!	häv'e najß daj	Einen schönen Tag!
I don't know.	aj dounnou	Ich weiß nicht.
Okay.	oukäj	Okay.
I'd like to pay, please!	ajd lajk te päj pliejs	Die Rechnung, bitte!
Congratulations!	kongrätjulajschenß	Glückwunsch!
Excuse me!	ekßkjuhs miej	Entschuldigung!
I'm sorry.	ajm ßoriej	Tut mir Leid!
No worries!	no wöriejs	Kein Problem!
Bummer!	bamme	Schade!

Die wichtigsten Fragen

Is there a/an ... ?	(is ðä e/ðären ...)	Gibt es ...?
Do you have ... ?	(duh juh häv ...)	Haben Sie ...?
Where is/are ... ?	(wä'es/wää ...)	Wo ist/sind ... ?
Where can I ... ?	(wää känaj)	Wo kann ich ... ?
How much is it?	(hau matsch isid)	Wie viel kostet das?
What time?	(wot tajm)	Um wie viel Uhr?
Could you help me, please?	(kudje hälp miej pliejs)	Können Sie mir helfen?
Is there a bus to ... ?	(is ðä'e baß te ...)	Gibt es einen Bus nach ...?
Could you pass me ...?	(kudju paaß miej)	Könnten Sie mir ... geben?
What's your name?	(wotßje najm)	Wie heißt du/heißen Sie?
How old are you?	(hau ould aaje)	Wie alt bist du/sind Sie?
Where are you from?	(wääje fromm)	Woher kommen Sie?
Excuse me?	(ekßkjuhs miej)	Wie bitte?

Anhang
Kleine Sprachhilfe

Nichts verstanden? – Weiterlernen!

My English is no good.	(maj ing'glisch is no gud)	Ich spreche nicht gut Englisch.
Pardon me?	(paaden miej?)	Wie bitte?
I didn't catch that.	(aj didnt kätsch ðät)	Ich habe nicht verstanden
Do you speak German?	(djuh spiejk dschömen?)	Sprechen Sie Deutsch?
How do you say that in English?	(hau djuh säj ðäd in in'glisch?)	Wie heißt das auf Englisch?
What does it mean?	(wodt dasid miejn?)	Was bedeutet das?
How do you say this word?	(hau djuh ßaj ðiß wööd?)	Wie spricht man dieses Wort aus?
What was that?	(wot wosät?)	Wiederholen Sie bitte! / Wie bitte?
Could you please write it down?	(kud juh plies rajdit daun?)	Könnten Sie das bitte aufschreiben?

Weitere australische Begriffe

ANZAC	Australian New Zealand Army Corps, auch: Haferkekse
Aussie	australisch, Australier
baby capsule	Kindersitz im Taxi
bangers and mash	Bratwurst und Kartoffelpüree
barbie	Grill
barramundi	einheim. Flussfischart
bickie	Keks
brekkie	Frühstück
chips	Pommes frites
chocolates	Pralinen
convenience store	Minisupermarkt
corkage	Gebühr zum Entkorken einer mitgebrachten Flasche Wein in Restaurants
damper	Brot aus Mehl, Salz und Wasser
decaf	entkoffeinierter Kaffee
G'day!	Guten Tag!
hotel	Kneipe, Restaurant und Hotel
lollies	Süßigkeiten
maxi cab	Großraumtaxi
No worries!	Keine Ursache!
pastie	herzhaftes halbrundes Teilchen mit Fleisch-/Gemüsefüllung
pav(lova)	Nachtisch mit Baiser und Früchten
porterhouse	dickes T-Bone-Steak
peperoni	scharf gewürzte Salami
pie	herzhafter gedeckter Kuchen mit Fleisch-/Gemüsefüllung
raisin toast	getoastetes Rosinenbrot
scone	Gebäck, das man mit Konfitüre und Sahne isst
scotch fillet	Filet (Fleisch)
stew	Gulasch
surf 'n' turf	Steak und Krabben
ta.	Danke.
tea	Tee, Abendessen
thongs	Badelatschen
tucker	Essen
Vegemite	ein Hefeaufstrich für auf Toast
wedges	frittierte Kartoffelspalten
wheelchair access	rohlstuhlgerechter Zugang

Australien individuell entdecken

Veronika Pavel
Australien – Osten und Zentrum

Mit diesem Reiseführer Australiens Osten und Zentrum erleben! Das Buch ist für Individualreisende konzipiert, die den Fünften Kontinent auf eigene Faust entdecken wollen. Ausführliche Kapitel zu Reisevorbereitung, -planung und -organisation. Populäre und weniger bekannte Sehenswürdigkeiten, Nationalparks und Strände. Das Great Barrier Reef und seine Inseln. Detaillierte Routenvorschläge und Streckenbeschreibungen.

Elfi H. M. Gilissen
KulturSchock Australien

Fremde Kulturen sind uns oft nicht so vertraut, wie gedacht. Die Bücher der Reihe Kultur-Schock skizzieren Hintergründe und Entwicklungen, um heutige Denk- und Lebensweisen zu erklären, um eine Orientierungshilfe im fremden Alltag zu sein. Dieser Band beschäftigt sich u. a. mit den Themen „Stigma der Strafgefangenenkolonie", „Nationalstolz und nationale Symbole", „Aussie Way of Life" und „Auf dem Land der Aboriginals".

Elfi H. M. Gilissen
Englisch für Australien – Wort für Wort

Wer schon einmal einem waschechten Australier über den Weg gelaufen ist, weiß dass es leicht zu Verständigungsschwierigkeiten kommen kann, wenn dieser Begriffe benutzt, die selbst Amerikaner und Briten nicht kennen. Der Kauderwelsch-Band bietet eine Einführung in dieses „andere" Englisch und ist damit ein praktischer Reisebegleiter, den man schon bald nicht mehr missen möchte.

REISE KNOW-HOW Verlag, Bielefeld

REISE KNOW-HOW
das komplette Programm fürs Reisen und Entdecken

Weit über 1000 Reiseführer, Landkarten, Sprachführer und Audio-CDs liefern unverzichtbare Reiseinformationen und faszinierende Urlaubsideen für die ganze Welt – *professionell, aktuell und unabhängig*

Reiseführer: komplette praktische Reisehandbücher für fast alle touristisch interessanten Länder und Gebiete **CityGuides:** umfassende, informative Führer durch die schönsten Metropolen **CityTrip:** kompakte Stadtführer für den individuellen Kurztrip **world mapping project:** moderne, aktuelle Landkarten für die ganze Welt **Edition REISE KNOW-HOW:** außergewöhnliche Geschichten, Reportagen und Abenteuerberichte **Kauderwelsch:** die umfangreichste Sprachführerreihe der Welt **Kauderwelsch digital:** die Sprachführer als eBook mit Sprachausgabe **KulturSchock:** fundierte Kulturführer geben Orientierungshilfen im fremden Alltag **PANORAMA:** erstklassige Bildbände über spannende Regionen und fremde Kulturen **PRAXIS:** kompakte Ratgeber zu Sachfragen rund ums Thema Reisen **Rad & Bike:** praktische Infos für Radurlauber und packende Berichte von extremen Touren **sound)))trip:** Musik-CDs mit aktueller Musik eines Landes oder einer Region **Wanderführer:** umfassende Begleiter durch die schönsten europäischen Wanderregionen **Wohnmobil-TourGuides:** die speziellen Bordbücher für Wohnmobilisten

Erhältlich in jeder Buchhandlung und unter www.reise-know-how.de

www.reise-know-how.de

REISE Know-How online

Unser Kundenservice auf einen Blick:

Vielfältige Suchoptionen, einfache Bedienung

Alle Neuerscheinungen auf einen Blick

Schnelle Info über Erscheinungstermine

Zusatzinfos und Latest News nach Redaktionsschluss

Buch-Voransichten, Blättern, Probehören

Shop: immer die aktuellste Auflage direkt ins Haus

Versandkostenfrei ab 10 Euro (in D), schneller Versand

Downloads von Büchern, Landkarten und Sprach-CDs

Newsletter abonnieren, News-Archiv

Die Informations-Plattform für aktive Reisende

Mit REISE KNOW-HOW sicher ans Ziel

Die Landkarten des **world mapping project** bieten gute Orientierung – weltweit.

- 100%ig wasserfest
- praktisch unzerreißbar
- voll beschreibbar
- Kartenumschlag abnehmbar
- GPS-tauglich
- Längen- und Breitengrade, ab Maßstab 1 : 300.000 auch UTM-Gitter
- modernes Kartenbild mit Höhenlinien und farbigen Höhenschichten
- klassifiziertes Straßennetz
- Entfernungsangaben
- vollständiger Ortsindex
- bei vielen Ländern Namen größerer Orte auch in Landesschrift

Derzeit über 150 Titel lieferbar, z.B.

Australien	1 : 4.000.000
Australien, Ost	1 : 1.800.000
Australien, West	1 : 1.800.000
Neuseeland	1 : 1.000.000
Java - Indonesien 2	1 : 650.000

Gesamtprogramm unter
www.reise-know-how.de

world mapping project
REISE KNOW-HOW Verlag, Bielefeld

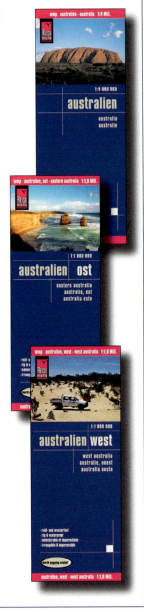

Register

A
Aborigines/Aboriginals 48, 49
Adapter 103
AFL Grand Final Week 16
Alkohol 26
An- und Rückreise 98
ANZAC Day 15
ANZAC Memorial 70
Apotheke 109
Archibald Fountain 70
Argyle Cut 55
Art & About 39
Art Gallery of NSW 72
Ärzte 108
Ausgehen 33
Auslandskrankenversicherung 125
Aussie Rules 115
Australia Day 15
Australian Centre for Photography 85
Australian Fashion Week 15
Australian Football 115
Australian Museum 71
Australian National Maritime Museum 77
Australisches Englisch 116, 128

B
Backpackers 120
Baden 114
Barangaroo 49
Barrierefreies Reisen 100
Bars 34
Bekleidung 126
Benutzungshinweise 5
Bestellgepflogenheiten 25
Billich Art Gallery 39, 54
Blackwattle Bay 88
Blues 35
Bondi Beach 88
Bondi Icebergs 89
Botanischer Garten 62
Botschaften 100
Brett Whiteley Studio 39
Briefkästen 112
Bronte Beach 92
Bücher 23
Bummeln 17
Bushranger 60
BYO (Bring your own) 32

C
Cadman's Cottage 38, 53
Cafés 30
Campbell's Cove 56
Carols by Candlelight 16
Central Business District 58
Central Railway Station 73
Chinatown 74
Chinese Garden
  of Friendship 74
Chinese New Year 15
Circular Quay 58
City2Surf 91
CityRail 123
Clovelly Beach 92
Cockle Bay 75
Conservatorium of Music 63
Coogee Beach 93
Craft NSW 39, 54
Cricket 115
Cricket Test Match 15
Customs House 59

D
Darling Harbour 73
Darling Harbour Fiesta 16
Darling Harbour Jazz &
  Blues Festival 15
Darlinghurst Courthouse 82
Darlinghurst Gaol 82
Dawes Point Park 56
Diplomatische Vertretungen 100
Downtown Sydney 52
Duty-free 24

E
EC-Karte 103, 111
Einfuhrverbot 102
Einkaufen 19
Ein- und
  Ausreisebestimmungen 101
Einwohner 49
Elektrizität 103

Register

Elizabeth Bay House 79
Englisch 116, 128
Entspannen 40
Erholung 114
Essen und Trinken 24

F
Fähren 58
Fährenrundfahrten 40
Fahrkarten 123
Fahrradtouren 117
Fairy Bower Beach 95
Fakten 43
Feiertage 16
Field Day 15
Film 37
Fitness 116
Flickerfest 91
Flughafen 99
Flugpreise 98
Flugverbindungen 98
Foodcourts 26
Fort Denison 95
Fundbüro 111

G
Garrison Church 55
Gastronomie 24
GatePass 99, 124
Geldautomat 103
Geldfragen 103
George Street 53
Glebe 85
Glebe Point Road 86
Golden Mile 81
Government House 63

H
Hafenrundfahrten 58, 116
Handy 117
Hero of Waterloo 30, 54
Historisches Glebe 86
Homebake 35
Homosexuelle 81, 112
Hotels 29, 118
Hyde Park 70
Hyde Park Barracks 72

I
Illoura Reserve 40
Imbisse 30
Informationsquellen 106
Inner East 78
Internet 108
Internetcafés 108
Internetseiten 106

J
Jazz 35
Jetlag 99
Jubilee Park 88
Jugendherbergen 120
Justice & Police Museum 60

K
Karten- oder Ausweisverlust 111
Kartenservice 106
Kinder 109
Kings Cross 79
Kingsford Smith Airport 99
Kino 37
Konfektionsgrößen 21
Konsulate 100
Konzerte 35, 37
Krankenhäuser 108
Krankenwagen 110
Kreditkarte 103
Kunstgalerien 39
Kuriose Details 13
Küstenwanderpfad 90

L
Leben in der Stadt 47
Lesben 82, 112
Light Rail 123
Literaturtipps 107
Little Manly Cove 110
Lord Nelson Brewery Hotel 30, 54
Luna Park 56

M
Macleay Museum 38, 86
Maestrokarte 103
Maestro-Karte 111
Manly 93

Anhang
Register

Manly Art Gallery & Museum 95
Manly Arts Festival 96
Manly Beach 95
Manly Ferry 94
Manly Jazz Festival 35, 96
Märkte 23
Martin Place 66
McIvers (Women's) Baths 93
Medikamente 108
Meeresfreibäder 90
Mehrwertsteuer 24, 101
Menschen mit Behinderung 100
Metrobus 123
Minderjährige 26
Mitchell Library 64
Mobiltelefon 117
Mode 22
Monorail 76, 123, 124
Museen 37
Museum of
 Australian Currency Notes 38, 66
Museum of
 Contemporary Art (MCA) 55
Museum of Sydney 38
MyZone 123

N
Nachtklubs 36
Nachtleben 33, 35
New Year's Eve 16
Nicholson Museum 86
Nielsen Park 40
Notaufnahme 108
Notfälle 110
Notruf 110
Nurses Walk 52

O
Object Gallery 39
Oceanworld 95
Öffentlicher Nahverkehr 123
Opale 22
Opernhaus 60
Ostern 15
Overseas
 Passenger Terminal 56
Oxford Street 83

P, Q
Paddington 84
Paddington Markets 83
Parks 40
Parliament House 65
Pinctada Maxima 67
Pitt Street Mall 67
Polizei 110
Post 112
Powerhouse Museum 75
Pubhotels 29
Pubs 29, 34
Punk 35
Pyrmont Bridge 76
Queen Victoria Building
 (QVB) 69

R
Rare Book Collection 86
Raucher 26
Reisepass 101
Reisezeit 126
Restaurants 26
Rock 35
Rosa Diamanten 69
Royal Botanic Gardens 62
Rugby 115
Rugby League Grand Final 16
Rugby World Cup Final 16

S
Schnorcheln 115
Schwimmen 114
Schwule 81, 112
Sculpture by the Sea 39, 91
Segeln 115
Shelly Beach 95, 96
S.H. Ervin Gallery 39
Shopping 19
Shoppingmalls 19
Sicherheit 113
Skype 117
Smoker's Guide 26
South Head 40
Souvenirs 21
Spartipps 105
Sperrnotruf 111

Register

Sport 114
Sprache 116
Sprachhilfe 121, 128
Stadtblätter 108
Stadtentwicklung 49
Stadtgeschichte 44
Stadtpläne 108
Stadtspaziergang 10
Stadttouren 116
State Library 64
St James' Church 72
St Mary's Cathedral 71
St. Patrick's Day 15
Südseeperlen 67
Supermärkte 24
Supreme Court 72
Surfen 114
Susannah Place 38, 52
Sydney Aquarium 76
Sydney Buses 123
Sydney CBD Shuttle 123
Sydney Festival 15
Sydney Film Festival 15
Sydney Gay and Lesbian
  Mardi Gras 15, 81
Sydney Harbour Bridge 57
Sydney Hospital 65
Sydney Marathon 16
Sydney Observatory 55
Sydney Opera House 60
Sydney to Hobart
  Yacht Race 16
Sydney Tower Eye 68
Sydney University 85

T
Tamarama Beach 91
Taronga Zoo 63
Tauchen 115
Taxi 100, 124
Telefonieren 117
Termine 14
Theater 37
The Mint 65
The National Rugby League
  State of Origin Series 15
The Rocks 10, 17, 52

The Rocks Aroma Festival 53
The Rocks
  Discovery Museum 39, 52
The Rocks Markets 53
Tickets 106, 123
Tin Sheds Gallery 86
Touristeninformation 106
Town Hall 70, 84
Träumen 40
Tropfest 15

U
Uhrzeit 118
Universität 85
University Art Gallery 86
Unterkunft 118
Urbevölkerung 48
Utzon, Jørn 60
UV-Strahlung 114

V
Veranstaltungen 14
Vergiftungszentrum 111
Verhalten bei Bissen
  und Stichen 111
Verkehrsmittel 123
Versicherungen 125
Victoria Barracks 83
Victoria Street 80
Visum 101

W
Wale 15, 91
Wassertaxi 125
Waverley Cemetery 92
Wechselkurse 103
Wechselstuben 105
Wetter 126
Wild Life Sydney 77
WLAN 108
Wylie's Baths 93

Y, Z
Yiribana Gallery 72
Zeitverschiebung 118
Zollformalitäten 101
Zollfreimengen 103

Die Autorin

Elfi H. M. Gilissen (geb. 1969) wuchs am Niederrhein auf, lebte 11 Jahre lang in den Niederlanden und ist studierte Diplom-Übersetzerin für Chinesisch und Indonesisch. Die Liebe zu Sprachen wurde ihr von ihrem niederländischen Vater und ihrer flämischen Mutter in die Wiege gelegt. Eigentlich auf Südwestchina und Tibet eingeschworen, wurde durch die zufällige Begegnung mit ihrem australischen Lebensgefährten ihr Interesse am fünften Kontinent geweckt. Seit Anfang 2011 lebt Elfi Gilissen mit ihrem Lebensgefährten und den beiden gemeinsamen Kindern in Adelaide in South Australia.

Weitere Titel der Autorin im REISE KNOW-HOW Verlag sind „KulturSchock Australien", „Australien: das Auswanderer-Handbuch", „Australiens Outback und Busch entdecken", „Australian Slang – English Down Under", „Englisch für Australien – Wort für Wort", „Flämisch – Wort für Wort", „Amerikanisch – Wort für Wort", „Niederländisch Slang", das auf Englisch verfasste „German Slang" und der CityGuide „Sydney und seine Nationalparks". Weitere Buchprojekte sind in Arbeit.

Schreiben Sie uns

Dieser CityTrip-Band ist gespickt mit Adressen, Preisen, Tipps und Infos. Nur vor Ort kann überprüft werden, was noch stimmt, was sich verändert hat, ob Preise gestiegen oder gefallen sind, ob ein Hotel, ein Restaurant immer noch empfehlenswert ist oder nicht mehr usw. Unsere Autoren sind zwar stetig unterwegs und erstellen alle zwei Jahre eine komplette Aktualisierung, aber auf die Mithilfe von Reisenden können sie nicht verzichten.

Darum: Schreiben Sie uns, was sich geändert hat, was besser sein könnte, was gestrichen bzw. ergänzt werden soll. Wenn sich die Infos direkt auf das Buch beziehen, würde die Seitenangabe uns die Arbeit sehr erleichtern. Gut verwertbare Informationen belohnt der Verlag mit einem Sprechführer Ihrer Wahl aus der über 220 Bände umfassenden Reihe „Kauderwelsch".

Bitte schreiben Sie an:
REISE KNOW-HOW Verlag Peter Rump GmbH, Postfach 140666, D-33626 Bielefeld, oder per E-Mail an: info@reise-know-how.de

Danke!

Liste der Karteneinträge

- ❶ [E2] George Street S. 53
- ❷ [E2] Museum of Contemporary Art (MCA) S. 55
- ❸ [E2] Sydney Observatory S. 55
- ❹ [E2] Garrison Church und Argyle Cut S. 55
- ❺ [F1] Campbell's Cove und Dawes Point Park S. 56
- ❻ [F1] Sydney Harbour Bridge S. 57
- ❼ [F2] Circular Quay S. 58
- ❽ [F2] Customs House S. 59
- ❾ [F2] Justice & Police Museum S. 60
- ❿ [F1] Sydney Opera House S. 60
- ⓫ [F2] Royal Botanic Gardens S. 62
- ⓬ [F2] Government House und Conservatorium of Music S. 63
- ⓭ [F3] Mitchell Library und State Library S. 64
- ⓮ [F3] Parliament House S. 65
- ⓯ [F3] Sydney Hospital und The Mint S. 65
- ⓰ [F3] Martin Place S. 66
- ⓱ [E4] Pitt Street Mall S. 67
- ⓲ [E4] Sydney Tower Eye S. 68
- ⓳ [E4] Queen Victoria Building (QVB) S. 69
- ⓴ [E4] Town Hall S. 70
- ㉑ [F5] Hyde Park und ANZAC Memorial S. 70
- ㉒ [F5] Australian Museum S. 71
- ㉓ [F4] St Mary's Cathedral S. 71
- ㉔ [F4] St James' Church und Supreme Court S. 72
- ㉕ [F4] Hyde Park Barracks S. 72
- ㉖ [G3] Art Gallery of NSW und Yiribana Gallery S. 72
- ㉗ [E6] Central Railway Station S. 73
- ㉘ [E5] Chinatown S. 73
- ㉙ [D5] Chinese Garden of Friendship S. 74
- ㉚ [D5] Powerhouse Museum S. 75
- ㉛ [D4] Cockle Bay S. 75
- ㉜ [D4] Pyrmont Bridge S. 76
- ㉝ [D4] Sydney Aquarium S. 76
- ㉞ [D4] Wild Life Sydney S. 77
- ㉟ [D4] Australian National Maritime Museum S. 77
- ㊱ [H4] Elizabeth Bay House S. 79
- ㊲ [H5] Kings Cross S. 79
- ㊳ [H4] Victoria Street S. 80
- ㊴ [G6] Golden Mile S. 81
- ㊵ [G6] Darlinghurst Courthouse und Darlinghurst Gaol S. 82
- ㊶ [H6] Victoria Barracks S. 83
- ㊷ [I7] Oxford Street und Paddington Markets S. 83
- ㊸ [H7] Rund um die Paddington Town Hall S. 84
- ㊹ [H7] Australian Centre for Photography S. 85
- ㊺ [B7] Sydney University S. 85
- ㊻ [C6] Glebe Point Road S. 86
- ㊼ [B6] Historisches Glebe S. 86
- ㊽ [III] Bondi Beach S. 88
- ㊾ [III] Tamarama Beach S. 91
- ㊿ [I] Bronte Beach S. 92
- 51 [I] Waverley Cemetery S. 92
- 52 [IV] Clovelly Beach S. 92
- 53 [IV] Coogee Beach S. 93
- 54 [II] Manly Art Gallery & Museum S. 95
- 55 [II] Manly Beach S. 95

- 🛍1 [F4] David Jones S. 19
- 🛍2 [F4] David Jones S. 19
- 🛍3 [E4] Myer S. 20
- 🛍4 [E4] The Strand Arcade S. 20
- 🛍5 [E4] Westfield Sydney S. 20
- 🛍6 [D4] Harbourside S. 21
- 🛍7 [E1] Metcalfe Bond Stores S. 21
- 🛍8 [E6] Paddy's Markets S. 21
- 🛍9 [E3] The National Opal Collection S. 22
- 🛍10 [I7] Akira Isogawa S. 22
- 🛍11 [H6] Alannah Hill S. 22
- 🛍12 [I7] Belinda S. 22
- 🛍13 [I7] Bettina Liano S. 22
- 🛍14 [H6] Collette Dinnigan S. 22
- 🛍15 [I7] Lisa Ho S. 22
- 🛍16 [H6] Sass & Bide S. 22

Anhang

Liste der Karteneinträge

- 🛌17 [H6] Willow S. 22
- 🛌18 [H6] Zimmermann S. 22
- 🛌19 [C6] DaCapo Music Books S. 23
- 🛌20 [E4] Dymocks S. 23
- 🛌21 [B6] Florilegium: The Garden Bookstore S. 23
- 🛌22 [C6] Gleebooks S. 23
- 🛌23 [C6] Phoenix Rising S. 23
- 🛌24 [B6] The Cornstalk Bookshop S. 23
- 🛌25 [C6] Glebe Markets S. 23
- 🍴26 [E5] @Bangkok S. 26
- 🍴27 [G5] Almond Bar S. 26
- 🍴28 [E3] Altitude S. 27
- 🍴29 [I] A Tavola S. 27
- 🍴30 [H4] Bay Bua Vietnamese Restaurant & Bar S. 27
- 🍴31 [E5] Chef's Gallery S. 27
- 🍴32 [D4] Chinta Ria S. 27
- 🍴33 [III] Gelbison S. 27
- 🍴34 [E5] Golden Century Seafood Restaurant S. 27
- 🍴35 [E4] La Rosa Bar and Pizza S. 27
- 🍴36 [F5] Longrain S. 27
- 🍴37 [E5] Mamak S. 27
- 🍴38 [III] Moo Gourmet Burgers S. 28
- 🍴39 [E2] Nakashima S. 28
- 🍴40 [III] Nick's Bondi Beach Pavilion S. 28
- 🍴41 [F2] Ocean Room S. 28
- 🍴42 [F2] Quay S. 28
- 🍴43 [E2] Sailors Thai Canteen S. 28
- 🍴44 [F6] Spice I Am S. 28
- 🍴45 [E2] Summit Restaurant S. 28
- 🍴46 [E5] Thanon Khaosan S. 28
- 🍴47 [F2] Wildfire S. 28
- ☕48 [E5] Civic Hotel S. 29
- ☕49 [E1] Harbour View Hotel S. 29
- ☕50 [E1] Hero of Waterloo S. 30
- ☕51 [E2] Lord Nelson Brewery Hotel S. 30
- ☕52 [I7] Paddington Inn S. 30
- ☕53 [E2] The Glenmore Rooftop Hotel S. 30
- ☕54 [II] The Steyne Hotel S. 30
- ☕55 [B5] Toxteth Hotel S. 30
- ☕56 [E4] Bacco Wine Bar & Pasticceria S. 30
- ☕57 [C6] Badde Manors Cafe S. 30
- ☕58 [E5] Bar Adyar S. 31
- ☕59 [III] Bondi Tucker S. 31
- ☕60 [E2] Fine Food Store S. 31
- ☕61 [III] Gertrude & Alice Cafe Bookstore S. 31
- ☕62 [E4] Le Grand Café by Becasse S. 31
- ☕63 [F2] Opera Kitchen S. 31
- ☕64 [II] Organicus Kitchen & Pantry S. 32
- ☕65 [G2] Poolside Café S. 32
- ☕66 [C6] Sappho Books, Cafe & Wine Bar S. 32
- ☕67 [III] The Earth Food Store S. 32
- ☕68 [F5] The Falconer S. 32
- ☕69 [E4] The Tea Centre S. 33
- ☕70 [E2] Blu Bar on 36 S. 34
- ☕71 [F2] Cruise Bar S. 34
- ☕72 [E2] Harts Pub S. 35
- ☕73 [E2] The Australian Heritage Hotel S. 35
- 🎭74 [F2] The Basement S. 35
- 🎭75 [G6] Flinders Hotel S. 35
- 🎭76 [E5] Goodgod 'Small Club' S. 35
- 🎭77 [E5] Metro Theatre S. 36
- 🎭78 [E5] Three Wise Monkeys S. 36
- ☕79 [F5] Exchange Hotel S. 36
- 🎭80 [H4] Fake Club S. 36
- 🎭81 [D4] Home S. 36
- 🎭82 [F5] Mars Lounge S. 36
- 🎭83 [D4] Pontoon Bar S. 36
- 🎭84 [E3] Retro Hotel (The Bristol Arms) S. 36
- 🎭85 [H4] Soho Bar & Nightclub S. 36
- 🎭86 [E2] The Argyle S. 37
- ☕87 [E4] The Arthouse Hotel S. 36
- 🎭88 [E4] State Theatre S. 37
- ☕89 [E1] Sydney Theatre (The Wharf) S. 37
- 🎬90 [H7] Chauvel Cinema S. 37
- 🎬91 [F2] Dendy Opera Quays S. 37
- 🎬92 [E5] Event Cinemas S. 37
- 🎬93 [G6] Palace Verona S. 37
- 🏛94 [E2] Cadman's Cottage S. 38

Anhang
Liste der Karteneinträge

- 🏛95 [B7] Macleay Museum S. 38
- 🏛96 [F3] Museum of Australian Currency Notes S. 38
- 🏛97 [F3] Museum of Sydney S. 38
- 🏛98 [E2] Susannah Place S. 38
- 🏛99 [E2] The Rocks Discovery Museum S. 39
- 🖼100 [E2] Billich Art Gallery S. 39
- 🖼101 [F7] Brett Whiteley Studio S. 39
- 🖼102 [E2] Craft NSW S. 39
- 🖼103 [G6] Object Gallery S. 39
- 🖼104 [E2] S.H. Ervin Gallery S. 39
- ★105 [D2] Illoura Reserve S. 40
- ★106 [I] Nielsen Park S. 40
- ★107 [I] South Head S. 40
- ☕108 [I] Rose Bay Marina Kiosk S. 40
- ☕109 [I] Thelma & Louise Cafe S. 40
- ☕110 [I] Watson's Bay Hotel S. 40
- ☕111 [E2] Australian Hotel S. 54
- ☕112 [E1] Mercantile Hotel S. 54
- ★113 [I] Luna Park S. 56
- ●114 [E1] Bridge Climb S. 57
- 🍴115 [F2] Cafe Sydney S. 59
- ★116 [I] Taronga Zoo S. 63
- ☕117 [F2] Café Opera S. 64
- 🛍118 [E3] Paspaley S. 67
- 🛍119 [E5] Chinatown Night Market S. 74
- 🛍120 [C4] Sydney Fish Market S. 78
- 🍴121 [G4] Harry's Café de Wheels S. 80
- 🛍122 [G5] Gelato Messina (Shop 1) S. 81
- ☕123 [G5] Bandstand Cafe S. 82
- ☕124 [I6] Paddington Alimentari S. 84
- ☕126 [I7] Light Brigade Hotel S. 85
- ☕127 [I7] London Tavern S. 85
- ★128 [C7] Rare Book Collection S. 86
- 🖼129 [C7] Tin Sheds Gallery S. 86
- ☕130 [C6] Australian Youth Hotel S. 87
- ☕131 [B6] The AB Hotel S. 87
- ☕132 [B4] Blackwattle Café S. 88
- ★133 [III] Bondi Icebergs S. 89
- ●134 [III] Mackenzies Point S. 91
- 🛍135 [III] Bondi Beach Markets S. 91
- 🄢136 [I] Bronte Baths S. 92
- ☕137 [I] Bronte Lounge S. 92
- 🄢138 [IV] McIvers (Women's) Baths S. 93
- 🄢139 [IV] Wylie's Baths S. 93
- ★140 [II] Oceanworld S. 95
- 🛍141 [II] Manly Markets S. 96
- ☕142 [II] The Pantry Manly S. 96
- ●143 [I] Deutsches Generalkonsulat Sydney S. 100
- ●144 [E3] Österreichisches Honorargeneralkonsulat Sydney S. 100
- ●145 [I] Schweizerisches Generalkonsulat Sydney S. 101
- ℹ146 [E2] Sydney Visitor Centre The Rocks S. 106
- ℹ147 [D4] Sydney Visitor Information Centre Darling Harbour S. 106
- ℹ148 [E2] Sydney Harbour National Park Information Centre S. 106
- ℹ149 [II] Manly Visitor Information Centre S. 106
- ●150 [F4] Ticketek S. 106
- ●151 [F3] Ticketmaster S. 106
- ●152 [F5] Moshtix S. 106
- 🛍153 [F5] Travel Bookshop S. 108
- @154 [E6] Global Gossip S. 108
- ✚155 [F3] Sydney Hospital & Sydney Eye Hospital S. 109
- ✚156 [II] Manly Hospital S. 109
- ✚157 [I] Prince of Wales Hospital & Sydney Children's Hospital S. 109
- ✚158 [F5] CBD Medical Centre S. 109
- ✚159 [C6] Broadway General Practice S. 109
- ✚160 [F3] M.L.C. Centre Dental Surgery S. 109
- ✚161 [E5] Dental Clinic @ World Tower S. 109
- ✚162 [E5] Priceline Pharmacy World Square S. 109
- ●163 [II] Little Manly Cove S. 110
- 🚔164 [E2] Police Station The Rocks S. 111
- ✉165 [E3] Australia Post S. 112
- ⊕166 [G6] ARQ S. 113
- ⊕167 [I] Bank Hotel S. 113
- ⊕168 [I] Sly Fox Hotel S. 113

Anhang
Register

- **169** [G6] Stonewall Hotel S. 113
- **170** [G2] Andrew (Boy) Charlton Pool S. 114
- **171** [F4] Cook & Phillip Park Aquatic and Fitness Centre S. 114
- **172** [D5] Ian Thorpe Aquatic and Fitness Centre S. 114
- **173** [I] North Sydney Olympic Pool S. 114
- **174** [III] Let's Go Surfing S. 115
- **175** [II] Manly Surf School S. 115
- **176** [II] Dive Centre Manly S. 115
- **177** [IV] Pro Dive S. 115
- **178** [C3] Sailing Sydney S. 115
- **179** [D3] Sydney Heritage Fleet S. 115
- **180** [I] ANZ Stadium S. 115
- **181** [H7] Sydney Cricket Ground (SCG) & Sydney Football Stadium S. 115
- **182** [I] Centennial Parklands S. 116
- **183** [D4] Captain Cook Cruises S. 116
- **184** [D4] Matilda Cruises S. 116
- **185** [C4] Vagabond Cruises S. 117
- **186** [E2] Bonza Bike Tours S. 117
- **187** [F3] Medina Classic Martin Place S. 118
- **188** [E5] Metro Hotel on Pitt S. 118
- **189** [E4] Park8 Hotel S. 118
- **190** [E5] Pensione Hotel S. 118
- **191** [E5] Quest World Square S. 118
- **192** [E2] Russell Hotel S. 119
- **193** [F3] Travelodge S. 119
- **194** [D6] Vulcan Hotel S. 119
- **195** [F5] Y Hotel Hyde Park S. 119
- **196** [H5] Diamant Hotel S. 119
- **197** [H4] Holiday Inn Potts Point S. 119
- **198** [F5] Hotel Stellar (Best Western) S. 119
- **199** [H4] Macleay Hotel S. 119
- **200** [H4] Quest Potts Point S. 119
- **201** [B5] The Haven Inn S. 119
- **202** [G5] The Kirketon S. 119
- **203** [F5] Travelodge S. 119
- **204** [IV] Coogee Bay Hotel S. 119
- **205** [IV] Dive Hotel S. 119
- **206** [III] Hotel Bondi S. 120
- **207** [II] Manly Paradise Motel & Apartments S. 120
- **208** [II] Novotel Sydney Manly Pacific S. 120
- **209** [II] Periwinkle Guest House S. 120
- **210** [F6] BIG Hostel S. 121
- **211** [E6] Railway Square YHA S. 121
- **212** [E6] Sydney Central YHA S. 121
- **213** [E2] Sydney Harbour YHA S. 121
- **214** [B6] Alishan International Guest House S. 121
- **215** [H4] Blue Parrot Backpackers S. 121
- **216** [H4] Eva's Backpackers S. 122
- **217** [A5] Glebe Point YHA S. 122
- **218** [A5] Glebe Village Backpackers S. 122
- **219** [H4] The Jackaroo Hostel S. 122
- **220** [III] Bondi Beachhouse YHA S. 122
- **221** [IV] Coogee Beach House S. 122
- **222** [II] Manly Backpackers S. 122
- **223** [II] Manly Guest House S. 122
- **224** [III] Surfside Bondi Beach S. 122
- **225** [IV] Surfside Coogee Beach S. 122

Hier nicht aufgeführte Nummern
liegen außerhalb der abgebildeten Karten. Ihre Lage kann aber wie bei allen Ortsmarken im Buch mithilfe unserer Kartenansichten unter Google Maps™ gefunden werden (s. S. 144).

Symbollegende

- ❶ Sehenswürdigkeit
- ⊕ ✚ Arzt, Apotheke, Krankenhaus
- ❷ Bar, Bistro, Klub, Treffpunkt
- 🅱 Bibliothek
- 🛕 Buddhistischer Tempel
- ❻ Kneipe, Biergarten
- ❸ Café
- 🧍 Denkmal
- ⊃ Fischrestaurant
- 🅖 Galerie
- 🔒 Geschäft, Kaufhaus, Markt
- 🏨 Hotel, Unterkunft
- ❾ Imbiss
- ❶ Informationsstelle
- @ Internetcafé
- 🆙 Jugendherberge, Backpacker
- 🅺 Kino
- ⛪ Kirche
- 🏛 Ⓜ Museum
- ❺ Musikszene, Disco
- 🅐 Pension
- ✉ Postamt
- 🚩 Polizei
- ❿ Restaurant
- ★ Sehenswürdigkeit
- ≋ Schwimmbad
- • Sonstiges
- 🅢 Sporteinrichtung
- ❼ 🎭 Theater
- ❽ vegetarisches Restaurant

- 🆑 CityRail
- Ⓛ Light Rail
- 🅼 Monorail

- ━━ Stadtspaziergang (s. S. 10)
- ▨ Shoppingareale
- ▨ Gastro- und Nightlife-Areale

Mit PC, Navi, iPhone & Co.

Als **kostenlosen Begleitservice** stellen wir unter www.reise-know-how.de auf der Produktseite dieses Titels folgende Daten und Anwendungen bereit.

★ **Alle Ortsmarken des Buches unter Google Maps™:** Springen Sie im Internet direkt aus unseren thematischen Listen an den genauen Punkt auf der Karte. Luftbildansichten, Fotos und die Streetview-Funktion zeigen ein genaues Bild des Objektes und seiner Umgebung. Weitere Funktionen wie Routenplaner und Verkehrsplan erleichtern die Orientierung vor Ort. Nutzbar auf allen Geräten mit Internetbrowser und permanentem Internetzugang.

★ **Faltplan als PDF mit Geodaten:** Nach dem Speichern auch mobil nutzbar auf allen Geräten mit PDF-Reader. Der aktuelle Acrobat Reader™ stellt Zusatzfunktionen für die Geodaten bereit. Für iPhone/iPad empfiehlt sich die App „PDF Maps" von Avenza™.

★ **GPS-Daten aller Ortsmarken:** einfacher Import in GPS-Geräte, Navis und Geosoftware auf PCs und mobilen Geräten

★ **Kapitel „Praktische Reisetipps" als PDF:** Nach dem Speichern auch mobil nutzbar auf allen Geräten mit PDF-Reader.

Darüber hinaus kann das Buch insgesamt oder eine persönliche **Auswahl einzelner Seiten als PDF käuflich erworben** werden. Nach dem Speichern auch mobil nutzbar auf allen Geräten mit PDF-Reader.

Aktuelle Tipps und Hilfe unter: www.reise-know-how.de